省级特色专业
高水平应用型培育立项建设专业群系列教材

U0862128

Accounting
会计学
（第三版）

孙丽雅　王洪丽　主　编
刘振晶　鞠永强　副主编

东北财经大学出版社
Dongbei University of Finance & Economics Press
大连

图书在版编目（CIP）数据

会计学 / 孙丽雅，王洪丽主编．—3版．—大连：东北财经大学出版社，2023.12（2025.7重印）
（高水平应用型培育立项建设专业群系列教材）
ISBN 978-7-5654-5006-8

Ⅰ.会…　Ⅱ.①孙…②王…　Ⅲ.会计学-教材　Ⅳ.F230

中国国家版本馆CIP数据核字（2023）第202222号

东北财经大学出版社出版
（大连市黑石礁尖山街217号　邮政编码　116025）
网　　址：http://www.dufep.cn
读者信箱：dufep@dufe.edu.cn
大连天骄彩色印刷有限公司印刷　　东北财经大学出版社发行
幅面尺寸：185mm×260mm　字数：488千字　印张：20.25　插页：1
2023年12月第3版　　2025年7月第2次印刷
责任编辑：王　丽　　责任校对：刘贤恩
封面设计：原　皓　　版式设计：原　皓
定价：48.00元

教学支持　售后服务　　联系电话：（0411）84710309

第三版前言

“会计学”是高等院校经济管理类专业的基础必修课，具有理论性、实践性和技术性的特点。通过本课程的学习，可使学生了解和掌握财务会计的基本理论和核算方法以及管理会计决策和预测的方法，培养学生分析、解决企业管理具体问题的能力。

本教材是非会计学专业学生学习会计课程的入门教材。在编写过程中，编者根据非会计学专业学生的培养目标要求确定教材内容，涵盖了会计原理、财务会计和成本会计中最基础的知识。非会计学专业的学生学习会计的角度与会计学专业的学生是不同的，会计学专业的学生学习会计是为了将来从事会计工作，而非会计学专业的学生学习会计是利用所学的会计知识去从事经济管理工作。因此，本教材主要是站在管理的角度去讲会计，目的就是让非会计学专业的学生通过对这门课程的学习，掌握会计的基本原理和基本方法，了解会计信息的加工过程，理解各项会计指标的经济含义，认识会计在企业经营发展中的作用，逐渐对会计形成清晰而完整的认识，并能够熟练地运用各项会计政策和阅读会计报表。

在教材编写过程中，编者特别重视会计与企业实务的紧密联系。在各章节中，由浅入深地介绍了会计基本概念和基本方法的应用。考虑到本教材的使用者是非会计学专业的学生，因此编者在编写过程中强调会计信息与管理的关系和会计基本原理的应用，而不追求各种具体会计核算技术、技巧细节的介绍。为了有助于学生了解会计信息在管理和决策中的重要作用，编者特别增加了财务报告分析内容的分量。

本教材注重讲解会计的基本原理、会计处理中各项政策与方法的选择，不求细而全，只求少而精，力争由浅入深、通俗易懂。在教材编写时把一些热点、难点问题运用二维码链接到网络上，最终实现线下教学与线上教学的融通；添加思政元素，突出思政教育的功能，同时，将党的二十大精神与课程教学内容进行深度融合，确保党的二十大精神进教材、进课堂、进头脑，从而更好地培养学生在分析问题和解决问题中精益求精的工匠精神和创新能力，同时激发学生的爱国情怀和使命担当意识。

本教材由山东省教学名师孙丽雅教授和山东省会计咨询专家王洪丽教授担任主编，刘振晶、鞠永强担任副主编。具体编写分工如下：第一章由孙丽雅编写；第二章、第三章由韩晨编写；第四章、第五章、第六章由王洪丽编写；第七章、第八章由刘振晶编写；第九章由段洁编写；第十章由张文霞编写；第十一章、第十二章由鞠永强编写；第十三章由颜亨莎编写；第十四章由马林编写；第十五章由张铭君编写。主编负责章节结构的设计和安排，并在一定范围内征求意见后拟定大纲；初稿完成后经过主编、副主编反复审阅修改，最后由主编负责修订、总纂和定稿。

本次修订根据《关于深化增值税改革有关政策的公告》（财政部 税务总局 海关总署公告2019年第39号）、《关于修订印发2019年度一般企业财务报表格式的通知》（财会〔2019〕6号）、《关于印发修订〈企业会计准则第7号——非货币性资产交换〉的通知》（财会〔2019〕8号）、《关于修订印发〈企业会计准则第14号——收入〉的通知》（财会〔2017〕22号）、《关于修订印发〈企业会计准则第22号——金融工具确认和计量〉的通知》（财会〔2017〕7号）、《关于修订印发〈企业会计准则第25号——保险合同〉的通知》（财会〔2020〕20号）及相关文件对书中内容和例题进行修改和完善，力求与实务同步。

由于时间仓促，修改工作量大，加之编者经验和水平有限，书中错漏之处在所难免，欢迎广大读者、专家批评指正。

编　者

2023年10月

目　录

第一章

总　论

学习目标

知识目标： 通过本章的学习，理解会计的含义及特征，明确财务会计的目标、财务会计核算的基本前提，掌握会计信息质量要求、会计要素的确认方法和计量方法。

技能目标： 通过本章的学习，掌握会计计量属性及其应用原则，熟练运用会计要素确认条件及会计信息质量要求提供财务会计报告信息，掌握会计工作岗位设置。

第一节　会计概述

一、会计的含义

会计在本质上具有双重性，它既是一个经济信息系统，也是一种经济管理活动。会计是一个对经济业务以货币进行确认、计量、报告和分析的信息系统；会计又是通过收集、处理和利用经济信息，对经济活动进行规划、组织、控制和指导，促使人们权衡利弊得失，讲求经济效果的一种管理活动。会计是随着社会生产力的发展和经济管理的需要而产生的，是随着经济的发展和科学技术的进步而不断发展和完善的，特别是现代管理科学渗透进入会计学科，使传统的会计获得了发展的动力，为会计学科发展开拓了新的领域。从20世纪50年代开始，传统的会计逐步发展成为两个新的领域，即财务会计和管理会计。

管理会计是在财务会计和成本会计的基础上，采用一系列专门的方法对企业内部各级责任单位现在的和未来的经济活动进行规划、控制与评价，并编制内部报表，旨在向企业管理层提供多种可供选择的、特定的管理信息，以便作出最佳决策。因此，管理会计又称对内报告会计。

而财务会计就是按照公认的会计原则和会计法规制度的要求，运用会计学的基本理论和特有的方法，向财务报告使用者提供有关企业财务状况、经营成果和现金流量的财务信息的一个信息系统，旨在向企业外部的投资者、债权人和其他与企业有利害关系的外部集团提供投资决策、信贷决策和其他类似决策所需的会计信息。为此，财务会计又称对外报告会计。

微课 1-1

揭开会计的面纱

二、会计的特点

1.以货币为主要计量尺度，具有综合性。

2.会计核算具有完整性、连续性和系统性。

（1）完整性：对属于会计对象的全部经济活动都必须加以记录，不得遗漏其中的任何一项。

（2）连续性：对各项经济活动应按发生的时间顺序不间断地进行记录和核算。

（3）系统性：对各种经济活动，要分门别类地进行核算，并对会计资料进行加工整理，以取得系统的会计信息。

3.会计核算以凭证为依据，并严格遵循会计规范。

三、会计的职能

现代会计的基本职能可归纳为反映和控制，而为了达到反映与控制的目的，现代会计在发展中逐步构建了它的两大工作系统——会计的信息系统和会计的控制系统。

（一）反映职能

会计的反映职能是通过一定的会计方法，遵照公认财务会计准则的要求，正确、全面、及时、系统地将一个会计实体单位所发生的财务会计事项表现出来，并通过科学的分类方法，将不同性质的会计事项分门别类地、集中地表现出来，以达到揭示会计事项本质的目的。

会计监督的内容

会计的反映职能在客观上体现为通过会计信息系统对财务会计信息进行优化的过程，这个过程又具体划分为两个基本工作阶段：一是信息确认阶段，通过这个过程进行信息筛选，去伪存真，将虚伪、假冒及失真的信息揭示出来，清除出去，为整个优化信息的过程奠定基础，确保财务会计信息的真实、可靠，为决策提供的不仅是有用的信息，而且是足以确保决策正确无误的信息。二是核算工作阶段，核算过程包括制证、计量、记录、归类、组合、测试、编表等环节，这个过程体现为对若干会计方法的具体应用，诸如以货币为统一的计量标准、设置账簿、会计科目在分类中的应用，以及在编表前应用平衡公式进行测试等。可见，以往把会计的反映职能与会计核算等同对待比较片面，为防止会计信息失真，应当把财务会计信息确认放在重要的位置上。

如何更好地发挥会计的监督职能

（二）控制职能

会计控制职能也称监督职能，就是以一定的标准和要求，利用会计所提供的信息对各单位的经济活动进行有效的指导、控制和调节，以达到预期的目的。会计监督是会计的基本职能之一，是我国经济监督体系的重要组成部分。

在现阶段，实施会计监督的作用主要体现在有利于保障国家宏观调控所需经济信息的真实性和可靠性；有助于维护正常的社会经济秩序，维护企业的投资者、债权人及其他利益集团的合法权益；有利于提高企业经营决策的准确性和可靠性等。

四、财务会计的目标

“受托责任观”与“决策有用观”

财务会计的目标就是通过财务会计报告向报告使用者提供与企业财务状况、经营成果和现金流量等有关的会计信息，反映企业管理层受托责任的履行情况，有助于财务会计报告使用者作出经济决策。财务会计报告使用者主要包括投资者、债权人、政府及其有关部门和社会公众等。

具体来说，财务会计的目标主要体现在以下两个方面：

（1）向财务会计报告使用者提供与企业财务状况、经营成果和现金流量等有关的会计信息。

向财务会计报告使用者提供与企业财务状况、经营成果和现金流量等有关的会计信息，帮助财务会计报告使用者作出经济决策，尤其是帮助投资者和债权人作出科学、合理的投资决策和信贷决策，是财务会计的最主要目标。一般认为，最关注企业会计信息的莫过于投资者和债权人，而投资者和债权人的投资和信贷决策对于资源的分配具有重大影响。财务会计报告使用者所需的经济信息包括企业某一时日的财务状况、某一期间的经营绩效和财务状况的变动；但从决策有用性的观点看，不论是投资者还是债权人，甚至企业职工，其经济利益都同企业未来的现金流动密切相关。例如，投资者应分得的股利，债权人应收回的贷款本金和应得到的贷款利息，职工应得的薪酬等，都需要预期现金流量的信息。

（2）反映企业管理层受托责任的履行情况。

微课 1-2

会计信息使用者

企业的经济资源均为投资者及债权人所提供，委托企业经营者保管和经营，投资者和经营者之间存在着一种委托、受托代理关系。投资者和债权人要随时了解和掌握企业经营者管理和运用其资源的情况，以便考评经营者的经营绩效，适时改变投资方向或更换经营者。这就要求财务会计通过财务会计报告提供这方面的信息，反映企业管理层受托责任的履行情况，以便明确经营责任。

五、财务会计法规

（一）财务会计法规体系

会计法规是组织会计工作、处理会计事务应遵循的有关法律、制度、规章的总称。会计工作是一项重要的经济管理工作。加强会计工作的法治建设，建立和健全会计法规体系，对规范会计工作，维护社会主义市场经济秩序，具有十分重要的意义。

我国目前基本形成了以《中华人民共和国会计法》为中心，以国家统一的会计制度为基础的相对比较完善的法规体系。该体系包括三个层次，即会计法、行政法规和会计制度。

《中华人民共和国会计法》是我国会计工作的根本大法，是从事会计工作，制定其他各种会计法规的依据。它规定了会计工作的基本目的、会计管理权限、会计责任主体、会计核算和会计监督的基本要求、会计人员和会计机构的职责权限，并对会计法律责任作了详细规定。

行政法规是指国务院规定的有关会计工作的法规、条例等，主要有《总会计师条例》等。

会计制度是由会计法明确赋予财政部权限制定的有关会计工作的规章，如企业会计准则等。

（二）会计法

《中华人民共和国会计法》（以下简称《会计法》）于1985年1月21日第六届全国人民代表大会常务委员会第九次会议通过，1985年5月1日起施行。1993年12月29日，第八届全国人民代表大会常务委员会第五次会议通过了《关于修改〈中华人民共和国会计法〉的决定》，自公布之日起施行。1999年10月31日，第九届全国人民代表大会常务委员会第十二次会议再次对《会计法》进行了修订，自2000年7月1日起施行。修订后的《会计法》共52条，分为7章：总则；会计核算；公司、企业会计核算的特别规定；会计监督；会计机构和会计人员；法律责任；附则。2017年11月4日，第十二届全国人民代表大会常务委员会第三十次会议表决通过了《关于修改〈中华人民共和国会计法〉等十一部法律的决定》，修改了“从事会计工作的人员，必须取得会计从业资格证书”等规定，并于2017年11月5日起实施。

（三）会计制度

会计制度是指国务院财政部门根据《会计法》制定的关于会计核算、会计监督、会计机构和会计人员以及会计工作管理的制度。会计制度在会计法规体系中处于十分重要的地位，包括两部分，即部门规章和规范性文件。部门规章由国务院主管部门以部长令公布；规范性文件由国务院主管部门以部门文件的形式印发。我国自2007年1月1日起施行的会计制度主要是指企业会计准则体系，即基本准则、具体准则、应用指南。其中，基本准则属于部门规章，是财政部部长签署公布的；具体准则及应用指南属于规范性文件，是财政部以财会字文件印发的。

1.基本准则

我国的原基本准则发布于1992年11月30日，于1993年7月1日起在全国所有企业施行。新基本准则发布于2006年2月15日，于2007年1月1日起在上市公司范围内施行，鼓励其他企业执行。在新会计准则体系中，基本准则是纲，处于第一层次，是“准则的准则”。基本准则对具体准则起统驭和指导作用，主要规范财务报告目标、会计基本假设、会计基础、会计信息质量要求、会计要素的确认、财务报告等。

2.具体准则

在新会计准则体系中，具体准则是目，处于企业会计准则体系的第二层次，是根据基本准则制定的，用来指导企业各类经济业务确认、计量、记录和报告的具体规范。

自2014年初以来，财政部陆续发布了《企业会计准则第39号——公允价值计量》《企业会计准则第30号——财务报表列报》《企业会计准则第9号——职工薪酬》《企业会计准则第33号——合并财务报表》《企业会计准则第40号——合营安排》《企业会计准则第2号——长期股权投资》《企业会计准则第41号——在其他主体中权益的披露》共7项企业会计准则，自2014年7月1日起在所有执行企业会计准则的企业范围内施行，鼓励在境外上市的企业提前执行。

2017年，财政部陆续发布了6项企业会计准则解释、4项会计处理规定，及7项新增或修订的企业会计准则。这是自2006年2月颁布《企业会计准则——基本准则》和38项具体会计准则之后，财政部第二次大规模修订和增补企业会计准则（2014年为第一次大规模修订和增补）。这些新准则基本与相关国际财务报告准则一致，保持了持续趋同。

2017年，财政部修订的企业会计准则包括《企业会计准则第22号——金融工具确认和计量》《企业会计准则第23号——金融资产转移》《企业会计准则第24号——套期会计》《企业会计准则第37号——金融工具列报》《企业会计准则第16号——政府补助》《企业会计准则第14号——收入》6项，新增的企业会计准则为2017年4月28日发布的《企业会计准则第42号——持有待售的非流动资产、处置组和终止经营》。

2019年5月，财政部修订印发了《企业会计准则第7号——非货币性资产交换》。2020年，财政部修订印发了《企业会计准则第25号——保险合同》。

这些具体准则的制定颁布和实施，规范了中国会计实务的核算，大大改善了中国上市公司的会计信息质量和企业财务状况的透明度，对企业经营机制的转换和证券市场的发展、国际经济技术交流起到了积极的推动作用。

具体准则共有42项，基本涵盖了各类企业的主要经济业务。42项具体会计准则见表1-1。

表1-1　**42项具体会计准则**

序号	名　称	序号	名　称	序号	名　称
1	存货	15	建造合同①	29	资产负债表日后事项
2	长期股权投资	16	政府补助	30	财务报表列报
3	投资性房地产	17	借款费用	31	现金流量表
4	固定资产	18	所得税	32	中期财务报告
5	生物资产	19	外币折算	33	合并财务报表
6	无形资产	20	企业合并	34	每股收益
7	非货币性资产交换	21	租赁	35	分部报告
8	资产减值	22	金融工具确认和计量	36	关联方披露
9	职工薪酬	23	金融资产转移	37	金融工具列报
10	企业年金基金	24	套期会计	38	首次执行企业会计准则
11	股份支付	25	保险合同	39	公允价值计量
12	债务重组	26	再保险合同②	40	合营安排
13	或有事项	27	石油天然气开采	41	在其他主体中权益的披露
14	收入	28	会计政策、会计估计变更和差错更正	42	持有待售的非流动资产、处置组和终止经营

3.应用指南

在新会计准则体系中，应用指南是补充，处于企业会计准则体系的第三层次，是根据基本准则和具体准则制定的、指导会计实务的操作性指南。应用指南主要解决在运用具体准则处理经济业务时所涉及的会计科目、账务处理、会计报表及其格式等问题。

第二节　会计基本假设与会计基础

一、会计基本假设

会计基本假设是企业会计确认、计量和报告的前提，是对会计核算所处时间、空间

① 执行2017年修订的《企业会计准则第14号——收入》的企业，不再执行财政部于2006年2月15日印发的（财会〔2006〕3号）《企业会计准则第14号——收入》和《企业会计准则第15号——建造合同》。

② 执行2020年修订的《企业会计准则第25号——保险合同》的企业，不再执行财政部于2006年2月15日印发的（财会〔2006〕3号）《企业会计准则第25号——原保险合同》和《企业会计准则第26号——再保险合同》。

环境等所作的合理假定。会计基本假设包括会计主体、持续经营、会计分期和货币计量。

（一）会计主体

会计主体，是指企业会计确认、计量和报告的空间范围，是会计为之进行会计工作的特定单位或组织。会计主体可以是一个特定的企业，也可以是一个企业的某一特定部分，如分厂、分公司、门市部等，也可以是由若干家企业通过控股关系组织起来的集团公司，甚至可以是一个具有经济业务的特定的非营利性组织。界定会计主体的目的就是要确立会计核算的范围，明确哪些经济业务活动应当予以确认、计量和报告，哪些不应包括在其核算范围内。

《企业会计准则——基本准则》第一章总则第五条明确规定：企业应当对其本身发生的交易或者事项进行会计确认、计量和报告。

（二）持续经营

持续经营，是指在可以预见的将来，企业将会按当前的规模和状态继续经营下去，不会停业，也不会大规模削减业务。也就是说，在可预见的未来，会计主体将不会面临破产清算。在持续经营的前提下，会计确认、计量和报告应当以企业持续、正常的生产经营活动为前提。明确这个基本假设，就意味着会计主体将按照既定用途使用资产，按照既定的合约条件清偿债务，会计人员就可以在此基础上选择会计政策和会计估计方法。例如，企业对于它所使用的机器设备、厂房等固定资产，只有在持续经营的前提下，才可以在机器设备、厂房的使用年限内，按照其价值和使用情况，确定采用某一折旧方法计提折旧。

（三）会计分期

会计分期，是指将一个企业持续经营的生产经营活动划分为一个个连续的、长短相同的期间。会计分期的目的在于通过会计期间的划分，将持续经营的生产经营活动划分成连续、相等的期间，据以结算盈亏，按期编制财务报告，从而及时向财务报告使用者提供有关企业财务状况、经营成果和现金流量的信息。

在会计分期假设下，企业应当划分会计期间，分期结算账目和编制财务报告。会计期间通常分为年度和中期。中期，是指短于一个完整的会计年度的报告期间。在会计实务中，通常以日历年度为一个会计期间，即会计年度。此外，企业还需按半年度、按季、按月份编制财务报表，即把半年度、季度、月份也作为一种会计期间。由于会计分期，才产生了当期与以前期间、以后期间的差别，出现了权责发生制和收付实现制的区别，才使不同类型的会计主体有了记账的基准，进而出现了应收、应付、折旧、摊销等会计处理方法。

（四）货币计量

货币计量，是指会计主体在会计确认、计量和报告时以货币计量，反映会计主体的生产经营活动。

在会计的确认、计量和报告过程中之所以选择货币作为基础进行计量，是由货币的本身属性决定的。货币是商品的一般等价物，是衡量一般商品价值的共同尺度，具有价值尺度、流通手段、贮藏手段和支付手段等特点。其他计量单位，如重量、长度、容积等，都只能从一个侧面反映企业的生产经营情况，无法在量上进行汇总和比较，不便于会计计量和经营管理，只有选择货币尺度进行计量，才能充分反映企业的生产经营情况，所以，

《企业会计准则——基本准则》规定，会计确认、计量和报告选择货币作为计量单位。

统一采用货币计量也存在缺陷。例如，某些影响企业财务状况和经营成果的因素，如企业的经营战略、研发能力、市场竞争力等，往往难以用货币来计量，但这些信息对使用者进行决策也很重要。为此，企业可以在财务报告中补充披露有关非财务信息来弥补上述缺陷。

二、会计基础

企业会计的确认、计量和报告应当以权责发生制为基础。权责发生制基础要求，凡是当期已经实现的收入和已经发生或应当负担的费用，无论款项是否收付，都应当作为当期的收入和费用，计入利润表；凡是不属于当期的收入和费用，即使款项已在当期收付，也不应当作为当期的收入和费用。

在实务中，企业交易或者事项的发生时间与相关货币收支时间有时并不完全一致。例如，款项已经收到，但销售并未实现；或者款项已经支付，但并不是为本期生产经营活动而发生的。收付实现制是与权责发生制相对应的一种会计基础，它是以收到或支付的现金及其时点作为确认收入和费用等的依据。为了更加真实、公允地反映特定会计期间的财务状况和经营成果，基本准则明确规定，企业在会计确认、计量和报告中应当以权责发生制为基础。

第三节 会计信息质量要求

一、可靠性

可靠性要求企业财务会计应当以实际发生的交易或者事项为依据进行会计确认、计量和报告，如实反映符合确认和计量要求的各项会计要素及其他相关信息，保证会计信息真实可靠、内容完整。

二、相关性

相关性要求企业财务会计提供的会计信息应当与投资者等财务会计报告使用者的经济决策需要相关，有助于投资者等财务会计报告使用者对企业过去、现在或者未来的情况作出评价或者预测。

会计信息质量的相关性要求，需要企业在确认、计量和报告会计信息的过程中，充分考虑使用者的决策模式和信息需要。但是，相关性是以可靠性为基础的，两者之间并不矛盾，不应将两者对立起来。也就是说，会计信息在可靠性的前提下，尽可能地做到相关，以满足投资者等财务会计报告使用者的决策需要。

三、可理解性

可理解性要求企业财务会计提供的会计信息应当清晰明了，便于投资者等财务会计报告使用者理解和使用。

企业编制财务报告、提供会计信息的目的在于使用，而要使使用者有效使用会计信息，应当能让其了解会计信息的内涵，弄懂会计信息的内容，这就要求财务会计报告所提供的会计信息应当清晰明了，易于理解。只有这样，才能提高会计信息的有用性，实现财务会计报告的目标，满足向投资者等财务会计报告使用者提供决策有用信息的要求。

四、可比性

可比性要求企业财务会计报告提供的会计信息应当相互可比。这主要包括两层含义：

（一）同一企业不同时期可比

为了便于投资者等财务会计报告使用者了解企业财务状况、经营成果和现金流量的变化趋势，比较企业在不同时期的财务报告信息，全面、客观地评价过去、预测未来，从而作出决策，会计信息质量的可比性要求同一企业不同时期发生的相同或者相似的交易或者事项，应当采用一致的会计政策，不得随意变更。但是，满足会计信息可比性要求，并非表明企业不得变更会计政策，如果按照规定或者在会计政策变更后可以提供更可靠、更相关的会计信息，可以变更会计政策。有关会计政策变更的情况，应当在附注中予以说明。如企业将存货计价方法从先进先出法改为加权平均法，会对存货发出成本和留存存货价值产生不同的影响，附注中应该说明。

（二）不同企业相同会计期间可比

为了便于投资者等财务报告使用者评价不同企业财务状况、经营成果和现金流量及其变动情况，会计信息质量的可比性要求不同企业同一会计期间发生的相同或者相似的交易或者事项，应当采用规定的会计政策，确保会计信息口径一致，相互可比，以使不同企业按照一致的确认、计量和报告要求提供有关会计信息。

五、实质重于形式

实质重于形式要求企业财务会计应当按照交易或者事项的经济实质进行会计确认、计量和报告，不应仅以交易或者事项的法律形式为依据。如果企业仅仅以交易或者事项的法律形式为依据进行会计确认、计量和报告，那么就容易导致会计信息失真，无法如实反映经济现实。

在实务中，交易或者事项的法律形式并不总能完全真实地反映其实质内容，所以，要想反映会计信息所应反映的交易或事项，就必须依据交易或事项的实质和经济现实来进行判断，而不能仅仅根据它们的法律形式。

六、重要性

重要性要求企业财务会计提供的会计信息应当反映与企业财务状况、经营成果和现金流量等有关的所有重要交易或者事项。

在实务中，如果财务会计报告中提供的会计信息的省略或者错报会影响投资者等使用者据此作出决策，该信息就具有重要性。重要性的应用需要依赖职业判断，企业应当根据其所处环境和实际情况，从项目的性质和金额大小两方面来判断其重要性。

七、谨慎性

谨慎性要求企业财务会计对交易或者事项进行会计确认、计量和报告应当保持应有的谨慎，不应高估资产或者收益、低估负债或者费用。

在市场经济环境下，企业的生产经营活动面临着许多风险和不确定性，如应收款项的可收回性、固定资产的使用寿命、无形资产的使用寿命、售出存货可能发生的退货或者返修等。会计信息质量的谨慎性要求，企业在面临不确定性因素的情况下作出职业判断时，应当保持应有的谨慎，充分估计各种风险和损失，既不高估资产或者收益，也不低估负债或者费用。例如，要求企业对可能发生的资产减值损失计提资产减值准备、对售出商品可能发生的保修义务等确认预计负债等，就体现了会计信息质量的谨慎性要求。

八、及时性

及时性要求企业财务会计对于已经发生的交易或者事项，应当及时进行会计确认、计量和报告，不得提前或者延后。

会计信息的价值在于帮助所有者或者其他方面作出经济决策，具有时效性。即使是可靠、相关的会计信息，如果不及时提供，也就失去了时效性，对于使用者的效用就大大降低，甚至不再具有实际意义。在会计确认、计量和报告的过程中贯彻及时性：一是要求及时收集会计信息，即在经济交易或者事项发生后，及时收集整理各种原始单据或者凭证；二是要求及时处理会计信息，即按照企业会计准则的规定，及时对经济交易或者事项进行确认或者计量，并编制财务会计报告；三是要求及时传递会计信息，即按照国家规定的有关时限，及时地将编制的财务会计报告传递给使用者，便于其及时使用和决策。

第四节 会计要素及其计量原则

一、会计要素

会计要素是根据交易或者事项的经济特征所确定的财务会计对象的基本分类。它是为实现会计目标，以会计基本前提为基础对会计对象的基本分类，是会计核算对象的具体化，是会计用于反映会计主体财务状况、确定经营成果的基本单位。按照我国的企业会计准则，会计要素分为资产、负债、所有者权益、收入、费用和利润六项。其中，资产、负债和所有者权益要素侧重于反映企业的财务状况，收入、费用和利润要素侧重于反映企业的经营成果。

（一）资产

1.资产的定义

资产是指企业过去的交易或者事项形成的、由企业拥有或者控制的、预期会给企业带来经济利益的资源。

根据资产的定义，资产具有三个特征：

（1）资产预期会给企业带来经济利益

预期会给企业带来经济利益，是指直接或者间接导致现金和现金等价物流入企业的潜力。如果一项经济资源虽然为企业所拥有或者控制，但不能为企业带来未来经济利益，就不能作为企业的资产予以确认。

（2）资产必须为企业所拥有或者控制

一项经济资源是否属于企业的资产，通常要看其所有权是否属于该企业。但企业是否拥有一项经济资源的所有权，并不是判断资产的绝对标准。那些所有权不属于特定企业，但为企业所实际控制的经济资源，也是该企业的资产。

所谓“实际控制”一项经济资源，从形式上看，意味着企业对该项经济资源具有实际经营管理权，能够自主地运用它从事经营活动，谋求经济利益；从实质上看，它意味着企业享有与该项经济资源的所有权有关的经济利益，并承担着相应的风险。

（3）资产是由企业过去的交易或者事项形成的

只有过去发生的交易或者事项才能增加或减少企业的资产，即企业不能根据谈判中的交易或者计划中的经济业务来确认资产。

2.资产的确认条件

符合资产定义的经济资源，在同时满足以下条件时，确认为资产：

（1）与该资源有关的经济利益很可能流入企业；

（2）该资源的成本或者价值能够可靠地计量。

符合资产定义和资产确认条件的项目，应当列入资产负债表；符合资产定义，但不符合资产确认条件的项目，不应当列入资产负债表。

（二）负债

1.负债的定义

负债是指企业过去的交易或者事项形成的、预期会导致经济利益流出企业的现时义务。负债具有以下特征：

（1）负债是企业承担的现时义务。

现时义务是指企业在现行条件下已承担的义务。未来发生的交易或者事项形成的义务，不属于现时义务，不应当确认为负债。

（2）负债的清偿预期会导致经济利益流出企业。

负债作为企业现时存在的义务，无论其性质和形式是什么，均要企业将来用债权人所能接受的方式去履行这些义务。即企业在将来特定的或者可能确定的到期日，通过支付现金、转让非现金资产或者提供劳务等方式来偿还债务。

（3）负债是由企业过去的交易或者事项形成的。

负债是企业过去已经发生的交易或者事项所产生的结果，是现时的义务。只有过去发生的交易或者事项才能增加或减少企业的负债，未来发生的交易或者事项形成的义务，不属于现时义务，不应当确认为负债。

2.负债的确认条件

符合负债定义的义务，在同时满足以下条件时，确认为负债：

（1）与该义务有关的经济利益很可能流出企业；

（2）未来流出企业的经济利益的金额能够可靠地计量。

符合负债定义和负债确认条件的项目，应当列入资产负债表；符合负债定义，但不符合负债确认条件的项目，不应当列入资产负债表。

（三）所有者权益

所有者权益是指企业资产扣除负债后由所有者享有的剩余权益。公司的所有者权益又称为股东权益。

所有者权益的来源包括所有者投入的资本、直接计入所有者权益的利得和损失、留存收益等。

直接计入所有者权益的利得和损失，是指不应计入当期损益、会导致所有者权益发生增减变动的、与所有者投入资本或者向所有者分配利润无关的利得或者损失。

利得是指由企业非日常活动形成的、会导致所有者权益增加的、与所有者投入资本无关的经济利益的流入。

损失是指由企业非日常活动发生的、会导致所有者权益减少的、与向所有者分配利润无关的经济利益的流出。

所有者权益金额取决于资产和负债的计量。所有者权益项目应当列入资产负债表。

（四）收入

1.收入的定义

收入是指企业在日常活动中形成的、会导致所有者权益增加的、与所有者投入资本无关的经济利益的总流入。收入具有以下特征：

（1）收入是企业在日常活动中形成的；

（2）收入与所有者投入资本无关；

（3）收入会导致经济利益流入，即会直接导致资产增加或者负债减少；

（4）收入最终会导致所有者权益增加。

2.收入的确认条件

收入只有在经济利益很可能流入从而导致企业资产增加或者负债减少，且经济利益的流入额能够可靠计量时才能予以确认。

符合收入定义和收入确认条件的项目，应当列入利润表。

（五）费用

1.费用的定义

费用是指企业在日常活动中发生的、会导致所有者权益减少的、与向所有者分配利润无关的经济利益的总流出。费用具有以下特征：

（1）费用是企业在日常活动中发生的；

（2）费用与向所有者分配利润无关；

（3）费用会导致经济利益流出，即会直接导致资产减少或者负债增加；

（4）费用最终会导致所有者权益减少。

2.费用的确认条件

费用只有在经济利益很可能流出从而导致企业资产减少或者负债增加，且经济利益的流出额能够可靠计量时才能予以确认。

符合费用定义和费用确认条件的项目，应当列入利润表。

（六）利润

利润是指企业在一定会计期间的经营成果，利润包括收入减去费用后的净额、直接计入当期利润的利得和损失等。

直接计入当期利润的利得和损失，是指应当计入当期损益、会导致所有者权益发生增减变动的、与所有者投入资本或者向所有者分配利润无关的利得或者损失。

利润金额取决于收入和费用、直接计入当期利润的利得和损失的金额的计量。利润项目应当列入利润表。

二、会计要素计量属性及其应用原则

（一）会计要素的计量属性

会计计量是为了将符合确认条件的会计要素登记入账并列报于财务报表而确定其金额的过程。企业应当按照规定的会计计量属性进行计量，确定相关金额。计量属性是指所计量的某一要素的特性方面，如桌子的长度、铁矿的重量、楼房的高度等。从会计角度，计量属性反映的是会计要素金额的确定基础，主要包括历史成本、重置成本、可变现净值、现值和公允价值等。

1. 历史成本

在历史成本计量下，资产按照购置时支付的现金或者现金等价物的金额，或者按照购置资产时所付出的代价的公允价值计量；负债按照因承担现时义务而实际收到的款项或者资产的金额，或者承担现时义务的合同金额，或者按照日常活动中为偿还负债预期需要支付的现金或者现金等价物的金额计量。

2. 重置成本

在重置成本计量下，资产按照现在购买相同或者相似资产所需支付的现金或者现金等价物的金额计量；负债按照现在偿付该项债务所需支付的现金或者现金等价物的金额计量。

3. 可变现净值

在可变现净值计量下，资产按照其正常对外销售所能收到现金或者现金等价物的金额扣减该资产至完工时估计将要发生的成本、估计的销售费用以及相关税费后的金额计量。

4. 现值

在现值计量下，资产按照预计从其持续使用和最终处置中所产生的未来净现金流入量的折现金额计量；负债按照预计期限内需要偿还的未来净现金流出量的折现金额计量。

5. 公允价值

在公允价值计量下，资产和负债按照市场参与者在计量日发生的有序交易中，出售资产所能收到或者转移负债所需支付的价格计量。

（二）会计要素计量属性的应用原则

企业在对会计要素进行计量时，一般应当采用历史成本。采用重置成本、可变现净值、现值、公允价值计量的，应当保证所确定的会计要素金额能够取得并可靠计量。如果这些金额无法取得或者可靠计量，则不允许采用这些计量属性。

【思政讲堂】

坚持全面依法治国，推进法治中国建设

党的二十大报告指出，要坚持全面依法治国，推进法治中国建设。全面依法治国是国家治理的一场深刻革命，关系党执政兴国，关系人民幸福安康，关系党和国家长治久安。必须更好发挥法治固根本、稳预期、利长远的保障作用，在法治轨道上全面建设社会主义现代化国家。

我们要坚持走中国特色社会主义法治道路，建设中国特色社会主义法治体系、建设社会主义法治国家，围绕保障和促进社会公平正义，坚持依法治国、依法执政、依法行政共同推进，坚持法治国家、法治政府、法治社会一体建设，全面推进科学立法、严格执法、公正司法、全民守法，全面推进国家各方面工作法治化。

2023年2月，中共中央办公厅、国务院办公厅印发了《关于进一步加强财会监督工作的意见》，并指出财会监督是依法依规对国家机关、企事业单位、其他组织和个人的财政、财务、会计活动实施的监督。近年来，财会监督作为党和国家监督体系的重要组成部分，在推进全面从严治党、维护中央政令畅通、规范财经秩序、促进经济社会健康发展等方面发挥了重要作用。

资料来源：杜涛．对话聂兴凯：今年为何会如此强调财会监督［EB/OL］．［2023-05-20］．https：//www.163.com/dy/article/I565O9VF05199DKK.html.

【复习思考】

1.什么是会计？会计的目标是什么？

2.如何对各项会计要素进行正确的确认？各项会计要素之间的关系如何？

3.会计要素的计量属性主要包括哪些？应用原则是什么？

4.会计核算的基本前提有哪些？

5.我国企业会计准则体系是如何构成的？各构成要素的基本内容是什么？

第二章

会计核算方法

学习目标

知识目标： 通过本章的学习，在了解会计核算方法的基础上，认识会计科目与账户，理解其分类与特征，掌握借贷记账法并能熟练应用，为学好以后各项目打下坚实的基础。

技能目标： 通过本章的学习，对会计学的基本理论有一个初步的认识和把握，掌握试算平衡的方法。

第一节　会计核算方法概述

一、会计方法

会计方法是指用来核算和监督会计对象、执行会计职能、实现会计目标的手段。会计方法是人们在长期的会计工作实践中总结创立并随着生产发展、会计管理活动的复杂化而逐渐完善和提高的。会计是由会计核算、会计分析和会计检查三部分组成的，因此，会计的方法也分为会计核算方法、会计分析方法和会计检查方法，其中会计核算方法是最基础的方法。本教材主要涉及会计核算方法，这是会计人员必须掌握的基础知识。

二、会计核算方法的内容

会计核算的专门方法主要有：设置账户、复式记账、填制和审核会计凭证、登记账簿、成本计算、财产清查、编制财务会计报告等七种专门方法。

（一）设置账户

会计账户是根据会计科目开设的，具有一定结构，用来系统、连续地记载各项经济业务的一种手段。设置账户是对会计核算和监督的具体内容进行科学分类，记录不同会计信息资料的一种专门方法。会计所核算和监督的内容往往是包罗万象的，如财产物资就有各种存在形态：厂房及建筑物、机器设备、各种材料、产成品、半成品等。它们在生产中的作用不同，管理的要求也不同。又如，取得这些财产物资所需要的经营资金可能来自不同的渠道，有的来自银行贷款，有的来自投资者投入等。为了对各种不同的内容分别进行反映和记录，会计上必须分别设置账户，以便取得经营管理所需要的各种不同性质的核算指标。

（二）复式记账

复式记账是对每项经济业务，都要以相等的金额在两个或两个以上的账户中进行记录的一种专门方法。在企业的资金运动过程中，任何一项经济业务都会引起资金的双重变化。例如，以银行存款购买材料，这项经济业务一方面会引起银行存款减少，另一方面又会引起库存材料增加。为了全面反映每一项经济业务所引起的这种双重变化，就必须在两个或两个以上的账户中同时加以记录。采用这种复式记账方法，可以如实、完整地记录资金运动的来龙去脉，全面反映和监督企业的经济活动过程。

（三）填制和审核会计凭证

记账必须有根有据，这种根据就是会计凭证。会计凭证是记录经济业务，明确经济责任，并具有法律效力的书面证明。例如，职工报销差旅费，必须填制报销单，并附有车船票、住宿费等单据，证明经济业务已经完成，报销单和所附的车船票等单据就是会计凭证。报销单还必须经过有关人员审核批准，并与所附的车船票等单据核对无误。报销手续完毕后，这张报销单就成为记账的依据。所以，填制和审核凭证是会计核算工作的第一步。只有填制并审核无误的凭证，才会使记账有真实可靠的依据。通过审核凭证还可以监督和检查各项财经纪律的执行情况。

（四）登记账簿

登记账簿是将记账凭证中所反映的经济业务分门别类地记入有关账户并在账簿中进行全面、连续、系统记录的方法。登记账簿要以审核无误的记账凭证为依据，按照规定的会计科目开设账户，并将记账凭证中所反映的经济业务分别记入有关账户。登记账簿是会计核算工作的第二步，它可以系统、完整地归纳和积累会计核算资料，反映企业经营管理全貌；可以为编制财务会计报表提供依据。其目的在于掌握各类账户在核算指标方面的规律性，以正确运用账户登记经济业务和提供数据资料。

（五）成本计算

成本计算是一种会计计量活动，解决会计核算对象的货币计价问题，即对应计入一定对象的全部费用进行归集、计算，并确定各对象的总成本和单位成本的会计方法。通过成本计算可以正确地对会计核算对象进行计价，可以考核经济活动过程中物化劳动和活劳动的耗费程度，为在经营管理中正确计算盈亏提供数据资料。

（六）财产清查

财产清查是指通过对实物资产、库存现金的实地盘点和对银行存款、债权债务的查对，确定财产物资、货币资金和债权债务的实存数，并查明账存数和实存数是否相符的一种专门方法。

在财产清查中发现财产、资金账面数额与实存数额不符时，应及时调整账簿记录，使账面数额与实存数额保持一致，并查明账实不符的原因，明确责任；发现积压或残损物资以及往来账款中的呆账、坏账时，要积极清理和加强财产管理。财产清查保证了会计核算资料的真实性和正确性，也保证了财经纪律和结算纪律的执行。

（七）编制财务会计报告

财务会计报告是在账簿记录的基础上对会计核算资料的进一步加工整理，即在日常账簿记录的数据资料基础上，采用一定的表格形式编制的，是进行会计分析、会计检查的重要依据，是会计核算工作的结果。

会计信息使用者的需要归纳起来主要有两个方面：第一，在某一特定日期，企业的财务状况；第二，在某一特定时期内，企业的经营成果和盈利能力。为此，企业的会计人员要对大量的经济业务进行确认、计量、记录、报告等，向会计信息使用者提供资产负债表和利润表等来满足其需要。

会计核算方法应用程序

上述七种会计核算方法相互配合、互为依存条件，构成了相互联系、相互配合的方法体系。其中，填制和审核会计凭证、登记账簿、编制财务会计报告是基本方法，这三种方法周而复始、循环往复，构成了人们一般所称的会计循环。

第二节　会计科目

一、会计科目的概念及意义

（一）会计科目的含义

会计对象的具体内容是会计要素，而每一个会计要素又包括若干具体项目。例如，资产这个会计要素包括库存现金、银行存款、应收账款、原材料、固定资产等项目；负债这个会计要素包括短期借款、应付账款、长期借款等项目。它们的内容不同，管理要求也不同。为了全面、系统、分类反映和监督各项经济业务的发生情况，以及由此引起的会计要素在金额上的变化，有必要对会计要素再做进一步的分类。

会计科目就是对会计要素具体内容进一步分类的项目。通过设置会计科目，可以把各项会计要素的增减变化分门别类地记入账簿，以提供一系列具体、分类的指标。会计科目是设置账户、处理账务所必须遵守的规则和依据，也是会计核算的一种专门方法。

（二）设置会计科目的意义

1. 设置会计科目是系统、分类反映会计要素内容的需要。全面、系统、连续地反映会计对象的内容是会计核算的基本要求。将会计要素进一步划分为若干个具体项目，便于在会计上对这些具体内容进行分门别类的核算，提供全面、系统的会计信息。

2. 设置会计科目是满足会计信息使用者多角度、多层次、多方面会计信息需求的需要。

3. 设置会计科目是设置会计账户的需要。会计核算的基本方法是设置账户，有了账户才能够记录所发生的经济业务内容，而账户就是依据会计科目设置的。因此，会计科目是设置账户的前提，也是正确核算的重要保证。

（三）设置会计科目的原则

会计科目的设置过程应遵循以下三个原则：

1. 合法性原则，要求所设置的会计科目应当符合国家统一会计制度的规定，保证会计信息的可比性。

对于国家统一会计制度规定的会计科目，企业可以在不影响会计核算要求和会计报表指标汇总，以及对外提供统一的财务报表的前提下，根据自身的生产经营特点，自行增设、减少或合并某些会计科目。

2.相关性原则，要求在设置会计科目时，充分考虑会计信息使用者的需要，提高会计核算所提供的会计信息相关性，满足相关各方的信息需求。

3.实用性原则，要求在合法性的基础上，根据企业自身特点，设置符合企业需要的会计科目。

二、会计科目的分类

（一）按经济内容分类

会计科目主要的、基本的分类是按其经济内容分类，可以划分为资产类科目、负债类科目、共同类科目、所有者权益类科目、成本类科目及损益类科目。

1.资产类科目，按流动性可以分为两类：

（1）反映流动资产的科目，如“库存现金”“银行存款”“原材料”“库存商品”“应收账款”“其他应收款”等科目。

（2）反映非流动资产的科目，如“固定资产”“累计折旧”等科目。

2.负债类科目，按流动性也可以分为两类：

（1）反映流动负债的科目，如“短期借款”“应付账款”“其他应付款”等科目。

（2）反映非流动负债的科目，如“长期借款”等科目。

3.共同类科目，如“套期工具”“被套期项目”等科目。

4.所有者权益类科目，如“实收资本”“盈余公积”等科目。

5.成本类科目，如“生产成本”“制造费用”等科目。

6.损益类科目，根据企业经营损益形成的内容又可以分为两类：

（1）反映收入的科目，如“主营业务收入”“其他业务收入”等科目。

（2）反映费用的科目，如“主营业务成本”“销售费用”“管理费用”等科目。

会计科目的编号

为了便于掌握和运用会计科目，使记账工作正常进行，也是为了我国会计电算化的需要，对会计科目进行了分类与编号。依据国家统一会计制度的规定，企业的主要会计科目见表2-1。

表2-1　**会计科目名称表**

顺序号	编　号	会计科目名称	顺序号	编　号	会计科目名称
		一、资产类			二、负债类
1	1001	库存现金	42	2001	短期借款
2	1002	银行存款	43	2201	应付票据
3	1012	其他货币资金	44	2202	应付账款
4	1101	交易性金融资产	45	2203	预收账款
5	1121	应收票据	46	2205	合同负债
6	1122	应收账款	47	2211	应付职工薪酬
7	1123	预付账款	48	2221	应交税费
8	1131	应收股利	49	2231	应付利息

续表

顺序号	编　号	会计科目名称	顺序号	编　号	会计科目名称
9	1132	应收利息	50	2232	应付股利
10	1221	其他应收款	51	2241	其他应付款
11	1401	材料采购	52	2501	长期借款
12	1402	在途物资	53	2502	应付债券
13	1403	原材料	54	2701	长期应付款
14	1404	材料成本差异			三、共同类
15	1405	库存商品	55	3101	衍生工具
16	1411	周转材料			四、所有者权益类
17	1471	存货跌价准备	56	4001	实收资本
18	1473	合同资产	57	4002	资本公积
19	1474	合同资产减值准备	58	4004	其他综合收益
20	1475	合同履约成本	59	4101	盈余公积
21	1476	合同履约成本减值准备	60	4103	本年利润
22	1477	合同取得成本	61	4104	利润分配
23	1478	合同取得成本减值准备	62	4401	其他权益工具
24	1485	应收退货成本			五、成本类
25	1505	债权投资	63	5001	生产成本
26	1507	其他债权投资	64	5101	制造费用
27	1511	长期股权投资			六、损益类
28	1512	长期股权投资减值准备	65	6001	主营业务收入
29	1528	其他权益工具投资	66	6051	其他业务收入
30	1531	长期应收款	67	6111	投资收益
31	1601	固定资产	68	6115	资产处置损益
32	1602	累计折旧	69	6117	其他收益
33	1603	固定资产减值准备	70	6301	营业外收入
34	1604	在建工程	71	6401	主营业务成本
35	1605	工程物资	72	6402	其他业务成本
36	1606	固定资产清理	73	6601	销售费用
37	1701	无形资产	74	6602	管理费用
38	1702	累计摊销	75	6603	财务费用
39	1703	无形资产减值准备	76	6701	资产减值损失
40	1711	商誉	77	6711	营业外支出
41	1901	待处理财产损溢	78	6801	所得税费用
			79	6901	以前年度损益调整

（二）按所提供核算指标详细程度分类

为了既能提供总括的会计核算指标，又能提供详细的会计核算指标，会计科目应分层次设置。同一会计科目纵向的层次关系即为会计科目的级次。会计科目按其所提供指标的详细程度可以分为总分类科目和明细分类科目两大类。

1. 总分类科目

总分类科目，亦称一级科目或总账科目，是对会计要素具体内容进行的总括分类，是反映会计核算资料总括指标的科目。总分类科目原则上由财政部统一规定，上述会计科目名称表中列示的会计科目均为总分类科目。

2. 明细分类科目

明细分类科目，亦称明细科目或细目，是对总分类科目的经济内容所做的进一步分类，是反映会计核算资料详细、具体指标的科目。如在“原材料”总分类科目下可根据材料具体种类设置明细科目，如设“生铁”“圆钢”等明细科目，以便对各种材料进行分类管理。在实际工作中，除少数总分类科目如“库存现金”“累计折旧”科目不必设置明细分类科目外，大多数总分类科目都要设置明细科目。明细科目一般由企业根据实际需要自行设置。

如果某一总分类科目下的明细科目较多，可以增设二级科目。二级科目亦称子目，是介于总分类科目和明细分类科目之间的科目，它所提供的核算指标比总分类科目要详细，但比细目要概括，这样细目就成为三级科目。如在“原材料”总分类科目下，可按材料类别设“原料及主要材料”“辅助材料”“燃料”等二级明细科目，在二级科目下再设明细科目。一般情况下，不设二级科目。

综上所述，会计科目按所提供信息的详细程度，一般分为三级：总分类科目（一级科目）、子目（二级科目）和明细科目（三级科目），见表2-2。

表2-2　**会计科目的级次关系**

<table>
<tr><th rowspan="2">总分类科目
（一级科目）</th><th colspan="2">明细分类科目</th></tr>
<tr><th>二级科目（子目）</th><th>明细科目（细目）</th></tr>
<tr><td rowspan="6">原材料</td><td rowspan="2">原料及主要材料</td><td>生铁</td></tr>
<tr><td>圆钢</td></tr>
<tr><td rowspan="2">辅助材料</td><td>润滑油</td></tr>
<tr><td>油漆</td></tr>
<tr><td rowspan="2">燃料</td><td>焦炭</td></tr>
<tr><td>汽油</td></tr>
</table>

第三节 会计账户

一、会计账户的概念与意义

（一）会计账户的概念

微课2-1

会计账户的理解

会计账户是根据会计科目开设的，具有一定格式和结构，用于分类反映会计要素增减变动情况及其结果的载体，是用来记录各会计科目所反映的经济业务内容的格式。

（二）设置账户的意义

设置账户是会计核算的专门方法之一。账户记录是编制会计报表的数据来源，会计科目只是对会计内容具体分类的项目名称，并不具有相应的格式和结构，因而不能起到具体记载会计内容的作用。为了全面、系统、分类地核算和监督各项经济业务事项所引起的资金增减变动情况及其结果，必须根据会计科目开设一系列账户，账户作为具有一定格式和结构的载体，可以成为会计信息储存、整理的“场所”，并最终输出分类、系统的会计信息，成为登记账簿、编制会计报表的依据。

二、账户的基本结构

账户既然是用来记录经济业务的发生所引起的会计要素的增减变动及其结果，那么账户必须具有一定的结构。账户的结构是指在账户中如何记录经济业务才能取得所需要的核算指标，即增加记哪方，减少记哪方，余额在哪方。

经济业务的发生会引起会计要素发生变动，但从数量上看，归纳起来不外乎增加和减少两种情况。因此，用来记录经济业务的账户，在结构上也相应地分为左右两个部分：一方登记增加额，一方登记减少额，至于哪一方登记增加额，哪一方登记减少额，则取决于所采用的记账方法和账户的性质。

账户的格式多种多样，但一般来说，无论采用哪一种格式，都应包含以下内容：

（1）账户名称（即会计科目）；

（2）日期和摘要（简明扼要说明经济业务的内容）；

（3）凭证号数（账户记录的依据）；

（4）增加和减少的金额；

（5）余额（即结存金额）。

账户的一般格式见表2-3。

表2-3 **账户名称（会计科目）**

年		凭证号	摘　要	左方金额	右方金额	余　额
月	日					

在会计教学中，为了能直观地、简要地讲授核算内容，在教材中将账户的基本结构用简化格式“T”形账户来表示，“T”形账户的格式如下：

左方　　　　账户名称	右方

上述账户左右两方分别登记增加额和减少额，增加额和减少额相抵后的差额称为余额。余额按表现的不同时间，分为期初余额和期末余额。因此，通过账户记录可以提供期初余额、本期增加额、本期减少额和期末余额四个核算指标。

（1）期初余额，是指一定时期的期初账户余额。将上期的期末余额转入本期，即为本期期初余额。

（2）本期增加额，亦称本期增加发生额，是指一定时期（如月、季、年）内账户所登记的增加额的合计数。

（3）本期减少数，亦称本期减少发生额，是指一定时期（如月、季、年）内账户所登记的减少额的合计数。

（4）期末余额，是指一定时期期末结出的账户余额，也就是将本期期初余额加计本期增加发生额和本期减少发生额相抵后的差额。如将本期的期末余额转入下期，就是下期的期初余额。

上述四项金额的关系可以用公式表示如下：

期末余额=期初余额+本期增加发生额-本期减少发生额

每个账户的本期增加发生额和本期减少发生额都应分别记入各该账户左右两方的金额栏，以便分别计算增、减发生额和余额。一般情况下，账户的余额通常在记录本期增加额的一方。

各个账户的本期增加发生额和本期减少发生额反映的是动态指标，可以提供一定时期内各项会计要素的增减变动情况。各个账户余额反映的是静态指标，可以提供各项会计要素在一定日期的状况，即一定时期内增减变动的结果。

三、会计科目与账户的关系

会计科目与账户在会计学中是两个不同的概念，两者之间既有联系又有区别。

会计科目与账户的联系为：会计科目与账户都是按照相同的经济内容来设置的。账户是根据会计科目开设的，会计科目就是账户的名称，会计科目给定的核算内容就是账户记录和反映的经济内容。正因为如此，在实际工作中，人们常常把会计科目作为账户的同义词。

会计科目与账户的区别是：会计科目只是对会计要素的具体内容进行分类的项目名称，说明一定的经济业务内容，本身不存在结构问题，无法提供任何数据；而账户不仅有名称，还有一定的结构，即格式，能够记录和反映经济业务引起的会计要素增减变动及变动结果，提供详细的数据资料。此外，会计科目一般由国家统一制定，并在会计制度中以科目表的形式予以列示，它的设置只是名称的限定，不构成会计核算方法；而账户除统一规定外，还可根据单位实际情况自行确定，账户的设置则构成了会计核算方法之一。

第四节　借贷记账法及其应用

一、记账方法

记账方法是指在账户中登记经济业务的方法，即根据一定的记账原理和规则，运用货币计量单位，利用文字和数字记录经济业务的一种专门方法。

记账方法按其记录方式不同，可以分为单式记账法与复式记账法两大类。

（一）单式记账法

单式记账法，是指对发生的每一项经济业务，只在一个账户中进行记录的记账方法。例如，用银行存款2 000元购买材料，记账时，只在“银行存款”账户中作减少2 000元的记录，而对材料的增加情况不在相关账户中记录。因此，单式记账法是一种比较简单、不完整的记账方法。这种记账方法通常只记录现金收付和债权债务结算业务，而不记录实物的收发业务，因而账户的设置不完整，各账户之间没有严格的对应关系，不能全面、系统地反映经济业务的来龙去脉，不能提供完整、客观的会计信息；也不利于检查账户记录是否正确。因此随着社会经济的发展，单式记账法逐渐被复式记账法所取代。

（二）复式记账法

复式记账法是相对于单式记账法而言的。它是指对发生的每一笔经济业务，都以相等的金额在相互联系的两个或两个以上的账户中进行登记的一种记账方法。例如，用银行存款2 000元购买材料，按照复式记账法，就要一方面在“银行存款”账户中作减少2 000元的记录，另一方面在“原材料”账户中作增加2 000元的记录。由于对发生的每一笔经济业务都以相等的金额在两个或两个以上相互联系的账户中进行登记，这就使得各账户之间形成了严密的对应关系，账户记录能够相互平衡，可以检查账户记录是否正确，因此复式记账法是一种科学的记账方法。复式记账法有以下特点：

（1）设置完整的账户体系，全面反映和监督所有的经济业务。

（2）对每项经济业务都在至少两个账户中作双重记录，反映每项经济业务的来龙去脉。

（3）对每项经济业务都以相等的金额在有关账户中进行记录，便于对记录的结果进行试算平衡，检查账户记录的正确性。

由于复式记账法具有以上特点，因而为世界各国所广泛采用。

二、复式记账法的理论依据

所谓记账方法的理论依据，是指人们按照不同的认识从理论上对记账方法所做的说明和解释。简单地说，复式记账法的理论依据是“资产=负债+所有者权益”这一会计恒等式。根据这一平衡原理，任何一项经济业务的发生，都会引起资产和负债及所有者权益之间至少两个项目发生增减变化，而且增减金额相等。为此，对发生的每一项经济业务，都必须以相等的金额在两个或两个以上的相关账户中作双重记录，以全面反映资金的变化。资金运动存在着相互依存的内在联系，即资金从哪儿来，到哪儿去。复式记账如实地反映资金增减变化的客观情况，记录资金的来路和去向及其相互关系。

很长时间以来，我国会计记账曾使用过的复式记账法有借贷记账法、增减记账法和收付记账法三种。记账方法的不统一，给企业间横向经济联系和国际经济交流带来很多不便，也不利于对会计信息的加工、汇总和利用。而借贷记账法是历史上第一种复式记账法，也是当前世界各国普遍采用的一种记账方法，是现代会计中最具代表性的一种科学的复式记账法。因此，我国企业会计准则明确规定我国的所有企业统一采用借贷记账法。

三、借贷记账法

（一）借贷记账法的基本内容

微课 2-2

借贷记账法的产生与发展

1. 借贷记账法的记账符号

任何一种记账方法都必须规定有其记账符号。所谓记账符号，是指用来标明记账方向的记号。

借贷记账法的记账符号是“借”和“贷”，但这里的“借”“贷”二字已经失去了其字面上原有的含义，只是单纯的记账符号，表示在账户中的两个对立的部位和记账方向。抽象地看，“借”和“贷”都具有双重含义，既表示增加，又表示减少；具体地看，资产类账户和成本类账户，“借”表示增加，“贷”表示减少；负债及所有者权益类与收入类账户，“贷”表示增加，“借”表示减少。

2. 借贷记账法下的账户结构

账户的结构是由账户的性质决定的，不同性质的账户有不同的账户结构。账户的基本结构分为左、右两方，由于借贷记账法的记账符号是“借”“贷”，习惯上把账户的左方称为借方，右方称为贷方。至于借方登记增加额还是登记减少额，贷方是登记减少额还是登记增加额，则取决于账户所反映的经济内容，即取决于账户的性质。

在账户的基本结构中，登记在借方的数额称为“借方发生额”，登记在贷方的数额称为“贷方发生额”。两方发生额相抵后的差额称为“期末余额”。如借方发生额大于贷方发生额，其余额在借方，称为借方期末余额；如贷方发生额大于借方发生额，其余额在贷方，称为贷方期末余额。下面分别说明各类账户的具体结构。

（1）资产类账户

资产类账户的结构是：增加额记入账户的借方，减少额记入账户的贷方，账户若有余额，一般在借方，表示资产的结余数额。资产类账户的结构如下：

借方　　**资产类账户**　　贷方

期初余额 增加额	减少额
本期发生额 期末余额	本期发生额

资产类账户期末余额的计算公式如下：

资产类账户期末余额=借方期初余额+本期借方发生额-本期贷方发生额

（2）负债及所有者权益类账户

会计恒等式“资产=负债+所有者权益”决定了负债及所有者权益类账户的结构与资产类账户的结构正好相反，即增加额记入账户的贷方，减少额记入账户的借方，账户若有余额，一般在贷方，表示负债及所有者权益的结余数额。负债及所有者权益类账户的结构如下：

借方 负债及所有者权益类账户	贷方
减少额	期初余额 增加额
本期发生额	本期发生额 期末余额

所有者权益类账户期末余额的计算公式如下：

负债及所有者权益类账户期末余额=贷方期初余额+本期贷方发生额-本期借方发生额

（3）成本类账户

企业在生产经营过程中形成的产品成本，在产品制成后即转化为产成品，所以成本实际上也是一种资产，其账户结构与资产类账户相同，即增加额记入账户的借方，减少额或转销额记入账户的贷方，账户如有余额，一定在借方，表示在产品的成本。成本类账户的结构如下：

借方 成本类账户	贷方
期初余额 增加额	减少额或转销额
本期发生额 期末余额	本期发生额

（4）损益类账户

损益类账户包括收入类账户和费用类账户。企业在生产经营过程中取得的收入将引起所有者权益增加，因此收入类账户的结构与所有者权益类账户基本相同，增加额记入账户的贷方，减少额或转销额记入账户的借方，期末一般无余额。而费用是企业在生产经营过程中发生的各种耗费，费用的发生将使所有者权益减少，因此费用类账户的结构与所有者权益类账户的结构正好相反，增加额记入账户的借方，减少额或转销额记入账户的贷方，期末一般无余额。

收入类账户的结构如下：

借方 收入类账户	贷方
减少额或转销额	增加额
本期发生额	本期发生额

费用类账户结构如下：

借方 费用类账户	贷方
增加额	减少额或转销额
本期发生额	本期发生额

共同类账户既有资产类账户的性质，又有负债类账户的性质，当出现借方余额时，表现为资产类账户的性质；当出现贷方余额时，则表现为负债类账户的性质。

综上所述，资产、成本、费用类账户的结构相同，增加额记入账户的借方，减少额记入账户的贷方；负债、所有者权益、收入类账户的结构相同，增加额记入账户的贷方，减少额记入账户的借方。我们把全部账户结构用“T”形账户归纳列示如下：

借方　　账户名称（会计科目）	贷方
资产增加	资产减少
负债及所有者权益减少	负债及所有者权益增加
成本费用增加	成本费用减少或转销
收入减少或转销	收入增加

由上可见，在借贷记账法下各类账户的期末余额一般都和记录增加额的方向一致，即资产类账户的期末余额一般在借方，而负债及所有者权益类账户的期末余额一般在贷方。反过来，我们可根据账户余额的方向来判断账户的性质，即如果账户余额在借方，从性质上说属于资产类账户；如果账户余额在贷方，从性质上说属于负债或所有者权益类账户。根据借贷记账法的这一特点，我们可以设置双重性质的账户。

3. 借贷记账法的记账规则

记账规则是进行会计记录和检查账簿登记是否正确的依据和规律。不同的记账方法，具有不同的记账规则。借贷记账法是以“有借必有贷，借贷必相等”作为记账规则的。现举例说明如下。

【例2-1】甲公司2×23年7月发生下列经济业务：

1. 收到投资者投入的资本70 000元，存入银行。

这项经济业务的发生，使企业的银行存款这项资产增加70 000元，同时使实收资本这项所有者权益增加70 000元。资产的增加记入“银行存款”账户的借方，所有者权益的增加记入“实收资本”账户的贷方，其登账的结果如下：

借方　　实收资本	贷方
	70 000

借方　　银行存款	贷方
70 000	

2. 以银行存款30 000元偿还到期的短期借款。

这项经济业务的发生，使企业的银行存款这项资产减少30 000元，同时使短期借款这项负债减少30 000元。资产的减少记入“银行存款”账户的贷方，负债的减少记入“短期借款”账户的借方，其登账的结果如下：

借方　　银行存款	贷方
	30 000

借方　　短期借款	贷方
30 000	

3. 从银行提取现金1 000元备用。

这项经济业务的发生，使企业的银行存款这项资产减少1 000元，同时使库存现金这项资产增加1 000元。一项资产的增加记入“库存现金”账户的借方，一项资产的减少记入“银行存款”账户的贷方，其登账的结果如下：

银行存款

借方	贷方
	1 000

库存现金

借方	贷方
1 000	

4. 企业与供货单位协商并经有关部门批准，将所欠的货款40 000元转为对企业的投资。

这项经济业务的发生，使企业的应付账款这项负债减少40 000元，同时使实收资本这项所有者权益增加40 000元。负债的减少记入“应付账款”账户的借方，所有者权益的增加记入“实收资本”账户的贷方，其登账的结果如下：

实收资本

借方	贷方
	40 000

应付账款

借方	贷方
40 000	

通过【例2-1】可以看出，每一项经济业务的发生，一方面要记入有关账户的借方，另一方面必须记入有关账户的贷方，并且记入借方的金额与记入贷方的金额必然相等。为此，我们可将借贷记账法的记账规则概括为“有借必有贷，借贷必相等”。这一记账规则要求对每项经济业务都要以相等的金额、相反的方向登记在两个或两个以上的账户中。

按照借贷记账法的记账规则记录经济业务时，在有关账户之间形成了一种应借、应贷的相互关系，账户之间存在的这种关系，称为账户的对应关系；存在对应关系的账户，称为对应账户。例如，用银行存款2 000元购买原材料，就要在“原材料”账户的借方和“银行存款”账户的贷方进行记录。这样“原材料”账户与“银行存款”账户就形成了对应关系，两个账户也就成了对应账户。利用账户的这种对应关系，一是可以了解经济业务的内容及来龙去脉；二是可以检查对经济业务的处理是否合理合法。建立账户对应关系时应注意下列几个问题：

（1）账户的对应关系是就某一具体业务而言的，能够形成对应关系的账户，必定能代表并说明某一类型经济业务的内容。

（2）并不是所有账户之间都能产生对应关系，账户之间是否能够产生对应关系取决于账户的性质、核算内容以及国家相关法律法规的规定，有些账户之间是不可能形成对应关系的，如“生产成本”账户和“本年利润”账户、“管理费用”账户和“短期借款”账户等，如果强行将这些不存在对应关系的账户组合在一起，则无法正确反映经济业务内容。

为了正确地反映账户的对应关系，并保证记账的正确性，在将经济业务记入账户之前，应先根据经济业务所涉及账户及其借贷方向和金额，编制会计分录，然后根据会计分录登记入账。

会计分录简称分录，是指标明每笔经济业务所涉及的账户名称，以及记入账户的方向和金额的一种记录。一笔会计分录主要包括三个要素：会计科目、记账符号、变动金额。在实际工作中，会计分录是通过记账凭证加以表现的。有关原始凭证和记账凭证的编制将在后面有关章节中阐述。

在借贷记账法下，会计分录的编制应遵循以下几个步骤：

首先，分析确定经济业务所涉及的账户名称，并判断其变化是增加还是减少。

其次，确定所涉及的账户的性质，即确定应记入有关账户的借方还是贷方。

最后，确定应记入每个账户的金额。

会计分录的书写格式

【例2-2】根据【例2-1】中的4笔经济业务编制的会计分录列示如下：

（1）借：银行存款　70 000
　　　贷：实收资本　70 000

（2）借：短期借款　30 000
　　　贷：银行存款　30 000

（3）借：库存现金　1 000
　　　贷：银行存款　1 000

（4）借：应付账款　40 000
　　　贷：实收资本　40 000

会计分录按其所反映的经济业务的复杂程度，分为简单分录和复合分录。简单分录是指由两个账户组成的一借一贷会计分录；复合分录是指由两个以上账户组成的一借多贷、多借一贷或多借多贷的会计分录。复合分录是由几个简单分录组成的，编制复合分录可以集中反映一笔经济业务的全貌，同时可以简化记账工作。如某企业购买原材料一批，价值8 000元，其中以银行存款支付5 000元，其余款项尚未支付，假定不考虑相关税费。

该项经济业务涉及资产类账户中的“原材料”账户、“银行存款”账户和负债类账户中的“应付账款”账户，编制复合分录如下：

借：原材料　8 000
　贷：银行存款　5 000
　　　应付账款　3 000

上述复合分录可以分解为两笔简单分录：

①借：原材料　5 000
　　贷：银行存款　5 000

②借：原材料　3 000
　　贷：应付账款　3 000

应该指出的是，会计分录是经济业务本质的会计反映，一笔经济业务是编制简单分录还是复合分录，取决于该经济业务本身。因此，既不能人为地把多项经济业务合并编制成复合分录，甚至是多借多贷的会计分录，也不能人为地把一项经济业务分离成若干个简单分录。在编制会计分录时，尽量避免编制多借多贷的会计分录，除非对应关系清晰，当采用简单分录不能完整地反映经济业务时，才采用多借多贷会计分录。

4. 借贷记账法的试算平衡

为了检查一定时期内所发生的经济业务在账户中记录的正确性，在会计期末应进行试算平衡。

所谓试算平衡，是指根据资产和负债及所有者权益之间的平衡关系，通过对所有账户的发生额或余额的汇总计算和比较，来检查账户记录是否正确的一种方法。

由于借贷记账法的记账规则是“有借必有贷，借贷必相等”，按照这个规则编制的会计分录，每笔会计分录的借、贷两方的发生额必然相等，从而将一定时期内的全部经济业务的会计分录登记入账后，所有账户的本期借方发生额合计数与本期贷方发生额合计数也必然相等。同时，由于账户借方余额表明其资产性质，账户贷方余额表明其负债或所有者权益性质，因此所有账户期末借方余额合计实质上就是期末资产总计，所有账户期末贷方余额合计实质上就是期末负债及所有者权益总计。根据资产与负债及所有者权益的平衡关系，在期末结出各账户余额后，所有账户的期末借方余额合计数与期末贷方余额合计数也必然相等。所以，在借贷记账法下，可采用以下两种方法进行试算平衡：

（1）发生额平衡法

所有账户本期借方发生额合计=所有账户本期贷方发生额合计

（2）余额平衡法

所有账户期初借方余额合计=所有账户期初贷方余额合计

所有账户期末借方余额合计=所有账户期末贷方余额合计

在实际工作中，进行试算平衡一般是在期末结算出各个账户的本期发生额和期末余额后，通过编制试算平衡表进行的。试算平衡表的格式有两种：一种是“总分类账户本期发生额试算平衡表”，它是根据各个账户的本期发生额编制的；另一种是“总分类账户期末余额试算平衡表”，它是根据各个账户的期末余额编制的。为了方便，企业一般将“总分类账户本期发生额试算平衡表”和“总分类账户期末余额试算平衡表”合并在一起，并结合各账户的期初余额，编制“总分类账户发生额及余额试算平衡表”，格式见表2-5。这样在一张表上既可以进行总分类账户借贷方发生额平衡的试算，又可以进行总分类账户借贷方余额平衡的试算。

试算平衡表的编制方法如下：

首先，将各个会计科目填入表中的“会计账户”栏内。

其次，把各账户借方或贷方的期初余额、本期发生额和期末余额分别填入表中的相应栏内。

最后，计算出表中各栏次的合计数，检查各栏的借方合计与贷方合计是否相等。

【例2-3】根据【例2-1】中的资料说明试算平衡表的编制。

甲公司2×23年7月初有关账户期初余额见表2-4。

表2-4　　**甲公司2×23年7月初有关账户期初余额**　　单位：元

资产类账户	金　额	负债及所有者权益类账户	金　额
库存现金	2 000	短期借款	110 000
银行存款	100 000	应付账款	62 000
应收账款	40 000	实收资本	250 000
原材料	80 000		
固定资产	200 000		
总　计	422 000	总　计	422 000

将甲公司2×23年7月发生的4笔经济业务的会计分录登记入账，期末结出账户的本期发生额和期末余额：

借方	库存现金		贷方
期初余额	2 000		
	（3）1 000		
本期发生额	1 000	本期发生额	0
期末余额	3 000		

借方	银行存款		贷方
期初余额	100 000		（2）30 000
	（1）70 000		（3）1 000
本期发生额	70 000	本期发生额	31 000
期末余额	139 000		

借方	应收账款		贷方
期初余额	40 000		
本期发生额	0	本期发生额	0
期末余额	40 000		

借方	原材料		贷方
期初余额	80 000		
本期发生额	0	本期发生额	0
期末余额	80 000		

借方	固定资产		贷方
期初余额	200 000		
本期发生额	0	本期发生额	0
期末余额	200 000		

借方	短期借款		贷方
		期初余额	110 000
	（2）30 000		
本期发生额	30 000	本期发生额	0
		期末余额	80 000

借方	应付账款		贷方
		期初余额	62 000
	（4）40 000		
本期发生额	40 000	本期发生额	0
		期末余额	22 000

借方	实收资本		贷方
		期初余额	250 000
			（1）70 000
			（4）40 000
本期发生额	0	本期发生额	110 000
		期末余额	360 000

根据账户记录编制总分类账户发生额及余额试算平衡表，见表2-5。

表2-5　　**总分类账户发生额及余额试算平衡表**

2×23年7月31日　　单位：元

会计账户	期初余额		本期发生额		期末余额	
	借方	贷方	借方	贷方	借方	贷方
库存现金	2 000		1 000		3 000	
银行存款	100 000		70 000	31 000	139 000	
应收账款	40 000				40 000	
原材料	80 000				80 000	
固定资产	200 000				200 000	
短期借款		110 000	30 000			80 000
应付账款		62 000	40 000			22 000
实收资本		250 000		110 000		360 000
合　计	422 000	422 000	141 000	141 000	462 000	462 000

必须指出的是，经试算的双方数额如果不相等，肯定是记账有错误，须及时查明原因；但是，如相等也不能说明账户记录肯定或完全没有错误，因为有些错误并不影响借贷双方的平衡，即通过试算平衡无法发现，如重记或漏记某项经济业务、借贷记账方向颠倒了，或者记错了账户等，这些错误需要采用其他会计检查方法进行检查。可见，试算平衡的结果只能确认账户记录是否基本正确。

【思政课堂】

坚持自信自立　坚持守正创新

本章学习的借贷记账法是历史上第一种复式记账法，是我国目前使用的记账方法，也是现代会计中最具代表性的一种科学的复式记账法。我国会计制度源远流长，在社会发展进程中，经历了一个由简单到复杂，从原始记录到单式簿记再到复式簿记的不断发展、不断完善的沿革过程。

在西周时期，出现了“司会”这一会计职务。会计组织开始出现，同时，在中国会计发展中使用了两千多年的单式记账法也从这个时期正式出现了。

春秋时期的孔子提出了中国最早的会计准则，他认为会计一定要具有真实性、准确性和平衡性，即会计在收入、支出和结余上一定要正确，不能出现错误的数字，也不能不记录已发生的经济活动。

秦汉时期，单式记账法有了提升，出现了三柱结算法，此方法是以“入、出”作为会计的记录符号，并且产生了一个结算公式，即：入-出=余，这个会计等式对未来会计的发展起着重要的作用，并且在这期间也出现“上计簿”，也就是现在的财务报告的雏形。

唐宋时期官厅会计把钱粮的收支分为四个部分来反映资产的增减变化，形成了“四柱”（旧管+新收—开除=实在）的会计公式，根据“四柱”结算法编造的账簿称为“四柱清册”。“四柱清册”的应用奠定了中式簿记的基础。

明末清初，“龙门账”的产生，把全部账目分为四部分，它们之间的关系为：“进-缴=存-该”，标志着我国会计由单式记账向复式记账的迈进。到清朝后期，从国外引入借贷记账法。

自我国改革开放之后，现代会计在我国逐渐发展并完善。2006年，财政部颁布了新企业会计准则体系，与我们国家的国情相互适应，并且与国际财务报告准则接轨。

当前数字化时代，现代会计的工艺与现代电子计算和信息技术相结合，会计也将从手工簿记系统发展为电子数据处理系统和网络系统。

总而言之，中国会计制度积厚流光，从文字叙述式到定式表达式、从单式簿记到复式簿记不断演变推进完善，正是如此才有了会计的不断发展，才会让中国经济不断发展完善，前途一片光明。

习近平总书记在党的二十大报告中提出，要“坚持自信自立，坚持守正创新”，作为会计人，璀璨的会计文化是我们自信自立的根本，我们应当带着这些弥足珍贵的文化瑰宝，继续向世界展示中国文化的良好形象。同时，我们应适应新形式、新要求，不断学习、充实自我，持续深耕专业知识、提升专业能力，开拓创新，努力推动会计事业高质量发展。

资料来源：王思媛．中国会计发展史［J］．财税金融，2020（4）．

【复习思考】

1.什么是会计科目？为什么要设置会计科目？

2.什么是账户？为什么要设置账户？

3.试述会计科目与账户之间的联系和区别。

4.什么是借贷记账法？它有什么特点？

5.何谓账户的对应关系？何谓对应账户？

6.什么是会计分录？编制会计分录的主要目的是什么？

7.为什么要进行试算平衡？试算平衡的依据是什么？

【练习题】

一、选择题

1.复式记账法的理论依据是（　　）。

A.收入-费用=利润

B.资产=负债+所有者权益

C.期初余额+本期增加额-本期减少额=期末余额

D.借方发生额=贷方发生额

2.为了保证账户对应关系的清晰，一般情况下不宜编制（　　）会计分录。

A.多借多贷　　B.一借多贷　　C.一借一贷　　D.多借一贷

3.账户是根据（　　）开设的，用来连续、系统地记录各项经济业务的一种工具。

A.会计要素　　B.会计科目　　C.会计凭证　　D.会计对象

4.（多选题）以下哪些错误无法通过试算平衡表发现（　　）。

A.某项经济业务未入账　　B.某项经济业务重复入账

C.借贷双方同时多记金额　　D.借贷双方同时少记金额

E.应借应贷账户借贷方颠倒

二、业务题

某企业6月初有关总分类账户的余额见表2-6：

表2-6　**某企业6月初有关总分类账户的余额**　单位：元

账户名称	余　额	账户名称	余　额	账户名称	余　额
库存现金	300	银行存款	200 000	原材料	4 700
固定资产	160 000	生产成本	15 000	短期借款	10 000
应付账款	50 000	实收资本	320 000		

该企业本月发生如下经济业务（根据会计分录叙述经济业务）：

（1）收到投资者投入的货币资金100 000元，已存入银行。

（2）用银行存款60 000元购入汽车一辆。

（3）从银行提取现金40 000元。

（4）借入短期借款20 000元，存入银行。

（5）用银行存款80 000元偿还应付账款。

（6）生产产品领用材料一批，价值30 000元。

（7）购入材料一批，贷款200 000元尚未支付。

（8）用银行存款30 000元偿还短期借款。

要求：编制试算平衡表，见表2-7。

表2-7 **试算平衡表** 单位：元

账户名称（会计科目）	期初余额		本期发生额		期末余额	
	借方	贷方	借方	贷方	借方	贷方
库存现金						
银行存款						
原材料						
固定资产						
生产成本						
短期借款						
应付账款						
实收资本						
合　计						

第三章

会计循环

学习目标

知识目标： 通过本章的学习，理解会计循环的基本概念和基本内容，掌握会计凭证和会计账簿的种类，掌握对账和结账的方法，并熟悉三大财务报表。

技能目标： 通过本章的学习，准确理解会计循环的基本内容，遵循会计循环进行会计处理，掌握填制会计凭证和登记账簿的基本技能，并对编制财务报表有基本认识。

第一节　会计循环概述

一、会计循环的概念

会计循环是在经济业务事项发生时，从填制和审核会计凭证开始，到登记账簿，直至编制财务会计报告，即完成一个会计期间会计核算工作的过程。企业将一定时期发生的所有经济业务，依据一定的步骤和方法，加以记录、分类、汇总直至编制会计报表的会计处理全过程。在连续的会计期间，这些工作周而复始地不断循环进行。

在会计实务中，科学地组织会计循环，对于有效地保证会计信息质量，连续、系统地记录和反映各项经济业务的发生和完成情况，提供连续、全面的会计信息具有重要意义。

二、会计循环的基本内容

（1）对于发生的经济业务进行初步的确认和记录，即填制和审核原始凭证；

（2）填制记账凭证，即在审核的原始凭证的基础上，通过编制会计分录填制记账凭证；

（3）登记账簿，包括日记账、总分类账和明细分类账；

（4）编制调整分录，其目的是将收付实现制转换为权责发生制；

（5）结账，即将有关账户结算出本期总的发生额和期末余额；

（6）对账，包括账证核对、账账核对和账实核对；

（7）试算平衡，即根据借贷记账法的基本原理进行全部总分类账户的借方与贷方总额的试算平衡；

（8）编制会计报表和其他财务报告。

第二节 会计凭证

一、会计凭证的概念和种类

所谓会计凭证，是指记录经济业务，明确经济责任，作为记账依据的书面文件。由于企业发生的经济业务多种多样，因而会计凭证在其作用、性质、格式、内容及填制程序等方面，都有各自的特征。会计凭证按其填制的程序和用途不同，可以分为原始凭证和记账凭证两种。

原始凭证又称单据，是在经济业务发生或完成时取得或填制的，用以记录和证明经济业务事项发生或完成情况的书面证明文件。

记账凭证，是会计人员根据审核无误的原始凭证按照经济业务事项的内容加以归类，据以确定会计分录后所填制的会计凭证，是登记账簿的直接依据。

二、原始凭证

原始凭证是填制记账凭证和登记账簿的原始依据，是进行会计核算的重要原始资料。原始凭证按照不同的标准又可以进行进一步的分类。

1. 原始凭证按照来源不同分类

原始凭证按照来源的不同，可以分为外来原始凭证和自制原始凭证。

（1）外来原始凭证

外来原始凭证是指在经济业务发生或完成时，从外部企业、单位或者个人取得的原始凭证。例如：购进原材料时从购货单位取得的增值税专用发票或非增值税及小规模纳税人的发票；员工出差的飞机票、火车票、住宿费发票等；对外支付款项时取得的收据等。发票和收据的一般格式见表3-1、表3-2。

表3-1 **发　票**

购买单位：××工厂　　2×23 年 1 月 8 日　　No.04578

品名及规格	单　位	数　量	单　价	金　额
甲材料	千克	1 000	2.00	2 000
乙材料	千克	500	5.00	2 500

金额（大写）人民币肆仟伍佰元整 ￥4 500.00

主管：××　　复核：××　　开票人：××　　收款人：××

表3-2　**收据**

收款收据　No.0000001

2×23年2月3日

交款单位：兴中实业有限公司　收款方式

人民币（大写）壹仟伍佰叁拾元整（小写）¥1 530.00

收款事由一月份水电费

盖章（收款单位）　财会主管：××　出纳：××　审核：×××

（2）自制原始凭证

自制原始凭证是指在经济业务发生或完成时，由本单位内部经办业务的部门和人员，根据经济业务的内容自行填制的凭证。如由仓库保管人员在材料验收入库时填制的“收料单”；单位内部有关部门或生产车间领用材料时填制的“领料单”；产品验收入库时填制的“产品入库单”；工资结算时编制的“工资结算单”；分配制造费用时编制的“制造费用分配表”等。自制原始凭证是仅供本单位内部使用的原始凭证。“收料单”“领料单”“产成品入库单”的一般格式分别见表3-3、表3-4、表3-5。

表3-3　**收料单**

供应单位：××公司　材料科目：原材料　编号：0356

发票号码：014785　2×23年1月25日　材料类别：黑色金属　仓库：5号

材料编号	材料名称	规格	计量单位	数量		实际成本		计划成本	
				应收数量	实收数量	单位成本	金额	单位成本	金额
0025	钢板	5毫米	吨	10	10	8 500	85 000	8 200	82 000

仓库负责人：××　仓库保管：××　收料人：×××

表3-4　**领料单**

领用部门：二车间　编号：0479

用　　途：生产产品　2×23年3月20日　仓库：5号

材料编号	材料名称	规格	计量单位	请领数量	实发数量	单位成本	金额	备注
0025	钢板	5毫米	吨	4	4	8 000	32 000	

主管：××　审批人：×××　领料人：××　发料人：×××

表3-5 **产成品入库单** 编号：08

交库单位： 2×23年5月10日 仓库：成品仓库

产品编号	产品名称	规　格	计量单位	交付数量	检验结果		实收数量	单位成本	金　额	备　注
					合格	不合格				
02-15	A		件	20	20		20	500	10 000	

车间负责人：××× 仓库保管：×××

2. 原始凭证按填制手续及内容不同分类

原始凭证按填制手续及内容的不同，可以分为一次凭证、累计凭证、汇总原始凭证。

（1）一次凭证

一次凭证是指填制手续一次完成，用以记录一项经济业务或同时反映若干项同类经济业务的原始凭证。外来原始凭证一般均属一次凭证，如"发票""收据"等。自制原始凭证大多数也是一次凭证，如"领料单""收料单""职工借款单"等。

（2）累计凭证

累计凭证是指一定时期内记载同类重复发生的经济业务并在一张凭证中多次填制才能完成的原始凭证。累计凭证的填制手续不是一次完成的，而是把经常发生的同类经济业务登记在一张凭证上，直到期末求出总数以后才完成凭证的填制手续，此时才可以作为记账的原始依据。采用累计凭证，既可以减少凭证数量和简化凭证填制手续又可以起到控制费用支出、节约开支的作用，是实行事中控制的有效方法之一。如企业为了控制材料领用而采用的"限额领料单"，格式见表3-6。

表3-6

领料部门：一车间 **限额领料单** 编　号：056

用途：生产用 2×23年6月 发料仓库：3号

材料编号	材料名称	规　格	计量单位	领用限额	单　价	实际领用	
						数量	金额
0025	钢板	5毫米	吨	100	8 000	80	640 000
领料日期	请领数量		实发数量	领料人签章	发料人签章	限额结余	
4	20		20	李一	陈力	80	
9	25		25	李一	陈力	55	
15	20		20	李一	陈力	35	
23	10		10	李一	陈力	25	
28	5		5	李一	陈力	20	
合　计	80		80			20	

供应部门负责人：××× 生产部门负责人：××× 仓库管理员：×××

（3）汇总原始凭证

汇总原始凭证也称原始凭证汇总表，是根据一定时期内若干张反映同类经济业务的原始凭证汇总编制而成的凭证。汇总原始凭证既可以提供经济管理所需的总量指标，又可以简化记账凭证的填制工作。但需要注意，汇总原始凭证所汇总的内容，只能是同类交易或事项，非同类交易或事项的原始凭证是不能汇总在一起的。如根据“领料单”等发料凭证汇总编制的“发料凭证汇总表”，根据“收料单”等收料凭证汇总编制的“收料凭证汇总表”，根据员工出差的各种车票、住宿费发票等单据汇总编制的“差旅费报销单”等。“发料凭证汇总表”的格式见表3-7。

表3-7　**发料凭证汇总表**　单位：元

借方科目 材料种类	生产成本	制造费用	管理费用	合　计
甲材料	5 600	2 300	500	8 400
乙材料	7 200	1 800	300	9 300
辅助材料		200		200
燃料		400		400
合　计	12 800	4 700	800	18 300

主管：××　审核：×××　保管：××　制单：×××

3. 原始凭证按格式不同分类

原始凭证按其格式不同，可以分为通用凭证和专用凭证。

（1）通用凭证

通用凭证是指由有关部门统一印制，在一定范围内具有统一格式和使用方法的凭证。这里的“一定范围”，可以是全国范围，也可以是某省、某市、某地区或某系统。如全国统一使用的“银行承兑汇票”“增值税专用发票”，某一地区统一印制的“收款收据”等。

（2）专用凭证

专用凭证是指具有特定内容和专门用途的原始凭证。常见的专用凭证有“领料单”“收料单”“职工医药费报销单”“差旅费报销单”等。

4. 原始凭证按用途不同分类

原始凭证按其用途不同，可以分为通知凭证、执行凭证和计算凭证。

（1）通知凭证

通知凭证是指财政部门、上级单位要求或命令企业办理某项经济业务的原始凭证，如“罚款通知书”“付款通知书”等。

（2）执行凭证

执行凭证是证明某项经济业务正在进行或已经完成的原始凭证，如“销货发票”“材料验收单”“领料单”等。

（3）计算凭证

计算凭证也叫记账编制凭证，是通过一定的计算手续编制的，可以提供某项会计指标的原始凭证。如“产品成本计算单”“制造费用分配表”“工资计算表”等。“制造费用分配表”的格式见表3-8。

表3-8　**制造费用分配表**　金额单位：元

产品名称	生产工人工时	分配率	分配金额
A产品	2 000	5	10 000
B产品	8 000	5	40 000
合　计	10 000		50 000

综上所述，原始凭证的分类如图3-1所示。

- 原始凭证
  - 按来源划分
    - 外来原始凭证
    - 自制原始凭证
  - 按填制手续及内容划分
    - 一次凭证
    - 累计凭证
    - 汇总原始凭证
  - 按格式划分
    - 通用凭证
    - 专用凭证
  - 按用途划分
    - 通知凭证
    - 执行凭证
    - 计算凭证

图3-1　原始凭证种类示意图

企业发生的经济业务事项复杂多样，记录和反映经济业务事项的原始凭证的名称、内容和格式也不尽相同。但是，无论何种原始凭证都必须如实地反映交易或事项的发生和完成情况，明确经办人员责任。因此，各种原始凭证都必须具备一些基本内容，通常称为凭证要素，一般包括以下内容：

原始凭证的填制方法

（1）原始凭证的名称；

（2）原始凭证的填制日期和编号；

（3）接受原始凭证的单位名称或个人姓名（俗称抬头）；

（4）经济业务的内容摘要；

（5）经济业务的实物数量、单价和金额；

（6）填制原始凭证的单位名称；

（7）有关经办人员的签名或盖章。

另外，对于有些原始凭证不仅要满足会计核算工作的需要，同时要满足预算、计划和统计以及其他业务管理方面的需要，因此，可以根据具体情况增设一些补充性的内容，如有些凭证可以注明与该业务有关的预算计划数、生产指令号、合同编号等凭证附件。

三、记账凭证

原始凭证的审核

记账凭证，又称分录凭证，是会计人员依据审核无误的原始凭证或原始凭证汇总表，按照经济业务的内容加以分类，据以确定会计分录，并作为登记账簿依据的一种会计凭证。由于原始凭证只表明了交易或事项的具体内容，不能表明交易或事项归类的会计科目和记账方向，因而不能直接据以登记账簿。因此，必须在对原始凭证审核无误的基础上，将原始凭证进行归类、整理，据以填制记账凭证，记账凭证是记账的直接依据。

微课3-1

记账凭证的填制

1. 记账凭证按照反映的内容不同分类

记账凭证按照反映的内容不同，可以分为收款凭证、付款凭证、转账凭证和通用记账凭证。

（1）收款凭证

收款凭证是指专门用以记录库存现金和银行存款收入业务的记账凭证，又可以分为现金收款凭证和银行存款收款凭证，是根据库存现金收入和银行存款收入业务的原始凭证填制的。如根据以库存现金结算的发票记账联编制现金收款凭证，根据银行进账通知单编制银行存款收款凭证等。

该凭证左上角的“借方科目”按收款的性质填写“库存现金”或“银行存款”；贷方科目栏，要根据经济业务的内容填入与借方科目相对应的总账科目和明细科目；合计金额表示借方科目的金额；“记账”是指该凭证登记账簿的标记，防止经济业务重记或漏记。现举例说明收款凭证的填制方法。

【例3-1】天津制冷设备制造有限公司2×23年1月18日收到三星公司偿还所欠货款257 000元，对方开出支票一张，收讫存入银行。出纳人员根据审核无误的原始凭证（见表3-9），填制银行存款收款凭证（见表3-10）。

中国工商银行　进账单（收账通知）

表3-9　　2×23年1月18日　　第　号

<table>
<tr><td rowspan="3">付款人</td><td>全　称</td><td>三星公司</td><td rowspan="3">收款人</td><td>全　称</td><td colspan="10">天津制冷设备制造有限公司</td></tr>
<tr><td>账　号</td><td>03-345389530544</td><td>账　号</td><td colspan="10">02-998905674821</td></tr>
<tr><td>开户银行</td><td>工行上海分行</td><td>开户银行</td><td colspan="10">工行天津分行津东分理处</td></tr>
<tr><td colspan="2" rowspan="2">人民币
（大写）</td><td colspan="3" rowspan="2">贰拾伍万柒仟元整</td><td>千</td><td>百</td><td>十</td><td>万</td><td>千</td><td>百</td><td>十</td><td>元</td><td>角</td><td>分</td></tr>
<tr><td></td><td>¥</td><td>2</td><td>5</td><td>7</td><td>0</td><td>0</td><td>0</td><td>0</td><td>0</td></tr>
<tr><td colspan="2">票据种类</td><td>转账</td><td colspan="12" rowspan="3">收款人开户银行签章</td></tr>
<tr><td colspan="2">票据张数</td><td>1</td></tr>
<tr><td colspan="3">单位主管：　会计：　复核：　记账：</td></tr>
</table>

此联是收款人开户银行交给收款人的进账通知

表3-10　　**收 款 凭 证**　　出纳编号 15

借方科目：银行存款　　2×23年1月18日　　凭证编号 30

摘　要	应贷科目		记账	金　额									
	总账科目	明细科目		百	十	万	千	百	十	元	角	分	
收到欠款	应收账款	三星公司	√		2	5	7	0	0	0	0	0	附件1张
合　计				¥	2	5	7	0	0	0	0	0	

会计主管：李力　　记账：王英　　出纳：马燕　　复核：王红　　制证：张帅

（2）付款凭证

付款凭证是指专门用以记录库存现金和银行存款付出业务的记账凭证，又可以分为现金付款凭证和银行存款付款凭证，是根据库存现金和银行存款付出业务的原始凭证填制的。如根据以库存现金结算的发票记账联编制现金付款凭证；根据现金支票、转账支票存根编制银行存款付款凭证。

付款凭证的编制方法与收款凭证基本相同。现举例说明付款凭证的填制方法。

【例3-2】甲公司2×23年2月14日购进办公用品3 500元，开出转账支票一张，出纳人员根据审核无误的原始凭证（见表3-11、表3-12）填制付款凭证（见表3-13）。

表3-11

中国工商银行

转账支票存根

ⅣⅥ××××××

附加信息

出票日期 2×23年2月14日

收款人：	甲公司
金　额：	3 500.00
用　途：	购办公用品

单位主管：李力　会计：王英

表3-12　　**发 票**

购买单位：甲公司　　2×23年2月14日　　No.0325

品名及规格	单　位	数　量	单　价	金　额
钢笔	支	50	20.00	1 000
计算器	个	50	50.00	2 500

金额（大写）人民币叁仟伍佰元整 ¥3 500.00

收款单位发票专用章　　主管：××　　复核：××　　开票人：××　　收款人：××

表3-13　**付 款 凭 证**　出纳编号 23

贷方科目：银行存款　2×23年2月14日　凭证编号 48

摘要	应借科目		记账	金额								
	总账科目	明细科目		百	十	万	千	百	十	元	角	分
购进办公用品	管理费用	办公费	√				3	5	0	0	0	0
合计						¥	3	5	0	0	0	0

附件2张

会计主管：李力　记账：王英　出纳：马燕　复核：王红　制证：张帅

收款凭证、付款凭证是登记库存现金日记账和银行存款日记账以及有关明细账和总分类账的依据，也是出纳人员收付款项的依据。出纳人员在收取款项后，应在凭证上加盖“收讫”戳记，在付出款项后，应在凭证上加盖“付讫”戳记。

（3）转账凭证

转账凭证是指专门用以记录除库存现金和银行存款收付款业务以外的其他转账业务的记账凭证，是根据不涉及货币资金收支业务的转账业务的原始凭证或原始凭证汇总表编制的，如产品完工入库、领用原材料、分配应付职工薪酬等业务都属于转账业务。转账凭证是登记有关明细账与总分类账的依据。该凭证将经济业务中所涉及的全部会计科目，按照先借后贷的顺序记入会计科目栏中的“总账科目”和“明细科目”栏，并按应借、应贷方向分别记入“借方金额”或“贷方金额”栏。现举例说明转账凭证的填制方法。

【例3-3】甲公司2×23年2月20日生产产品领用钢材4 900元，由经办人填制“领料单”，根据审核无误的领料单（见表3-14）填制转账凭证（见表3-15）。

表3-14　**领 料 单**

领用部门：二车间　编号：0489

用途：生产产品　2×23年2月20日　仓库：5号

材料编号	名称	规格	计量单位	请领数量	实发数量	单位成本	金额	备注
0025	钢材	5毫米	吨	1	1	4 900	4 900	

主管：李力　审批人：王超　领料人：张华　发料人：田军

表3-15 **转 账 凭 证** 总号 78

2×23年2月20日 分号

摘　要	总账科目	明细科目	记账	借方金额							贷方金额							
				万	千	百	十	元	角	分	万	千	百	十	元	角	分	
生产领用材料	生产成本	甲产品	√		4	9	0	0	0	0								附
	原材料	钢材	√									4	9	0	0	0	0	件
																		1
																		张
合　计				¥	4	9	0	0	0	0	¥	4	9	0	0	0	0	

会计主管：李力　　记账：陈亮　　复核：王红　　制证：张一周

（4）通用记账凭证

收款凭证、付款凭证和转账凭证都是专门用于某一类经济业务的记账凭证，因此都属于专用记账凭证。如果企业规模不大，业务比较单纯、业务量也较少，可以采用通用记账凭证。采用通用记账凭证的单位，无论是款项的收付业务还是转账业务，都采用统一格式的记账凭证。现举例说明通用记账凭证的填制方法。

【例3-4】甲公司2×23年3月18日偿还短期借款9 700元，开出转账支票一张，根据审核无误的原始凭证（见表3-16）填制通用记账凭证（见表3-17）。

表3-16

中国工商银行

转账支票存根

ⅣⅥ××××××

附加信息

出票日期 2×23年3月18日

收款人：	乙公司
金　额：	9 700.00
用　途：	偿还短期借款

单位主管：李力　会计：陈亮

表3-17 **记 账 凭 证** 总号126

2×23年3月18日 分号

摘　要	总账科目	明细科目	记账	借方金额							贷方金额							
				万	千	百	十	元	角	分	万	千	百	十	元	角	分	
偿还短期借款	短期借款		√		9	7	0	0	0	0								附
	银行存款		√									9	7	0	0	0	0	件
																		1
																		张
合　计				¥	9	7	0	0	0	0	¥	9	7	0	0	0	0	

会计主管：李力　　记账：陈亮　　复核：王红　　制证：张一周

2. 记账凭证按照填制方式不同分类

记账凭证按照填制方式不同，可以分为复式记账凭证、单式记账凭证。

（1）复式记账凭证

复式记账凭证是指将一笔经济业务涉及的借方和贷方的所有会计科目都集中填列在一张记账凭证上。如前面列举的收款凭证、付款凭证、转账凭证和通用记账凭证，都是复式记账凭证。复式记账凭证可以集中反映账户之间的对应关系，便于了解经济业务的全貌。在实际工作中，企业一般都采用复式记账凭证。

（2）单式记账凭证

单式记账凭证是指每一张凭证只填列经济业务所涉及的一个会计科目的记账凭证。即把每一项经济业务所涉及的会计科目分别填列在不同的记账凭证上，涉及几个会计科目就需填制几张记账凭证。其中填列借方会计科目的记账凭证称为“借项凭证”，填列贷方会计科目的记账凭证称为“贷项凭证”。单式记账凭证不能反映账户之间的对应关系，在相同业务量的条件下，记账凭证的数量较多，填制工作量大，因而一般只在会计人员分工较细的情况下有选择地采用。目前，银行处理会计业务时采用这种凭证。单式记账凭证的格式见表3-18。

表3-18

借（贷）项记账凭证

年　月　日　　　　记字　号

摘　要	总账科目	明细科目	记账	金　额								
				百	十	万	千	百	十	元	角	分
对应总账科目：	合　计											

附件　张

会计主管：　　记账：　　复核：　　制证：

3. 记账凭证按其是否经过汇总分类

记账凭证按其是否经过汇总，可以分为汇总记账凭证、非汇总记账凭证。

（1）汇总记账凭证

汇总记账凭证是根据记账凭证定期加以汇总而重新编制的记账凭证，目的是简化登记总分类账的手续。汇总的记账凭证根据汇总方法的不同，可分为分类汇总和全部汇总两种。

分类汇总记账凭证是根据一定期间的记账凭证按其种类分别汇总填制的。即对一定时期的收款凭证、付款凭证和转账凭证分别汇总形成的汇总收款凭证、汇总付款凭证和汇总转账凭证。汇总记账凭证的格式见表3-19、表3-20。

表3-19　　**汇总收款凭证**

借方科目：库存现金（银行存款）　　年　月　日至　日　　汇收字第　号

贷方科目	金额				过账	
	日至　日 凭证　号至　号	日至　日 凭证　号至　号	日至　日 凭证　号至　号	合计	借方	贷方

会计主管：　　记账：　　审核：　　制表：

表3-20　　**汇总转账凭证**

贷方科目：　　年　月　日至　日　　汇转字第　号

借方科目	金额				过账	
	日至　日 凭证　号至　号	日至　日 凭证　号至　号	日至　日 凭证　号至　号	合计	借方	贷方

会计主管：　　记账：　　审核：　　制表：

全部汇总记账凭证，又叫记账凭证汇总表、科目汇总表，是指根据记账凭证定期整理汇总全部账户的借方发生额和贷方发生额，并据以登记总账的一种汇总性记账凭证。科目汇总表不能反映账户之间的对应关系，但能简化登账工作。

（2）非汇总记账凭证

非汇总记账凭证是指没有经过汇总的记账凭证，前面介绍的收款凭证、付款凭证、转账凭证以及通用记账凭证都是非汇总记账凭证。

综上所述，记账凭证的分类如图3-2所示。

- 记账凭证
  - 按照反映的内容不同
    - 收款凭证
    - 付款凭证
    - 转账凭证
    - 通用记账凭证
  - 按照填制方式不同
    - 复式记账凭证
    - 单式记账凭证
  - 按其是否经过汇总
    - 汇总记账凭证
    - 非汇总记账凭证

图3-2　记账凭证种类示意图

记账凭证是对原始凭证进行的归类、整理，并根据原始凭证所记录的经济业务内容确定会计分录，作为登记账簿的直接依据。为了保证账簿记录的正确性，记账凭证必须具备以下基本要素：

（1）记账凭证的名称；

（2）填制记账凭证的日期、编号；

（3）经济业务事项的内容摘要；

（4）经济业务事项所涉及的会计科目（包括总账科目和明细科目）及其记账方向；

（5）经济业务事项的金额；

（6）记账标记（或记账记号）；

（7）所附原始凭证张数；

（8）会计主管、记账、审核、出纳、制单等有关人员签章。

四、会计凭证的意义

（1）会计凭证在会计核算工作中居于基础地位，对于如实反映和有效监督经济业务，确保会计信息真实、正确，发挥会计在经济管理中的作用具有重要意义。

（2）记录经济业务，提供记账依据。对于任何一项经济业务的发生，首先应填制会计凭证，如实记录经济业务发生的时间、数量、金额等内容，然后才能据以登记账簿。

（3）明确经济责任，强化内部控制。由于每项经济业务都要由经办单位及有关人员在会计凭证上签名或盖章，这样就明确了各经办单位及有关人员所负的责任，同时便于在发现问题时通过会计凭证查清责任，从而加强了经办人员的责任心。

（4）监督经济活动，控制经济运行。通过取得和填制会计凭证，可以检查各项财产物资是否安全完整，监督各项经济业务是否符合国家财经方针、政策、法规和制度。

第三节 会计账簿

一、会计账簿的概念

会计账簿简称账簿，又称账本或账册，它是由具有一定格式、相互联系的账页所组成的，以会计凭证为依据，序时、分类地全面记录一个企业、单位经济业务事项的会计簿记。

会计账簿是账户的表现形式，根据会计凭证在有关账户中进行登记，就是指将会计凭证所反映的经济内容记入设立在账簿中的账户。账户是在账簿中以规定的会计科目开设户头，用以规定该账簿所记录的内容，账户存在于账簿之中。账簿只是一种外在形式，账户才是它的真实内容。账簿序时分类地记载经济业务，是在个别账户中完成的，换句话说，账簿是由若干张账页组成的一个整体，而开设于账页上的账户则是这个整体上的一部分。因此，账簿和账户是形式和内容的关系。

二、会计账簿的分类

会计账簿的种类多种多样，为了正确地设置和运用账簿，可将账簿按不同的标准进行分类。

微课 3-2

会计账簿的分类

（一）按用途分类

会计账簿按其用途的不同，可以分为序时账簿、分类账簿和备查账簿。

1. 序时账簿

序时账簿也称日记账，是按照经济业务发生时间的先后顺序，逐日逐笔登记经济业务的账簿。按其记录内容的不同，又分为普通日记账和特种日记账。

（1）普通日记账是用来逐笔记录全部经济业务的序时账簿，即把每天发生的各项经济业务逐日逐笔地登记在日记账中，并确定会计分录，因此这种日记账也叫“分录账”或“原始分类簿”。

（2）特种日记账是用来逐笔记录某一经济业务的序时账簿。在我国，大多数单位一般只设库存现金日记账和银行存款日记账，以便加强对货币资金的日常监督和管理。

2. 分类账簿

分类账簿是对全部经济业务事项按照会计要素的具体类别而设置的分类账户进行登记的账簿。分类账簿按其所反映指标的详细程度分为总分类账簿和明细分类账簿。

（1）总分类账簿，简称总账，是根据总分类一级会计科目开设账户，总括反映会计主体的经济业务情况的账簿。

（2）明细分类账簿，简称明细账，是根据二级或明细科目开设账户，用来详细记录某一类业务情况的账簿。

3. 备查账簿

备查账簿也称辅助账簿，是某些在序时账簿和分类账簿等主要账簿中都不予登记或登记不够详细的经济业务事项进行补充登记时使用的账簿。例如，租入固定资产登记簿、应收票据备查簿、受托加工来料登记簿。

（二）按外形特征分类

会计账簿按其外形特征不同，可以分为订本账簿、活页账簿和卡片账簿。

1. 订本账簿

订本账簿是指在账簿启用前就把连续编号的若干张账页固定地装订成册的账簿。这种账簿的优点是：可以避免账页散失，防止账页被随意抽换，比较安全；其缺点是：由于账页固定，不能根据需要增加或减少，不便于按需要调整各账户的账页，也不便于分工记账。这种账簿一般适用于总分类账、库存现金日记账和银行存款日记账。

2. 活页账簿

活页账簿是指在账簿登记完毕之前，账页不固定装订成册，而是将其放置在活页账夹中的账簿。这种账簿的优点是：随时取放，便于账页的增加和重新排列，便于分工记账和记账工作电算化；其缺点是：账页容易散失和被随意抽换。活页账在年度终了时，应及时装订成册，然后重新按页编号，妥善保管。各种明细分类账一般采用活页账簿的形式。

3. 卡片账簿

卡片账簿是将账户所需格式印刷在卡片上。卡片账的卡片一般装在卡片箱内，不用装订成册，可随时存放，也可跨年度长期使用。我国一般只对固定资产明细账采用卡片账簿的形式。

（三）按账页格式分类

会计账簿按其账页的格式不同，可以分为三栏式账簿、多栏式账簿和数量金额式账簿。

1. 三栏式账簿

三栏式账簿是指采用借方、贷方、余额三个主要栏目的账簿。它主要适用于各种日记账、总分类账以及资本、债权债务明细账等。三栏式账簿的格式见表3-21。

表3-21 **总分类账**

年		凭证		摘要	借方	贷方	方向	余额
月	日	种类	编号					

2. 多栏式账簿

多栏式账簿是指根据经济业务的内容和管理的需要，在账页的“借方”和“贷方”栏内再分别按照明细科目或某明细科目的各明细项目设置若干专栏的账簿。这种账簿可以按“借方”和“贷方”分别设专栏，也可以只设“借方”专栏，“贷方”的内容在相应的借方专栏内用红字登记表示冲减。它主要适用于成本计算账户、收入账户、费用账户等。多栏式账簿的格式见表3-22。

表3-22 **制造费用明细账**

年		凭证		摘要	借方					方向	余额
月	日	种类	编号		工资及福利费	折旧费	办公费	…	合计		

3. 数量金额式账簿

数量金额式账簿是指在账页中分设“收入”、“发出”和“结存”三大栏，并在每一大栏内分设“数量”、“单价”和“金额”三小栏的账簿，数量金额式账簿能够反映财产物资的实物数量和价值量。它主要适用于原材料和库存商品等明细账。数量金额式账簿格式见表3-23。

表3-23 **原材料明细账**

年		凭证		摘要	收入			发出			结存		
月	日	种类	编号		数量	单价	金额	数量	单价	金额	数量	单价	金额

三、会计账簿的基本要素和登记规则

（一）会计账簿的基本要素

在实际工作中，账簿的格式是多种多样的，不同格式的账簿所包括的具体内容也不尽相同。但各种账簿都应具备以下基本要素：

（1）封面，主要标明账簿的名称，如总分类账、库存现金日记账、银行存款日记账等。

（2）扉页，主要列明账簿启用截止日期、页数册次、经管人员一览表和签章、会计主管签章、账户目录等。

（3）账页，账页是账簿用来记录具体经济业务的载体，其格式因记录经济业务内容的不同而有所不同，但基本内容应包括：账户的名称（总分类账户、二级账户或明细分类账户），登记账户的日期，凭证种类和号数，摘要栏（简要说明经济业务的内容），金额（记录经济业务引起账户发生额或余额增减变动的情况），总页次和分户页次。

（二）会计账簿的登记规则

会计账簿的登记必须遵循一定的规则，以保证可靠、完整、及时反映会计信息，主要包括以下几点：

（1）登记会计账簿时，应当将会计凭证中的日期、编号、业务内容摘要、金额和其他有关资料逐项记入账内，做到数字准确、摘要清楚、登记及时、字迹工整。

（2）登记完毕后，要在记账凭证上签名或者盖章，并注明已经登账的符号，表示已经记账。

（3）账簿中书写的文字和数字上面要留适当空格，不要写满格，一般应占格距的二分之一。标准阿拉伯数字的字体及书写格式如图3-3所示。

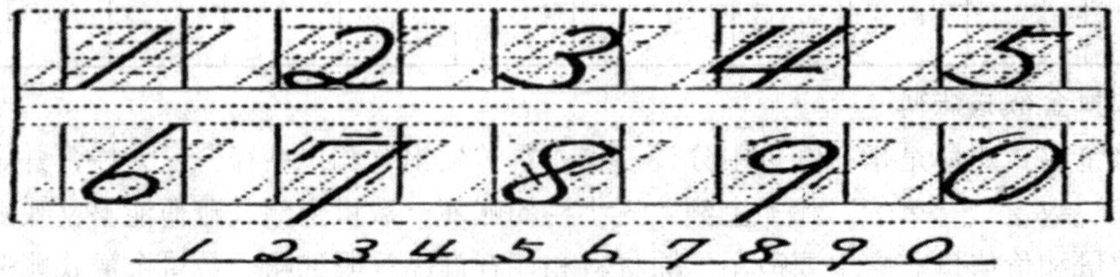

图3-3 标准阿拉伯数字的字体及书写格式

（4）登记账簿要用蓝黑墨水或者碳素墨水书写，不得使用圆珠笔（银行的复写账簿除外）或者铅笔书写。

（5）下列情况，可以用红色墨水记账：

① 按照红字冲账的记账凭证，冲销错误记录；

② 在不设借贷等栏的多栏式账页中，登记减少数；

③ 在三栏式账户的余额栏前，如未印明余额方向的，在余额栏内登记负数余额；

④ 根据国家统一的会计制度的规定可以用红字登记的其他会计记录。

（6）各种账簿应按页次顺序连续登记，不得跳行、隔页。如果发生跳行、隔页，应当将空行、空页划线注销，或者注明“此行空白”“此页空白”字样，并由记账人员签名或者盖章。

（7）凡需要结出余额的账户，结出余额后，应当在“借或贷”等栏内写明“借”或者“贷”等字样。没有余额的账户，应在“借或贷”栏内写“平”字，并在“余额”栏用零表示。

（8）每一账页记录完毕结转下页时，为表现账目的连续性，应当结出本页合计数及余额，并在本页最后一行摘要栏注明“过次页”，在下页第一行摘要栏注明“承前页”，并将上页余额及发生额过入次页；也可以上页最后一行不结计发生额合计及余额，直接在次页第一行承前页写出。

（9）实行会计电算化的单位，总账和明细账应当定期打印。发生收款和付款业务的，在输入收款凭证和付款凭证的当天必须打印出库存现金日记账和银行存款日记账，并与库存现金核对无误。

四、会计账簿的错账更正

会计账簿发生错误，不准涂改、挖补、刮擦或者用药水消除字迹，不准重新抄写，必须遵循一定规则。常用的错账更正方法有：划线更正法、红字更正法、补充登记法。

（一）划线更正法

在结账前发现账簿记录有文字或数字错误，而记账凭证没有错误，可以采用划线更正法。更正时可在错误的文字或数字上划一条红线，在红线的上方填写正确的文字或数字，并由记账及相关人员在更正处盖章，以明确责任。对于错误的数字，应全部划红线更正，不得只更正其中的错误数字，并保持原有数字清晰可辨，以便审查。对于文字错误，可只划去错误的部分。如，将1 956.00元误记为1 965.00元，应先在“1 965.00”上划一条红线以示注销，然后在其上方空白处填写正确的数字“1 956.00”，而不能只将“65”两位数字更正为“56”。

（二）红字更正法

红字更正法适用于记账后在当年内发现记账凭证所记的会计科目错误，或者会计科目无误而所记金额大于应记金额，从而引起的记账错误。更正时，先用红字金额填制一张内容与错误记账凭证完全相同的记账凭证，并在摘要栏中写明“更正×月×号凭证错误”，并据以用红字金额登记入账，冲销原有的错误记录，然后，用蓝字重填一张正确的记账凭证，并登记入账。红字更正法的使用可分为两种情况：

（1）记账以后，如果发现账簿记录的错误，是因记账凭证中的应借、应贷会计科目或记账方向错误而引起的，应用红字更正法进行更正。

【例3-5】A公司购入行政管理部门用办公用品800元，货款用银行存款支付。在填制记账凭证时，误记入“库存现金”科目，并已据以登记入账。

其错误记账凭证所反映的会计分录是：

借：管理费用　800

　贷：库存现金　800

在更正时，应用红字金额填制一张记账凭证冲销原会计分录，并据以登记入账，冲销原错误的账簿记录。

借：管理费用　[800]

　贷：库存现金　[800]

（注：[800]表示红字）

再用蓝字或黑字填制一张正确的记账凭证，并据以登记入账。

借：管理费用　800

　贷：银行存款　800

（2）记账以后，如果发现记账凭证和账簿记录的金额有错误（所记金额大于应记的正确金额），而应借、应贷的会计科目没有错误，应用红字更正法进行更正。

【例3-6】B公司的生产车间领用一批直接材料，价值600元。在填制记账凭证时，误记金额为6 000元，但会计科目、借贷方向均没有错误，并已据以登记入账。

其错误记账凭证所反映的会计分录是：

借：制造费用　6 000

　贷：原材料　6 000

更正时，应将多记的金额5 400元用红字编制如下的记账凭证，并据以登记入账：

借：制造费用　[5 400]

　贷：原材料　[5 400]

（三）补充登记法

补充登记法又称补充更正法。记账后发现记账凭证和账簿记录中应借、应贷会计科目无误，只是所记金额小于应记金额。更正的方法是：按少记的金额编制一张与原记账凭证应借、应贷科目完全相同的记账凭证，以补充少记的金额，并据以登记入账。

例如，【例3-6】中的金额600元如果误记为400元，所用会计科目正确，则更正的会计分录为：

借：制造费用　200

　贷：原材料　200

五、会计账簿的启用、更换和保管

（一）会计账簿的启用

启用会计账簿时，应当在账簿封面上写明单位名称和账簿名称，并在账簿扉页上附启用表。“账簿启用及交接表”的一般格式见表3-24，“账户目录”的一般格式见表3-25。

（二）会计账簿的更换

会计账簿是记录和反映经济业务的重要历史资料和证据。为了使每个会计年度的账簿资料变得明晰和便于保管，一般来说，总账、日记账和多数明细账要每年更换一次，这些

表3-24　**账簿启用及交接表**

账簿启用表

单位名称	(加盖公章)			负责人	职务	姓名
账簿名称	账簿第　册			单位负责人		
账簿号码	第　号	启用日期	年　月　日	单位主管 财务工作负责人		
账簿页数	本账簿共计　页			会计机构负责人 会计主管人员		

经管账本人员一览表

记账人员			接管			移交			监交人员		备注
职务	姓名	盖章	年	月	日	年	月	日	职务	姓名	

表3-25　**账户目录**

账　户			账　户			账　户		
名称	号	页	名称	号	页	名称	号	页

账簿在每年年终按规定办理完毕结账手续后，就应更换、启用新的账簿，并将余额结转记入新账簿中。但有些财产物资明细账和债权、债务明细账，由于材料等财产物资的品种、规格繁多，债权、债务单位也较多，如果更换新账，重抄一遍的工作量相当大，因此，可以跨年度使用，不必每年更换一次。卡片式账簿，如固定资产卡片，以及各种备查账簿，也都可以连续使用。

（三）会计账簿的保管

会计账簿同会计凭证和财务报表一样，都属于会计档案，是重要的经济档案，各单位必须按规定妥善保管，确保其安全与完整，并加以充分利用。会计账簿在装订整理后应按期移交档案部门进行保管。会计档案必须严格按《会计档案管理办法》规定的保管年限妥善保管，不得丢失和任意销毁。保管期满后，要按照《会计档案管理办法》的规定，由财会部门和档案部门共同鉴定，报经批准后进行处理。

企业会计档案保管期限表

第四节　对账和结账

登记账簿作为会计核算的方法之一，它除了包括记账外，还包括对账和结账两项工作。在月份和年度终了时，应将账簿记录核对结算清楚，使账簿资料如实反映情况，为编制财务报表提供可靠的资料。核对账目是保证账簿记录正确性的一项重要工作。

一、对账

对账，就是核对账目。对账是保证会计账簿记录真实、准确的重要程序。在会计工作中，由于种种原因，难免会发生记账、计算等方面的差错，也难免会出现账实不符的现象。为了保证各账簿记录和财务报表的真实、完整和正确，如实地反映和监督经济活动，各单位必须做好对账工作。对账应包括账簿与凭证的核对、账簿与账簿的核对、账簿与实物的核对，做到账证相符、账账相符和账实相符。

（一）账证核对

账证核对是指将会计账簿记录与会计凭证（包括记账凭证和原始凭证）有关内容进行核对。由于会计账簿是根据会计凭证登记的，两者之间存在钩稽关系，因此，通过账证核对，可以检查、验证会计账簿记录与会计凭证的内容是否正确无误，以保证账证相符。

（二）账账核对

账账核对是指将各种会计账簿之间相对应的记录进行核对。账账核对的内容主要包括：

（1）总分类账各账户借方余额合计数与贷方余额合计数核对相符；

（2）总分类账各账户余额与其所属明细分类账各账户余额之和核对相符；

（3）库存现金日记账和银行存款日记账的余额与总分类账中“库存现金”和“银行存款”账户余额核对相符；

（4）会计部门有关财产物资的明细分类账余额与财产物资保管或使用部门登记的明细账核对相符。

（三）账实核对

账实核对是在账账核对的基础上，将各种财产物资的账面余额与实存数额进行核对。账实核对的主要内容包括：

（1）库存现金日记账账面余额与库存现金实际库存数核对相符；

（2）银行存款日记账账面余额与开户银行对账单核对相符；

（3）各种材料、物资明细分类账账面余额与实存数核对相符；

（4）各种债权债务明细账账面余额与有关债权、债务单位或个人的账面记录核对相符。

在实际工作中，账实核对一般要结合财产清查进行。有关财产清查的内容和方法将在以后的章节中介绍。

二、结账

结账，是在将一定时期内发生的全部经济业务登记入账的基础上，按规定的方法将各种账簿的记录进行小结，计算并记录本期发生额和期末余额。

为了正确反映一定时期内在账簿中已经记录的经济业务，总结有关经济活动和财务状况，为编制财务报表提供资料，各单位应在会计期末进行结账。会计期间一般按日历时间划分为月、季、年，结账于各会计期末进行，所以分为月结、季结、年结。

（一）结账的基本程序

结账前，必须将属于本期内发生的各项经济业务和应由本期受益的收入、负担的费用全部登记入账。不得把将要发生的经济业务提前入账，也不得把已经在本期发生的经济业务延至下期（甚至以后期）入账。结账的基本程序具体表现为：

（1）将本期发生的经济业务事项全部登记入账，并保证其正确性；

（2）根据权责发生制的要求，调整有关账项，合理确定本期应计的收入和应计的费用；

（3）将损益类账户转入“本年利润”账户，结平所有损益类账户；

（4）结算出资产、负债和所有者权益账户的本期发生额和余额，并结转至下期。

（二）结账的基本方法

结账时，应当结出每个账户的期末余额。需要结出当月（季、年）发生额的账户，如各项收入、费用账户等，应单列一行登记发生额，在摘要栏内注明“本月（季）合计”或“本年累计”。结出余额后，应在余额栏前的“借或贷”栏内写“借”或“贷”字样，没有余额的账户，应在余额栏前的“借或贷”栏内写“平”字样，并在余额栏内用“0”表示。为了突出本期发生额及期末余额，表示本会计期间的会计记录已经截止或者结束，应将本期与下期的会计记录明显分开，结账一般都划“结账线”。划线时，月结、季结用单实线，年结用双实线。划线应划红线并应划通栏线，不能只在账页中的金额部分划线，具体见表3-26。

表3-26　**总分类账**

2×23年		凭证编号	摘　要	借　方	贷　方	借或贷	余　额
月	日						
12	1		月初余额			借	1 000
			……			红线	
12	31		本月合计	600	700	借	900
12	31		本年合计	12 500	13 000	借	900

第五节　编制财务会计报表

编制财务会计报表是根据账簿记录的数据资料，采用一定的表格形式，概括、综合地反映各单位在一定时期内经济活动全过程和结果的一种方法。编制财务会计报表是对日常核算的总结，是在账簿记录的基础上对会计核算资料的进一步加工整理。财务会计报表提供的资料是进行会计分析、会计检查的重要依据。

一、资产负债表

资产负债表是反映企业某一特定日期财务状况的报表。资产负债表主要是为会计信息使用者提供有关财务状况方面的信息。财务状况是指企业某一特定日期的资产总额及其构成、负债总额及其构成、所有者权益总额及其构成。通过资产负债表可以了解企业的财务状况、偿债能力、筹资能力；分析企业资产、负债、所有者权益构成的合理性、财务状况的优劣；评价企业财务状况的安全性等。

资产负债表中直接关系到财务状况的要素是资产、负债和所有者权益三类，因此又将其称为资产负债表要素。为了能够在每个会计期末及时、真实、完整地提供资产负债表，企业应按会计的一般规律对经济业务进行确认、计量、记录、分类汇总、加工处理、编表。其编制的具体步骤包括：

（1）初次确认。以是否符合会计信息质量要求、能否以货币计量为标准，分析发生的经济业务信息，将凡是符合会计信息质量要求的，并能够以货币计量的经济业务纳入会计核算系统。

（2）入账。通过审核原始凭证分析具体的经济业务，编制会计分录，填制记账凭证或登记日记账，将能够以货币表现的经济业务记录到会计信息的载体上。

（3）过账。根据已编制的记账凭证或日记账登记分类账，以便分类反映各会计要素。

（4）结账。结清各资产、负债、所有者权益等账户的发生额和余额，并将余额转入下期，结束本期的账务处理，为编制报表做好准备工作。

（5）编表。根据上述结账后的账户余额编制资产负债表。资产负债表内容的设计就体现了再次确认的内容。

二、利润表

利润表是反映企业在一定会计期间经营成果的报表。利润表主要是为会计信息使用者提供有关企业经营成果方面的信息。经营成果是指企业一段时间内的利润（亏损）总额及其形成过程。通过利润表可以了解企业的利润构成情况、盈利能力；分析企业利润形成的合理性；评价经营业绩的优劣。

利润表中直接关系到经营业绩计量的要素是收入、费用、利润三类，因此，又将其称为利润表要素。为了能够在每期期末提供真实的利润表，企业一般按照权责发生制原则确认收入和费用。

企业采用权责发生制，可以根据不同会计期间发生的收入与费用的关系进行分析，根据受益与否、收益大小、权利与义务的关系，合理反映各个会计期间所实现的收入和为实现收入应负担的费用，从而把各期的收入和与其相关的费用、成本进行配比，加以比较，合理确定各期的经营成果。

编制利润表的具体步骤与资产负债表基本相同。

（1）初次确认。以能否用货币计量为标准分析发生的经济业务，将能够以货币计量的经济业务纳入会计核算系统。

（2）入账。通过审核原始凭证分析具体的经济业务，编制会计分录，填制记账凭证或登记日记账，将能够以货币表现的经济业务记录到会计信息的载体上。

（3）过账。根据已编制的记账凭证或日记账登记分类账，以便分类反映各会计要素。

（4）调整。依据权责发生制原则对分类账户的有关记录进行期末账项调整，以便正确计算各期损益。

（5）结账。将各种收入账户和费用账户发生额结转到有关账户，结清收入和费用账户，以便结出本期的经营成果。

（6）编表。根据调整后的账户发生额编制利润表。

三、现金流量表

现金流量表是反映企业一定期间内有关现金和现金等价物的流入与流出信息，汇总说明企业报告期内经营活动、投资活动及筹资活动的动态报表。现金流量表是广义的财务状况变动表的一种，属于动态的会计报表。

现金流量表可以提供企业的现金流量信息，从而对企业整体财务状况作出客观评价。通过现金流量表，既可以对企业的支付能力、偿债能力以及企业对外部资金的需求情况作出较为可靠的判断，也可以了解企业当前的财务状况和现金流量，预测企业未来的发展情况。

以上三种报表的具体内容和编制方法会在本教材第十四章进行详细介绍。

【思政课堂】

学习贯彻党的二十大精神　加强新时代财会监督工作

党的二十大科学总结了新时代十年的伟大变革，深刻阐述了马克思主义中国化时代化新境界，系统谋划了全面建成社会主义现代化强国的宏伟蓝图，高屋建瓴、催人奋进。2023年2月，中办、国办印发《关于进一步加强财会监督工作的意见》，这是以习近平同志为核心的党中央总揽全局、审时度势，对坚持和完善党和国家监督体系作出的重大制度安排，将财会监督作为党和国家监督体系的重要组成部分，对财会监督体制机制作出顶层设计，为推进新时代财会监督工作高质量发展指明了方向。

习近平总书记多次对财会监督作出重要论述，财会监督的重要性日益凸显。但要看到，财会监督工作仍面临严峻挑战。一是财务舞弊、会计信息失真现象屡禁不止，部分中介机构“看门人”“守夜人”职责失守等，亟须强化监督规范。二是财会监督工作千头万绪，监督范围更广，对象更多，体量更大，业务更复杂、更专业，检查的深度、业务的复杂程度、工作的难度前所未有。

新时代财会监督人员担负的职责使命比以往任何时候都要重大，这对财会监督人员提出了更高的要求。一是要求我们必须切实提高政治站位，从讲政治的高度来推动中央重大决策部署的贯彻落实，高质量完成财政部安排的财会监督各项工作。二是要求我们提升专业能力，苦练“金刚钻”，不仅要掌握财政、财务、会计方面的监督知识，还需要具备较强的学习能力和综合素质。

本章学习的会计凭证、账簿以及财务报表，在会计工作中起着不可替代的作用和意义，也是财会监督的重要内容。它们不仅记录和证明了企业的经济业务，还为企业的管理和决策提供重要的参考依据。因此，企业在日常的财务工作中，需要重视对会计凭证和会计账簿的建立和使用，确保财务信息的准确性和可靠性。

资料来源：中华人民共和国财政部山东监管局．学习贯彻党的二十大精神　加强新时代财会监督工作［EB/OL］．［2023-02-27］．http：//sd.mof.gov.cn/gzdt/caizhengjiancha/202303/t20230313_3872228.htm.

【复习思考】

1.什么是会计凭证？会计凭证有哪些分类？

2.什么是会计账簿？会计账簿有哪些分类？

3.会计账簿的错账更正有哪几种方法？

4.简述三大财务报表。

【练习题】

一、单项选择题

1.日记账和总分类账必须采用的账簿形式是（　　）。

A.活页式　B.订本式　C.卡片式　D.备查式

2.依照我国的会计准则，利润表采用的格式为（　　）。

A.报告式　B.账户式　C.单步式　D.多步式

3.下列各会计报表中，属于企业对外提供的静态报表的是（　　）。

A.利润表　B.所有者权益变动表

C.资产负债表　D.现金流量表

4.下列账簿中，可以采用卡片式账簿的是（　　）。

A.库存现金日记账　B.固定资产总账

C.固定资产明细账　D.原材料总账

5.下列原始凭证中，（　　）按其填制方式的不同应归属于累计凭证。

A.发货单　B.收料单　C.领料单　D.限额领料单

二、多项选择题

1.下列关于记账凭证的说法中，正确的有（　　）。

A.由经办人员填制　B.由会计人员填制

C.登记账簿的直接依据　D.在经济业务发生时填制

E.根据审核无误的原始凭证填制

2.对账的内容包括（　　）。

A.账证核对　B.账账核对　C.证证核对

D.表表核对　E.账实核对

3.错账的更正方法一般有（　　）。

A.平行登记法　B.划线更正法　C.补充登记法

D.红字更正法　E.蓝字更正法

4.总分类账与明细分类账之间的登记应做到（　　）。

A.登记的原始凭证相同　B.登记的方向相同

C.登记的金额相等　D.登记的人员相同

E.登记的时期相同

第四章

货币资金及应收款项

知识目标： 通过本章的学习，掌握库存现金管理和银行结算制度，填制各种结算凭证，办理日常的转账结算业务；掌握应收款项的会计业务处理方法。

技能目标： 通过本章的学习，能够正确理解原始凭证并能够填制部分原始凭证；掌握库存现金管理；可以填制各种结算凭证，办理日常的转账结算工作，设置并登记库存现金、银行存款日记账；掌握应收款项的账务处理方法。

第一节 库存现金的核算

一、库存现金的性质和特点

库存现金是指存放在企业会计部门，由出纳人员保管的作为日常零星开支用的现款，包括人民币和各种外币。

库存现金具有货币性和通用性的特征，是企业流动资产中流动性最强的资产，既可直接用于支付各项费用和用于清偿各种债务，也可立即投入流通，随时用以购买企业所需物资。库存现金还具有不受任何契约的限制且可以随时自由使用的特点。

二、库存现金的管理

库存现金具有普遍的可接受性和流动频繁的特点，极易发生差错或被挪用、侵吞，因此，必须加强对库存现金的管理和内部控制。国务院颁布的《现金管理暂行条例》规定，凡是在银行或其他金融机构开立账户的机关、团体、部队、企事业单位必须依照《现金管理暂行条例》的规定收支和使用库存现金，自觉接受开户银行的监督。

（一）库存现金的使用范围

（1）职工工资、津贴。

（2）个人劳务报酬。

（3）根据国家规定颁发给个人的科学技术、文化艺术、体育等各种奖金。

（4）各种劳保、福利费用以及国家规定的对个人的其他支出。

（5）向个人收购农副产品和其他物资的价款。

（6）出差人员必须随身携带的差旅费。

（7）结算起点（1 000元人民币）以下的零星支出。

（8）中国人民银行确定的需要支付现金的其他支出。

除上述（5）、（6）两项外，其他支付给个人的各项款项中，支付现金每人不得超过1 000元，超过限额的部分根据提款人的要求，在指定的银行转存为储蓄存款或以支票、银行本票予以支付。企业与其他单位的经济往来除规定的范围可以使用现金外，应通过开户银行进行转账结算。

（二）库存现金的限额

库存现金限额是指为保证各单位日常零星支出，按规定允许留存现金的最高数额。库存现金限额由企业的开户银行根据企业的实际需要和距离银行远近等情况核定。其限额一般以企业3至5天的日常零星开支所需现金确定。远离银行或交通不便的企业，银行最多可以根据企业15天的正常开支需要来核定库存现金的限额。正常开支需要量不包括企业每月发放工资和不定期差旅费等大额现金支出。库存现金的限额一经核定，要求企业必须严格遵守，不能任意超过，超过限额的现金应及时存入银行。库存现金低于限额时，可以签发现金支票从银行提取现金，补足限额。需要增加或减少库存现金限额的单位，应向开户银行提出申请，由开户银行核定。

（三）现金日常收支管理

依照《现金管理暂行条例》，企业现金收支应遵守下列规定：

（1）企业的现金收入应于当日送存银行，并在送款簿上注明款项的来源。当日送存银行确有困难的，由开户银行确定送存时间。

（2）企业从开户银行提取现金时，应当在现金支票上写明用途，由本单位财会部门负责人签字盖章，经开户银行审核后，予以支付现金。

（3）企业支付现金时，可以从库存现金限额中支付或从开户银行提取现金支付，不得用现金收入直接支付（即“坐支”）。企业如因特殊情况需要坐支现金的，应事先报经开户银行审批，由开户银行核定坐支范围与限额，企业应定期向开户银行报送坐支金额和使用情况。未经银行批准，企业不得擅自坐支现金。

（4）企业因采购地点不固定、交通不便利以及其他特殊情况必须使用现金的，应向开户银行提出申请，由本单位财会部门负责人签字盖章，经开户银行审核后，予以支付现金。

（5）不准用不符合国家统一会计制度的凭证顶替库存现金，即不得“白条顶库”；不准谎报用途套取现金；不准用银行账户代其他单位或个人存入或支取现金；不准用单位收入的现金以个人名义存入储蓄；不准保留账外公款，即不得“公款私存”，不得设置“小金库”等。

银行对于违反上述规定的单位，将按照违规金额的一定比例予以处罚。

（四）企业库存现金的内部控制

（1）企业应建立现金的岗位责任制，明确相关部门和岗位的职责权限，确保办理现金业务的不相容岗位相互分离、制约和监督。出纳人员不得兼任稽核、会计档案保管，以及收入、支出、费用、债权债务账目的登记工作。

白条顶库

（2）企业应当建立现金业务的授权批准制度，明确审批人对现金业务的授权批准方式、权限、程序、责任和相关的控制措施。规定经办人办理现金业务的职责范围和工作要求，审批人应当在规定的授权范围内审批，不得越权审批。严禁未经授权的机构或者人员办理现金业务或直接接触现金。

（3）设专职出纳负责现金的收入、支出和保管。出纳人员除可以登记库存现金日记账与银行存款日记账外，不得登记其他会计账簿。

（4）库存现金应做到“日清月结”。所谓“日清”，要求出纳人员在每日营业终了，应结出当日库存现金日记账余额，并与库存现金实存数相互核对，要求账实相符；所谓“月结”，要求出纳人员在每月终了，将库存现金日记账的账面余额与库存现金的月末库存金额相互核对，以求账实相符。不得坐支现金，不得白条顶库，严禁公款私存。

（5）建立定期和不定期盘点制度，以确保库存现金账实相符。企业应定期或不定期地派人与出纳人员共同清查库存现金，及时处理现金长（短）款问题。

三、库存现金收付的账务处理

库存现金收付的账务处理包括总分类核算和序时核算两方面。

（一）库存现金的总分类核算

为了核算和监督库存现金的收入、支出和结存情况，企业应设置“库存现金”总分类账户，由负责总账的财会人员进行总分类核算。“库存现金”账户属于资产类账户，借方反映库存现金的收入，贷方反映库存现金的支出，余额在借方，表示库存现金的余额。

因提取现金等业务而使现金增加时，应借记“库存现金”账户，贷记有关账户；因支付费用等而使现金减少时，应借记有关账户，贷记“库存现金”账户。

【例4-1】甲公司4月6日从银行提取现金10 000元备用；当日采购员小张出差借支差旅费1 000元。有关会计处理如下：

（1）从银行提取现金时，根据有关原始凭证，编制如下会计分录：

借：库存现金	10 000	
贷：银行存款		10 000

（2）借支差旅费时，根据有关原始凭证，编制如下会计分录：

借：其他应收款——小张	1 000	
贷：库存现金		1 000

（二）库存现金的序时核算

为了及时核算库存现金的收付和结存情况，加强对库存现金的管理，企业还应当设置“库存现金日记账”进行序时核算。库存现金日记账为订本式账簿，由出纳人员根据涉及库存现金的收付款凭证，按照业务发生的顺序逐笔登记。每日终了，应当计算当日的现金收入合计额、现金支出合计额和结余额，将结余额与实际库存额核对，做到账实相符。

四、库存现金的清查

企业为了保证账款相符，防止库存现金发生差错和丢失，应定期和不定期地进行库存现金清查盘点。清查后，根据清查结果编制“库存现金盘点报告表”，填写库存现金实存、账存和盈亏情况。

每日终了，结算库存现金收支、财产清查等发现的有待查明原因的现金溢余或短缺，除设法查明原因外，还应及时进行账务处理，通过“待处理财产损溢”账户核算。企业发生现金短缺时，应借记“待处理财产损溢——待处理流动资产损溢”账户，贷记“库存现金”账户。反之，发生现金溢余时，则借记“库存现金”账户，贷记“待处理财产损溢——待处理流动资产损溢”账户。待查明原因时，再进行如下处理：

（一）现金的溢余

对于现金的溢余，属于应支付给有关人员或单位的，应借记“待处理财产损溢——待处理流动资产损溢”账户，贷记“其他应付款——应付现金溢余（××个人或单位）”账户；属于无法查明原因的现金溢余，经批准后，借记“待处理财产损溢——待处理流动资产损溢”账户，贷记“营业外收入——现金溢余”账户。

【例4-2】甲公司12月份进行财产清查，发现现金长款250元，原因待查。甲公司的会计处理如下：

（1）批准处理前，根据有关原始凭证，编制如下会计分录：

借：库存现金　250

　贷：待处理财产损溢——待处理流动资产损溢　250

（2）核查后，经领导批准，转入“营业外收入”账户，根据有关原始凭证，编制如下会计分录：

借：待处理财产损溢——待处理流动资产损溢　250

　贷：营业外收入——现金溢余　250

（二）现金的短缺

对于现金的短缺，如果是因单据丢失或记账错误，应补办手续入账或更正错误；如果是工作失误造成的，应追究过失人的经济责任，借记“其他应收款——应收现金短缺款（××个人）”或“库存现金”等账户，贷记“待处理财产损溢——待处理流动资产损溢”账户；属于应由保险公司赔偿的部分，借记“其他应收款——应收保险赔款”账户，贷记“待处理财产损溢——待处理流动资产损溢”账户；属于无法查明原因的，根据管理权限，经批准后处理，借记“管理费用——现金短缺”账户，贷记“待处理财产损溢——待处理流动资产损溢”账户。

【例4-3】甲公司12月份进行财产清查，发现现金短缺560元，原因待查。甲公司的会计处理如下：

（1）批准处理前，根据有关原始凭证，编制如下会计分录：

借：待处理财产损溢——待处理流动资产损溢　560

　贷：库存现金　560

（2）经核查，属于出纳人员的责任，出纳人员已赔偿，根据有关原始凭证，编制如下会计分录：

借：库存现金　　560

　贷：待处理财产损溢——待处理流动资产损溢　　560

五、备用金

（一）备用金的概念

定额备用金

备用金（国际上也称暂定金额）是企业、机关、事业单位或其他经济组织等拨付给非独立核算的内部单位或工作人员备作差旅费、零星采购、零星开支等用的款项。

（二）备用金的特点

备用金应指定专人负责管理，按照规定用途使用，不得转借给他人或挪作他用。预支备作差旅费、零星采购等用的备用金，一般按估计需用数额领取，支用后一次报销，多退少补。前账未清，不得继续预支。对于零星开支用的备用金，可实行定额备用金制度，即由指定的备用金负责人按照规定的数额领取，支用后按规定手续报销，补足原定额。实行定额备用金制度的单位，备用金领用部门支用备用金后，应根据各种费用凭证编制费用明细表，定期向财会部门报销，领回所支用的备用金。

（三）备用金的账务处理

企业可在“其他应收款”账户内进行备用金的核算，也可单独设置“备用金”账户进行核算。“备用金”账户属于资产类账户，借方登记增加数，贷方登记减少数，余额表示备用金数额，并按照领用单位或个人设明细分类账户核算。领用备用金时，根据各单位或职工的借款单，借记“备用金”账户，贷记“库存现金”账户。经审核报销时，借记“管理费用”“制造费用”等账户，贷记“库存现金”账户。收回备用金时，借记“库存现金”账户，贷记“备用金”账户。

【例4-4】甲公司的会计部门对总务部门采购人员实行定额备用金制度，会计部门付给定额备用金5 000元，根据有关原始凭证，编制如下会计分录：

借：备用金　　5 000

　贷：库存现金　　5 000

总务部门采购人员报销差旅费2 000元并补足备用金余额时，根据有关原始凭证，编制如下会计分录：

借：管理费用——差旅费　　2 000

　贷：库存现金　　2 000

假定经管备用金的采购人员调动工作，会计部门收回定额备用金。该采购员持未报销的2 000元开支凭证和多余备用金3 000元，到会计部门办理报销并交回备用金，根据有关原始凭证，编制如下会计分录：

借：管理费用——差旅费　　2 000

　　库存现金　　3 000

　贷：备用金　　5 000

第二节　银行存款的核算

一、银行存款账户

银行存款账户是各单位为办理结算和申请贷款而在银行开立的账户，是各单位通过银行办理转账、结算信贷以及现金收支业务的主要工具，具有反映和监督国民经济各部门经济活动的作用。凡新办的企业或公司在取得市场监督管理部门颁发的法人营业执照后，可选择在办公地点附近的银行申请开设自己的结算账户。

根据《银行账户管理办法》的规定，银行账户应分为基本存款账户、一般存款账户、临时存款账户和专用存款账户四种。

1. 基本存款账户

基本存款账户是存款人办理日常转账结算和现金收付的账户。它是各独立结算单位或实行独立核算的企业在银行开立的主要账户。按照规定，每一个存款人只能在银行开立一个基本存款账户，主要用于办理日常的转账结算和现金收付。企事业单位的工资、奖金等现金的支取只能通过该账户办理。

2. 一般存款账户

一般存款账户是存款人在基本存款账户以外的银行借款转存、与基本存款账户的存款人不在同一地点的附属非独立核算单位开立的账户。存款人可以通过该账户办理转账、结算和存入现金，但不能支取现金。

3. 临时存款账户

临时存款账户是指存款人因临时经营活动需要开立的账户。存款人可以通过该账户办理转账结算和根据国家现金管理规定办理现金收付。

4. 专用存款账户

专用存款账户是指存款人因特定用途而开立的账户。

二、银行结算方式

根据中国人民银行有关结算制度的规定，目前我国银行支付结算办法有银行汇票、商业汇票、银行本票、支票、汇兑、委托收款、托收承付、信用证和信用卡等。银行结算方式不同，企业原始凭证及记账凭证的填制时间和依据也不同。现概述如下：

（一）银行汇票

银行汇票是出票银行签发的，由其在见票时按照实际结算金额无条件支付给收款人或者持票人的票据。

银行汇票

1. 银行汇票的特点

（1）适用于异地结算。单位和个人向异地支付各种款项，均可使用银行汇票。银行汇票还适用于先收款后发货或钱货两清的商品交易。

（2）使用灵活。持票人可以将银行汇票背书转让给他人。所谓背书，是指在票据背面或者粘单上记载有关事项并签章的票据行为。背书的目的是转让票据上的权利。受让票据的单位或个人称为被背书人。

（3）票随人到，兑现性强。银行汇票不仅可以用于转账，填明“现金”字样的银行汇票还可以用于支取现金。

银行汇票的付款期限为自出票日起1个月内。持票人应妥善保管银行汇票，如有遗失，失票人可凭法院出具的其享有票据权利的证明，向出票银行请求付款或退款。

2. 银行汇票结算的一般程序及账务处理

（1）汇款单位需使用银行汇票时，应向出票银行填写“银行汇票申请书”（填明收款人名称、支付金额、申请人、申请日期等事项并签章，签章为其预留银行的印鉴）。银行受理“银行汇票申请书”，收妥款项后签发银行汇票和解讫通知后，根据“银行汇票申请书”存根联编制付款凭证。

（2）汇款人持银行汇票即可向填明的收款方办理结算。

（3）收款人或被背书人在收到银行汇票后，应在出票金额内，将实际结算金额和多余金额准确、清晰地填入银行汇票和解讫通知的有关栏内，同时收款方还应填写进账单并在银行汇票背面“持票人向银行提示付款签章”处签章，签章应与预留银行的印鉴相同，然后将银行汇票和解讫通知、进账单一并交开户银行结算，银行审核无误后办理转账。收款方应根据银行盖章退回的进账单第一联编制收款凭证，进行账务处理，借记“银行存款”账户，贷记“应收账款”等账户。

（4）银行汇票多余的金额，可由出票银行退交汇款人。

银行汇票结算的业务程序如图4-1所示。

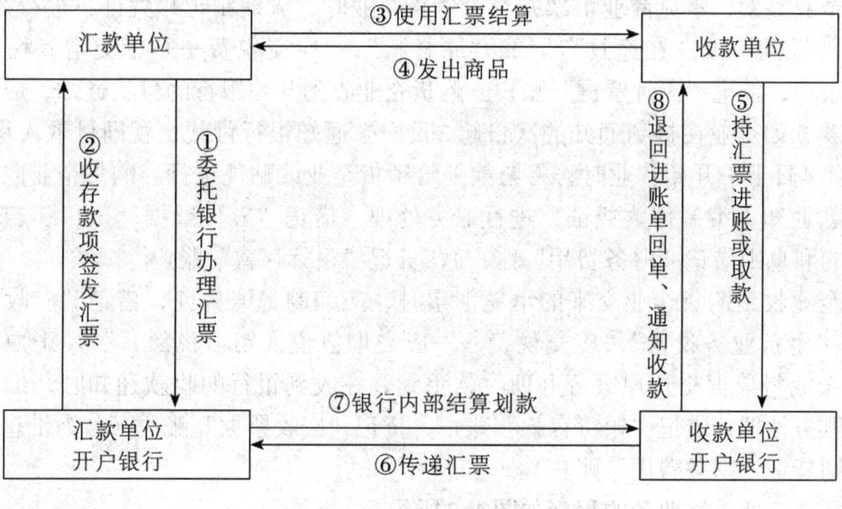

图4-1　银行汇票结算业务过程简图

（二）商业汇票

商业汇票是出票人签发的，委托付款人在指定日期无条件支付确定的金额给收款人或者持票人的票据。商业汇票按承兑人不同，分为商业承兑汇票和银行承兑汇票。

1. 商业汇票的特点

（1）可延期支付货款。商业汇票的付款期限由交易双方商定，但最长不得超过6个月。商业汇票的提示付款期限自汇票到期日起10日内。在银行开立存款账户的法人及其他组织之间须具有真实的交易关系或债权债务关系，才能使用商业汇票。

商业汇票

（2）未到期票据可背书转让或贴现。商业汇票可以背书转让，符合条件的商业承兑汇票的持票人可持未到期的商业承兑汇票连同贴现凭证，向银行申请贴现。

（3）办理领用注销手续，并进行备查登记。存款人领购商业汇票，必须填写“票据和结算凭证领用单”并加盖预留银行印鉴，存款账户结清时，必须将全部剩余空白商业汇票交回银行注销。已贴现的商业票据要进行备查登记。

（4）既适用于同城结算，也适用于异地结算。

2. 商业承兑汇票结算的一般程序及账务处理

（1）交易双方约定采用商业承兑汇票结算时，由销货企业或购货企业签发商业承兑汇票，经购货企业承兑。承兑时，购货企业在汇票正面记载“承兑”字样和承兑日期并签章。承兑不得附有条件，否则视为拒绝承兑。承兑后的商业承兑汇票交给销货企业。

（2）汇票到期时，销货企业应在提示付款期限内将商业承兑汇票提交银行，通过开户银行委托收款或直接向付款人提示付款。对异地委托收款的，销货企业可匡算邮程，提前通过开户银行委托收款。

（3）购货企业应于汇票到期前将款项足额交存其开户银行，由其凭票将票款划给销货企业或贴现银行。如果购货企业的存款不足以支付票款，开户银行应将汇票退还销货企业，银行不负责付款，由购销双方自行处理。

购货企业签发、承兑商业汇票并交给销货企业时，应编制记账凭证，进行账务处理，借记“材料采购”或“在途物资”或“原材料”、“应交税费——应交增值税（进项税额）”等账户，贷记“应付票据”账户。购货企业收到开户银行的付款通知，应在当日通过银行付款，如企业在接到通知的次日起3日内未通知银行付款，视同付款人承诺付款，银行将于第4日上午开始营业时，将票款划给销货企业或贴现银行。购货企业应根据银行转来的付款通知，编制付款凭证，进行账务处理，借记“应付票据”账户（若为带息票据，支付的利息则借记“财务费用”账户），贷记“银行存款”账户。

销货企业收到购货企业交来的承兑汇票时，应编制记账凭证，借记“应收票据”账户，贷记“主营业务收入”“应交税费——应交增值税（销项税额）”等账户。汇票到期，销货企业将票据交开户银行办理收款手续，在收到银行的收款通知时，编制收款凭证，进行账务处理，借记“银行存款”账户，贷记“应收票据”账户（若为带息票据，收到的利息则贷记“财务费用”账户）。

商业承兑汇票结算业务的程序如图4-2所示。

3. 银行承兑汇票结算的一般程序及账务处理

（1）购销双方约定采用银行承兑汇票结算时，由购货方持商业汇票和购货合同向其开户银行申请承兑，开户银行经审查同意承兑后，可按票面金额的万分之五向购货方收取手续费，然后将已承兑汇票交给购货方。

（2）购货方将银行承兑汇票交给销货方，并于汇票到期前将票款足额交存其开户银行，以备由承兑银行在汇票到期日或到期日后的见票当日支付票款。

（3）销货方在汇票到期时将汇票连同进账单送交开户银行以便转账收款。

（4）承兑银行凭汇票将承兑款项无条件转给销货方，如果购货方于汇票到期日未能足额交存票款，承兑银行除凭票应对持票人无条件付款外，对购货方尚未支付的汇票金额按每天万分之五计收罚息。

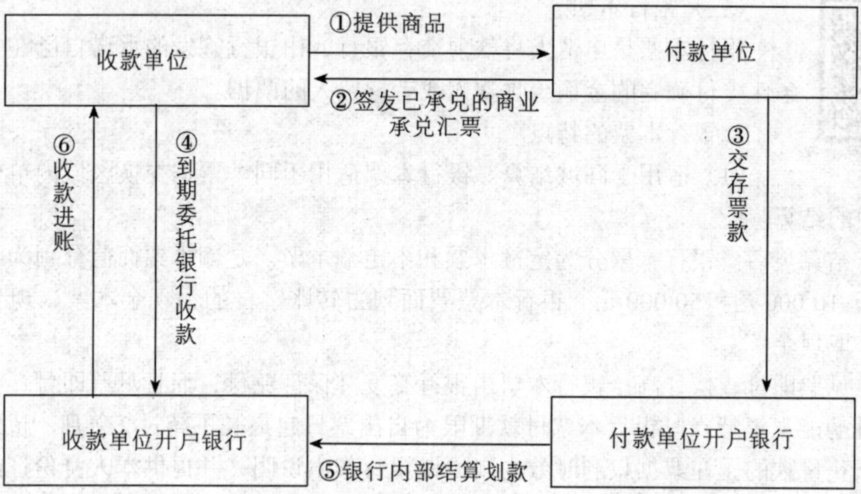

图4-2 商业承兑汇票（付款人出票）结算业务过程简图

购货企业签发银行承兑汇票，经开户银行承兑时，应交纳承兑手续费，交纳时编制付款凭证，进行账务处理，借记“财务费用”账户，贷记“银行存款”账户。购货企业将银行承兑汇票交给销货企业时，应编制记账凭证，进行账务处理，借记“材料采购”或“在途物资”或“原材料”、“应交税费——应交增值税（进项税额）”等账户，贷记“应付票据”账户。购货企业收到银行支付到期汇票的付款通知时，应编制付款凭证，进行账务处理，借记“应付票据”账户（若为带息票据，支付的利息借记“财务费用”账户），贷记“银行存款”账户。

销货企业在收到购货企业的银行承兑汇票时，应编制记账凭证，进行账务处理，借记“应收票据”账户，贷记“主营业务收入”“应交税费——应交增值税（销项税额）”等账户。销货企业将到期的汇票连同进账单送交开户银行办理转账收款时，应编制收款凭证，进行账务处理，借记“银行存款”账户，贷记“应收票据”账户（若为带息票据，收到的利息贷记“财务费用”账户）。

银行承兑汇票结算业务的程序如图4-3所示。

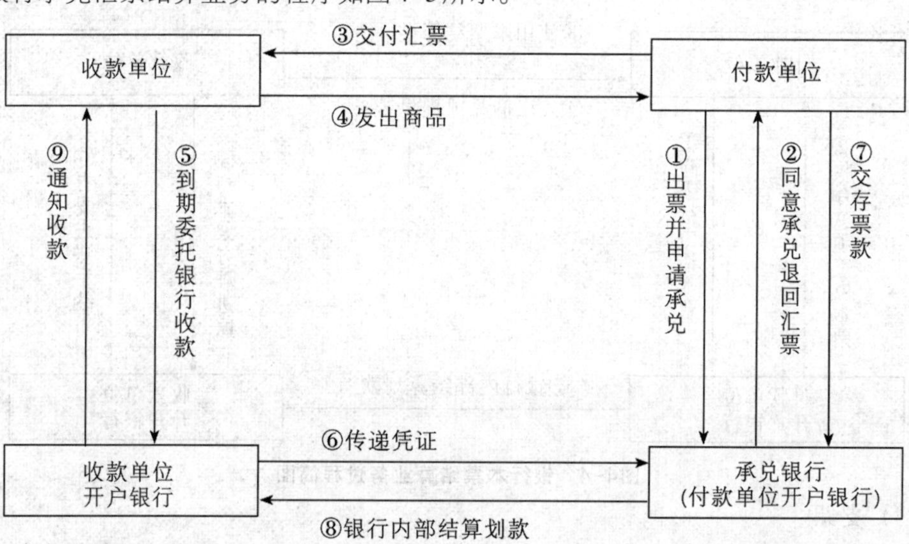

图4-3 银行承兑汇票（付票人出票）结算业务过程简图

银行本票

（三）银行本票

银行本票是申请人将款项交存银行，由银行签发的承诺自己在见票时无条件支付确定的金额给收款人或者持票人的票据。

1. 银行本票的特点

（1）适用于同城结算。银行本票适用于同一票据交换区域内单位和个人各种款项的结算。

（2）结算灵活。银行本票分为定额本票和不定额本票。定额本票面值分别为1 000元、5 000元、10 000元和50 000元。银行本票票面划去转账字样的为现金本票，现金本票只能用于支取现金。

（3）见票即付、信誉高。银行本票由银行签发并保证兑付，而且见票即付，具有信誉高、支付功能强等特点。银行本票付款期限为自出票日起最长不超过2个月，超过提示付款期限未获付款的，在票据权利时效内向出票银行作出说明，并提供本人身份证或单位证明，可持银行本票向银行请求付款。

2. 银行本票结算的一般程序及账务处理

（1）企业需使用银行本票时，应填写“银行本票申请书”，填明收款人名称、申请人名称、支付金额、申请日期等事项并签章。出票银行受理银行本票申请书后，收妥款项即签发银行本票。不定额银行本票用压数机压印出票金额，出票银行在银行本票上签章后交给申请人。申请人或收款人为单位的，银行不予签发现金银行本票。付款企业将款项交存银行，由银行签发本票时，这部分款项已经具有一定的用途，属于其他货币资金，其账务处理见本章第三节其他货币资金的核算。

（2）申请人取得银行本票后，即可向填明的收款单位办理结算。

（3）收款企业在收到银行本票时，应该在提示付款时在本票背面“持票人向银行提示付款签章”处加盖预留银行印鉴，同时填写进账单，连同银行本票一起交开户银行转账，并进行账务处理，借记“银行存款”账户，贷记“应收账款”等账户。

银行本票结算的业务程序如图4-4所示。

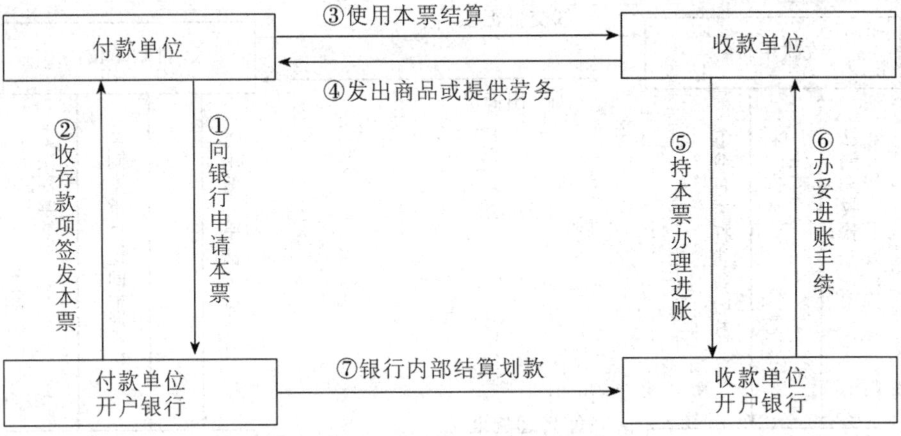

图4-4　银行本票结算业务过程简图

（四）支票

支票是单位或个人签发的，委托办理支票存款业务的银行在见票时无条件支付确定的金额给收款人或者持票人的票据。

1. 支票的特点

支票

（1）适用于同城结算。单位和个人在同一票据交换区域的各种款项结算，均可使用支票。

（2）有提现或转账两种方式。支票由银行统一印制，支票上印有“现金”字样的为现金支票，现金支票只能用于支取现金。支票上印有“转账”字样的为转账支票，转账支票只能用于转账。未印有“现金”或“转账”字样的为普通支票，普通支票可以用于支取现金，也可以用于转账。在普通支票左上角划两条平行线的，为划线支票，划线支票只能用于转账，不得用于支取现金。

（3）有严格的付款期限。支票的提示付款期限为自出票日起10日，中国人民银行另有规定的除外。超过提示付款期限的，持票人开户银行不予受理，付款人不予付款。转账支票可以根据需要在票据交换区域内背书转让。

2. 支票结算的一般程序及账务处理

（1）付款人签发支票，并将支票交给收款人。存款人领购支票，必须填写“票据和结算凭证领用单”，并加盖预留银行印鉴。存款账户结清时，必须将全部剩余空白支票交回银行注销。

企业财会部门在签发支票前，出纳人员应该认真查明银行存款的账面结余数额，防止签发空头支票。若签发空头支票，银行除退票外，还按票面金额处以5%但不低于1 000元的罚款，持票人有权要求出票人赔偿支票金额2%的赔偿金。签发支票时，应使用蓝黑墨水或碳素墨水书写，将支票上的各要素填写齐全，并在支票上加盖其预留银行印鉴。出票人预留银行的印鉴是银行审核支票付款的依据，银行也可以与出票人约定使用支付密码，作为银行审核支付支票金额的条件。支票的日期、金额、收款人不得更改，更改的票据无效。支票上其他记载事项更改的，必须由原记载人签章，但支票上的金额、收款人名称可以由出票人授权补记，未补记前的支票不得背书转让和提示付款。

（2）收款人在支票期限内持票办理转账或支取现金。采用支票结算方式的，对于付款的支票，企业应根据支票存根和有关原始凭证（收款人开出的收据或发票等）编制付款凭证，进行账务处理，借记有关账户，贷记“银行存款”账户。对于收款的支票，企业委托开户银行收款时，应作委托收款背书，在支票背面背书人签章栏签章，记载“委托收款”字样、背书日期，在被背书人一栏记载开户银行名称，并将支票和填制的进账单送交开户银行，根据银行盖章退回的进账单第一联和有关原始凭证编制收款凭证，进行账务处理，借记“银行存款”账户，贷记有关账户。

支票结算业务程序如图4-5所示。

微课4-1

“高大上”的支票

（五）汇兑

汇兑是汇款人委托银行将款项支付给外地收款人的结算方式。

1. 汇兑的特点

（1）适用性强。汇兑适用于单位和个人的各种款项结算。

（2）付款方主动结算。汇兑分为信汇与电汇两种。信汇是指汇款人委托银行通过邮寄方式将款项划转给收款人。电汇是指汇款人委托银行通过电报方式将款项划给收款人。这两种汇兑方式由汇款人根据需要选择使用。这种结算方式划拨款项简便、灵活。

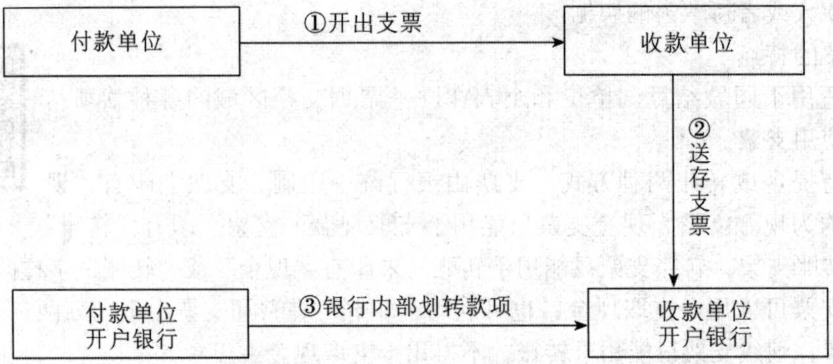

图4-5　支票结算业务过程简图

（3）只适用于异地结算。汇兑结算方式适用于异地之间的各种款项结算。

2. 汇兑结算的一般程序及账务处理

（1）汇款人委托银行办理汇兑时，应填写银行印发的汇款凭证，列明收款单位名称、汇款金额及汇款用途等项目，并将所汇款项交与开户银行，委托银行将款项汇往收汇银行。汇款单位应根据汇款凭证回单联进行账务处理，借记有关账户，贷记“银行存款”账户。

（2）收汇银行将汇款收进收款单位存款户后，向收款单位发出收款通知。收款单位根据银行收款通知单进行账务处理，借记“银行存款”账户，贷记有关账户。

汇兑结算业务程序如图4-6所示。

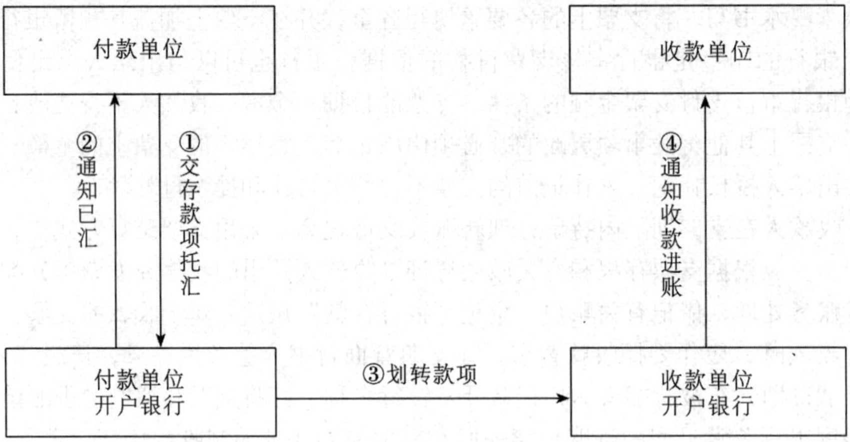

图4-6　汇兑结算业务过程简图

（六）委托收款

委托收款是收款人委托银行向付款人收取款项的结算方式。

1. 委托收款的特点

（1）既适用于同城结算，也适用于异地结算，适用范围广。委托收款适用于单位和个人在同城或异地之间的商品交易、劳务供应及其他款项（如水费、电费、电话费等付款人众多、分散的公用事业费的款项）。单位或个人可凭已承兑商业汇票、债券、存单等付款人债务证明办理同城或异地款项收取。

（2）由收款人主动办理结算。委托收款分为邮寄和电报两种，由收款人选择使用并主动到银行办理委托银行收款的手续。

2. 委托收款的一般程序及账务处理

（1）企业委托开户银行收款时，应填写银行印制的委托收款凭证，并提供有关的债务证明。在委托收款凭证中写明付款单位名称、收款单位名称、账号及开户银行、委托收款金额的大小写、款项内容、委托收款凭据名称及附寄单证张数等。

（2）企业的开户银行受理委托收款后，将委托收款凭证寄交付款单位开户银行。

（3）付款单位开户银行审核委托收款凭证后，通知付款单位付款。

（4）付款单位收到银行转来的委托收款凭证及债务证明，应签收并在3日之内审查债务证明是否真实，是否是本单位的债务，确认之后通知银行付款。付款企业在付款期满，银行通知款项已经转账付出时，编制付款凭证进行账务处理，借记“应付账款”等账户，贷记“银行存款”账户。

付款单位应在收到委托收款通知的次日起3日内，主动通知银行是否付款。如果不通知银行，银行视同企业同意付款，并在第4日从付款单位账户中付出这笔款项。

付款单位在3日内审查有关债务证明后，认为债务证明或与此有关的事项符合拒绝付款的规定，应出具拒绝付款理由书、委托收款凭证第五联及持有的债务证明，向银行提出拒绝付款。

（5）收款单位在接到银行收款通知时，应填制收款凭证，进行账务处理，借记“银行存款”账户，贷记“应收账款”等账户。

委托收款结算业务程序如图4-7所示。

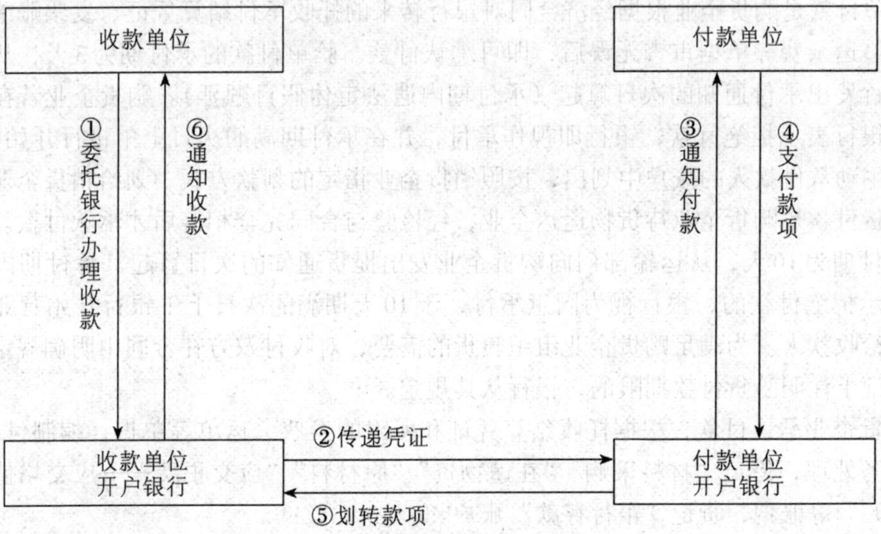

图4-7　委托收款结算业务过程简图

（七）托收承付

托收承付是根据购销合同由收款人发货后委托银行向异地付款人收取款项，由付款人向银行承认付款的结算方式。

1. 托收承付的特点

（1）有规定的使用对象。使用托收承付结算方式的收款单位和付款单位，必须是国有企业、供销合作社以及经营管理较好，并经开户银行审查同意的城乡集体所有制工业企业。办理托收承付结算的款项，必须是商品交易，以及因商品交易而产生的劳务供应的款项，代销、寄销、赊销商品的款项，不得办理托收承付结算。

托收承付款项划回方式分为邮寄和电报两种，由收款人根据需要选择使用，收款单位办理托收承付时，必须出具商品发出的证件或其他证明。

（2）结算金额起点较高。托收承付结算每笔的金额起点为10 000元，新华书店系统每笔金额起点为1 000元。

（3）只适用于有购销合同的异地结算。采用托收承付结算方式时，购销双方必须签有符合《中华人民共和国民法典》的购销合同，并在合同上订明使用托收承付结算方式。

2. 托收承付结算的一般程序及账务处理

（1）销货企业按合同发货后，填写托收承付凭证，盖章后连同发运证件（包括铁路、航运、公路等运输部门签发运单、运单副本和邮局包裹回执）或其他符合托收承付结算的有关证明和交易单证送交开户银行办理托收手续。

（2）销货企业开户银行接受委托后，将托收结算凭证回联退给企业，作为企业进行账务处理的依据，并将其他结算凭证寄往购货单位开户银行，由购货单位开户银行通知购货单位承认付款。

（3）购货企业收到托收承付结算凭证和所附单据后，应立即审核是否符合订货合同的规定。按照《支付结算办法》的规定，承付货款分为验单付款与验货付款两种，在双方签订合同时约定。

验单付款是购货企业根据经济合同对银行转来的托收承付结算凭证、发票账单、托运单及代垫运杂费等单据审查无误后，即可承认付款。验单付款的承付期为3天，从付款人开户银行发出承付通知的次日算起（承付期内遇法定休假日顺延）。购货企业若在承付期内未向银行表示拒绝付款，银行即视作承付，并在承付期满的次日上午银行开始营业时，将款项主动从付款人的账户中划出，按照销货企业指定的划款方式，划给销货企业。

验货付款是购货企业待货物运达企业，经检验与合同完全相符后才承认付款。验货付款的承付期为10天，从运输部门向购货企业发出提货通知的次日算起。承付期内购货企业未表示拒绝付款的，银行视为同意承付，于10天期满的次日上午银行开始营业时，将款项划给收款人。为满足购货企业组织验货的需要，对收付双方在合同中明确规定，并在托收凭证上注明验货付款期限的，银行从其规定。

购货企业承认付款，根据托收结算凭证和所附的发票、运单等单据，编制付款凭证，进行账务处理，借记“材料采购”“在途物资”“原材料”“应交税费——应交增值税（进项税额）”等账户，贷记“银行存款”账户。

如果购货企业在承付期内发现有下列情况，可向银行提出全部或部分拒绝付款：

① 未签订合同或合同中未订明托收承付结算方式；

② 未经双方事先达成协议，收款人提前交货或逾期交货且付款人不再需要该货物；

③ 未按合同规定的到货地址发货；

④ 代销、寄销、赊销商品；

⑤ 验单付款时，发现所列货物的品种、规格、数量、价格与合同不符，或货物已到，经验货与合同或发货清单不符；

⑥ 验货付款时，经验货与合同或发货清单不符；

⑦ 货款已支付或计算有错误。

购货企业提出拒绝付款时，必须填写“拒绝付款理由书”，注明拒绝付款理由，涉及合同的应引证合同上的有关条款。属于商品质量问题的，需要出具质量问题的证明及有关数量的记录；属于外贸部门进口商品的，应当提供国家商品检验或运输等部门出具的证明，向开户银行办理拒付手续。

银行同意部分或全部拒绝付款的，应在拒绝付款理由书上签注意见，并将拒绝付款理由书、拒付证明、拒付商品清单和有关单证邮寄收款人开户银行转交销货企业。

（4）销货企业收到银行转来的收款通知单后，根据托收承付结算凭证的回单联及有关单据，编制收款凭证，进行账务处理，借记“银行存款”账户，贷记“应收账款”账户。

托收承付结算业务程序如图4-8所示。

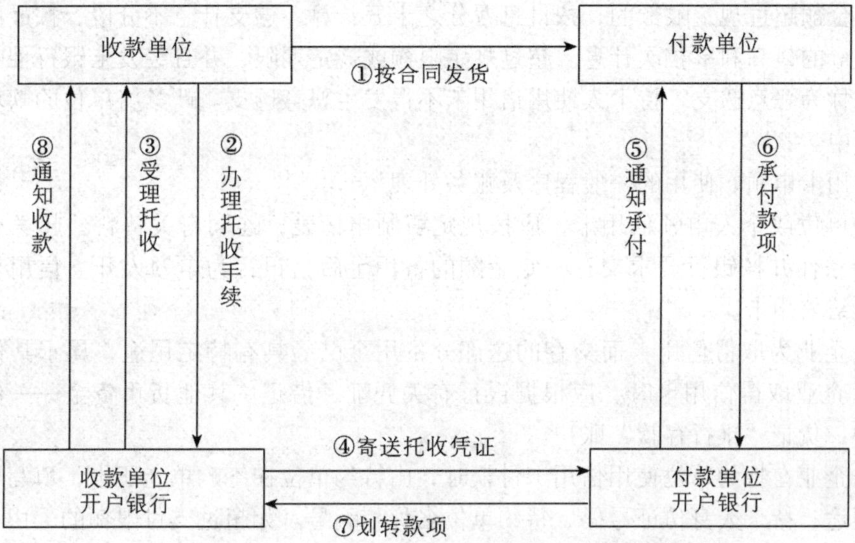

图4-8　（异地）托收承付结算业务过程简图

（八）信用证

信用证结算方式是国际结算的一种主要方式，是银行用以保证买方或进口方有支付能力的凭证。在国际贸易活动中，买卖双方可能互不信任，买方担心预付款后卖方不按合同要求发货，卖方也担心在发货或提交货运单据后买方不付款。因此需要两家银行作为买卖双方的保证人，代为收款交单，以银行信用代替商业信用。银行在这一活动中所使用的工具就是信用证。信用证是银行有条件保证付款的证书，按照这种结算方式的一般规定，买方先将货款交存银行，由银行开立信用证，通知异地卖方开户行转告卖方，卖方按合同和信用证规定的条款发货，银行代买方付款。经中国人民银行批准经营结算业务的商业银行总行以及经商业银行总行批准开办信用证结算业务的分支机构，也可以办理国内企业之间商品交易的信用证结算业务。

信用证

（九）信用卡

信用卡是商业银行向个人和单位发行的，凭以向特约单位购物、消费和向银行存取现金，且具有消费信用的特制载体卡片。

信用卡

1. 信用卡的特点

（1）形式多样。信用卡按使用对象分为单位卡和个人卡；按信誉等级分为金卡和普通卡。

凡在中国境内金融机构开立基本存款账户的单位均可申请单位卡。单位卡账户的资金一律从其基本存款账户转账存入，在使用过程中，需要向其账户续存资金的，也一律从其基本存款账户转账存入，不得交存现金，不得将销货收入的款项存入其账户。单位卡一律不得用于10万元以上的商品交易、劳务供应款项的结算，不得支取现金。

（2）允许善意透支。信用卡在规定的期限和限额内允许善意透支，透支额金卡不得超过10 000元，普通卡最高不得超过5 000元，透支期限最长为60天。透支利息，自签单日或银行记账日起15日内按日息万分之五计算，超过15日按日息万分之十计算，超过30日的或透支金额超过规定限额的，按日息万分之十五计算。透支计息不分段，按最后期限或最高透支额的最高利率档次计息。超过规定限额或规定期限，并且经发卡银行催收无效的透支行为称为恶意透支，持卡人使用信用卡不得发生恶意透支。严禁将单位的款项存入个人卡账户中。

2. 信用卡申领、使用的一般程序及账务处理

（1）单位或个人申领信用卡，应按规定填制申请表，连同有关资料一起送交发卡银行，符合条件并按银行要求交存一定金额的备用金后，银行为申领人开立信用卡存款账户，并发给信用卡。

由于企业为取得信用卡而交存的这部分备用金已经具有特定用途，属于其他货币资金，所以企业取得信用卡时，应根据银行有关凭证，借记“其他货币资金——信用卡存款”账户，贷记“银行存款”账户。

（2）企业在特约单位使用信用卡付款时，由特约单位在签购单上压卡，填写实际结算金额、用途、持卡人身份证号码、特约单位名称和编号。如超过支付限额的，由特约方向发卡银行索权并填写授权号码。签购单由持卡人签名确认。

企业应根据特约单位退还的信用卡签购单第一联和发票等原始凭证进行账务处理，借记有关费用账户，贷记“其他货币资金——信用卡存款”等账户。

如信用卡丢失，持卡人应立即持有效证明，并按规定提供有关情况，向发卡银行或代办银行申请挂失。

信用卡结算业务程序如图4-9所示。

微课4-2

“大话”信用卡

三、银行存款收付业务的账务处理

企业对于银行存款的收付业务，应进行总分类核算和序时核算，即设置银行存款总分类账和银行存款日记账。银行存款总分类账由不从事出纳工作的会计人员登记，会计人员应当根据企业在不同的结算方式下有关的原始凭证编制银行存款收付凭证，并进行相应的会计处理。银行存款日记账由出纳人员登记，并做到日清月结。

企业将款项存入银行等金融机构时，借记“银行存款”账户，贷记“库存现金”“主营业务收入”“应交税费”等有关账户；提取或支付在银行等金融机构中的存款时，借记“库存现金”“管理费用”等有关账户，贷记“银行存款”等有关账户。

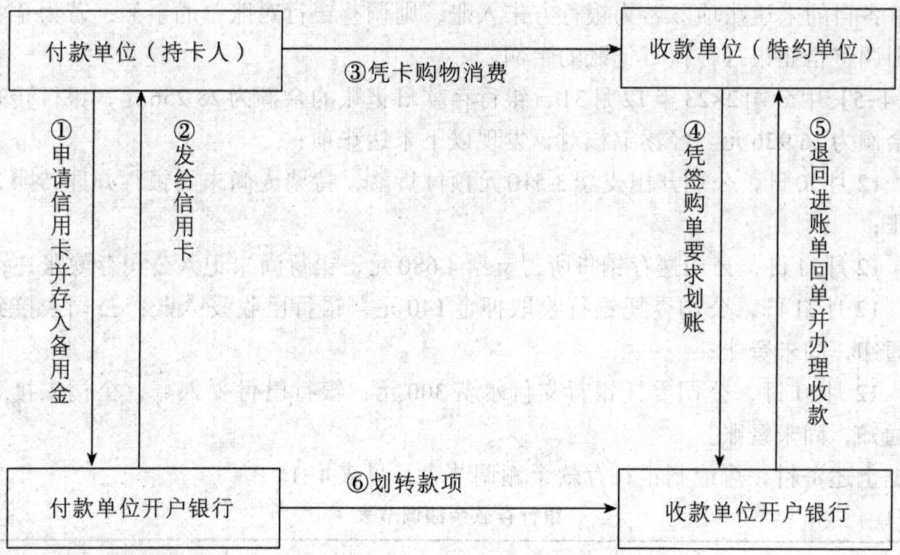

图4-9　信用卡结算业务过程简图

四、银行存款的核对

（一）银行存款的核对方法

为了准确反映银行存款的实际金额，防止银行存款账目发生差错，《企业会计制度》规定，银行存款的账面余额应当与银行对账单定期核对，并按月编制银行存款余额调节表。

银行存款日记账的核对主要包括三个环节：一是银行存款日记账与银行存款收、付款凭证要相互核对，做到账证相符；二是银行存款日记账与银行存款总账相互核对，做到账账相符；三是银行存款日记账与银行开出的对账单相互核对，做到账实相符，银行存款日记账与银行出具的“银行对账单”应逐笔核对，核对时如发现双方余额不一致，要及时查找原因，属于企业本身记账差错的，应立即更正。属于银行差错的，应通知银行更正。除记账错误外，还可能是由未达账项引起的。

所谓未达账项，是指企业与银行之间由于凭证传递上的时间差，一方已登记入账，而另一方尚未入账的款项。未达账项具体包括以下四种情况：

（1）银行已收款记账而企业尚未接到收款通知，因而尚未记账的款项。如托收货款和银行支付给企业的存款利息。

（2）银行已付款记账而企业尚未收到付款通知，因而尚未记账的款项。如银行代企业支付的公用事业费用和银行向企业收取的借款利息等。

（3）企业已收款记账而银行尚未办妥入账手续的款项。如企业将收到的转账支票送存银行。

（4）企业已付款记账而银行尚未支付入账的款项。如企业开出转账支票，对方尚未到银行办理转账手续的款项。

（二）银行存款余额调节表的编制

在核对银行存款账目的过程中，对于发现的未达账项，应采用余额调节法编制“银行存款余额调节表”进行调节。余额调节法的调节原则是：在双方所记存款期末余额的基础上，调整各自的未达账项。若为银行方未入账，则调整银行对账单的余额；若为企业方未入账，则调整企业银行存款日记账的余额。

【例4-5】甲公司2×23年12月31日银行存款日记账的余额为28 256元，银行转来的对账单的余额为26 926元。经逐笔核对，发现以下未达账项：

（1）12月30日，公司开出支票3 510元预付货款，持票人尚未到银行办理转账，银行尚未登账；

（2）12月31日，公司送存销货所得支票4 680元，银行尚未记入公司存款账户；

（3）12月31日，公司委托银行收取押金140元，银行已收妥入账，公司未接到银行的收款通知，尚未登账；

（4）12月31日，公司委托银行支付水费300元，银行已付妥入账，公司未接到银行的付款通知，尚未登账。

根据上述资料，可编制银行存款余额调节表，见表4-1。

表4-1 **银行存款余额调节表** 单位：元

项目	金额	项目	金额
企业银行存款日记账余额	28 256	银行对账单余额	26 926
加：银行已收企业未收款项	140	加：企业已收银行未收款项	4 680
减：银行已付企业未付款项	300	减：企业已付银行未付款项	3 510
调节后企业账银行存款余额	28 096	调节后银行账银行存款余额	28 096

经过上述调整后的银行存款余额，表示企业可动用的银行存款数额。需要注意，银行存款余额调节表主要用来核对企业与银行双方的记账有无差错，不能作为记账的依据。对于未达账项，无须作账面调整，待结算凭证到达后再进行账务处理，登记入账。

调节后，如企业与银行双方账面余额相等，一般说明双方记账没有错误；如双方账面余额不相等，则表明记账有差错，需要进一步查对，找出原因，更正错误的记录。

第三节 其他货币资金的核算

其他货币资金是指企业除库存现金、银行存款以外的各种货币资金，主要包括外埠存款、银行汇票存款、银行本票存款、信用卡存款、信用证保证金存款、存出投资款等。

一、外埠存款

外埠存款是指企业到外地进行临时或零星采购时，汇往采购地银行开立采购专户的款项。

企业将款项汇往外地时，应填写汇款委托书，委托开户银行办理汇款。汇入地银行以汇款单位名义开立临时采购账户，该账户的存款不计利息、只付不收、付完清户，除了采购人员可从中提取少量现金外，一律采用转账结算方式。

企业将款项汇往外地开立采购专用账户时，根据汇出款项凭证编制付款凭证，进行账务处理，借记“其他货币资金——外埠存款”账户，贷记“银行存款”账户；收到采购人员转来供应单位发票账单等报销凭证时，借记“材料采购”“原材料”“库存商品”“应交税费——应交增值税（进项税额）”等账户，贷记“其他货币资金——外埠存款”账户；采购完毕收回剩余款项时，根据银行的收账通知，借记“银行存款”账户，贷记“其他货币资金——外埠存款”账户。

【例4-6】甲公司2×23年12月18日因临时采购需要，将款项20 000元汇往在外地设立的临时账户。7天后收到采购员汇来的发票、运单，注明货款10 000元，增值税税额为1 300元，共计11 300元，余款退回，收妥入账。甲公司的会计处理如下：

（1）款项汇往在外地设立的临时采购专户时，根据有关原始凭证，编制如下会计分录：

借：其他货币资金——外埠存款　20 000

　贷：银行存款　20 000

（2）收到发票和运单时，根据有关原始凭证，编制如下会计分录：

借：在途物资　10 000

　　应交税费——应交增值税（进项税额）　1 300

　贷：其他货币资金——外埠存款　11 300

（3）余款收回时，根据有关原始凭证，编制如下会计分录：

借：银行存款　8 700

　贷：其他货币资金——外埠存款　8 700

二、银行汇票存款

银行汇票存款是指企业为取得银行汇票，按照规定存入银行的款项。

企业向银行提交“银行汇票委托书”并将款项交存银行，取得汇票后，根据银行盖章退回的委托书存根联，编制付款凭证，借记“其他货币资金——银行汇票存款”账户，贷记“银行存款”账户。

企业使用银行汇票付款后，应根据发票账单及开户行转来的银行汇票有关副联等凭证，经核对无误后编制会计分录，借记“材料采购”“在途物资”“原材料”“应交税费——应交增值税（进项税额）”等账户，贷记“其他货币资金——银行汇票存款”账户。

如实际采购支付后银行汇票有余额，多余部分应借记“银行存款”账户，贷记“其他货币资金——银行汇票存款”账户。汇票因超过付款期限或其他原因未曾使用而退还款项时，应借记“银行存款”账户，贷记“其他货币资金——银行汇票存款”账户。

【例4-7】2×23年12月5日，甲公司为采购一批材料，申请银行汇票，金额为100 000元，银行受理。根据银行汇票申请书存根联，编制如下会计分录：

借：其他货币资金——银行汇票存款　100 000

　贷：银行存款　100 000

12月7日，从飞达公司购进材料，货款80 000元，增值税10 400元，公司以上述银行汇票付讫。材料已入库。根据收料单和收到的发票、运单，编制如下会计分录：

借：原材料　80 000

　　应交税费——应交增值税（进项税额）　10 400

　贷：其他货币资金——银行汇票存款　90 400

12月9日，银行转来银行汇票存款多余款收账通知，金额9 600元。根据收账通知，编制如下会计分录：

借：银行存款　　9 600

　贷：其他货币资金——银行汇票存款　　9 600

三、银行本票存款

银行本票存款是指企业为取得银行本票，按照规定存入银行的款项。

企业向银行提交“银行本票申请书”并将款项交存银行，取得银行本票时，应根据银行盖章退回的申请书存根联，编制付款凭证，借记“其他货币资金——银行本票存款”账户，贷记“银行存款”账户。

企业用银行本票支付购货款等款项后，应根据发票等有关凭证，借记“材料采购”“在途物资”“原材料”“应交税费——应交增值税（进项税额）”等账户，贷记“其他货币资金——银行本票存款”账户。

如企业因本票超过付款期限等原因未曾使用而要求银行退款时，应填制一式二联进账单，连同本票一起交给银行，然后根据银行转回本票时盖章退回的一联进账单，借记“银行存款”账户，贷记“其他货币资金——银行本票存款”账户。

四、信用卡存款

信用卡存款是指企业为取得信用卡按照规定存入银行信用卡专户的款项。企业向银行申请取得信用卡，应按规定填制申请表，连同支票和有关资料一并送交发卡银行，根据银行盖章退回的进账单第一联，借记“其他货币资金——信用卡存款”账户，贷记“银行存款”账户。

企业用信用卡购物或支付有关费用，借记“材料采购”“在途物资”“原材料”“应交税费——应交增值税（进项税额）”“管理费用”等账户，贷记“其他货币资金——信用卡存款”账户。

企业在使用信用卡的过程中，需要向其账户续存资金时，借记“其他货币资金——信用卡存款”账户，贷记“银行存款”账户。有信用卡业务的企业应当在“信用卡存款”明细账户中按开出信用卡的银行和信用卡种类设置明细账。

五、信用证保证金存款

信用证保证金存款，是指企业为取得信用证按规定存入银行的保证金。

企业向银行申请开立信用证，应按规定向银行提交开证申请书、信用证申请人承诺书和购销合同。企业向银行交纳保证金，根据银行退回的进账单第一联，借记“其他货币资金——信用证保证金存款”账户，贷记“银行存款”账户。

根据开证银行交来的信用证来单通知书及有关单据列明的金额，借记“材料采购”“原材料”“库存商品”“应交税费——应交增值税（进项税额）”等账户，贷记“其他货币资金——信用证保证金存款”“银行存款”等账户。

六、存出投资款

存出投资款，是指企业已存入证券公司但尚未进行短期投资的资金。企业向证券公司划出资金时，应按实际划出的金额，借记“其他货币资金——存出投资款”账户，贷记“银行存款”账户；购买股票、债券时，按实际发生的金额，借记“交易性金融资产”账户，贷记“其他货币资金——存出投资款”账户。

第四节　应收及预付款项的核算

应收及预付款项是指企业在日常生产经营过程中发生的各项债权，包括应收款项和预付款项。应收款项包括应收票据、应收账款和其他应收款等；预付款项则是指企业因购买商品或劳务等而预先支付给有关单位的款项，如预付账款等。

一、应收票据

（一）应收票据概述

1. 应收票据的概念

应收票据是指企业在采用商业汇票结算方式时，因销售商品、提供劳务而收到的商业汇票。商业汇票是指收款人或付款人（或承兑申请人）签发，由承兑人承兑，并于到期日向收款人或被背书人支付款项的票据，它是交易双方以商业购销业务为基础而使用的一种信用凭证。

2. 应收票据的种类

商业汇票按其承兑人的不同，可分为商业承兑汇票和银行承兑汇票。商业承兑汇票是指由收款人签发，经付款人承兑，或由付款人签发并承兑的票据；银行承兑汇票则是指由收款人或承兑申请人签发，并由承兑申请人向其开户银行申请，经银行审查同意承兑的票据。

商业汇票按是否计息可分为不带息商业汇票和带息商业汇票。不带息商业汇票，是指商业汇票到期时，承兑人只按票面金额（即面值）向收款人或被背书人支付款项的汇票。带息商业汇票是指商业汇票到期时，承兑人必须按票面金额加上应计利息向收款人或被背书人支付票款的票据。

（二）应收票据的计价

我国商业票据的期限一般较短（最长不超过6个月），用现值记账不但计算麻烦而且其折价还要逐期摊销，过于烦琐。因此，应收票据一般按其面值计价，即企业收到应收票据时，应按照票据的面值入账。但对于带息的应收票据，按照现行制度的规定，应于期末（指中期期末和年度终了）按应收票据的票面价值和确定的利率计提利息，计提的利息应增加应收票据的账面价值。

（三）带息应收票据利息的计算及票据到期日

带息票据的利息，对收款人来说是一种收入，对付款人来说是一种费用。应收票据的利息计算公式如下：

应收票据利息=应收票据票面金额×利率×期限

上式中，利率一般以年利率表示；“期限”指签发日至到期日的时间间隔（有效期）。票据的期限有按月表示和按日表示两种，在实际业务中，为了计算方便，常把一年定为360天。

票据期限若按月表示，应以到期月份中与出票日相同的那一天作为到期日。月末签发的票据，无论月份大小，以到期月份的月末一天为到期日。如出票日为3月6日，期限为4个月的票据，其到期日应为7月6日。出票日为4月30日，期限为3个月的票据，其到期日应为7月31日。与此同时，计算利息时使用的利率要换算成月利率（即年利率÷12）。

票据期限若按日表示，到期日应从出票日起按实际经历天数计算。但出票日和到期日只能算其中的一天，即“算头不算尾”或“算尾不算头”。如出票日为8月1日，期限为80天的票据，其到期日应为10月20日，即8月份31天，9月份30天，10月份19天（10月20日不算）。与此同时，计算利息使用的利率要换算成日利率（即年利率÷360）。

（四）应收票据一般业务的账务处理

1. 应收票据核算的账户设置

为了反映和监督企业应收票据的取得和回收情况，企业应设置“应收票据”账户进行核算。“应收票据”账户属于资产类账户，借方登记应收票据的票面金额及按期确认的应计利息，贷方登记背书转让、到期收回或因未能收回票款而转作应收账款的应收票据账面金额，期末借方余额反映未到期应收票据的票面金额及已计提利息。企业应当按照开出、承兑商业汇票的单位进行明细核算。

2. 账务处理

不带息票据的到期价值等于应收票据的面值。企业应当设立“应收票据”账户核算应收票据的票面金额，当企业收到应收票据时，借记“应收票据”账户，贷记“应收账款”“主营业务收入”等账户。应收票据到期收回时，按其票面金额，借记“银行存款”账户，贷记“应收票据”账户。商业承兑汇票到期，承兑人违约拒付或无力偿还票款，收款企业应将到期票据的票面金额转入“应收账款”账户。

【例4-8】甲公司向乙公司销售产品一批，货款为100 000元，尚未收到，已办妥托收手续，适用的增值税税率为13%，根据有关原始凭证，甲公司编制如下会计分录：

借：应收账款　　113 000

　贷：主营业务收入　　100 000

　　　应交税费——应交增值税（销项税额）　　13 000

10日后，甲公司收到乙公司寄来的一份3个月的不带息商业承兑汇票，面值为113 000元，抵付产品货款。甲公司编制如下会计分录：

借：应收票据　　113 000

　贷：应收账款　　113 000

3个月后，应收票据到期，甲公司收回票面金额113 000元并存入银行，根据有关原始凭证，编制如下会计分录：

借：银行存款　　113 000

　贷：应收票据　　113 000

如果该票据到期，乙公司无力偿还票款，甲公司应将到期票据的票面金额转入“应收账款”账户，根据有关原始凭证，编制如下会计分录：

借：应收账款　　113 000

　贷：应收票据　　113 000

（五）应收票据的贴现

1. 应收票据贴现的概念

企业持有的应收票据在到期前，如果出现资金短缺，可以持未到期的商业汇票向其开户银行申请贴现，以便获得所需资金。“贴现”就是指票据持有人将未到期的票据背书后送交银行，银行受理后从票据到期值中扣除按银行贴现率计算确定的贴现利息，然后将余额付给持票人，作为银行对企业的短期贷款。可见，票据贴现实质上是企业融通资金的一种形式。

在我国，商业汇票的持票人向银行办理贴现必须具备下列条件：在银行开立存款账户的企业法人以及其他组织；与出票人或者直接前手之间具有真实的商品交易关系；提供与其前手之间的增值税发票和商品发运单据复印件。

2. 应收票据到期值、贴现息和贴现所得净额的计算

票据贴现的有关计算公式如下：

应收票据到期值=应收票据票面金额×（1+年利率×票据到期天数÷360）

=应收票据票面金额×（1+年利率×票据到期月数÷12）

对于无息票据来说，票据的到期值就是其面值。

贴现息=票据到期值×贴现率×贴现期

贴现期=贴现日至票据到期日实际天数-1

贴现所得净额=票据到期值-贴现息

按照中国人民银行《支付结算办法》的规定，实付贴现金额按到期价值扣除贴现日至汇票到期前一日的利息计算。承兑人在异地的贴现利息的计算应另加3天的划款期限。

3. 应收票据贴现的账务处理

应收票据的贴现根据票据的风险是否转移分为两种情况：一种带追索权，贴现企业在法律上负连带责任；另一种不带追索权，企业将应收票据上的风险和未来经济利益全部转让给银行。下面对不带追索权的贴现进行介绍。

如果企业与银行等金融机构签订的协议中规定，在贴现的应收债权到期，债务人未按期偿还，申请贴现的企业不负有任何偿还责任时，应视同应收债权的出售。企业将应收票据上的风险和未来经济利益全部转让给银行，应冲减应收票据的账面价值，应收票据贴现值（即贴现所得金额）与账面价值之间的差额计入财务费用（可能在借方，也可能在贷方）。贴现时的基本会计处理为：根据贴现所得金额借记“银行存款”账户，根据应收票据的账面价值贷记“应收票据”账户，根据贴现所得金额与账面价值的差额借记或贷记“财务费用”账户。

已贴现的无追索权的商业汇票到期时，因贴现企业不承担连带偿付责任，所以不作任何会计处理。

二、应收账款

（一）应收账款的确认

应收账款是指企业因销售商品、产品或提供劳务而形成的债权。具体说来，应收账款是指企业因销售商品、产品或提供劳务等，应向购货客户或接受劳务的客户收取的款项，包括买价、增值税税款及代购货单位垫付的包装费、运杂费等。

会计上所指的应收账款有其特定的范围：

（1）应收账款是指因销售活动形成的债权，不包括应收职工欠款、应收债务人的利息等其他应收款；

（2）应收账款是指流动资产性质的债权，不包括长期债权，如因销售商品、提供劳务形成的长期应收款等；

（3）应收账款是指本企业应收客户的款项，不包括本企业付出的各类存出保证金，如

投标保证金和租入包装物保证金等。

（二）应收账款的初始计量

应收账款通常是由企业赊销活动所引起的，因此，应收账款的确认时间与收入的确认标准密切相关，应收账款应于收入实现时确认。

应收账款的计价，是指应收账款入账金额的确认。通常情况下，应收账款应按买卖双方成交时的实际金额计价入账。但是在商业活动中，由于存在商业折扣、现金折扣、销货退回与折让等，交换价格会发生变动，从而影响应收账款价值的确定。

1. 商业折扣

商业折扣是指企业根据市场供需情况，或针对不同的顾客，在商品标价上给予的扣除。

商业折扣是企业最常用的促销手段。企业为了扩大销售、占领市场，对于批发商往往给予商业折扣，采用销量越多、价格越低的促销策略，即通常所说的“薄利多销”。对于季节性的商品，在销售的淡季，为了扩大销售，企业通常采用商业折扣的方式。但也并非完全如此，在市场竞争日益激烈的情况下，企业也往往利用人们的消费心理，即使在销售的旺季也把商业折扣作为一种常用的促销竞争手段。

商业折扣一般在交易发生时即已确定，它仅仅是确定实际销售价格的一种手段，不需在买卖双方任何一方的账上反映，所以商业折扣对应收账款的入账价值没有什么实质性的影响。因此，在存在商业折扣的情况下，企业应收账款入账金额应按扣除商业折扣以后的实际售价确认。

2. 现金折扣

现金折扣又称销货折扣，是指企业为了鼓励客户在一定时期内早日付款而给予的价格优惠，折扣的多少由客户付款的早晚决定。它通常表示为“2/10，1/20，N/30”，意思为：如果在10天内付款，可享受2%的折扣，20天内付款可享受1%的折扣，超过20天付款，则无折扣，30天为最长信用期。

企业在销售商品时给予客户的现金折扣，应当按照《企业会计准则第14号——收入》（财会〔2017〕22号）中关于可变对价的相关规定进行会计处理，即在确认销售收入时，要预估现金折扣发生的比例，并相应扣除后确认收入，再结合实际发生的现金折扣，来调整收入确认的金额。

（三）应收账款的账务处理

1. 账户设置

为了总括反映和监督企业应收账款的发生和收回情况，企业应设置“应收账款”账户进行总分类核算。“应收账款”账户属于资产类账户，核算企业因销售商品、对外提供劳务等业务应向购货单位或接受劳务的单位收取的款项。借方登记赊销时发生的应收账款金额，贷方登记客户归还的，或已结转坏账损失，或转作商业汇票结算方式的应收账款金额。该账户应按对方单位名称设置明细账户，进行明细核算。预收货款不多的企业，为简化核算，也可不设“预收账款”账户，而将预收货款业务直接记入“应收账款”账户。

因销售商品、提供劳务等，合同或协议价款的收取采用递延方式、实质上具有融资性质的，在“长期应收款”账户核算，不在该账户核算。

2. 账务处理

企业发生应收账款时，按应收金额，借记“应收账款”账户，按实现的营业收入，贷记“主营业务收入”等账户，按专用发票上注明的增值税税额，贷记“应交税费——应交增值税（销项税额）”账户。收回应收账款时，借记“银行存款”等账户，贷记“应收账款”账户。代购货单位垫付包装费、运杂费时，借记“应收账款”账户，贷记“银行存款”等账户。收回代垫的费用时，借记“银行存款”账户，贷记“应收账款”账户。

（1）无任何折扣

企业发生的应收账款，在没有任何折扣的情况下，按应收的全部金额入账。

【例4-9】甲服装厂销售给某商场一批服装，价值总计100 000元，适用的增值税税率为13%，已办妥委托银行收款的手续。

销售商品时，根据有关原始凭证，编制如下会计分录：

借：应收账款	113 000	
贷：主营业务收入		100 000
应交税费——应交增值税（销项税额）		13 000

收到货款时，根据有关原始凭证，编制如下会计分录：

借：银行存款	113 000	
贷：应收账款		113 000

（2）只有商业折扣

企业发生的应收账款，在只有商业折扣的情况下，应按扣除商业折扣后的金额入账。

【例4-10】甲公司销售一批产品，按价目表标明的价格计算，金额为20 000元，由于是成批销售，销货方给购货方10%的商业折扣，销货方应收账款的入账金额为18 000元，适用的增值税税率为13%。

销售商品时，根据有关原始凭证，编制如下会计分录：

借：应收账款	20 340	
贷：主营业务收入		18 000
应交税费——应交增值税（销项税额）		2 340

收到货款时，根据有关原始凭证，编制如下会计分录：

借：银行存款	20 340	
贷：应收账款		20 340

（3）只有现金折扣

企业在销售商品时给予客户的现金折扣属于可变对价的情形。若合同中存在可变对价，企业应当对计入交易价格的可变对价进行估计。企业应当按照期望值或最可能发生金额确定可变对价的最佳估计数。

【例4-11】2×23年10月2日，甲公司赊销一批商品，货款为50 000元，适用的增值税税率为13%，规定的付款条件为“1/10，N/30”，假设现金折扣不考虑相关税费。甲公司基于对客户的了解，预计客户10天内付款的概率为95%，10天后付款的概率为5%。2×23年10月8日，收到客户支付的货款。不考虑其他因素。

本例中，甲公司认为按照最可能发生金额能够更好地预测其有权获取的对价金额。因此，甲公司应确认的销售商品收入金额=50 000×（1−1%）= 49 500（元）。

（1）2×23年10月2日，销售业务发生时，根据有关销售发票编制如下会计分录：

借：应收账款　　56 000

　贷：主营业务收入　　49 500

　　　应交税费——应交增值税（销项税额）　　6 500

（2）2×23年10月8日，收到货款时，根据有关原始凭证编制如下会计分录：

借：银行存款　　56 000

　贷：应收账款　　56 000

（四）应收账款的减值

1. 应收账款减值损失的确认

企业应当在资产负债表日对应收账款等应收款项进行减值测试，有客观证据表明该应收款项发生减值的，应当计算确定减值损失，计提坏账准备。应收款项的减值损失也称坏账损失。

表明应收款项发生减值的客观证据，是指应收款项初始确认后实际发生的、对该应收款项的预计未来现金流量有影响，且企业能够对该影响进行可靠计量的事项。应收款项发生减值的客观证据主要包括下列各项：

（1）发行方或债务人发生严重财务困难；

（2）债务人违反了合同条款，如偿付利息或本金发生违约或逾期等；

（3）债权人出于经济或法律等方面因素的考虑，对发生财务困难的债务人作出让步；

（4）债务人很可能倒闭或进行其他财务重组。

2. 应收账款减值的账务处理

（1）减值损失的会计处理方法

应收账款减值在会计上有两种处理方法：直接转销法和备抵法。《企业会计制度》规定，我国企业对减值的核算，只能采用备抵法。

直接转销法

备抵法是期末在检查应收账款收回可能性的前提下，预计可能发生的坏账损失，并计提坏账准备，当某一应收账款全部或部分被确认为坏账时，将其金额冲减坏账准备并相应转销应收账款的方法。

备抵法的优点：一是预计不能收回的应收账款作为坏账损失及时计入费用，避免企业虚增利润；二是在报表上列示应收账款净额，使报表阅读者更能了解企业真实的财务情况；三是使应收账款实际占用资金接近实际，消除了虚列的应收账款，有利于加快企业资金周转，提高企业经济效益。

（2）减值损失的估计方法

备抵法首先要按期估计坏账损失，估计坏账损失主要有四种方法，即应收账款余额百分比法、账龄分析法、销货百分比法和个别认定法。

①应收账款余额百分比法：是按照应收账款余额的一定百分比来估计坏账损失的方法。坏账损失率可以参照以往的数据资料确定。

②账龄分析法：是根据应收账款账龄的长短以及当前的具体情况来估计坏账损失的方法。账龄是指客户所欠账款逾期的时间。通常情况下，账龄长短与发生坏账的可能性是成正比的。

采用账龄分析法，应先将企业的应收账款按账龄长短划分为若干区段，计列各个区段上应收账款的金额，并为每一个区段估计一个坏账损失的百分比，在此基础上，进行坏账损失的估计。

③销货百分比法：是根据企业赊销总额的一定百分比估计坏账损失的方法。采用这种方法，估计的坏账损失数即为当期应当计提的坏账准备，不需要和坏账准备账户的余额比较，不需要调整坏账准备余额。但估计坏账损失的百分比可能由于企业生产经营情况的不断变化而不相适应，因此，需要经常检查百分比是否足以反映企业坏账损失的实际情况，倘若发现过高或过低的情况，应及时调节百分比。

④个别认定法：是根据每一笔应收账款的情况来估计坏账损失的方法。

（3）账户设置

采用备抵法核算坏账，企业应设置“坏账准备”账户和“信用减值损失——计提的坏账准备”账户。“坏账准备”账户是“应收账款”“其他应收款”等账户的备抵账户，贷方登记坏账准备的提取数和以前会计期间已确认并转销而本期又收回的坏账，借方登记企业实际发生的坏账和坏账准备的转销数，期末一般为贷方余额，表示已计提但尚未转销的坏账准备数。平时，“坏账准备”账户可能出现借方余额也有可能出现贷方余额，但“坏账准备”账户年末一定为贷方余额。“信用减值损失”账户属于损益类账户，企业期末计提的坏账准备记入该账户的借方，期末转出的坏账损失数记入该账户的贷方，结转后该账户无余额。

（4）账务处理

应收账款减值的有关账务处理的内容包括三个方面：

一是期末按一定方法确定应收账款的减值损失，计提坏账准备的账务处理；

二是实际发生坏账时的账务处理；

三是已确认的坏账又收回的账务处理。

① 资产负债表日，企业确定应收账款发生减值的，按应减记的金额，借记“信用减值损失”账户，贷记“坏账准备”账户。本期应计提的坏账准备大于其账面余额的，应按其差额计提；应计提的金额小于其账面余额的差额做相反的会计分录。

② 对于确实无法收回的应收账款，按管理权限报经批准后作为坏账损失，转销应收账款，借记“坏账准备”账户，贷记“应收账款”账户。

③ 已确认并转销的应收账款以后又收回的，应按实际收回的金额，借记“应收账款”账户，贷记“坏账准备”账户；同时，借记“银行存款”账户，贷记“应收账款”账户。对于已确认并转销的应收账款以后又收回的，企业也可以按照实际收回的金额，借记“银行存款”账户，贷记“坏账准备”账户。

应收票据、预付账款、其他应收款、长期应收款等应收款项的减值处理可以比照应收账款的减值处理方法进行核算。

三、预付账款

（一）预付账款的概念

预付账款是企业按照购货合同规定预付给供应单位的款项。

按照权责发生制原则，预付账款虽款项已经付出，但对方的义务尚未尽到，要求对方履行义务仍是企业的权利。因此，预付账款和应收账款一样，都是企业的短期债权。但是两者又有所区别：应收账款是企业销货引起的，是应向购货方收取的款项；而预付账款是企业购货引起的，是预先付给供货方的款项。故二者应分别进行核算。

（二）预付账款的账务处理

1. 账户设置

为了加强对预付账款的管理，企业一般应单独设置“预付账款”账户进行核算。“预付账款”账户属于资产类账户，借方登记企业向供货方预付的货款，贷方登记企业收到所购货物时结转的预付款项，期末余额一般在借方，反映企业已经预付但尚未结算的款项；如果出现贷方余额，反映企业所购货物或劳务大于预付款项的差额，属于负债性质，是企业应补付的款项。该账户应按供货单位或个人名称设置明细账。

预付账款不多的企业，也可以将预付的货款记入“应付账款”账户的借方，但在编制会计报表时，仍然要将“预付账款”和“应付账款”的金额分开列示。

2. 账务处理

企业按购货合同的规定预付货款时，按预付金额借记“预付账款”账户，贷记“银行存款”账户。

企业收到预订的物资时，根据发票账单等列明的应计入所购买物资的成本，借记“原材料”或“材料采购”等账户，按专用发票上注明的增值税，借记“应交税费——应交增值税（进项税额）”账户，按应付的金额，贷记“预付账款”账户。

补付货款时，借记“预付账款”账户，贷记“银行存款”账户；退回多付的货款，借记“银行存款”账户，贷记“预付账款”账户。

四、其他应收款

（一）其他应收款的概念

其他应收款是企业除应收票据、应收账款和预付账款等经营活动以外的其他各种应收、暂付款项。

（二）其他应收款包括的内容

其他应收款的内容包括：（1）应收的各种赔款、罚款；（2）应收出租包装物的租金；（3）应向职工收取的各种垫付款项；（4）备用金（向企业各职能科室、车间等拨付的备用金）；（5）存出的保证金，如租入包装物支付的押金；（6）其他各种应收、暂付款项。其他应收款不包括企业拨出用于投资、购买物资的各种款项。

（三）其他应收款的账务处理

1. 账户设置

企业发生的各种其他应收款项目，应单独归类，以便会计信息使用者把这些项目与由于营业活动而发生的应收账款识别清楚。为此，企业应设置“其他应收款”账户对其他应收款进行核算。该账户属于资产类账户，借方登记发生的各种其他应收款，贷方登记企业收到的款项和结转情况，余额一般在借方，表示应收未收的其他应收款项；期末如为贷方余额，反映企业尚未支付的其他应付款。

企业应在“其他应收款”账户下，按债务人设置明细账户，进行明细核算。

2. 账务处理

企业发生应收未收的赔款、罚款、租金和其他款项，支付包装物押金以及其他各种暂付款项时，借记“其他应收款”账户，贷记“银行存款”等账户；收回应收暂付款项或内部单位、个人对预支款项报销时，借记“银行存款”等账户，贷记“其他应收款”账户。

【例4-12】5月6日，职工小王预借差旅费900元，以库存现金支付。根据有关原始凭证，编制如下会计分录：

借：其他应收款——小王　900

　贷：库存现金　900

6月10日，小王出差归来，报销差旅费820元，余款交回，根据有关原始凭证，编制如下会计分录：

借：管理费用　820

　　库存现金　80

　贷：其他应收款——小王　900

【思政讲堂】

建设现代中央银行制度　推进金融业高质量发展

党的二十大报告明确提出全面建成社会主义现代化强国、实现第二个百年奋斗目标，以中国式现代化全面推进中华民族伟大复兴是新时代新征程党的中心任务。要全面认识中国式现代化的中国特色，准确理解中国式现代化的本质要求，更加扎实工作，推动金融业高质量发展，坚定不移扩大开放，为中国式现代化贡献金融力量。

建设现代中央银行制度是党中央对金融工作作出的重要部署。人民银行、外汇局必须立足本职工作，落实好建设现代中央银行制度的要求。要完善货币政策体系，维护币值稳定，促进经济增长；增强人民币汇率弹性，保持人民币汇率在合理均衡水平上的基本稳定；深化金融改革，提升金融服务实体经济能力；加强和完善现代金融监管，强化金融稳定保障体系，为推动经济高质量发展和维护国家经济安全提供坚实有力保障。

资料来源：佚名. 人民银行、外汇局召开学习贯彻党的二十大精神宣讲报告会　落实好建设现代中央银行制度的要求［EB/OL］.［2022-11-04］. https：//www.163.com/dy/article/HLAJRO270552C2FY.html.

【复习思考】

1.建立货币资金内部控制制度的基本要求是什么？

2.《现金管理暂行条例》对现金的使用范围是怎样规定的？

3.国家对企业使用银行账户有哪些规定？

4.其他货币资金有哪几类？如何进行账务处理？

5.什么是票据？如何分类？

6.什么是贴现？如何处理？

7.什么是现金折扣？如何进行会计处理？

【练习题】

1.华伟公司5月份发生下列现金收支业务：

（1）1日，小张出差归来，报销差旅费900元，补付现金100元，结清原借款。

（2）2日，从银行提现3 000元备用。

（3）4日，以现金购买办公用品800元，交厂部办公室使用。

（4）9日，小李出差，预借差旅费1 000元，以现金付讫。

（5）13日，小李出差回来报销差旅费800元，退回现金200元。

（6）16日，出租包装物一批，收到对方交来押金现金2 000元。

（7）21日，以现金支付职工张某困难补助600元。

（8）22日，填制现金交款单，将现金8 000元存入银行。

（9）28日，经清查，发现短缺现金90元，原因待查。

（10）30日，经查，短缺90元现金属于出纳人员王某的责任，由其赔偿。

要求：对以上业务进行相应的会计处理。

2. 某企业2×23年7月31日银行存款日记账的账面余额为68 200元，银行对账单上的余额为67 500元，经逐笔核对，发现有下列未达账项：

（1）7月29日，企业支付货款开出转账支票一张计4 500元，企业已登记入账，银行尚未入账。

（2）7月30日，企业销售产品收到转账支票一张计12 300元，企业已经登记入账，而银行尚未入账。

（3）7月30日，银行收到企业委托收款10 900元，银行已经登记入账，企业尚未入账。

（4）7月31日，银行代企业支付水电费3 800元，银行已登记入账，企业尚未入账。

要求：根据上述未达账项，编制银行存款余额调节表。

3. 某公司坏账损失采用备抵法核算，按应收账款余额的5‰提取坏账损失，2×22年年末坏账准备余额为2 500元。2×23年发生坏账损失3 000元，年末应收账款余额为300 000元，2×24年收回上年已冲销的应收账款1 000元，期末应收账款为450 000元。

要求：计算相关坏账准备并编制会计分录。

第五章

存货

学习目标

知识目标： 通过本章的学习，掌握存货收、发、存的核算方法和存货确认、计价方法，理解存货岗位的职责、核算任务，了解存货的分类、收发业务程序和手续。

技能目标： 通过本章的学习，能够对存货业务进行确认、计量，具备审核原始凭证并根据原始凭证编制记账凭证、登记有关存货明细账和提供存货收、发、存信息的能力。

第一节 存货概述

一、存货的概念与确认条件

（一）存货的概念

存货是指企业在日常活动中持有以备出售的产成品或商品、处在生产过程中的在产品、在生产过程或提供劳务过程中耗用的材料、物料等，包括各类材料、在产品、半成品、产成品、商品以及包装物、低值易耗品、委托代销商品等。

存货区别于固定资产等非流动资产的最基本特征是，企业持有存货的最终目的是出售，包括可供直接出售的产成品、商品等，以及需经过进一步加工后出售的原材料等。

（二）存货的确认条件

存货必须在符合定义的前提下，同时满足下列两个条件，才能予以确认。

1. 与该存货有关的经济利益很可能流入企业

资产最重要的特征是预期会给企业带来经济利益。如果某一项目预期不能给企业带来经济利益，就不能确认为企业的资产。存货是企业的一项重要的流动资产，因此，对存货的确认，关键是判断其是否很可能给企业带来经济利益，或其所包含的经济利益是否很可能流入企业。通常，拥有存货的所有权是与该存货有关的经济利益很可能流入本企业的一个重要标志。一般情况下，根据销售合同已经售出（取得现金或收取现金的权利），所有权已经转移的存货，因其所含经济利益已不能流入本企业，因而不能再作为企业的存货进行核算，即使该存货尚未运离企业。企业在判断与该存货有关的经济利益能否流入企业时，通常应结合考虑该存货所有权的归属，而不应当仅仅看其存放的地点等。

微课 5-1

存货的认知

2. 该存货的成本能够可靠地计量

成本或者价值能够可靠地计量是资产确认的一项基本条件。存货作为企业资产的组成部分，要予以确认也必须能够对其成本进行可靠的计量。存货的成本能够可靠地计量必须以取得的确凿证据为依据，并且具有可验证性。如果存货成本不能可靠地计量，则不能确认为一项存货。如企业承诺的订货合同，由于并未实际发生，不能可靠确定其成本，因此就不能确认为购买企业的存货。

二、存货的分类

存货种类繁多，它们在生产经营过程中的用途不同，所起的作用也不尽相同。为了正确组织存货的核算，加强对存货的管理，应根据不同的目的和标准对存货进行科学的分类。

（一）按存货的经济内容分类

（1）原材料，指企业在生产过程中经加工改变其形态或性质并构成产品、主要实体的各种原料及主要材料、辅助材料、外购半成品（外购件）、修理用备件（备品备件）、包装材料、燃料等。需要注意的是，为建造固定资产等各项工程而储备的各种材料，虽然同属于材料，但是用于建造固定资产等各项工程，其价值分次进行转移，并不符合存货的定义，因此不能作为企业的存货进行核算。企业的特种储备以及国家指令专项储备的资产也不符合存货的定义，因而也不属于企业的存货。

（2）在产品，指企业正在制造尚未完工的产品，包括正在各个生产工序加工的产品和已加工完毕但尚未检验或已检验但尚未办理入库手续的产品。

（3）半成品，指经过一定生产过程并已检验合格交付半成品仓库保管，但尚未制造完工成为产成品，仍需进一步加工的中间产品。

（4）产成品，指工业企业已经完成全部生产过程并验收入库，可以按照合同规定的条件送交订货单位或者可以作为商品对外销售的产品。企业接受外来原材料加工制造的代制品和为外单位加工修理的代修品，制造和修理完成验收入库后，应视同企业的产成品。

（5）商品，指商品流通企业外购或委托加工完成验收入库用于销售的各种商品。

（6）周转材料，指企业能够多次使用，但不符合固定资产定义的材料，如为了包装本企业商品而储备的各种包装物、各种工具、管理用具、玻璃器皿、劳动保护用品以及在经营过程中周转使用的容器等低值易耗品和建造承包商的钢模板、木模板、脚手架等其他周转材料。但是，周转材料符合固定资产定义的，应当作为固定资产处理。

（7）委托代销商品，指企业委托其他单位代销的商品。

（二）按存货的存放地点分类

（1）库存存货，指已经运到企业或加工完成并已经验收入库的各种存货。

（2）在途存货，指企业购入的正在运输途中的或已经运到但尚未验收入库的各种存货。

（3）加工中存货，指企业自行生产加工以及委托其他单位加工改制中的各种存货。

(4) 委托代销存货，指存放在委托单位，并委托其代为销售的存货。

(三) 按存货的来源分类

(1) 外购存货，指企业从外单位购入并已验收入库的材料、商品等存货。

(2) 自制存货，指企业自备材料加工完成并验收入库的材料、半成品、产成品等存货。

(3) 投资者投入存货，指投资者投入的材料、商品等存货。

三、存货的初始计量

存货应当按照成本进行初始计量。存货成本包括采购成本、加工成本和其他成本。

(一) 存货的采购成本

存货的采购成本，包括购买价款、相关税费、运输费、装卸费、保险费以及其他可归属于存货采购成本的费用。

1. 购买价款

存货的购买价款是指企业购入的材料或商品的发票账单上列明的价款，但不包括按规定可以抵扣的增值税税额。

2. 相关税费

相关税费是指企业购买存货发生的进口税费、消费税、资源税和不能抵扣的增值税进项税额以及相应的教育费附加等应计入存货采购成本的税费。

3. 其他可归属于存货采购成本的费用

其他可归属于存货采购成本的费用是指采购成本中除上述各项以外的可归属于存货采购成本的费用，如在存货采购过程中发生的仓储费、包装费、运输途中的合理损耗，入库前的挑选整理费用等。

商品流通企业在采购商品过程中发生的运输费、装卸费、保险费以及其他可归属于存货采购成本的费用等进货费用，应当计入存货采购成本，也可以先行归集，期末根据所购商品的销售情况进行分摊。对于已售商品的进货费用，计入当期损益；对于未售商品的进货费用，计入期末存货成本。企业采购商品的进货费用金额较小的，可以在发生时直接计入当期损益。

(二) 存货的加工成本

存货的加工成本是指在存货的加工过程中发生的追加费用，包括直接人工以及按照一定方法分配的制造费用。

直接人工是指企业在生产产品和提供劳务过程中发生的直接从事产品生产和劳务提供人员的职工薪酬。

制造费用是指企业为生产产品和提供劳务而发生的各项间接费用。

(三) 存货的其他成本

存货的其他成本是指除采购成本、加工成本以外的，使存货达到目前场所和状态所发生的其他支出。企业设计产品发生的设计费用通常应计入当期损益，但是为特定客户设计产品所发生的、可直接确定的设计费用应计入存货的成本。

存货的来源不同，其成本的构成内容也不同。原材料、商品、低值易耗品等通过购买而取得的存货的成本由采购成本构成；产成品、在产品、半成品等自制或需委托外单位加工完成的存货的成本由采购成本、加工成本以及使存货达到目前场所和状态所发生的其他支出构成。实务中具体按以下原则确定：

1. 购入存货的成本

购入存货的成本包括：买价、运杂费（包括运输费、装卸费、保险费、包装费、仓储费等）、运输途中的合理损耗、入库前的挑选整理费用（包括挑选整理中发生的工费支出和数量损耗，并扣除回收的下脚废料价值）以及按规定应计入成本的税费和其他费用。

2. 自制存货的成本

自制的存货包括自制原材料、自制包装物、自制低值易耗品、自制半成品及库存商品等，其成本包括直接材料、直接人工和制造费用等各项实际支出。

3. 委托外单位加工存货的成本

委托外单位加工完成的存货包括加工后的原材料、包装物、低值易耗品、半成品、产成品等，其成本包括实际耗用的原材料或者半成品、加工费、装卸费、保险费、委托加工的往返运输费等费用以及按规定应计入成本的税费。

4. 投资者投入存货的成本

投资者投入存货的成本，应当按照投资合同或协议约定的价值确定，但合同或协议约定价值不公允的除外。在投资合同或协议约定价值不公允的情况下，按照该项存货的公允价值作为其入账价值。

5. 盘盈存货的成本

盘盈的存货应按其重置成本作为入账价值，并通过“待处理财产损溢”账户进行会计处理，按管理权限报经批准后，冲减当期管理费用。

6. 通过非货币性资产交换、债务重组等方式取得的存货的成本

企业通过非货币性资产交换、债务重组等方式取得的存货，其成本应当分别按照《企业会计准则第7号——非货币性资产交换》和《企业会计准则第12号——债务重组》等的规定确定。但是，其后续计量和披露应当执行《企业会计准则第1号——存货》（以下简称存货准则）的规定。

7. 通过提供劳务取得的存货

通过提供劳务取得的存货，其成本按劳务提供人员的直接人工和其他直接费用以及可归属于该存货的间接费用确定。

但是，下列费用不应计入存货成本，而应在其发生时计入当期损益：

（1）非正常消耗的直接材料、直接人工和制造费用，应在发生时计入当期损益，不应计入存货成本。如由于自然灾害而发生的直接材料、直接人工和制造费用，由于这些费用的发生无助于使该存货达到目前场所和状态，不应计入存货成本，而应确认为当期损益。

（2）仓储费用，指企业在存货采购入库后发生的储存费用，应在发生时计入当期损益。但是，在生产过程中为达到下一个生产阶段所必需的仓储费用应计入存货成本。如某种酒类产品生产企业为使生产的酒达到规定的产品质量标准，而必须发生的仓储费用，应计入酒的成本，而不应计入当期损益。

（3）不能归属于使存货达到目前场所和状态的其他支出，应在发生时计入当期损益，不得计入存货成本。

四、存货的盘存制度

企业确定存货的实物数量有两种方法：一种是实地盘存制；另一种是永续盘存制。

（一）实地盘存制

实地盘存制也称定期盘存制，是指在平时只登记存货的购入，而不登记存货的销售。会计期末，通过对全部存货进行实地盘点以确定期末存货的结存数量，然后分别乘以各项存货的盘存单价，计算出期末存货的总金额，记入各有关存货账户，倒轧本期已耗用或已销售存货的成本的一种方法。这一方法用于工业企业，称为“以存计耗”或“盘存计耗”；用于商品流通企业，称为“以存计销”或“盘存计销”。

这一方法所依据的基本等式为：

期初存货+本期购货=本期耗用（或销售）+期末存货

如果存货采用历史成本计价，上式可改为：

本期耗用（或销售）成本=期初存货成本+本期购货成本-期末存货成本

上式中，期初存货成本和本期购货成本可从账簿记录中取得，再通过实地盘存，确定期末存货成本，即可计算出本期耗用（或销售）成本。

实地盘存制的优点是核算工作比较简单，工作量较小。但它也有很明显的缺点：一是增加了期末工作量；二是不能随时反映存货收入、发出、结存的动态，不便于管理人员掌握有关情况；三是由于采用“以存计耗”和“以存计销”倒挤成本，从而使非正常销售或耗用的存货损失、差错，甚至偷盗等原因所引起的短缺，全部挤入耗用或销货成本中，容易掩盖存货管理中存在的问题，削弱了对存货的控制；四是采用这种方法只能等到期末盘点时才能结转已耗用或已销存货的成本，而不能随时结转成本。因此这一方法的实用性较差，通常适用于那些自然损耗较大、数量不稳定的鲜活商品等。

（二）永续盘存制

永续盘存制也称账面盘存制，是指通过设置详细的存货明细账，逐笔或逐日记录存货收入、发出的数量、金额，以随时结出结余存货的数量、金额的一种存货盘存方法。采用这一盘存法，应对存货分品种、规格等设置详细的明细账，逐笔或逐日记录存货收入、发出的数量、金额，并结出期末存货的数量和金额。在没有发生丢失或被盗的情况下，存货账户的余额应当与实际库存相符。所以，在这种制度下，存货发出的数量可以通过账簿资料随时提供，存货发出的成本，也是根据账簿资料计算的。然而，采用永续盘存制，并不排除对存货实物的盘点，为了核对存货账面记录，加强对存货的管理，每年至少应对存货进行一次全面盘点，具体盘点次数视企业内部控制要求而定。

永续盘存制的优点是有利于加强对存货的管理。在各种存货明细记录中，可以随时反映每一种存货的收入、发出和结存的情况；通过账簿还可以随时反映存货是否过多或不足，以便及时合理地组织货源，避免不合理的库存，加速资金周转。永续盘存制的缺点是存货明细记录的工作量较大，存货品种规格繁多的企业尤为如此。

企业可根据存货类别和管理要求，对一些存货实行实地盘存制，而对另一些存货实行永续盘存制，但是不论采用何种盘存方法，前后各期必须一致。

五、发出存货成本的计价方法

企业应当根据各类存货的实物流转方式、企业管理的要求、存货的性质等实际情况，合理地选择发出存货成本的计算方法，以合理确定当期发出存货的实际成本。对于性质和用途相似的存货，应当采用相同的成本计算方法确定发出存货的成本，企业在确定发出存货的成本时，可以采用先进先出法、月末一次加权平均法、移动加权平均法和个别计价法等方法。企业不得采用后进先出法确定发出存货的成本。

（一）先进先出法

先进先出法是以先购入的存货应先发出（销售或耗用）这样一种存货实物流转假设为前提，对发出存货进行计价。采用这种方法，先购入的存货成本在后购入存货成本之前转出，据此确定发出存货和期末存货的成本。

【例5-1】假定甲公司存货的收、发、存数据资料见表5-1。

表5-1　**存货的收、发、存数据**　金额单位：元

日　期	收　入		发　出		结存数量
	数量	单位成本	数量	单位成本	
12月1日结存	300	2.00			300
12月8日购入	200	2.20			500
12月14日发出			400		100
12月20日购入	300	2.30			400
12月28日发出			200		200
12月31日购入	200	2.50			400

使用先进先出法时，逐笔计算收、发、存的成本见表5-2。

表5-2　**存货明细账（先进先出法）**　金额单位：元

日　期	收　入			发　出		
	数量	单位成本	总成本	数量	单位成本	总成本
12月1日结存	300	2.00	600			
12月8日购入	200	2.20	440			
12月14日发出				300	2.00	600
				100	2.20	220
12月20日购入	300	2.30	690			
12月28日发出				100	2.20	220
				100	2.30	230
12月31日购入	200	2.50	500			

该公司期末存货400单位的价值，可计算确定如下：

第一批购货：200单位按每单位2.30元计算，其成本为460元。

第二批购货：200单位按每单位2.50元计算，其成本为500元。

期末结存存货总成本=460+500=960（元）

（二）月末一次加权平均法

月末一次加权平均法，是指以当月全部进货数量加上月初存货数量作为权数，去除当月全部进货成本加上月初存货成本，计算出存货的加权平均单位成本，以此为基础计算当月发出存货的成本和期末存货的成本的一种方法。

$$\text{存货单位成本}=\left[\text{月初库存存货的实际成本}+\sum\left(\text{本月各批进货的实际单位成本}\times\text{本月各批进货的数量}\right)\right]\div\left(\text{月初库存存货数量}+\text{本月各批进货数量之和}\right)$$

本月发出存货的成本=本月发出存货的数量×存货单位成本

本月月末库存存货成本=月末库存存货的数量×存货单位成本

【例5-2】以【例5-1】的数据为例，采用加权平均法计算其存货成本如下：

$$\text{平均单位成本}=\frac{2.00\times300+(2.20\times200+2.30\times300+2.50\times200)}{300+(200+300+200)}=2.23\text{（元）}$$

本月发出存货的成本=600×2.23=1 338（元）

月末结存存货的成本=400×2.23=892（元）

（三）移动加权平均法

移动加权平均法，是指以每次进货的成本加上原有库存存货的成本，除以每次进货数量与原有库存存货的数量之和，据以计算加权平均单位成本，作为在下次进货前计算各次发出存货成本的依据。其计算公式如下：

$$\text{存货的单位成本}=\left(\text{月初库存存货的实际成本}+\text{本次进货的实际成本}\right)\div\left(\text{月初库存存货数量}+\text{本次进货数量}\right)$$

本次发出存货的成本=本次发出存货数量×本次发货前的存货单位成本

本月月末库存存货成本=月末库存存货的数量×本月月末存货单位成本

（四）个别计价法

个别计价法，亦称个别认定法、具体辨认法、分批实际法，其特征是注重所发出存货具体项目的实物流转与成本流转之间的联系，逐一辨认各批发出存货和期末存货所属的购进批别或生产批别，分别按其购入或生产时所确定的单位成本计算各批发出存货和期末存货的成本。即把每一种存货的实际成本作为计算发出存货成本和期末存货成本的基础。对于不能替代使用的存货、为特定项目专门购入或制造的存货以及提供的劳务，通常采用个别计价法确定发出存货的成本。在实际工作中，越来越多的企业采用计算机信息系统进行会计处理，个别计价法可以广泛应用于发出存货的计价，并且该方法确定的存货成本最为准确。

第二节 原材料的核算

原材料是指企业在生产过程中经过加工改变其形态或性质并构成产品主要实体的各种原料、主要材料和外购半成品，以及不构成产品实体但有助于产品形成的辅助材料。原材料具体包括原料及主要材料、辅助材料、外购半成品（外购件）、修理用备件（备品备件）、包装材料、燃料等。

一、两种核算方法

存货的日常收发及结存有两种核算方法，分别是实际成本法和计划成本法。

（一）实际成本法

实际成本法是指存货的收发及结存，无论总分类核算还是明细分类核算，均按照实际成本计价。采用实际成本核算，日常反映不出材料成本是节约还是超支，从而不能反映和考核物资采购业务的经营成果。因此这种方法通常适用于材料收发业务较少的企业。

（二）计划成本法

计划成本法是指存货的收入、发出和结存都按企业制定的计划成本计算，同时将实际成本与计划成本之间的差额，单独设置“材料成本差异”账户反映，期末将发出存货和期末存货由计划成本调整为实际成本。企业采用计划成本法核算存货时，应当制定科学合理的计划单位成本。企业存货计划成本所包括的内容应与存货实际成本的内容相一致。企业应根据正常的供需条件，结合各种存货近期的市场价格水平和技术状况、供应单位所在地的远近等因素确定可直接归属于存货采购的运杂费（包括运输费、装卸费、保险费、包装费、仓储费等），以及合理的途中损耗率，制定计划成本。所制定的存货计划成本应当尽可能接近实际。

在实务工作中，对于材料收发业务较多并且计划成本资料较为健全、准确的企业，一般可以采用计划成本进行材料收发的核算。

对存货日常核算采用何种方法，由企业根据实际情况自行确定，但要遵守前后一致的原则。在采用实际成本进行核算时，对于发出存货的实际成本的计算方法，以及在采用计划成本进行核算时对于成本差异的分摊方法，一经确定之后一般不应变更。

二、原材料按实际成本计价的核算

（一）账户设置

企业按实际成本计价核算存货时应设置“原材料”“在途物资”等账户，而不设置“材料采购”账户。

（1）“原材料”账户。该账户属资产类账户，用来核算企业库存的各种原材料的实际成本。该账户借方登记收入原材料的实际成本；贷方登记发出原材料的实际成本；期末余额在借方，表示库存原材料的实际成本。该账户应按照原材料的保管地点（仓库）、材料类别、品种和规格设置原材料明细账（或原材料卡片），进行明细分类核算。

（2）“在途物资”账户。该账户属资产类账户，用来核算企业已经付款或已开出承兑商业汇票但尚未到达或尚未验收入库的各种物资的实际成本。借方登记已支付或已开出承兑的商业汇票的各种物资的实际成本；贷方登记已验收入库物资的实际成本；期末余额在借方，表示已经付款或已开出承兑商业汇票但尚未到达或尚未验收入库的在途物资的实际成本。该账户应按供应单位设置明细账进行明细分类核算。

（3）“应付账款”账户。该账户属负债类账户，用来核算企业因购买材料、商品和接受劳务等经营活动应支付的款项。该账户的贷方登记企业因购入材料、商品和接受劳务等尚未支付的款项，借方登记已偿还的应付账款，期末余额一般在贷方，反映企业尚未支付的应付账款。

（4）“预付账款”账户。该账户属资产类账户，用来核算企业按照合同规定预付的款项。该账户的借方登记预付的款项及补付的款项，贷方登记收到所购物资时根据有关发票账单记入“原材料”等账户的金额及收回多付款项的金额，期末余额在借方，反映企业实际预付的款项；期末余额在贷方，则反映企业尚未预付的款项。预付款项情况不多的企业，可以不设置“预付账款”账户，而将此业务在“应付账款”账户中核算。

（二）原材料收入的账务处理

1. 外购原材料

由于支付方式不同，原材料入库的时间与付款的时间可能一致，也可能不一致，在会计处理上也有所不同。

（1）发票账单与材料同时到达的采购业务。

此种情况下，企业可根据银行结算凭证、发票账单和收料单等凭证，按应计入材料采购成本的金额，借记“原材料”账户，根据增值税专用发票上注明的可抵扣的进项税额，借记“应交税费——应交增值税（进项税额）”账户，按实际支付或应支付的金额，贷记“银行存款”“库存现金”“其他货币资金”“应付账款”“应付票据”“预付账款”等账户。

【例5-3】甲公司购入C材料一批，增值税专用发票上记载的货款为500 000元，增值税税额65 000元，全部款项已用转账支票付讫，材料已验收入库。根据有关原始凭证，编制如下会计分录：

借：原材料——C材料　500 000
　　应交税费——应交增值税（进项税额）　65 000
　贷：银行存款　565 000

【例5-4】甲公司持银行汇票1 130 000元购入D材料一批，增值税专用发票上记载的货款为1 000 000元，增值税税额为130 000元，材料已验收入库。根据有关原始凭证，编制如下会计分录：

借：原材料——D材料　1 000 000
　　应交税费——应交增值税（进项税额）　130 000
　贷：其他货币资金——银行汇票存款　1 130 000

【例5-5】甲公司采用托收承付结算方式购入E材料一批，货款40 000元，增值税5 200元，款项在承付期内以银行存款支付，材料已验收入库。根据有关原始凭证，编制如下会计分录：

借：原材料——E材料　40 000
　　应交税费——应交增值税（进项税额）　5 200
　贷：银行存款　45 200

（2）发票账单已到，材料尚未到达或尚未验收入库的采购业务。

此种情况下，在先付款时，因为企业材料尚未入库，因此企业应根据银行结算凭证、发票账单和收料单等凭证，借记“在途物资”账户，根据增值税专用发票上注明的可抵扣的进项税额，借记“应交税费——应交增值税（进项税额）”账户，贷记“银行存款”“其他货币资金”等账户。

【例5-6】甲公司采用汇兑结算方式购入F材料一批，发票及账单已收到，增值税专用发票上记载的货款为20 000元，增值税税额为2 600元，材料尚未到达。根据有关原始凭证，编制如下会计分录：

借：在途物资　20 000
　　应交税费——应交增值税（进项税额）　2 600
　贷：银行存款　22 600

【例5-7】承【例5-6】，上述购入的F材料已收到，并验收入库。根据有关原始凭证，编制如下会计分录：

借：原材料　20 000
　贷：在途物资　20 000

（3）发票账单未到，材料已经验收入库。

此种情况下，若发票账单在月末之前到达，则在收到发票账单当日以实际金额按正常程序入账。若发票账单在月末仍未到，因为无法确定实际成本，期末应按照暂估价值先入账，下期初红字冲回，收到发票账单后再以实际金额按正常程序入账。即对于材料已到达并已验收入库，但发票账单等结算凭证未到，货款尚未支付的采购业务，应于期末，按材料的暂估价值，借记“原材料”账户，贷记“应付账款——暂估应付账款”账户。下月初以红字冲回，待下月付款或开出、承兑商业汇票后，按正常程序进行账务处理。

【例5-8】甲公司采用委托收款结算方式购入H材料一批，材料已验收入库，月末发票账单尚未收到，也无法确定其实际成本，暂估价值为30 000元。根据有关原始凭证，编制如下会计分录：

借：原材料　30 000

　贷：应付账款——暂估应付账款　30 000

下月初做相反会计分录冲回时，根据有关原始凭证，编制如下会计分录：

借：应付账款——暂估应付账款　30 000

　贷：原材料　30 000

【例5-9】接【例5-8】，上述购入的H材料于次月收到发票账单，增值税专用发票上记载的货款为30 000元，增值税税额为3 900元，已用银行存款付讫。根据有关原始凭证，编制如下会计分录：

借：原材料——H材料　30 000

　　应交税费——应交增值税（进项税额）　3 900

　贷：银行存款　33 900

（4）原材料采购过程中的短缺或损耗的处理。

企业采购材料验收入库时，如发现短缺和毁损，应及时查明原因，分清责任，根据造成短缺或毁损的不同原因分别进行账务处理。

① 属于运输途中的合理损耗，应当计入材料的采购成本。即按实际收到的材料数量入账，支出总额不变，相应地提高入库材料的实际单位成本，不必另作账务处理。

② 属于供应单位责任事故造成的短缺，则视款项是否已经支付而作出相应的账务处理。在款项尚未支付的情况下，应按短缺的数量和发票单价计算拒付金额（如有代垫运杂费，也应按比例分配拒付），填写拒付理由书，向银行办理拒付手续；在货款已经支付，并已记入“在途物资”账户的情况下，当材料运达企业验收入库时发生短缺或毁损，则应填制“赔偿请求单”向供货单位索赔，通过“应付账款”账户核算。

③ 属于运输单位的责任造成的短缺，应向运输部门索赔，赔偿款通过“其他应收款”账户核算。

④ 属于运输途中发生的非常损失和尚待查明原因的途中损耗，查明原因前，先转入“待处理财产损溢”账户，待查明原因后按批准意见再分别处理。

购入材料运输途中的非常损失和尚待查明原因的途中损耗，查明原因后，属于应由供货单位、运输单位、保险公司或其他过失人负责赔偿的，借记“应付账款”“其他应收款”等账户，贷记“待处理财产损溢”账户；若属于自然灾害等非正常原因造成的损失，应将扣除残料价值和过失人、保险公司赔偿后的净损失，借记“营业外支出——非常损失”账户，贷记“待处理财产损溢”账户；残料入库时，借记“原材料”账户；无法收回的其他损失，经批准后，借记“管理费用”账户，贷记“待处理财产损溢”账户。

购进原材料发生溢余时，未查明原因的一般只作为代保管物资在备查账中登记，不作为进货业务入账核算。

2. 自制原材料

企业基本生产车间或辅助生产车间自制完工并验收入库的材料，应按实际成本计价，根据“材料交库单”，借记“原材料”账户，贷记“生产成本”账户。

3. 其他单位投入的原材料

其他单位投入的原材料，按投资合同或协议约定的价值，借记“原材料”账户，按专用发票上注明的增值税，借记“应交税费——应交增值税（进项税额）”账户，按价税合计贷记“实收资本”账户（股份制企业按其在股本中所拥有的份额，贷记“股本”账户），按其差额贷记“资本公积”账户。

（三）原材料发出的账务处理

由于企业材料的日常领发业务频繁，为了简化日常核算工作，平时一般只登记材料明细分类账，反映各种材料的收发和结存金额，月末，根据实际成本计价的发料凭证，按领用部门和用途，汇总编制“发料凭证汇总表”，据以登记总分类账。

生产经营领用材料，借记“生产成本”“制造费用”“管理费用”“销售费用”等账户，贷记“原材料”账户。

出售材料结转成本，借记“其他业务成本”账户，贷记“原材料”账户。

发出委托外单位加工的材料，借记“委托加工物资”账户，贷记“原材料”账户。

【例5-10】甲公司根据“发料凭证汇总表”的记录，1月份基本生产车间领用K材料500 000元，辅助生产车间领用K材料40 000元，车间管理部门领用K材料5 000元，企业行政管理部门领用K材料4 000元，共计549 000元。根据有关原始凭证，编制如下会计分录：

借：生产成本——基本生产成本	500 000	
——辅助生产成本	40 000	
制造费用	5 000	
管理费用	4 000	
贷：原材料——K材料		549 000

第三节　周转材料的核算

一、周转材料的概念及账户设置

周转材料主要包括企业能够多次使用，逐渐转移其价值但仍保持原有形态不确认为固定资产的包装物和低值易耗品，以及建筑承包企业的钢模板、木模板、脚手架和其他周转使用的材料等。

为了核算周转材料的计划成本或实际成本，企业应设置“周转材料”账户，该账户应按周转材料的种类，分别通过“在库”“在用”“摊销”进行明细核算。该账户的期末借方余额反映企业在库周转材料的计划成本或实际成本以及在用周转材料的摊余价值。

对于企业的包装物和低值易耗品，也可以单独设置“包装物”和“低值易耗品”账户进行核算。

二、低值易耗品

（一）低值易耗品的特点及种类

低值易耗品是指单位价值较低，使用年限较短，不能作为固定资产的各种用具、设备。如工具、管理用具、玻璃器皿以及在经营过程中周转使用的包装容器等。

低值易耗品从其在生产经营过程中所起的作用看，与固定资产一样，属于劳动资料，它可以多次参加生产经营周转而不改变原有实物形态，其价值随着实物的不断磨损逐渐转移到产品成本以及管理费用中去。但是，由于低值易耗品的品种繁多，数量较大，单位价值较低，使用期限短，需要经常补充和更换，如果对低值易耗品也同固定资产一样核算与管理，既有困难也无必要。因此，将低值易耗品划归为存货一类，作为流动资产进行管理与核算。低值易耗品按用途一般可将其分为以下六大类：

（1）一般工具，指生产上通用的刀具、量具、夹具等生产工具和各种辅助工具。

（2）专用工具，指专用于制造某一特定产品，或在某一特定工序上使用的工具，如专用模具等。

（3）替换设备，指容易磨损或为制造不同产品需要替换使用的各种设备，如轧钢用的钢辊等。

（4）管理用具，指在管理工作中使用的各种家具和办公用具，如桌椅、柜、计算器等。

（5）劳动保护用品，指为了安全生产而发给工人作为劳动保护用的工作服、工作鞋和各种防护用品等。

（6）其他，指不属于上述各类的低值易耗品。

（二）低值易耗品的账务处理

低值易耗品和其他材料一样，可以采用实际成本计价核算，也可以采用计划成本计价核算。采用计划成本计价核算的企业，对低值易耗品实际成本与计划成本之间差异的形成及分摊，应设置“材料成本差异——低值易耗品”账户，进行核算。

1. 低值易耗品收入的账务处理

低值易耗品收入，包括外购、自制、委托外单位加工完成并已验收入库的低值易耗品，其核算方法与原材料收入的核算基本相同，不再重复。

2. 低值易耗品领用摊销的账务处理

按照现行会计制度的规定，对在用低值易耗品可采用一次摊销法；对在用低值易耗品按使用车间、部门进行数量和金额明细核算的企业，也可采用五五摊销法进行摊销。

采用一次摊销法，企业领用低值易耗品时，按其用途将全部价值摊入“制造费用”“管理费用”“其他业务成本”等成本费用账户；报废时，将报废低值易耗品的残料价值作为当期低值易耗品摊销额的减少，冲减对应的成本费用账户。

一次摊销法核算简便，但不利于实物管理，而且价值一次性结转也影响费用成本的均衡性。所以，这种方法适用于单位价值较低或容易损耗，而且一次领用数量不多的管理用具、工卡量具和玻璃器皿等低值易耗品。

三、包装物

（一）包装物的核算范围

包装物，指为了包装本企业产成品和商品而储备的各种包装容器，如桶、箱、瓶、坛、袋等。其核算范围包括：

（1）生产过程中用于包装产品作为产品组成部分的包装物；

（2）随同产品出售不单独计价的包装物；

（3）随同产品出售单独计价的包装物；

（4）出租或出借给购买单位使用的包装物。

下列各项不属于包装物核算的范围：

（1）各种包装材料，如纸、绳、铁丝、铁皮等，这些属于一次性使用的包装材料，应在“原材料”账户核算；

（2）用于储存和保管产品、材料而不对外出售的包装物，这类包装物应按其价值的大小和使用年限的长短，分别作为固定资产或低值易耗品管理和核算；

（3）计划上单独列作企业商品、产品的自制包装物，应作为库存商品进行管理和核算。

（二）包装物的账务处理

1. 包装物取得的账务处理

企业收入包装物的核算与原材料收入的核算基本一致，不再重复。

2. 包装物领用的账务处理

（1）生产领用包装物

生产领用包装物，应按照领用包装物的实际成本，借记“生产成本”账户，按照领用包装物的计划成本，贷记“周转材料——包装物”账户，按照其差额，借记或贷记“材料成本差异”账户。

（2）随同商品出售不单独计价的包装物

随同商品出售而不单独计价的包装物，应按其实际成本计入销售费用，借记“销售费用”账户，按其计划成本，贷记“周转材料——包装物”账户，按其差额，借记或贷记“材料成本差异”账户。

（3）随同商品出售且单独计价的包装物

随同商品出售且单独计价的包装物，一方面应反映其销售收入，计入其他业务收入；另一方面应反映其实际销售成本，计入其他业务成本。

（4）出租或出借包装物

出租的包装物，应按其实际成本计入成本，借记“其他业务成本”账户，按其计划成本，贷记“周转材料——包装物”账户，按其差额，借记或贷记“材料成本差异”账户。

第四节 委托加工物资的核算

一、委托加工物资的概念

委托加工物资是指企业委托外单位加工的各种材料、商品等物资。

与材料的销售不同，企业发出委托外单位加工的物资，只是改变了物资的存放地点，仍属于企业存货的范畴。

二、委托加工物资的账务处理

（一）账户设置

为了反映和监督委托加工物资增减变动及其结存情况，企业应当设置"委托加工物资"账户，借方登记委托加工物资的实际成本，贷方登记加工完成验收入库的物资的实际成本和剩余物资的实际成本，期末余额在借方，反映企业尚未完工的委托加工物资的实际成本和发出加工物资的运杂费等。委托加工物资也可以采用计划成本或售价进行核算，其方法与库存商品相似。

（二）委托加工物资的账务处理

企业委托外单位加工物资的成本包括加工中实际耗用物资的成本、支付的加工费用及应负担的运杂费等，支付的税金，包括委托加工物资所应负担的消费税（指属于消费税应税范围的加工物资）等。

（1）发给外单位加工的物资，按实际成本借记"委托加工物资"账户，贷记"原材料"等账户。需要说明的是，企业发给外单位加工物资时，如果采用计划成本核算的，还应同时结转材料成本差异，贷记或借记"材料成本差异"账户。

（2）支付加工费用、应承担的运杂费、增值税时，按加工费借记"委托加工物资"账户，按增值税专用发票上的金额借记"应交税费——应交增值税（进项税额）"账户，贷记"应付账款""银行存款"账户等。

消费税

支付由受托方代收代缴的消费税，区分以下情况处理：

① 收回后直接用于销售的，应将受托方代收代缴的消费税计入委托加工物资成本；

② 收回后用于连续生产、按规定准予抵扣的，按受托方代收代缴的消费税，借记"应交税费——应交消费税"账户。

（3）加工完成验收入库的物资和剩余的物资，按加工收回物资的实际成本和剩余物资的实际成本，借记"原材料""库存商品"等账户，贷记"委托加工物资"账户。按入库物资应负担的材料成本差异借记或贷记"材料成本差异"账户。

【例5-11】甲公司将一批原材料委托外单位代加工H产品（属于应税消费品），发出原材料的实际成本为100 000元，用银行存款支付加工费用10 000元，支付应缴纳的消费税5 842元和取得的增值税发票上注明的增值税税额1 300元。加工完毕，验收入库成本为110 000元。（注：H产品收回后用于连续生产）

（1）领用加工物资时，根据有关原始凭证，编制如下会计分录：

借：委托加工物资　　100 000

　贷：原材料　　100 000

（2）支付加工费时（委托加工应税消费品加工收回后用于连续生产），根据有关原始凭证，编制如下会计分录：

借：委托加工物资　　10 000

　　应交税费——应交增值税（进项税额）　　1 300

　　　　　　——应交消费税　　5 842

　贷：银行存款　　17 142

（3）加工完成后验收入库时，根据有关原始凭证，编制如下会计分录：

借：库存商品　110 000

　贷：委托加工物资　110 000

【例5-12】接【例5-11】，若H产品收回后直接用于销售，账务处理如下：

（1）领用加工物资时，根据有关原始凭证，编制如下会计分录：

借：委托加工物资　100 000

　贷：原材料　100 000

（2）支付加工费时（委托加工应税消费品加工收回后直接用于销售），根据有关原始凭证，编制如下会计分录：

借：委托加工物资　15 842

　　应交税费——应交增值税（进项税额）　1 300

　贷：银行存款　17 142

（3）加工完成后验收入库时，根据有关原始凭证，编制如下会计分录：

借：库存商品　115 842

　贷：委托加工物资　115 842

第五节　存货清查的核算

一、存货清查的意义及方法

存货清查是指通过对存货的实地盘点，确定存货的实有数量，并与账面结存数核对，从而确定存货实存数与账面结存数是否相符的一种专门方法。

存货清查的方法采用实地盘点法。存货清查按照清查的对象和范围不同，分为全面清查和局部清查。按清查时间分为定期清查与不定期清查。

由于存货种类繁多、收发频繁，在日常收发过程中可能发生计量错误、计算错误、自然损耗，还可能发生损坏变质以及贪污、盗窃等情况，造成账实不符，形成存货的盘盈盘亏。对于存货的盘盈盘亏，应填写存货盘点报告表，及时查明原因，按照规定程序报批处理。

实地盘点法

二、存货的盘盈

微课5-2

为了反映企业在财产清查中查明的各种存货的盘盈、盘亏和毁损情况，企业应当设置“待处理财产损溢”账户，借方登记存货的盘亏、毁损金额及盘盈的转销金额，贷方登记存货的盘盈金额及盘亏的转销金额。企业清查的各种存货损益，应在期末结账前处理完毕，期末处理后，该账户应无余额。

存货的清查—自己的家当要知道

企业发生存货盘盈时，应按盘盈存货的重置成本价值借记“原材料”“库存商品”等账户，贷记“待处理财产损溢——待处理流动资产损溢”账户；再按管理权限报经批准后，借记“待处理财产损溢——待处理流动资产损溢”账户，贷记“管理费用”账户。

【例5-13】甲公司在财产清查中盘盈J材料1 000千克，实际单位成本60元，经查属于材料收发计量方面的错误。甲公司应进行如下账务处理：

（1）批准处理前，根据有关原始凭证，编制如下会计分录：

借：原材料　　60 000

　贷：待处理财产损溢——待处理流动资产损溢　　60 000

（2）批准处理后，根据有关原始凭证，编制如下会计分录：

借：待处理财产损溢——待处理流动资产损溢　　60 000

　贷：管理费用　　60 000

三、存货的盘亏

企业发生存货盘亏及损毁时，在报经批准前，应根据“存货盘点报告表”所列的盘亏数，先结转到“待处理财产损溢——待处理流动资产损溢”账户，即借记“待处理财产损溢——待处理流动资产损溢”账户，贷记有关存货账户；同时，对购进的货物、在产品、产成品等发生非正常损失引起盘亏存货应负担的增值税，应一并转入“待处理财产损溢——待处理流动资产损溢”账户，即借记“待处理财产损溢——待处理流动资产损溢”账户，贷记“应交税费——应交增值税（进项税额转出）”账户。

按规定程序批准转销时，根据亏损原因，区分以下情况进行账务处理：

（1）属于自然损耗产生的定额内合理的亏损，经批准后即可转作管理费用，借记“管理费用”账户，贷记“待处理财产损溢——待处理流动资产损溢”账户。

（2）属于超定额短缺以及存货毁损的，能确定过失人的应由过失人负债赔偿；属于保险责任范围的，应向保险公司索赔；扣除过失人或保险公司赔款和残料价值后，计入管理费用，借记“管理费用”账户，贷记“待处理财产损溢——待处理流动资产损溢”账户。

（3）属于非正常损失造成的存货毁损，扣除保险公司赔款和残料价值后，计入营业外支出，借记“营业外支出——非常损失”账户，贷记“待处理财产损溢——待处理流动资产损溢”账户。这里的非正常损失仅指管理不善原因导致的非正常损失。

【例5-14】甲公司在财产清查中发现盘亏K材料500千克，实际单位成本200元，经查属于一般经营损失。甲公司应进行如下会计处理：

（1）批准处理前，根据有关原始凭证，编制如下会计分录：

借：待处理财产损溢——待处理流动资产损溢　　100 000

　贷：原材料　　100 000

（2）批准处理后，根据有关原始凭证，编制如下会计分录：

借：管理费用　　100 000

　贷：待处理财产损溢——待处理流动资产损溢　　100 000

【例5-15】甲公司在财产清查中发现毁损L材料300千克，实际单位成本100元，经查属于材料保管员的过失造成的，按规定由其个人赔偿20 000元，残料已办理入库手续，价值2 000元。假如不考虑增值税，甲公司应进行如下会计处理：

（1）批准处理前，根据有关原始凭证，编制如下会计分录：

借：待处理财产损溢——待处理流动资产损溢　　30 000

　贷：原材料　　30 000

（2）批准处理后，根据有关原始凭证，编制如下会计分录：

①由过失人赔款部分：

借：其他应收款　　20 000

　贷：待处理财产损溢——待处理流动资产损溢　　20 000

②残料入库：

借：原材料　2 000

　贷：待处理财产损溢——待处理流动资产损溢　2 000

③材料毁损净损失：

借：管理费用　8 000

　贷：待处理财产损溢——待处理流动资产损溢　8 000

【例5-16】甲公司因管理不善造成一批库存材料毁损，实际成本10 000元，增值税金额1 300元，根据保险责任范围及保险合同的规定，应由保险公司赔偿5 000元。甲公司应进行如下会计处理：

（1）批准处理前，根据有关原始凭证，编制如下会计分录：

借：待处理财产损溢——待处理流动资产损溢　11 300

　贷：原材料　10 000

　　　应交税费——应交增值税（进项税额转出）　1 300

（2）批准处理后，根据有关原始凭证，编制如下会计分录：

借：其他应收款　5 000

　　营业外支出——非常损失　6 300

　贷：待处理财产损溢——待处理流动资产损溢　11 300

第六节　存货减值的核算

一、成本与可变现净值孰低法的概念

资产负债表日，存货应当按照成本与可变现净值孰低计量。

当存货成本低于可变现净值时，存货按成本计量；当存货成本高于可变现净值时，存货按可变现净值计量，同时按照成本高于可变现净值的差额计提存货跌价准备，计入当期损益。

成本与可变现净值孰低计量的理论基础主要是使存货符合资产的定义。当存货的可变现净值下跌至成本以下时，表明该存货会给企业带来的未来经济利益低于其账面成本，因而应将这部分损失从资产价值中扣除，计入当期损益。否则，存货的可变现净值低于成本时，如果仍然以其成本计量，就会出现虚计资产的现象。所以，这种计价方法是一种计算期末存货价值的稳健方法。

二、存货可变现净值的确定

可变现净值，是指在日常活动中，存货的估计售价减去至完工时估计将要发生的成本、估计的销售费用以及相关税费后的金额。存货的可变现净值由存货的估计售价、至完工时将要发生的成本、估计的销售费用和估计的相关税费等内容构成。

（一）可变现净值的基本特征

（1）确定存货可变现净值的前提是企业在进行日常活动。如果企业不是在进行正常的生产经营活动，比如，企业处于清算过程，那么不能按照存货准则的规定确定存货的可变现净值。

（2）可变现净值为存货的预计未来净现金流量，而不是简单地等于存货的售价或合

同价。

企业预计的销售存货现金流量，并不完全等于存货的可变现净值。存货在销售过程中可能发生的销售费用和相关税费，以及为达到预定可销售状态还可能发生的加工成本等相关支出，构成现金流入的抵减项目。企业预计的销售存货现金流量，扣除这些抵减项目后，才能确定存货的可变现净值。

（3）不同存货可变现净值的构成不同。

（二）不同情况下存货可变现净值的确定

（1）产成品、商品等（不包括用于出售的材料）直接用于出售的商品存货，没有销售合同约定的，其可变现净值应当为在正常生产经营过程中，产成品或商品的一般销售价格（即市场销售价格）减去估计的销售费用和相关税费等后的金额。

【例5-17】2×23年12月31日，甲公司生产的A型机器的账面价值（成本）为2 160 000元，数量为12台，单位成本为180 000元/台。2×23年12月31日，A型机器的市场销售价格（不含增值税）为200 000元/台。甲公司没有签订有关A型机器的销售合同。

本例中，由于甲公司没有就A型机器签订销售合同，因此，在这种情况下，计算确定A型机器的可变现净值应以其一般销售价格总额2 400 000元（200 000×12）作为计量基础。

（2）用于出售的材料等，应当以市场价格减去估计的销售费用和相关税费等后的金额作为其可变现净值。这里的市场价格是指材料等的市场销售价格。

【例5-18】2×23年，由于产品更新换代，甲公司决定停止生产B型机器。为减少不必要的损失，甲公司决定将原材料中专门用于生产B型机器的外购原材料钢材全部出售，2×23年12月31日其账面价值（成本）为900 000元，数量为10吨。根据市场调查，此种钢材的市场销售价格（不含增值税）为60 000元/吨，同时销售这10吨钢材可能发生销售费用及税金50 000元。

本例中，由于企业已决定不再生产B型机器，因此，该批钢材的可变现净值不能再以B型机器的销售价格作为计量基础，而应按钢材本身的市场销售价格作为计量基础。因此，该批钢材的可变现净值应为550 000元（60 000×10-50 000）。

（3）需要经过加工的材料存货，如原材料、在产品、委托加工材料等，由于持有该材料的目的是用于生产产成品，而不是出售，该材料存货的价值将体现在用其生产的产成品上。因此，在确定需要经过加工的材料存货的可变现净值时，需要以其生产的产成品的可变现净值与该产成品的成本进行比较，如果该产成品的可变现净值高于其成本，则该材料应当按照其成本计量。

【例5-19】2×23年12月31日，甲公司库存原材料A材料的账面价值（成本）为1 500 000元，市场销售价格总额（不含增值税）为1 400 000元，假设不发生其他购买费用；用A材料生产的产成品B型机器的可变现净值高于成本。

本例中，虽然A材料在2×23年12月31日的账面价值（成本）高于其市场价格。但是由于用其生产的产成品B型机器的可变现净值高于其成本，即用该原材料生产的最终产品此时并没有发生价值减损。因而，在这种情况下，即使A材料的账面价值（成本）已高于其市场价格，也不应计提存货跌价准备，仍应按其原账面价值（成本）1 500 000元列示在甲公司2×23年12月31日资产负债表的存货项目之中。

如果材料价格的下降表明以其生产的产成品的可变现净值低于成本，则该材料应当按可变现净值计量。其可变现净值为在正常生产经营过程中，以该材料所生产的产成品的估计售价减去至完工时估计将要发生的成本、估计的销售费用以及相关税费后的金额确定。

（4）为执行销售合同或者劳务合同而持有的存货，其可变现净值应当以合同价格而不是估计售价，减去估计的销售费用和相关税费等后的金额确定。

企业与购买方签订了销售合同（或劳务合同，下同），并且销售合同订购的数量大于或等于企业持有的存货数量，在这种情况下，与该项销售合同直接相关的存货的可变现净值，应当以合同价格为计量基础。即如果企业就其产成品或商品签订了销售合同，则该批产成品或商品的可变现净值应当以合同价格作为计量基础；如果企业销售合同所规定的标的物尚未生产出来，但持有专门用于该标的物生产的材料，其可变现净值也应当以合同价格作为计量基础。

【例5-20】2×23年8月10日，甲公司与乙公司签订了一份不可撤销的销售合同，双方约定，2×24年2月15日，甲公司应按200 000元/台的价格向乙公司提供A型机器10台。2×23年12月31日，甲公司A型机器的账面价值（成本）为1 360 000元，数量为8台，单位成本为170 000元。2×23年12月31日，A型机器的市场销售价格为190 000元/台。

本例中，根据甲公司与乙公司签订的销售合同，甲公司该批A型机器的销售价格已由销售合同约定，并且其库存数量小于销售合同订购的数量。在这种情况下，计算库存A型机器的可变现净值时，应以销售合同约定的价格1 600 000元（200 000×8）作为计量基础，即估计售价为1 600 000元。

三、成本与可变现净值孰低法下存货的账务处理

（一）成本低于可变现净值的处理

如果存货的成本预计低于可变现净值，则该存货仍然应当按照成本计量。

（二）成本高于可变现净值的处理

存货存在下列情形之一的，通常表明存货的可变现净值低于成本：

（1）该存货的市场价格持续下跌，并且在可预见的未来无回升的希望。

（2）企业使用该原材料生产的产品的成本大于产品的销售价格。

（3）企业因产品更新换代，原有库存原材料已不适应新产品的需要，而该原材料的市场价格又低于其账面成本。

（4）因企业所提供的商品或劳务过时或消费者偏好改变而使市场的需求发生变化，导致市场价格逐渐下跌。

（5）其他足以证明该项存货实质上已经发生减值的情形。

存货存在下列情形之一的，通常表明存货的可变现净值为零：

（1）已霉烂变质的存货。

（2）已过期且无转让价值的存货。

（3）生产中已不再需要，并且已无使用价值和转让价值的存货。

（4）其他足以证明已无使用价值和转让价值的存货。

如果存货的成本预计高于可变现净值，则该存货应当按可变现净值计量，按其差额计提存货跌价准备。

1. 核算方法

存货减值的核算在会计上采用备抵法。备抵法的优点是不需对有关存货的明细账进行调整，保持账簿记录的原貌，工作量也较小。

2. 账户设置

在备抵法下，企业应设置“存货跌价准备”账户和“资产减值损失”账户，“存货跌价准备”账户用来核算企业提取的存货跌价准备。该账户属于资产类账户，贷方登记存货可变现净值低于成本的差额，借方登记已计提跌价准备的存货价值以后又得以恢复的金额和其他原因冲减已计提跌价准备的金额，该账户贷方余额反映企业已提取的存货跌价准备。

“资产减值损失”账户用来核算企业计提各项减值准备所形成的损失，属于损益类账户。借方登记提取各项准备金而增加的损失，贷方登记冲减或冲销准备金而减少的损失，期末应将该账户余额转入“本年利润”账户，结转后该账户无余额。该账户应按资产减值损失的项目进行明细核算。

3. 账务处理

当存货成本高于其可变现净值时，企业应当按照单个存货项目计算存货可变现净值低于成本的差额，借记“资产减值损失——计提的存货跌价准备”账户，贷记“存货跌价准备”账户。

转回已计提的存货跌价准备金额时，按恢复增加的金额，借记“存货跌价准备”账户，贷记“资产减值损失——计提的存货跌价准备”账户。

企业结转存货销售成本时，对于已计提存货跌价准备的，借记“存货跌价准备”账户，贷记“主营业务成本”“其他业务成本”等账户。

企业应当合理地计提存货跌价准备，但不得计提秘密准备。如有确凿证据表明企业不恰当地运用了谨慎性原则计提秘密准备的，应当作为重大会计差错予以更正，并在会计报表附注中说明事项的性质、调整金额，以及对企业财务状况、经营成果的影响。

【例5-21】甲公司自2×21年起采用“成本与可变现净值孰低法”对期末某类存货进行计价，并运用分类比较法计提存货跌价准备。假设公司2×21年至2×23年年末该类存货的账面成本均为200 000元。

（1）假设2×21年年末该类存货的预计可变现净值为180 000元，则应计提的存货跌价准备为20 000元。根据有关原始凭证，编制如下会计分录：

借：资产减值损失　　20 000

　贷：存货跌价准备　　20 000

（2）假设2×22年年末该类存货的预计可变现净值为170 000元，则应补提的存货跌价准备为10 000元。根据有关原始凭证，编制如下会计分录：

借：资产减值损失　　10 000

　贷：存货跌价准备　　10 000

（3）假设2×23年年末该类存货的可变现净值有所恢复，预计可变现净值为194 000元，则应冲减已计提的存货跌价准备24 000元（30 000-6 000）。根据有关原始凭证，编制如下会计分录：

借：存货跌价准备　　24 000

贷：资产减值损失　24 000

（4）假设2×24年年末该类存货的可变现净值进一步恢复，预计可变现净值为205 000元，则应冲减已计提的存货跌价准备6 000元（以已经计提的跌价准备为限）。根据有关原始凭证，编制如下会计分录：

借：存货跌价准备　6 000

贷：资产减值损失　6 000

【思政讲堂】

中国制造业的优势是任何国家都无法替代的

党的二十大报告指出，要“加快建设现代化经济体系，着力提高全要素生产率，着力提升产业链供应链韧性和安全水平”。

工信部原总工程师、中国企业联合会党委书记、常务副会长兼理事长朱宏任认为，中国拥有广大市场和雄厚的制造业基础，有完整的产业链和供应链，中国制造业的配套能力在中低端有绝对的优势。欧洲的企业加大在华投资的数据也显示欧洲企业坚定看好中国的未来。

此外，他还表示，越南和印度依靠单一的低劳动成本和低附加值，制造业产品的出口增长很快，但两国产业链的完整程度还远远不能和中国相比。包括原材料、设备、关键的零部件等相关配套产品，都存在一定的短板。这些领域一旦出现断点，两国制造业的发展将受到阻碍。与此相比，中国已经形成非常完整的制造业体系，特别是消费品领域工业制造的体系，完全可以抵御种种断链风浪的侵袭，中国制造业，尤其在中低端制造业产业链的韧性很强。

资料来源：郭松峤．解读二十大报告｜朱宏任：中国制造业的优势是任何国家都无法替代的［EB/OL］．［2022-10-21］．https：//new.qq.com/rain/a/20221021A06V5100.

【复习思考】

1.企业存货的认定范围，是按存放地点认定，还是按所有权认定？

2.企业应如何根据实际情况选择发出存货的计价方法？

3.如何能提高原材料按计划成本核算的准确性？

4.什么是包装物？什么是低值易耗品？与材料相比较，会计核算有何特点？

【练习题】

1.某工业企业属于增值税一般纳税人，材料日常核算采用实际成本法，7月31日“原材料”账户的期末借方余额为70 000元。8月份发生下列业务：

（1）8月1日，冲回7月31日按暂估价4 800元入账的A材料480千克。

（2）8月6日，收到有关A材料的结算清单。清单上注明材料500千克，买价4 750元，增值税617.50元，运杂费325元。材料短缺20千克，经查属正常损耗。所有款项以支票结算。

（3）8月28日，购入材料3 000千克，买价27 000元，增值税3 510元，承担运杂费1 932元，款项均以支票结算，材料如数验收入库。

（4）本月共发出材料5 100千克。其中，生产产品耗用4 800千克，生产车间管理部门领用100千克，企业管理部门领用200千克。

要求：编制相关会计分录。

2. 某工业企业为增值税一般纳税人，该企业采用实际成本进行原材料的核算，有关资料如下：

（1）2×23年1月1日，原材料账面计划成本为500 000元。

（2）1月5日购入原材料一批，取得的增值税发票上注明的原材料价款为100 000元，增值税税额为13 000元，运输费为10 000元，按照税法的有关规定，运输费可按9%的比例计算增值税进项税额，材料已验收入库，有关款项已用银行存款支付。

（3）1月25日购入材料一批，材料已运到并验收入库，但发票等结算凭证尚未收到，货款尚未支付，该批材料的估计成本为35 000元。

（4）本月领用材料的计划成本为400 000元，其中：生产领用250 000元，车间管理部门领用40 000元，厂部管理部门领用10 000元，在建工程领用100 000元。

要求：编制有关业务的会计分录。

第六章

金融资产

学习目标

知识目标： 通过本章的学习，掌握企业投资的明细分类核算和投资收益的考核；掌握新准则下金融资产的特点及账务处理。

技能目标： 通过本章的学习，掌握交易性金融资产的取得、现金股利的处理、利息的处理和期末计价；掌握债权投资的取得和后续计量的核算；掌握其他债权投资取得和后续计量的核算。

第一节 金融资产概述

一、金融资产的概念

金融资产，是指企业持有的现金、其他方的权益工具以及符合下列条件之一的资产：

（1）从其他方收取现金或其他金融资产的合同权利（如银行存款、应收账款、应收票据和贷款等）。

（2）在潜在有利条件下，与其他方交换金融资产或金融负债的合同权利（如看涨期权或看跌期权）。

（3）将来须用或可用企业自身权益工具进行结算的非衍生工具合同，且企业根据该合同将收到可变数量的自身权益工具。

（4）将来须用或可用企业自身权益工具进行结算的衍生工具合同，但以固定数量的自身权益工具交换固定金额的现金或其他金融资产的衍生工具合同除外。其中，企业自身权益工具不包括应当按照金融工具列报准则分类为权益工具的可回售工具或发行方仅在清算时才有义务向另一方按比例交付其净资产的金融工具，也不包括本身就要求在未来收取或交付企业自身权益工具的合同。

本章不涉及以下金融资产的会计处理：

（1）长期股权投资（即企业对外能够形成控制、共同控制和重大影响的股权投资）。

（2）货币资金（即库存现金、银行存款、其他货币资金）。

二、金融资产的分类

微课 6-1

金融资产–现金

企业应当根据其管理金融资产的业务模式和金融资产的合同现金流量特征，将金融资产划分为以下三类：

（1）以摊余成本计量的金融资产。

（2）以公允价值计量且其变动计入其他综合收益的金融资产。

（3）以公允价值计量且其变动计入当期损益的金融资产。

（一）企业管理金融资产的业务模式

1. 业务模式评估

企业管理金融资产的业务模式，是指企业如何管理其金融资产以产生现金流量。业务模式决定企业所管理金融资产现金流量的来源是收取合同现金流量、出售金融资产还是两者兼有。

企业确定其管理金融资产的业务模式时，应当注意以下方面：

（1）企业应当在金融资产组合的层次上确定管理金融资产的业务模式，而不必按照单个金融资产逐项确定业务模式。

（2）企业应当以企业关键管理人员决定的对金融资产进行管理的特定业务目标为基础，确定管理金融资产的业务模式。企业的业务模式并非企业自愿指定，而是一种客观事实，通常可以从企业为实现其设定目标而开展的特定活动中得以反映。

（3）企业应当以客观事实为依据，确定管理金融资产的业务模式，不得以按照合理预期不会发生的情形为基础确定。

如果金融资产实际现金流量的实现方式不同于评估业务模式时的预期（如企业出售的金融资产数量超出或少于在对资产作出分类时的预期），只要企业在评估业务模式时已经考虑了当时所有可获得的相关信息，这一差异不构成企业财务报表的前期差错，也不改变企业在该业务模式下持有的剩余金融资产的分类。但是，企业在评估新的管理金融资产的业务模式时，应当考虑这些信息。

2. 以收取合同现金流量为目标的业务模式

【例 6–1】甲企业购买了一个贷款组合，且该组合中包含已发生信用减值的贷款。如果贷款不能按时偿付，甲企业将通过各类方式尽可能实现合同现金流量，如通过邮件、电话或其他方法与借款人联系催收。同时，甲企业签订了一项利率互换合同，将贷款组合的利率由浮动利率转换为固定利率。

本例中，甲企业管理该贷款组合的业务模式是以收取合同现金流量为目标。即使甲企业预期无法收取全部合同现金流量（部分贷款已发生信用减值），也不影响其业务模式。此外，甲企业签订利率互换合同也不影响贷款组合的业务模式。

3. 以收取合同现金流量和出售金融资产为目标的业务模式

【例 6–2】甲银行持有金融资产组合以满足其每日流动性需求。甲银行为了降低其管理流动性需求的成本，高度关注该金融资产组合的回报。组合回报包括收取的合同付款和出售金融资产的利得或损失。

本例中，甲银行管理该金融资产组合的业务模式，是以收取合同现金流量和出售金融资产为目标。

4. 其他业务模式

如果企业管理金融资产的业务模式，不是以收取合同现金流量为目标，也不是既以收取合同现金流量又以出售金融资产来实现其目标，则企业持有金融资产的目的是交易性的或者基于金融资产的公允价值作出决策并对其进行管理。

（二）金融资产的合同现金流量特征

金融资产的合同现金流量特征，是指金融工具合同约定的、反映相关金融资产经济特征的现金流量属性。企业分类为以摊余成本计量的金融资产和以公允价值计量且其变动计入其他综合收益的金融资产，其合同现金流量特征应当与基本借贷安排相一致，即相关金融资产在特定日期产生的合同现金流量仅为对本金和以未偿付本金金额为基础的利息的支付。

（三）金融资产的具体分类

1. 以摊余成本计量的金融资产

金融资产同时符合下列条件的，应当分类为以摊余成本计量的金融资产：

（1）企业管理该金融资产的业务模式是以收取合同现金流量为目标。

（2）该金融资产的合同条款规定，在特定日期产生的现金流量，仅为对本金和以未偿付本金金额为基础的利息的支付。

例如，银行向企业客户发放的固定利率的贷款，在没有其他特殊安排的情况下，贷款的合同现金流量一般可能符合仅为对本金和以未偿付本金金额为基础的利息支付的要求。如果银行管理该贷款的业务模式是以收取合同现金流量为目标，则该贷款应当分类为以摊余成本计量的金融资产。

企业一般应当设置“贷款”“债权投资”等账户核算分类为以摊余成本计量的金融资产。

2. 以公允价值计量且其变动计入其他综合收益的金融资产

金融资产同时符合下列条件的，应当分类为以公允价值计量且其变动计入其他综合收益的金融资产：

（1）企业管理该金融资产的业务模式既以收取合同现金流量为目标又以出售该金融资产为目标。

（2）该金融资产的合同条款规定，在特定日期产生的现金流量，仅为对本金和以未偿付本金金额为基础的利息的支付。

【例6-3】企业持有的普通债券的合同现金流量是到期收回本金及按约定利率在合同期间按时收取固定或浮动利息的权利。请问该债券能否分类为以公允价值计量且其变动计入其他综合收益的金融资产。

本例中，该债券可以分类为以公允价值计量且其变动计入其他综合收益的金融资产。因为，在没有其他特殊安排的情况下，普通债券的合同现金流量一般可能符合仅为对本金和以未偿付本金金额为基础的利息支付的要求。如果企业管理该债券的业务模式既以收取合同现金流量为目标又以出售该债券为目标，则该债券应当分类为以公允价值计量且其变动计入其他综合收益的金融资产。

企业应当设置“其他债权投资”账户核算分类为以公允价值计量且其变动计入其他综合

合收益的金融资产。

3. 以公允价值计量且其变动计入当期损益的金融资产

除按照上述分类为以摊余成本计量的金融资产和以公允价值计量且其变动计入其他综合收益的金融资产之外的金融资产，企业应当将其分类为以公允价值计量且其变动计入当期损益的金融资产。

【例 6-4】企业持有的普通股股票的合同现金流量是收取被投资企业未来股利分配以及其清算时获得剩余收益的权利。请问企业持有的普通股股票能否分类为以公允价值计量且其变动计入当期损益的金融资产。

本例中，企业持有的普通股股票可以分类为以公允价值计量且其变动计入当期损益的金融资产。由于股利及获得剩余收益的权利均不符合本金和利息的定义，因此企业持有的普通股股票应当分类为以公允价值计量且其变动计入当期损益的金融资产。

企业应当设置“交易性金融资产”账户核算分类为以公允价值计量且其变动计入当期损益的金融资产。企业持有的直接指定为以公允价值计量且其变动计入当期损益的金融资产，也在本账户核算。

（四）金融资产分类的特殊规定

权益工具投资的合同现金流量评估一般不符合基本借贷安排，因此只能分类为以公允价值计量且其变动计入当期损益的金融资产。然而，在初始确认时，企业可以将非交易性权益工具投资指定为以公允价值计量且其变动计入其他综合收益的金融资产，并按规定确认股利收入。该指定一经作出，不得撤销。企业投资其他上市公司股票或者非上市公司股权的，都可能属于这种情形。

初始确认时，企业可基于单项非交易性权益工具投资，将其指定为以公允价值计量且其变动计入其他综合收益的金融资产，其公允价值的后续变动计入其他综合收益，不需要计提减值准备。除了获得的股利（明确代表投资成本部分收回的股利除外）计入当期损益外，其他相关的利得和损失（包括汇兑损益）均应当计入其他综合收益，且后续不得转入当期损益。当金融资产终止确认时，之前计入其他综合收益的累计利得或损失应当从其他综合收益中转出，计入留存收益。

需要注意的是，企业在非同一控制下的企业合并中确认的或有对价构成金融资产的，该金融资产应当分类为以公允价值计量且其变动计入当期损益的金融资产，不得指定为以公允价值计量且其变动计入其他综合收益的金融资产。

第二节 交易性金融资产的核算

一、交易性金融资产概述

（一）交易性金融资产的概念

交易性金融资产，是指企业为了近期内出售而持有的金融资产。例如，为了利用闲置资金，以赚取价差为目的从二级市场购入的股票、债券、基金等。

（二）持有目的

交易性金融资产的持有目的是进行交易，其目的与债权投资和长期股权投资不同。

交易性金融资产属于流动资产，在资产负债表上一般以“交易性金融资产”项目列示于流动资产项目内。

（三）账户设置

企业对交易性金融资产通过“交易性金融资产”账户进行核算，分别设置“成本”和“公允价值变动”两个明细账户进行明细核算。

二、交易性金融资产取得的核算

（一）交易性金融资产的取得方式

交易性金融资产的取得以购入方式为主，也可以非货币性资产交换、债务重组、投资者投入等方式取得。以非货币性资产交换、债务重组、投资者投入等方式取得的交易性金融资产的会计处理将在后续章节中详细讲述，本章仅以交易性股票、债券的购入为主说明交易性金融资产的会计处理原则和方法。

（二）账务处理

交易性金融资产以公允价值购入，其入账成本就是该交易性金融资产的购买价格。但购买交易性金融资产时，还需要支付交易费用（如印花税、手续费、佣金等），我国企业会计准则规定，应将其作为投资费用处理，借记“投资收益”账户。

交易性金融资产入账成本中包含的已宣告但尚未发放的股利或已到付息期但尚未领取的债券利息，应通过“应收股利”“应收利息”账户反映。

【例6-5】甲公司2月10日从股票市场购入S公司股票3 000股，公司根据其管理该股票的业务模式和该股票的合同现金流量特征，将该股票分类为以公允价值计量且其变动计入当期损益的金融资产。每股购买价格为10元，另支付交易手续费及印花税等共计230元，款项均以银行存款支付。

根据有关原始凭证，编制如下会计分录：

借：交易性金融资产——成本	30 000	
投资收益	230	
贷：银行存款		30 230

【例6-6】甲公司3月25日购入G公司债券850 000元，以进行交易为目的。购买价款中包含已到付息期但尚未领取的债券利息2 000元，购买该债券另支付交易费用850元。款项均以银行存款支付。

根据有关原始凭证，编制如下会计分录：

借：交易性金融资产——成本	848 000	
应收利息	2 000	
投资收益	850	
贷：银行存款		850 850

三、交易性金融资产持有期间收到股利（利息）的核算

交易性金融资产持有期间收到被投资单位宣告发放的现金股利或债券利息，应作为交易性金融资产持有期间实际实现的投资收益，借记“应收股利”或“应收利息”账户，贷记“投资收益”账户。

实际收到现金股利或债券利息时，借记“银行存款”等账户，贷记“应收股利”或“应收利息”账户。

【例6-7】接【例6-5】，S公司于3月1日宣告发放股利，每股1元，甲公司持有S公司

股票3 000股，应收股利3 000元，该股利于3月15日实际收到。

（1）3月1日S公司宣告发放股利时，根据有关原始凭证，编制如下会计分录：

借：应收股利 3 000

贷：投资收益 3 000

（2）3月15日实际收到股利时，根据有关原始凭证，编制如下会计分录：

借：银行存款 3 000

贷：应收股利 3 000

【例6-8】接【例6-6】，甲公司于4月2日收到G公司债券利息2 000元，已存入银行。

根据有关原始凭证，编制如下会计分录：

借：银行存款 2 000

贷：应收利息 2 000

四、交易性金融资产的期末计价

交易性金融资产以获取价差为目的，在资产负债表日，应按当日各项交易性金融资产的公允价值对交易性金融资产账面价值进行调整，以此反映交易性金融资产预计给企业带来的经济利益以及该交易性金融资产预计获得价差的能力。

1. 公允价值高于账面价值

借：交易性金融资产——公允价值变动

贷：公允价值变动损益

2. 公允价值低于账面价值

借：公允价值变动损益

贷：交易性金融资产——公允价值变动

【例6-9】接【例6-7】，甲公司12月31日记录的持有S公司3 000股股票账面价值为30 000元，当日其公允价值为24 000元。

根据有关原始凭证，编制如下会计分录：

借：公允价值变动损益 6 000

贷：交易性金融资产——公允价值变动 6 000

【例6-10】接【例6-8】，甲公司12月31日记录的持有G公司债券的账面价值为848 000元，当日其公允价值为849 000元，应调增债券账面价值1 000元。

根据有关原始凭证，编制如下会计分录：

借：交易性金融资产——公允价值变动 1 000

贷：公允价值变动损益 1 000

五、交易性金融资产的出售

交易性金融资产出售时，出售收入与其账面价值的差额，以及原来作为公允价值变动损益入账的金额，均作为投资收益入账，以集中反映出售该交易性金融资产实际实现的损益。

【例6-11】接【例6-5】、【例6-7】和【例6-9】，甲公司将其持有的S公司3 000股股票出售了1 000股，售价6 000元。

根据有关原始凭证，编制如下会计分录：

借：银行存款 6 000

交易性金融资产——公允价值变动 2 000

借：投资收益　4 000
　贷：交易性金融资产——成本　10 000
　　　公允价值变动损益　2 000

【例6-12】接【例6-6】、【例6-8】和【例6-10】，甲公司将其持有的G公司债券出售了50%，售价426 000元。

根据有关原始凭证，编制如下会计分录：

借：银行存款　426 000
　　公允价值变动损益　500
　贷：交易性金融资产——成本　424 000
　　　　　　　　　　——公允价值变动　500
　　　投资收益　2 000

第三节　债权投资的核算

一、债权投资概述

（一）债权投资的概念

债权投资，是指到期日固定、回收金额固定或可确定，且企业有明确意图和能力持有至到期的非衍生金融资产。通常情况下，能够划分为债权投资的金融资产，主要是债权性投资，如从二级市场上购入的固定利率国债、浮动利率金融债券等。股权投资因其没有固定的到期日，因而不能划分为债权投资。债权投资通常具有长期性质，但期限较短（1年以内）的债券投资，符合债权投资条件的，也可将其划分为债权投资。

企业不能将下列非衍生金融资产划分为债权投资：

（1）在初始确认时即被指定为以公允价值计量且其变动计入当期损益的非衍生金融资产。

（2）在初始确认时被指定为可供出售的非衍生金融资产。

（3）符合贷款和应收款项的定义的非衍生金融资产。

企业在将金融资产划分为债权投资时，应当注意把握其以下特征：

（1）该金融资产到期日固定、回收金额固定或可确定。

"到期日固定、回收金额固定或可确定"，是指相关合同明确了投资者在确定的期间内获得或应收取现金流量（如投资利息和本金等）的金额和时间。因此，从投资者角度看，如果不考虑其他条件，在将某项投资划分为债权投资时可以不考虑可能存在的发行方重大支付风险。另外，由于要求到期日固定，因而权益工具投资不能划分为债权投资。

（2）企业有明确意图将该金融资产持有至到期。

"有明确意图持有至到期"，是指投资者在取得投资时意图就是明确的，除非遇到一些企业所不能控制、预期不会重复发生且难以合理预计的独立事项，否则将持有至到期。

（3）企业有能力将该金融资产持有至到期。

"有能力持有至到期"，是指企业有足够的财务资源，并不受外部因素影响将投资持有至到期。

（二）债权投资的分类

债权投资按偿还方式不同，可划分为到期一次还本付息债券、到期一次还本分期付息债券、分期还本分期付息债券。

（1）到期一次还本付息债券，是指发行公司于债券到期日一次偿还全部债券本金和利息的债券。

（2）到期一次还本分期付息债券，是指发行公司于债券到期日一次偿还全部债券本金，分批偿还利息的债券。

（3）分期还本分期付息债券，是指发行公司分批偿还本金、分批偿还利息的债券。到期一次还本分期付息债券和分期还本分期付息债券可并称为分期付息债券，分期付息债券可减轻发行公司集中还本的财务负担。

（三）账户设置

企业对债权投资应设置“债权投资”账户进行核算，并设置“成本”“利息调整”“应计利息”等明细账户。

二、债权投资取得的核算

企业对债权投资的会计处理，应着重于该金融资产的持有者打算“持有至到期”，未到期前通常不会出售或重分类，主要应解决该金融资产实际利率的计算、摊余成本的确定、持有期间的收益确认以及将其处置时损益的处理。

债权投资初始确认时，应当按照公允价值和相关交易费用之和作为初始入账金额。实际支付的价款中包括的已到付息期但尚未领取的债券利息，应单独确认为应收项目。

债权投资初始确认时，应当计算确定其实际利率，并在该债权投资预期存续期间或适用的更短期间内保持不变。

1. 按面值购入债券

【例6-13】甲公司购入乙公司当天发行的2年期债券，在购买该债券时，预计发行方不会提前赎回。甲公司根据其管理该债券的业务模式和该债券的合同现金流量特征，将该债券分类为以摊余成本计量的金融资产。该债券票面价值为100 000元，票面利率为10%，到期一次还本付息，用银行存款实际支付价款100 000元，未发生交易费用。

根据有关原始凭证，编制如下会计分录：

借：债权投资——乙公司债券（成本）	100 000	
贷：银行存款		100 000

2. 溢价购入债券

【例6-14】甲公司购入乙公司当天发行的2年期债券，在购买该债券时，预计发行方不会提前赎回。甲公司根据其管理该债券的业务模式和该债券的合同现金流量特征，将该债券分类为以摊余成本计量的金融资产。该债券票面价值为200 000元，票面利率为10%，到期一次还本付息，用银行存款实际支付价款206 000元，未发生交易费用。

根据有关原始凭证，编制如下会计分录：

借：债权投资——乙公司债券（成本）	200 000	
——乙公司债券（利息调整）	6 000	
贷：银行存款		206 000

3. 折价购入债券

【例6-15】甲公司2×23年1月1日购入乙公司2×22年1月1日发行的2年期债券，在购买该债券时，预计发行方不会提前赎回。甲公司根据其管理该债券的业务模式和该债券的合同现金流量特征，将该债券分类为以摊余成本计量的金融资产。该债券票面价值为200 000元，票面利率为10%，到期一次还本，每年1月5日支付上年度利息，用银行存款实际支付价款204 000元，未发生交易费用。

根据有关原始凭证，编制如下会计分录：

借：债权投资——乙公司债券（成本）　200 000
　　应收利息　20 000
　贷：银行存款　204 000
　　　债权投资——乙公司债券（利息调整）　16 000

三、债权投资的收益及摊余成本

企业应在债权投资持有期间，采用实际利率法，按照摊余成本和实际利率计算确认利息收入，计入投资收益。实际利率应当在取得债权投资时确定，实际利率与票面利率差别较小的，也可按票面利率计算利息收入，计入投资收益。

实际利率和摊余成本

处置债权投资时，应将所取得价款与债权投资账面价值之间的差额，计入当期损益。

【例6-16】2×22年1月1日，甲公司支付价款1 000万元（含交易费用）从上海证券交易所购入A公司同日发行的5年期公司债券12 500份，债券票面价值总额为1 250万元，票面年利率为4.72%，于每年年末支付本年度债券利息（即每年利息59万元），本金在债券到期时一次性偿还。合同约定，该债券的发行方在遇到特定情况时可以将债券赎回，且不需要为提前赎回支付额外款项。甲公司在购买该债券时，预计发行方不会提前赎回。甲公司根据其管理该债券的业务模式和该债券的合同现金流量特征，将该债券分类为以摊余成本计量的金融资产。假定不考虑所得税、减值损失等因素，计算该债券的实际利率为10%，其计算过程见表6-1。

表6-1　**实际利息计算表**　金额单位：万元

年份	期初摊余成本 A	实际利息收入 B=A×10%	现金流入 C	期末摊余成本 D=A+B−C
2×22年12月31日	1 000	100	59	1 041
2×23年12月31日	1 041	104	59	1 086
2×24年12月31日	1 086	109	59	1 136
2×25年12月31日	1 136	114	59	1 191
2×26年12月31日	1 191	118*	1 309	0

注：*尾数调整=1 250+59−1 191=118（万元）。

根据上述数据，甲公司的有关账务处理如下（会计分录金额用万元表示）：

（1）2×22年1月1日，购入债券时，根据有关原始凭证，编制如下会计分录：

借：债权投资——A公司债券（成本） 1 250

贷：银行存款 1 000

债权投资——A公司债券（利息调整） 250

（2）2×22年12月31日，确认实际利息收入、收到票面利息时，根据有关原始凭证，编制如下会计分录：

借：应收利息 59

债权投资——A公司债券（利息调整） 41

贷：投资收益 100

借：银行存款 59

贷：应收利息 59

（3）2×23年12月31日，确认实际利息收入、收到票面利息时，根据有关原始凭证，编制如下会计分录：

借：应收利息 59

债权投资——A公司债券（利息调整） 45

贷：投资收益 104

借：银行存款 59

贷：应收利息 59

（4）2×24年12月31日，确认实际利息收入、收到票面利息时，根据有关原始凭证，编制如下会计分录：

借：应收利息 59

债权投资——A公司债券（利息调整） 50

贷：投资收益 109

借：银行存款 59

贷：应收利息 59

（5）2×25年12月31日，确认实际利息收入、收到票面利息时，根据有关原始凭证，编制如下会计分录：

借：应收利息 59

债权投资——A公司债券（利息调整） 55

贷：投资收益 114

借：银行存款 59

贷：应收利息 59

（6）2×26年12月31日，确认实际利息收入、收到票面利息时，根据有关原始凭证，编制如下会计分录：

借：应收利息 59

债权投资——A公司债券（利息调整） 59

贷：投资收益 118

借：银行存款 59

贷：应收利息 59

（7）2×26年12月31日，收到本金时，根据有关原始凭证，编制如下会计分录：

借：银行存款　1 250
　贷：债权投资——A公司债券（成本）　1 250

四、债权投资的重分类与处置

（一）债权投资的重分类

企业将某项金融资产划分为债权投资后，可能会发生到期前将该金融资产予以处置或重分类的情况，该情况表明企业违背了将投资持有至到期的最初意图。如果企业在本会计年度内出售或重分类为其他债权投资的某项债权投资金额，相对于在出售或重分类前该类投资总额较大的，企业在处置或重分类后应立即将剩余债权投资重分类为以公允价值计量且其变动计入其他综合收益的金融资产，即其他债权投资，并以公允价值进行后续计量。重分类日，该投资剩余部分的账面价值与其公允价值之间的差额计入其他综合收益，在该其他债权投资发生减值或终止确认时转出，计入当期损益。但是，遇到下列情况可以除外：

（1）出售日或重分类日距离该项投资到期日或赎回日较近（如到期前3个月内），且市场利率变化对该项投资的公允价值没有显著影响。

（2）根据合同约定的定期偿付或提前还款方式收回该投资几乎所有初始本金后，将剩余部分予以出售或重分类。

（3）出售或重分类是由企业无法控制、预期不会重复发生且难以合理预计的独立事项所引起的。

我国企业会计准则中关于其他综合收益的发展情况

企业因出售或重分类债权投资的金额较大而将剩余债权投资重分类为其他债权投资后，在本会计年度及以后两个完整的会计年度内不得再将金融资产划分为债权投资，直至两个完整的会计年度之后，企业才可以再将符合规定条件的金融资产划分为债权投资。

（二）债权投资的出售

债权投资出售时，将该投资的账面价值冲减为零，同时将出售所得价款与债权投资账面价值的差额计入投资收益。

借：银行存款
　贷：债权投资——成本
　　　投资收益

【例6-17】2×23年3月，甲公司持有的、原划分为债权投资的F公司债券价格持续下跌。为此，甲公司于4月1日对外出售该债权投资的10%，该部分资产的公允价值为2 400 000元。剩余部分转为以公允价值计量且其变动计入其他综合收益的金融资产，即其他债权投资。

（1）假定4月1日该债券出售前的账面余额（成本）为20 000 000元，不考虑债券出售等其他相关因素的影响，根据有关原始凭证，编制如下会计分录：

借：银行存款　2 400 000
　贷：债权投资——F公司债券（成本）　2 000 000
　　　投资收益　400 000
借：其他债权投资——F公司债券（成本）　18 000 000
　　　　　　　　——F公司债券（公允价值变动）　3 600 000
　贷：债权投资——F公司债券（成本）　18 000 000
　　　其他综合收益　3 600 000

（2）假定4月23日，甲公司将该债券全部出售，收取价款23 600 000元，根据有关原始凭证，编制如下会计分录：

借：银行存款　23 600 000
　贷：其他债权投资——F公司债券（成本）　18 000 000
　　　　　　　　——F公司债券（公允价值变动）　3 600 000
　　投资收益　2 000 000
借：其他综合收益　3 600 000
　贷：投资收益　3 600 000

五、债权投资的减值

企业应当在资产负债表日对债权投资的账面价值进行检查，有客观证据表明该金融资产发生减值的，应当计提减值准备。

微课6-2

股票、债券的风险收益面面观

债权投资发生减值时，应当将该债权投资的账面价值减记至预计未来现金流量现值，减记的金额确认为资产减值损失，计入当期损益。

债权投资确认减值损失后，如有客观证据表明该金融资产价值得以恢复，且客观上与确认该损失后发生的事项有关，原确认的减值损失应当予以转回，计入当期损益。但是，该转回后的账面价值不应超过假定不计提减值准备情况下该债权投资在转回日的摊余成本。

第四节　其他债权投资的核算

一、其他债权投资概述

其他债权投资，是指以公允价值计量且其变动计入其他综合收益的金融资产，初始确认时即被指定为可供出售的非衍生金融资产，以及除下列各类资产以外的金融资产：贷款和应收款项；债权投资；以公允价值计量且其变动计入当期损益的金融资产。例如，企业购入的在活跃市场上有报价的股票、债券和基金等，以及没有划分为以公允价值计量且其变动计入当期损益的金融资产或债权投资等，均可归为此类。

债权投资与其他债权投资的区别

对于在活跃市场上有报价的金融资产，既可划分为以公允价值计量且其变动计入当期损益的金融资产，也可能划分为其他债权投资。如果该金融资产属于有固定到期日、回收金额固定或可确定的金融资产，则该金融资产还可能划分为债权投资。某项金融资产具体应划分为哪一类，主要取决于企业管理层的风险管理、投资决策等因素。金融资产的分类应是管理层意图的如实表达。

二、其他债权投资的账务处理

其他债权投资的会计处理，与以公允价值计量且其变动计入当期损益的金融资产的会计处理有类似之处，但也有不同。具体而言：

（1）初始确认时，都应按公允价值计量，但对于其他债权投资，相关交易费用应计入初始入账金额。

（2）在资产负债表日，都应按公允价值计量，但对于其他债权投资，公允价值变动不是计入当期损益，而通常应计入其他综合收益。

分类为以公允价值计量且其变动计入其他综合收益的金融资产所产生的所有利得或损失，除减值损失或利得和汇兑损益之外，均应当计入其他综合收益，直至该金融资产终止确认或被重分类。但是，采用实际利率法计算的该金融资产的利息应当计入当期损益。该金融资产计入各期损益的金额应当与视同其一直按摊余成本计量而计入各期损益的金额相等。

该金融资产终止确认时，之前计入其他综合收益的累计利得或损失应当从其他综合收益中转出，计入当期损益。

指定为以公允价值计量且其变动计入其他综合收益的非交易性权益工具投资，除了获得的股利（明确代表投资成本部分收回的股利除外）计入当期损益外，其他相关的利得或损失（包括汇兑损益）均应当计入其他综合收益，且后续不得转入当期损益。

当其终止确认时，之前计入其他综合收益的累计利得或损失应当从其他综合收益中转出，计入留存收益。

企业在对其他债权投资进行会计处理时，还应注意以下方面：

（1）企业取得其他债权投资支付的价款中包含的已到付息期但尚未领取的债券利息，应单独确认为应收项目。

其他债权投资持有期间取得的利息，应当计入投资收益。在资产负债表日，其他债权投资应当以公允价值计量，且公允价值变动计入其他综合收益。

（2）其他债权投资发生的减值损失，应计入信用减值损失。

（3）应按票面利率计算确定的应收未收利息，借记“其他债权投资——应计利息”账户，按债券的摊余成本和实际利率计算确定的利息收入，贷记“投资收益”账户，按其差额，借记或贷记“其他债权投资——利息调整”账户。

（4）处置其他债权投资时，应将取得的价款与该金融资产账面价值之间的差额，计入投资损益。同时，将原直接计入其他综合收益的公允价值变动累计额对应处置部分的金额转出，计入投资收益。

【例6-18】2×23年1月1日，甲公司支付价款1 000万元（含交易费用）从上海证券交易所购入A公司同日发行的5年期公司债券12 500份，债券票面价值总额为1 250万元，票面年利率为4.72%，于每年年末支付本年度债券利息（即每年利息59万元），本金在债券到期时一次性偿还。合同约定，该债券的发行方在遇到特定情况时可以将债券赎回，且不需要为提前赎回支付额外款项。甲公司在购买该债券时，预计发行方不会提前赎回。甲公司根据其管理该债券的业务模式和该债券的合同现金流量特征，将该债券分类为以公允价值计量且其变动计入其他综合收益的金融资产。假定不考虑所得税、减值损失等因素，计算该债券的实际利率为10%。

其他资料如下：

（1）2×23年12月31日，A公司债券的公允价值为1 200万元（不含利息）。

（2）2×24年12月31日，A公司债券的公允价值为1 300万元（不含利息）。

（3）2×25年12月31日，A公司债券的公允价值为1 250万元（不含利息）。

（4）2×26年12月31日，A公司债券的公允价值为1 200万元（不含利息）。

（5）2×27年1月20日，通过上海证券交易所出售了A公司债券12 500份，取得价款1 260万元。

实际利息计算过程见表6-2。

表6-2　　**实际利息计算表**　　金额单位：万元

日期	现金流入 A	实际利息收入 B	已经收回的本金 C=A-B	期末摊余成本 D=期初D-C	公允价值 E	公允价值变动额 F=E-D-期初G	公允价值变动累计金额 G=期初G+F
2×23年1月1日				1 000	1 000	0	0
2×23年12月31日	59	100	-41	1 041	1 200	159	159
2×24年12月31日	59	104	-45	1 086	1 300	55	214
2×25年12月31日	59	109	-50	1 136	1 250	-100	114
2×26年12月31日	59	114	-55	1 191	1 200	-105	9

甲公司的有关账务处理如下（会计分录金额用万元表示）：

（1）2×23年1月1日，购入A公司债券时，根据有关原始凭证，编制如下会计分录：

借：其他债权投资——A公司债券（成本）　　1 250
　贷：银行存款　　1 000
　　其他债权投资——A公司债券（利息调整）　　250

（2）2×23年12月31日，确认A公司债券实际利息收入、公允价值变动，收到债券利息时，根据有关原始凭证，编制如下会计分录：

借：应收利息　　59
　其他债权投资——A公司债券（利息调整）　　41
　贷：投资收益　　100
借：银行存款　　59
　贷：应收利息　　59
借：其他债权投资——A公司债券（公允价值变动）　　159
　贷：其他综合收益——其他债权投资公允价值变动　　159

（3）2×24年12月31日，确认A公司债券实际利息收入、公允价值变动，收到债券利息时，根据有关原始凭证，编制如下会计分录：

借：应收利息　　59
　其他债权投资——A公司债券（利息调整）　　45
　贷：投资收益　　104
借：银行存款　　59
　贷：应收利息　　59
借：其他债权投资——A公司债券（公允价值变动）（1 300-1 086-159）　　55
　贷：其他综合收益——其他债权投资公允价值变动　　55

（4）2×25年12月31日，确认A公司债券实际利息收入、公允价值变动，收到债券利息时，根据有关原始凭证，编制如下会计分录：

借：应收利息　59
　　其他债权投资——A公司债券（利息调整）　50
　贷：投资收益　109
借：银行存款　59
　贷：应收利息　59
借：其他综合收益——其他债权投资公允价值变动　100
　贷：其他债权投资——A公司债券（公允价值变动）　100

（5）2×26年12月31日，确认A公司债券实际利息收入、公允价值变动，收到债券利息时，根据有关原始凭证，编制如下会计分录：

借：应收利息　59
　　其他债权投资——A公司债券（利息调整）　55
　贷：投资收益　114
借：银行存款　59
　贷：应收利息　59
借：其他综合收益——其他债权投资公允价值变动　105
　贷：其他债权投资——A公司债券（公允价值变动）　105

（6）2×27年1月20日，确认出售A公司债券实现的损益时，根据有关原始凭证，编制如下会计分录：

借：银行存款　1 260
　　其他综合收益——其他债权投资公允价值变动　9
　　其他债权投资——利息调整　59
　贷：其他债权投资——A公司债券（成本）　1 250
　　　　　　　　——A公司债券（公允价值变动）　9
　　投资收益　69

第五节　其他权益工具投资的核算

一、其他权益工具投资概述

其他权益工具投资，是指指定为以公允价值计量且其变动计入其他综合收益的非交易性权益工具投资。该种情况下，现金流量并非本金与利息之和，但业务模式为长期持有、获取稳定分红、不关心价格的波动对损益的影响，即非交易性权益工具投资。

二、其他权益工具投资的账务处理

针对指定为以公允价值计量且其变动计入其他综合收益的非交易性权益工具投资，企业一般应当设置“其他权益工具投资”账户进行核算。该账户可按照其他权益工具投资的类别和品种，设置“成本”“公允价值变动”等明细账户进行明细核算。

指定为以公允价值计量且其变动计入其他综合收益的非交易性权益工具投资应当按照下列规定处理：

（1）获得的现金股利（明确代表投资成本部分收回的股利除外）计入当期损益。

（2）其他相关的利得和损失（包括汇兑损益）均应当计入其他综合收益。

（3）不确认减值损失。

（4）终止确认时，处置价款和账面价值之间的差额计入留存收益。

（5）终止确认时，之前计入其他综合收益的累计利得或损失转出计入留存收益。

【例6-19】2×23年5月6日，甲公司支付价款1 016万元（含交易费用1万元和已宣告发放的现金股利15万元）购入乙公司发行的股票200万股，占乙公司有表决权股份的0.5%。甲公司将其指定为以公允价值计量且其变动计入其他综合收益的非交易性权益工具投资。

（1）2×23年5月10日，甲公司收到乙公司发放的现金股利15万元。

（2）2×23年6月30日，该股票市价为每股5.2元。

（3）2×23年12月31日，甲公司仍持有该股票；当日，该股票的市价为每股5元。

（4）2×24年5月9日，乙公司宣告发放现金股利4 000万元。

（5）2×24年5月13日，甲公司收到乙公司发放的现金股利。

（6）2×24年5月20日，甲公司由于特殊原因，以每股4.9元的价格将股票全部转让。

假定不考虑其他因素，甲公司的账务处理如下：

（1）2×23年5月6日，购入股票时，根据有关原始凭证，编制如下会计分录：

借：应收股利　150 000

　　其他权益工具投资——乙公司股票（成本）　10 010 000

　贷：银行存款　10 160 000

（2）2×23年5月10日，收到现金股利时，根据有关原始凭证，编制如下会计分录：

借：银行存款　150 000

　贷：应收股利　150 000

（3）2×23年6月30日，确认股票价格变动时，根据有关原始凭证，编制如下会计分录：

借：其他权益工具投资——乙公司股票（公允价值变动）　390 000

　贷：其他综合收益——其他权益工具投资公允价值变动　390 000

（4）2×23年12月31日，确认股票价格变动时，根据有关原始凭证，编制如下会计分录：

借：其他综合收益——其他权益工具投资公允价值变动　400 000

　贷：其他权益工具投资——乙公司股票（公允价值变动）　400 000

（5）2×24年5月9日，确认应收现金股利时，根据有关原始凭证，编制如下会计分录：

借：应收股利　200 000

　贷：投资收益　200 000

（6）2×24年5月13日，收到现金股利时，根据有关原始凭证，编制如下会计分录：

借：银行存款　200 000

　贷：应收股利　200 000

（7）2×24年5月20日，出售股票时，根据有关原始凭证，编制如下会计分录：

借：银行存款　9 800 000
　　其他权益工具投资——乙公司股票（公允价值变动）　10 000
　　盈余公积——乙公司股票（法定盈余公积）　21 000
　　利润分配——乙公司股票（未分配利润）　189 000
　贷：其他权益工具投资——乙公司股票（成本）　10 010 000
　　　其他综合收益——其他权益工具投资公允价值变动　10 000

【思政讲堂】

加快建设中国特色现代资本市场

党中央高度重视金融工作，习近平总书记多次作出重要讲话、重要指示，为做好新时代金融工作指明了方向。党的二十大擘画了全面建设社会主义现代化国家、全面推进中华民族伟大复兴的宏伟蓝图。金融是现代经济的核心、实体经济的血脉，关系发展和安全，在推进中国式现代化进程中发挥着重要作用。

证监会表示，着力推动高质量发展，进一步坚定对中国经济长期向好发展的信心。资本市场要服从和服务于这个大局，坚持金融服务实体经济的宗旨，全面深化改革，完善多层次市场体系，健全资本市场功能，提高直接融资比重。

证监会同时强调，扩大高水平制度型开放，拓宽境外上市融资渠道，加强与我国香港市场的务实合作。要坚持将资本市场一般规律与中国市场的实际相结合，与中华优秀传统文化相结合，加快建设中国特色现代资本市场。

银保监会也表示，在实体经济创新发展、稳步转型的背景下，资本市场具有长期投资价值、保持稳定运行的良好基础不会改变。

资料来源：辛圆．财政部、一行两会传达学习二十大精神，透露了哪些经济信号？［EB/OL］.［2022-10-26］. https：//finance.sina.com.cn/china/2022-10-26/doc-imqmmthc2166401.shtml.

【复习思考】

1.什么是金融资产？如何进行分类？

2.简述交易性金融资产和债权投资两者持有目的的区别。

3.企业在对其他债权投资进行会计处理时应当注意哪些方面？

【练习题】

1. 2×23年3月至5月，甲上市公司发生的交易性金融资产业务如下：

（1）3月1日，向D证券公司划出投资款1 000万元，款项已通过开户行转入D证券公司银行账户。

（2）3月2日，委托D证券公司购入A上市公司股票100万股，每股8元，另发生相关交易费用2万元，并将该股票划分为交易性金融资产。

（3）3月31日，该股票在证券交易所的收盘价格为每股7.70元。

（4）4月30日，该股票在证券交易所的收盘价格为每股8.10元。

（5）5月10日，将所持有的该股票全部出售，取得价款825万元，已存入银行。

要求：逐笔编制甲上市公司上述业务的会计分录。（答案中的金额单位用万元表示）

2. 甲公司为上市公司，2×23年1月1日，以2 100万元的价格购入乙公司当日发行的3年期一次还本、分期付息债券，债券面值总额为2 000万元，付息日为每年1月5日，票面年利率为6%。甲公司于每年年末计提债券利息，根据其管理该债券的业务模式和该债券的合同现金流量特征，将该债券分类为以摊余成本计量的金融资产。假定不考虑所得税、减值损失等因素，计算该债券的实际利率为4%。

要求：根据上述业务进行相关账务处理。(答案中的金额单位用万元表示)

第七章

长期股权投资

学习目标

知识目标： 通过本章的学习，熟悉长期股权投资核算范围，长期股权投资成本法和权益法的适用范围；掌握不同情况下长期股权投资的初始计量，成本法和权益法的账务处理，长期股权投资处置的账务处理。

技能目标： 通过本章的学习，能够正确确定长期股权投资的初始成本；能够正确运用成本法、权益法对长期股权投资进行核算。

第一节 长期股权投资概述

一、长期股权投资的概念

长期股权投资，是指投资方对被投资单位能够实施控制或具有重大影响的权益性投资，以及对其合营企业的权益性投资。

微课 7-1

如何理解金融资产与长期股权投资?

二、长期股权投资的核算范围

长期股权投资的核算范围包括：(1) 投资企业能够对被投资单位实施控制的权益性投资，即对子公司的投资；(2) 投资企业与其他合营方一同对被投资单位实施共同控制且对被投资单位净资产享有权利的权益性投资，即对合营企业的投资；(3) 投资企业对被投资单位具有重大影响的权益性投资，即对联营企业的投资。

(一) 能够实施控制的权益性投资

控制，是指有权决定一个企业的财务和经营政策，并能据以从该企业的经营活动中获取利益。控制一般存在于以下情况：投资企业直接拥有被投资单位50%以上的表决权资本；投资企业直接拥有被投资单位50%或以下的表决权资本，但具有实质控制权。投资企业对被投资单位是否具有实质控制权，可以通过以下一种或几种情形进行判定：

长期股权投资与交易性金融资产、其他权益工具投资的区别

（1）通过与其他投资者的协议，投资企业拥有被投资单位50%以上表决权资本的控制权。

（2）根据章程或协议，投资企业有权控制被投资单位的财务和经营政策。

（3）有权任免被投资单位董事会等类似权力机构的多数成员。这种情况是指，虽然投资企业仅拥有被投资单位50%或以下表决权资本，但根据章程或协议有权任免被投资单位董事会的多数董事，能够达到实质上控制的目的。

（4）在被投资单位董事会或类似权力机构会议上有半数以上投票权。这种情况是指，虽然投资企业仅拥有被投资单位50%或以下表决权资本，但能够控制被投资单位董事会等类似权力机构的会议，从而能够控制其财务和经营政策。

投资企业能够对被投资单位实施控制的，被投资单位为其子公司，投资企业应当将子公司纳入合并财务报表的合并范围。投资企业在其个别财务报表中对子公司的长期股权投资，应当采用成本法核算，编制合并财务报表时按照权益法进行调整。

（二）能够实施重大影响的权益性投资

企业合并案例

企业能够对被投资单位施加重大影响的，被投资单位为本企业的联营企业。重大影响，是指对一个企业的财务和经营政策有参与决策的权力，但并不能够控制或者与其他方一起共同控制这些政策的制定。投资企业直接或通过子公司拥有被投资单位20%以上但低于50%的表决权股份时，一般认为对被投资单位具有重大影响，除非有明确的证据表明该种情况下不能参与被投资单位的生产经营决策，不形成重大影响。投资企业拥有被投资单位有表决权股份的比例低于20%的，一般认为对被投资单位不具有重大影响，但符合下列情况之一的，应认为对被投资单位具有重大影响：

（1）在被投资单位的董事会或类似权力机构中派有代表。这种情况下，由于在被投资单位的董事会或类似权力机构中派有代表，并享有相应的实质性的参与决策权，投资企业可以通过该代表参与被投资单位经营政策的制定，从而对被投资单位施加重大影响。

（2）参与被投资单位的政策制定过程，包括股利分配政策等的制定。这种情况下，因可以参与被投资单位的政策制定过程，在制定政策过程中可以为其自身利益提出建议和意见，从而对被投资单位施加重大影响。

（3）与被投资单位之间发生重要交易。有关的交易因对被投资单位的日常经营具有重要性，进而在一定程度上可以影响被投资单位的生产经营决策。

（4）向被投资单位派出管理人员。这种情况下，通过投资企业对被投资单位派出管理人员，管理人员有权力并负责被投资单位的财务和经营活动，从而能够对被投资单位施加重大影响。

（5）向被投资单位提供关键技术资料。因被投资单位的生产经营需要依赖投资企业的技术或技术资料，表明投资企业对被投资单位具有重大影响。

在确定能否对被投资单位施加重大影响时，一方面应考虑投资企业直接或间接持有被投资单位的表决权股份，另一方面应考虑企业及其他方持有的现行可执行潜在表决权在假定转换为对被投资单位的股权后产生的影响，如被投资单位发行的当期可转换的认股权证、股票期权及可转换公司债券等的影响，如果其在转换为对被投资单位的股权后，能够增加投资企业的表决权比例或是降低被投资单位其他投资者的表决权比例，从而使得投资企业能够参与被投资单位的财务和经营决策的，应当认为投资企业对被投资单位具有重大影响。

（三）对合营企业的权益性投资

合营安排，是指一项由两个或两个以上的参与方共同控制的安排。共同控制，是指按照相关约定对某项安排所共有的控制，并且该安排的相关活动必须经过分享控制权的参与方一致同意后才能决策。合营安排可以分为共同经营和合营企业。共同经营指合营方享有该安排相关资产且承担该安排相关负债的合营安排；合营企业，是指合营方仅对该安排的净资产享有权利的合营安排。

长期股权投资仅指对合营安排享有共同控制的参与方（即合营方）对其合营企业的权益性投资，不包括对合营安排不享有共同控制的参与方的权益性投资，也不包括共同经营。

除能够实施控制的权益性投资、具有重大影响的权益性投资和对合营企业的权益性投资外，企业持有的其他权益性投资，应当按照金融工具确认和计量准则的规定，在初始确认时划分为以公允价值计量且其变动计入当期损益的金融资产或指定为以公允价值计量且其变动计入其他综合收益的金融资产。

第二节 长期股权投资的初始计量

长期股权投资在取得时，应按初始投资成本入账。长期股权投资的初始投资成本应区分企业合并和非企业合并两种情况确定。

一、企业合并形成的长期股权投资

微课 7-2

企业合并的概念和方式

企业合并形成的长期股权投资，其初始投资成本的确定应区分企业合并的类型，分为同一控制下控股合并与非同一控制下控股合并，确定形成的长期股权投资的初始投资成本。

（一）同一控制下控股合并形成的长期股权投资

对于同一控制下的企业合并，从能够对参与合并各方在合并前及合并后均实施最终控制的一方来看，最终控制方在企业合并前及合并后能够控制的资产并没有发生变化。合并方通过企业合并形成的对被合并方的长期股权投资，其成本代表的是在被合并方所有者权益账面价值中按持股比例享有的份额。

（1）合并方以支付现金、转让非现金资产或承担债务方式作为合并对价的，应当在合并日按照所取得的被合并方在最终控制方合并财务报表中的净资产的账面价值的份额作为长期股权投资的初始投资成本。长期股权投资的初始投资成本与支付的现金、转让的非现金资产及所承担债务账面价值之间的差额，应当调整资本公积（资本溢价或股本溢价）；资本公积（资本溢价或股本溢价）的余额不足冲减的，应依次冲减盈余公积、未分配利润。

具体进行会计处理时，合并方在合并日按取得被合并方所有者权益账面价值的份额，借记“长期股权投资”账户。按应享有被投资单位已宣告但尚未发放的现金股利或利润，借记“应收股利”账户，按支付的合并对价的账面价值，贷记有关资产账户或借记有关负债账户，按其差额，贷记“资本公积——资本溢价（或股本溢价）”账户；如为借方差额，应借记“资本公积——资本溢价（或股本溢价）”账户，资本公积（资本溢价或股本溢价）不足冲减的，应依次借记“盈余公积”“利润分配——未分配利润”账户。

（2）合并方以发行权益性证券作为合并对价的，应按发行股份的面值总额作为股本，长期股权投资初始投资成本与所发行股份面值总额之间的差额，应当调整资本公积（资本溢价或股本溢价）；资本公积（资本溢价或股本溢价）不足冲减的，应依次冲减盈余公积、未分配利润。

具体进行会计处理时，在合并日应按取得被合并方所有者权益账面价值的份额，借记“长期股权投资”账户，按应享有被投资单位已宣告但尚未发放的现金股利或利润，借记“应收股利”账户，按发行权益性证券的面值贷记“股本”账户，按其差额，贷记“资本公积——资本溢价（或股本溢价）”账户；如为借方差额，应借记“资本公积——资本溢价（或股本溢价）”账户，资本公积（资本溢价或股本溢价）不足冲减的，应依次借记“盈余公积”“利润分配——未分配利润”账户。

合并方发生的审计、法律服务、评估咨询等中介费用以及其他相关管理费用，应于发生时计入当期损益。与发行权益性工具作为合并对价直接相关的交易费用，应当冲减资本公积（资本溢价或股本溢价），资本公积（资本溢价或股本溢价）不足冲减的，依次冲减盈余公积和未分配利润。与发行债务性工具作为合并对价直接相关的交易费用，应当计入债务性工具的初始确认金额。

上述在按照合并日应享有被合并方账面所有者权益的份额确定长期股权投资的初始投资成本时，前提是合并前合并方与被合并方采用的会计政策应当一致。企业合并前合并方与被合并方采用的会计政策不同的，应首先按照合并方的会计政策对被合并方资产、负债的账面价值进行调整，在此基础上计算确定形成长期股权投资的初始投资成本。

【例7-1】2×23年6月30日，甲公司向同一集团内S公司的原股东定向增发1 500万股普通股股票（每股面值为1元，市价为13.02元），取得S公司100%的股权，并于当日起能够对S公司实施控制。合并后S公司仍维持其独立法人资格继续经营。两家公司在企业合并前采用的会计政策相同。合并日，S公司的账面所有者权益总额为6 606万元。合并日甲公司在其账簿及个别财务报表中应确认对S公司的长期股权投资，其账务处理为：

借：长期股权投资	66 060 000	
贷：股本		15 000 000
资本公积——股本溢价		51 060 000

（二）非同一控制下控股合并形成的长期股权投资

非同一控制下的控股合并中，购买方应当按照确定的企业合并成本作为长期股权投资的初始投资成本。企业合并成本包括购买方付出的资产、发生或承担的负债、发行的权益性工具或债务性工具的公允价值之和。购买方为企业合并发生的审计、法律服务、评估咨询等中介费用以及其他相关管理费用，应于发生时计入当期损益；购买方作为合并对价发行的权益性工具或债务性工具的交易费用，应当计入权益性工具或债务性工具的初始确认金额。

【例7-2】甲公司于2×23年3月31日以公允价值43 000 000元的无形资产和27 000 000元的银行存款取得B公司70%的股权。该无形资产的成本为52 000 000元，至企业合并发生时已计提累计摊销12 000 000元。合并中，甲公司为核实B公司的资产价值，聘请专业资产评估机构对B公司的资产进行评估，用银行存款支付评估费用1 000 000元。假定合并前甲公司与B公司不存在任何关联方关系。

分析：本例中因甲公司与B公司在合并前不存在任何关联方关系，应作为非同一控制下的企业合并处理。

甲公司对于合并形成的对B公司的长期股权投资，应按确定的企业合并成本作为其初始投资成本。甲公司应进行如下账务处理：

借：长期股权投资	70 000 000	
累计摊销	12 000 000	
贷：无形资产		52 000 000
银行存款		27 000 000
资产处置损益		3 000 000

二、通过企业合并以外的其他方式取得的长期股权投资

除企业合并形成的长期股权投资应遵循特定的会计处理原则外，以其他方式取得的长期股权投资，取得时初始投资成本的确定应遵循以下规定：

（1）以支付现金取得的长期股权投资，应当按照实际支付的购买价款作为长期股权投资的初始投资成本，包括购买过程中支付的手续费、税费等必要支出。但所支付价款中包含的被投资单位已宣告但尚未发放的现金股利或利润应作为应收项目核算，不构成取得长期股权投资的成本。

【例7-3】甲公司于2×23年2月10日，自公开市场中买入乙公司20%的股份，实际支付价款817 000元。另外，在购买过程中支付手续费等相关费用2 000元。甲公司取得该部分股权后，能够对乙公司的生产经营决策施加重大影响。假定甲公司取得该项投资时，乙公司已宣告但尚未发放现金股利，甲公司按其持股比例计算确定可分得1 500元。

甲公司应当按照实际支付的购买价款作为取得长期股权投资的成本，其账务处理为：

借：长期股权投资	817 500	
应收股利	1 500	
贷：银行存款		819 000

（2）以发行权益性证券方式取得的长期股权投资，其成本为所发行权益性证券的公允价值，但不包括应自被投资单位收取的已宣告但尚未发放的现金股利或利润。

为发行权益性证券支付给有关证券承销机构等的手续费、佣金等与权益性证券发行直接相关的费用，不构成取得长期股权投资的成本。该部分费用按照《企业会计准则第37号——金融工具列报》的规定，应自权益性证券的溢价发行收入中扣除，权益性证券的溢价收入不足冲减的，应依次冲减盈余公积和未分配利润。

【例7-4】2×23年3月，甲公司通过增发9 000万股普通股（每股面值1元）取得B公司20%的股权，按照增发前后的平均股价计算，该9 000万股股票的公允价值为15 600万元。为增发该部分股份，甲公司向证券承销机构等支付了600万元的佣金和手续费。假定甲公司取得该部分股权后，能够对B公司的生产经营决策施加重大影响。

甲公司应当以所发行股份的公允价值作为取得长期股权投资的成本，其账务处理为：

借：长期股权投资	156 000 000	
贷：股本		90 000 000
资本公积——股本溢价		66 000 000

发行权益性证券过程中支付的佣金和手续费，应冲减权益性证券的溢价发行收入，其账务处理为：

借：资本公积——股本溢价　　6 000 000

　贷：银行存款　　6 000 000

（3）以债务重组、非货币性资产交换等方式取得的长期股权投资，其初始投资成本应按照《企业会计准则第12号——债务重组》和《企业会计准则第7号——非货币性资产交换》的规定确定。

第三节　长期股权投资的后续计量

长期股权投资在持有期间，根据投资企业对被投资单位的影响程度及是否存在活跃市场、公允价值能否可靠取得等进行划分，应当分别采用成本法及权益法进行核算。对子公司的长期股权投资应当按成本法核算，对合营企业、联营企业的长期股权投资应当按权益法核算。

一、成本法

成本法，是指长期股权投资的账面价值按初始投资成本计量，除追加或收回投资外，一般不对长期股权投资的账面价值进行调整的一种会计处理方法。

长期股权投资的核算为什么要区分成本法和权益法

（一）成本法的适用范围

投资方对被投资单位能够实施控制的长期股权投资应当采用成本法核算。

（二）成本法下投资成本的后续计量

采用成本法核算的长期股权投资，应按照初始投资成本计价，一般不予变更，只有在追加或收回投资时才调整长期股权投资的成本。初始投资或追加投资时，按照初始投资或追加投资时的成本增加长期股权投资的账面价值。

（三）成本法下股利的处理

除取得投资时实际支付的价款中包含的已宣告但尚未发放的现金股利或利润外，投资企业应当按照享有被投资单位宣告发放的现金股利或利润确认投资收益，借记“应收股利”账户，贷记“投资收益”账户；收到上述现金股利或利润时，借记“银行存款”账户，贷记“应收股利”账户。

被投资单位宣告分派股票股利，投资方应于除权日作备忘记录。

投资企业在确认被投资单位应分得的现金股利或利润后，应当考虑有关长期股权投资是否发生减值。在判断该类长期股权投资是否存在减值迹象时，应当关注长期股权投资的账面价值是否大于享有被投资单位净资产（包括相关商誉）账面价值的份额等情况。出现类似情况时，企业应当按照《企业会计准则第8号——资产减值》的规定对长期股权投资进行减值测试，可收回金额低于长期股权投资账面价值的，应当计提减值准备。

【例7-5】甲公司于2×22年4月20日自非关联方处取得乙公司60%股权，成本25 000 000元，相关手续于当日完成，并能够对乙公司实施控制。2×23年2月6日，乙公司宣告分派现金股利，甲公司按照持股比例可取得600 000元。乙公司于2×23年2月10日实际发放现金股利。不考虑相关税费等其他因素的影响。

甲公司应进行的账务处理为：

借：长期股权投资——乙公司　25 000 000

　贷：银行存款　25 000 000

借：应收股利　600 000

　贷：投资收益　600 000

借：银行存款　600 000

　贷：应收股利　600 000

进行上述处理后，如相关长期股权投资存在减值迹象，应当进行减值测试。

二、权益法

权益法，是指投资以初始投资成本计量后，在投资持有期间根据投资企业享有被投资单位所有者权益的份额的变动对投资的账面价值进行调整的方法。

（一）权益法的适用范围

投资企业对被投资单位具有共同控制或重大影响的长期股权投资，即对合营企业投资及联营企业投资，应当采用权益法核算。

（二）初始投资成本的调整

投资企业取得对联营企业或合营企业的投资以后，对于取得投资时投资成本与应享有被投资单位可辨认净资产公允价值份额之间的差额，应区分情况分别处理。

（1）初始投资成本大于取得投资时应享有被投资单位可辨认净资产公允价值份额的，该部分差额是投资方在取得投资过程中通过作价体现出的与所取得股权份额相对应的商誉价值，这种情况下不要求对长期股权投资的成本进行调整。

（2）初始投资成本小于取得投资时应享有被投资单位可辨认净资产公允价值份额的，两者之间的差额体现为双方在交易作价过程中转让方的让步，该部分经济利益流入应作为收益处理，计入取得投资当期的营业外收入，同时调整增加长期股权投资的账面价值。

【例7-6】甲公司于2×23年1月取得乙公司30%的股权，支付价款8 000万元。取得投资时被投资单位乙公司的净资产账面价值为22 500万元（假定被投资单位各项可辨认资产、负债的公允价值与其账面价值相同）。

在乙公司的生产经营决策过程中，所有股东均按持股比例行使表决权。甲公司在取得乙公司的股权后，派人参与了乙公司的生产经营决策。因能够对乙公司施加重大影响，甲公司应当对该投资采用权益法核算。取得投资时，甲公司应进行以下账务处理：

借：长期股权投资——乙公司（成本）　80 000 000

　贷：银行存款　80 000 000

长期股权投资的初始投资成本8 000万元大于取得投资时应享有被投资单位可辨认净资产公允价值的份额6 750万元（22 500×30%），两者之间的差额不调整长期股权投资的账面价值。

如果本例中取得投资时被投资单位可辨认净资产的公允价值为36 000万元，甲公司按持股比例30%计算确定应享有的份额为10 800万元，则初始投资成本与应享有被投资单位可辨认净资产公允价值份额之间的差额2 800万元应计入取得投资当期的营业外收入。

根据有关原始凭证，编制如下调整分录：

借：长期股权投资——乙公司（成本）　　28 000 000

　贷：营业外收入　　28 000 000

（三）投资损益的确认

长期股权投资权益法下未实现内部交易的处理

投资企业取得长期股权投资后，应当按照应享有（或分担）被投资单位实现净利润（或净亏损）的份额，调整长期股权投资的账面价值，并确认为当期投资损益。

【例7-7】甲公司于2×23年1月取得乙公司20%有表决权股份，能够对乙公司施加重大影响。假定甲公司取得该项投资时，乙公司各项可辨认资产、负债的公允价值与其账面价值相同。2×23年年底，乙公司实现净利润3 200万元。假定不考虑所得税因素。

甲公司在按照权益法确认应享有乙公司2×23年净损益时，应进行以下账务处理：

借：长期股权投资——乙公司（损益调整）　　6 400 000

　贷：投资收益　　6 400 000

（四）超额亏损的确认

按照权益法核算的长期股权投资，投资企业确认应分担被投资单位发生的损失，原则上应以长期股权投资及其他实质上构成对被投资单位净投资的长期权益减记至零为限，投资企业负有承担额外损失义务的除外。“其他实质上构成对被投资单位净投资的长期权益”通常是指长期应收项目，比如，企业对被投资单位的长期债权，该债权没有明确的清收计划，且在可预见的未来期间不准备收回的，实质上构成对被投资单位的净投资，但不包括投资企业与被投资单位之间因销售商品、提供劳务等日常活动所产生的长期债权。

权益法下有关投资净损失的会计处理

投资企业在确认应分担被投资单位发生的亏损时，具体应按照以下顺序处理：

首先，减记长期股权投资的账面价值。

其次，在长期股权投资的账面价值减记至零的情况下，对于未确认的投资损失，考虑除长期股权投资以外，账面上是否有其他实质上构成对被投资单位净投资的长期权益项目，如果有，则应以其他长期权益的账面价值为限，继续确认投资损失，冲减长期应收项目等的账面价值。

最后，经过上述处理，按照投资合同或协议约定，投资企业仍需要承担额外损失弥补等义务的，应按预计将承担的义务金额确认预计负债，计入当期投资损失。

企业在实务操作过程中，在发生投资损失时，应借记“投资收益”账户，贷记“长期股权投资——损益调整”账户。在长期股权投资的账面价值减记至零以后，考虑其他实质上构成对被投资单位净投资的长期权益，继续确认的投资损失，应借记“投资收益”账户，贷记“长期应收款”等账户。因投资合同或协议约定导致投资企业需要承担额外义务的，按照或有事项准则的规定，对于符合确认条件的义务，应确认为当期损失，同时确认预计负债，借记“投资收益”账户，贷记“预计负债”账户。除上述情况外仍未确认的应分担被投资单位的损失，应在账外备查登记。

在确认了有关的投资损失以后，被投资单位于以后期间实现盈利的，应按以上相反顺序分别减记账外备查登记的金额、已确认的预计负债、恢复其他长期权益及长期股权投资的账面价值，同时确认投资收益。即应当按顺序分别借记“预计负债”“长期应收款”“长期股权投资”等账户，贷记“投资收益”账户。

【例7-8】甲公司持有乙公司40%的股权，能够对乙公司施加重大影响。2×23年12月31日，该项长期股权投资的账面价值为6 000万元。乙公司2×23年亏损18 000万元，甲公司按其持股比例确认应分担的损失为7 200万元，甲公司账上有应收乙公司的长期应收款2 400万元，该款项从目前情况看，没有明确的清偿计划（并非产生于商品购销等日常活动）。甲公司应进行的账务处理为：

借：投资收益　60 000 000

　贷：长期股权投资——乙公司（损益调整）　60 000 000

借：投资收益　12 000 000

　贷：长期应收款　12 000 000

（五）应收股利的确认

按照权益法核算的长期股权投资，投资企业自被投资单位取得的现金股利或利润，应抵减长期股权投资的账面价值。在被投资单位宣告分派现金股利或利润时，借记“应收股利”账户，贷记“长期股权投资——损益调整”账户；自被投资单位取得的现金股利或利润超过已确认损益调整的部分应视同投资成本的收回，冲减长期股权投资的账面价值。

【例7-9】甲公司持有乙公司的股份比例为40%，乙公司2×23年5月10日宣告分配现金股利1 000 000元；5月25日实际发放现金股利1 000 000元。根据以上资料，编制甲公司的会计分录如下：

（1）5月10日，应收现金股利的会计处理：

甲公司应收股利=1 000 000×40%=400 000（元）

借：应收股利　400 000

　贷：长期股权投资——损益调整　400 000

（2）5月25日，实际收到现金股利的会计处理：

借：银行存款　400 000

　贷：应收股利　400 000

（六）被投资单位其他综合收益的处理

被投资单位其他综合收益发生变动的，投资方应当按照归属于本企业的部分，相应调整长期股权投资的账面价值，同时增加或减少其他综合收益。

【例7-10】甲公司持有B企业30%的股份，能够对B企业施加重大影响。当期B企业因持有的其他债权投资公允价值变动计入其他综合收益的金额为1 800万元，除该事项外，B企业当期实现的净利润为9 600万元。假定甲公司与B企业适用的会计政策、会计期间相同，投资时B企业有关资产、负债的公允价值与其账面价值亦相同，双方当期及以前期间未发生任何内部交易。

甲公司在确认应享有被投资单位所有者权益的变动时，应进行的账务处理为：

借：长期股权投资——B企业（损益调整）　28 800 000

　贷：投资收益　28 800 000

借：长期股权投资——B企业（其他综合收益）　5 400 000

　贷：其他综合收益　5 400 000

（七）其他权益变动的确认

被投资单位除净损益、其他综合收益以及利润分配以外的所有者权益的其他变动的因素，主要包括被投资单位接受其他股东的资本性投入、被投资单位发行可分离交易的可转换公司债券中包含的权益成分、以权益结算的股份支付、其他股东对被投资单位增资导致投资方持股比例变动等。

交易性金融资产、债权投资、其他债权投资、其他权益工具投资的账务处理总结

投资方应当按照所持股权比例计算应享有的份额，调整长期股权投资的账面价值，同时计入资本公积（其他资本公积），并在备查簿中予以登记。投资方在后续处置股权投资，但对剩余股权仍采用权益法核算时，应按处置比例将这部分资本公积转入处置当期投资收益；对剩余股权终止采用权益法核算时，将这部分资本公积全部转入处置当期投资收益。

【例7-11】甲公司持有G公司30%的股份，能够对G公司施加重大影响，采用权益法核算。2×22年度，G公司接受其母公司实质上属于资本性投入的现金捐赠，金额为600万元，G公司将其计入资本公积，导致所有者权益发生实质变动。

甲公司应享有其他权益变动的份额=600×30%=180（万元）

借：长期股权投资——G公司（其他权益变动）　　1 800 000

　贷：资本公积——其他资本公积　　1 800 000

（八）股票股利的处理

被投资单位分派的股票股利，投资企业不作账务处理，但应于除权日注明所增加的股数，以反映股份的变化情况。

第四节　长期股权投资的减值和处置

一、长期股权投资的处置

投资企业处置长期股权投资时，按照实际取得的价款与长期股权投资账面价值的差额确认投资损益。采用被投资单位直接处置相关资产或负债相同的基础，按相应比例对原记入“其他综合收益”账户和“资本公积——其他资本公积”账户的部分进行会计处理。如果对长期股权投资计提了减值准备，还应当同时结转已计提的长期股权投资减值准备。

投资企业处置长期股权投资时按照实际收到的金额，借记“银行存款”等账户，按照已计提的减值准备，借记“长期股权投资减值准备”账户，按照该长期股权投资的账面余额，贷记“长期股权投资”账户，按照尚未领取的现金股利或利润，贷记“应收股利”账户，按照其差额，贷记或借记“投资收益”账户。

长期股权投资的六种转换

同时，应当采用与被投资单位直接处置相关资产或负债相同的基础，对相关的其他收益进行会计处理。即按照上述原则可以转入当期损益的其他综合收益，应按结转的长期股权投资的投资成本比例结转原记入“其他综合收益”账户的金额，借记或贷记“其他综合收益”账户，贷记或借记“投资收益”账户。

同时，还应将因被投资单位除净损益、其他综合收益和利润分配以外的其他所有者权益变动而确认的资本公积（其他资本公积）按相应比例结转，借记或贷记“资本公积——

其他资本公积”账户，贷记或借记“投资收益”账户。

【例7-12】甲公司原持有B企业40%的股权，2×23年12月20日，甲公司决定将其全部出售，出售时甲公司账面上对B企业长期股权投资的构成为：投资成本360万元，损益调整借方余额96万元，其他综合收益借方余额60万元，其他权益变动借方余额20万元。不考虑相关税费等其他因素的影响。出售取得价款1 500万元。

（1）甲公司确认处置损益的账务处理为：

借：银行存款　15 000 000

　贷：长期股权投资——B企业（成本）　3 600 000

　　　　　　　　——B企业（损益调整）　960 000

　　　　　　　　——B企业（其他综合收益）　600 000

　　　　　　　　——B企业（其他权益变动）　200 000

　　投资收益　9 640 000

（2）除应将实际取得价款与出售长期股权投资的账面价值进行结转，确认出售损益以外，还应将原计入其他综合收益和资本公积的部分按比例转入当期损益。

借：其他综合收益　600 000

　贷：投资收益　600 000

借：资本公积——其他资本公积　200 000

　贷：投资收益　200 000

二、长期股权投资的减值

长期股权投资在按照规定进行核算确定其账面价值的基础上，如果存在减值迹象，应当按照《企业会计准则第8号——资产减值》的规定确定其可收回金额及应予计提的减值准备。

为什么长期股权投资减值损失一经确认在以后会计期间不得转回?

投资企业计提长期股权投资减值准备，应当通过设置“长期股权投资减值准备”账户进行核算。投资企业按照应减记的金额，借记“资产减值损失——计提的长期股权投资减值准备”账户，贷记“长期股权投资减值准备”账户。长期股权投资减值损失一经确认，在以后会计期间不得转回。

【复习思考】

1.在不同情况下如何确认长期股权投资的初始投资成本?

2.长期股权投资成本法包括哪些内容?

3.长期股权投资权益法包括哪些内容?

【思政讲堂】

以高水平对外开放推动构建新发展格局

习近平总书记指出，对外开放是中国的基本国策；以国内大循环为主体，绝不是关起门来封闭运行，而是通过发挥内需潜力，使国内市场和国际市场更好联通，更好利用国际国内两个市场、两种资源，实现更加强劲可持续的发展。中国越发展，就越开放，中国开放的大门只会越开越大。推动高水平对外开放是构建新发展格局的必然选择。没有开放的促进带动作用，国内大循环就会成为“独轮车”。推动高水平对外开放，以国际大循环提升国内大循环的效率和水平，能够推动形成我国经济更高水平的动态平衡。

构建新发展格局，要求在以国内大循环为主体的同时，更好发挥开放的作用，打造国际合作和竞争新优势；不仅要畅通国内大循环，还要提升国际大循环，以国内大循环牵引国际大循环，国际大循环促进国内大循环，在高水平对外开放上形成良性循环。构建新发展格局，推动高水平对外开放，既为中国经济发展开辟国际空间，又为世界经济复苏和增长增添新动力。

资料来源：王文涛. 以高水平对外开放推动构建新发展格局［EB/OL］.［2022-01-17］. https：//www.qinfeng.gov.cn/info/3945/171067.htm.

【练习题】

1. 宏发公司2×23年2月2日以银行存款2 100万元购得B公司60%的股份，并支付相关审计、评估咨询费10万元，能够对B公司实施控制。2×23年3月1日，B公司宣告将于2×23年4月1日向投资者分配2×22年利润600万元。2×23年4月1日，宏发公司收到B公司分配的现金股利360万元。B公司2×23年实现净利润6 000万元。2×22年3月1日宏发公司宣告向投资者分配利润400万元。

要求：作出宏发公司的相关账务处理（答案金额单位用万元表示）。

2. 甲公司于2×23年2月10日自公开市场中买入乙公司30%的股份，实际支付价款8 000万元。在购买过程中支付手续费等相关费用100万元。甲公司取得该部分股权后能够对乙公司施加重大影响。假定甲公司取得该项投资时，乙公司已宣告但尚未发放现金股利，甲公司按其持股比例计算确定可分得30万元。取得投资时乙公司可辨认净资产公允价值为20 000万元。

2×23年乙公司实现净利润800万元，2×23年乙公司因其他债权投资增加计入其他综合收益300万元。2×24年3月1日乙公司宣告发放现金股利200万元。2×24年5月1日，甲公司将该长期股权投资全部处置，收到银行存款9 000万元。

要求：编制甲公司相关的会计分录（答案金额单位用万元表示）。

第八章

固定资产

学习目标

知识目标： 通过本章的学习，了解固定资产的概念、特点和分类；熟悉固定资产的确认条件、固定资产折旧的意义、计提折旧的范围以及影响折旧的因素；掌握固定资产的初始计量以及后续计量的方法、固定资产处置、固定资产减值的账务处理。

技能目标： 通过本章的学习，能够正确地为固定资产进行分类与计价，并为其设立固定资产卡片；能够掌握关于固定资产购进、租入、转移、出租、报废、处置等业务的分类核算；能够对固定资产的折旧进行正确的账务处理；掌握固定资产清查的处理方法。

第一节 固定资产概述

一、固定资产的概念及确认条件

（一）固定资产的概念

固定资产，是指为生产商品、提供劳务、出租或经营管理而持有的使用寿命超过一个会计年度的有形资产。

固定资产具有如下特征：

（1）为生产商品、提供劳务、出租或经营管理而持有；

（2）使用寿命超过一个会计年度。

固定资产管理内部控制评价及风险识别

固定资产是企业生产经营过程中的重要劳动资料。它能够在若干个生产经营周期中发挥作用，并保持其原有的实物形态，但其价值则由于损耗而逐渐减少。这部分减少的价值以折旧的形式，分期转移到产品成本或费用中去，并在销售收入中得到补偿。从固定资产的定义看，固定资产具有以下三个特征：

1. 为生产商品、提供劳务、出租或经营管理而持有

固定资产是企业的劳动工具或手段，企业持有固定资产的目的不是出售，而是用于生产商品、提供劳务、出租或经营管理，其中出租的固定资产是指企业以经营租赁方式出租的机器设备类固定资产。融资租赁方式下租出的固定资产不在出租方的固定资产中核算；经营租出的建筑物属于企业的投资性房地产，也不在固定资产中核算。

投资性房地产与固定资产异同探析

2. 使用寿命超过一个会计年度

固定资产的使用寿命是指企业使用固定资产的预计期间，或者该固定资产所能生产产品或提供劳务的数量。比如自用房屋建筑物的预计使用年限为该固定资产的使用寿命，车间使用的机器设备所能生产产品的数量为该设备的使用寿命。

判断固定资产的具体标准主要有两个方面：一是时间标准；二是价值标准。根据企业会计制度的规定，企业使用期限超过一年的房屋、建筑物、机器、机械、运输工具以及其他与生产经营有关的设备、器具、工具等资产均应作为固定资产；不属于生产经营主要设备的物品，单位价值在2 000元以上，并且使用期限超过2年的，也作为固定资产管理。企业不符合上述条件的劳动资料，应当作为低值易耗品管理和核算。

3. 固定资产是有形资产

固定资产的这一特征是区别于无形资产的，因为有些无形资产具有固定资产的其他特征。

（二）固定资产的确认条件

固定资产在符合定义的前提下，还应当同时满足以下两个条件，才能加以确认。

1. 与该固定资产有关的经济利益很可能流入企业

资产最重要的特征就是预期会给企业带来经济利益。企业在确认固定资产时，需要判断与该固定资产有关的经济利益是否很可能流入企业。如果与该固定资产有关的经济利益很可能流入企业，并同时满足固定资产确认的其他条件，那么企业应将其确认为固定资产，否则不应将其确认为固定资产。

在实务中，与该固定资产有关的经济利益是否很可能流入企业，主要判断与该固定资产所有权相关的风险和报酬是否转移到了企业。此处的风险指的是由于经营情况的变化造成的相关收益的变动，以及由于资产闲置、技术陈旧等原因造成的损失；报酬指的是固定资产使用寿命内使用固定资产而获得的收入，以及处置该资产所实现的利得等。

一般情况下，与该固定资产所有权相关的风险和报酬是否转移的重要标志是所有权是否转移。但是，所有权是否转移不是判断与固定资产所有权相关的风险和报酬是否转移到企业的唯一标志，在某些情况下，某些固定资产的所有权虽然不属于企业，但是与该固定资产相关的风险和报酬实质上已经转移到了企业，在这种情况下，企业也应该将该固定资产予以确认。

2. 该固定资产的成本能够可靠地计量

通常，企业取得固定资产时成本的记录应该取得确凿的证据，如果证据不确凿，也应该根据最新获取的资料，对固定资产的成本进行合理的估计。比如企业对于已达到预定可使用状态但尚未办理竣工决算的固定资产，需要根据工程预算、工程造价或者工程实际发

生的成本等资料，按估计的价值确定其成本，待办理完竣工决算手续后，再按照实际成本调整原来的暂估价值。

二、固定资产的分类

企业固定资产的种类繁多，为了正确进行固定资产核算，应按不同标准对固定资产进行分类。

（一）按经济用途分类

固定资产按经济用途进行分类，可以分为生产经营用固定资产和非生产经营用固定资产。

（1）生产经营用固定资产是指直接参加生产经营过程或直接服务于生产经营过程的各种房屋及建筑物、机器设备、运输设备、动力传导设备、工具器具和管理用具等。

（2）非生产经营用固定资产是指生活福利部门等非生产经营部门使用的房屋、器具以及职工住宅、食堂等。

（二）按使用情况分类

固定资产按使用情况分类，可以分为使用中固定资产、暂时闲置固定资产和持有待售固定资产。

（1）使用中固定资产指正在使用的各种固定资产。

（2）暂时闲置固定资产指尚未投入使用或暂停使用的各种固定资产。

（3）持有待售固定资产指不适应本企业需要，准备出售处理的各种固定资产。

固定资产按照使用情况进行分类，可以提供固定资产使用状况的信息。企业管理者可以根据这些信息了解固定资产的使用效率，加强对暂时闲置固定资产的管理，及时处置持有待售固定资产，提高固定资产的使用效率。

（三）综合分类

在实际工作中，企业的固定资产是按照各种情况综合分类的，共分为七类。

（1）生产经营用固定资产。

（2）非生产经营用固定资产。

（3）租出固定资产，指的是经营出租的固定资产。

（4）不需用固定资产。

（5）未使用固定资产。

（6）土地，指过去已经估价单独入账的土地。因征地而支付的补偿费，应计入与土地有关的房屋、建筑物的价值内，不单独作为土地入账。

三、固定资产的初始计量

固定资产应当按照取得成本进行初始计量。固定资产的成本是指企业获得某项固定资产并使其达到预定可使用状态前所发生的一切合理的、必要的支出。这些支出包括直接发生的成本，比如购买价款、运杂费、包装费、安装支出等，也包括间接发生的支出，如应承担的借款利息、外币折算差额以及应分摊的其他间接费用。固定资产的取得方式不同，其初始计量方法也各不相同。

（一）外购固定资产

企业外购的固定资产成本，包括购买价款、相关税费、使固定资产达到预定可使用状态前所发生的可归属于该项资产的运输费、装卸费、安装费和专业人员的服务费等。

（二）自行建造固定资产

企业自行建造固定资产的成本，由自行建造该项资产达到预定可使用状态前所发生的必要支出构成。

固定资产的成本包括哪些相关税费

（三）投资者投入固定资产

投资者投入固定资产的成本，应当按照投资合同或协议约定的价值确定，但合同或协议约定价值不公允的，应该按照公允价值确定。

（四）非货币性资产交换取得的固定资产

如果该项交换具有商业实质并且换入与换出资产的公允价值均能够可靠计量，应当以该固定资产的公允价值加相关税费作为该项换入固定资产的初始价值。如果不符合上述条件，应当按照换出资产的账面价值和应该支付的相关税费作为该项换入固定资产的初始价值。

（五）债务重组方式取得的固定资产

债务重组方式取得的固定资产应当以固定资产的公允价值加相关税费作为固定资产的初始价值。

（六）接受捐赠取得的固定资产

《企业会计准则第4号——固定资产》规定：接受捐赠的固定资产，按以下规定确定其入账价值：

（1）捐赠方提供了有关凭据的，按凭据上标明的金额加上应当支付的相关税费，作为入账价值。

（2）捐赠方没有提供有关凭据的，按以下顺序确定其入账价值：

① 同类或类似固定资产存在活跃市场的，按同类或类似固定资产的市场价格估计的金额，加上应当支付的相关税费，作为入账价值。

② 同类或类似固定资产不存在活跃市场的，按接受捐赠的固定资产的预计未来现金流量现值，作为入账价值。

如接受捐赠的是旧的固定资产，按依据上述方法确定的新固定资产价值，减去按该项资产的新旧程度估计的价值损耗后的余额，作为入账价值。

（七）盘盈的固定资产

如果同类或者类似固定资产存在活跃市场，按照同类或类似固定资产的市场价格，减去按该项固定资产的新旧程度估计的价值损耗后的余额，作为入账价值；如果同类或类似固定资产不存在活跃市场，按该项固定资产的预计未来现金流量的现值，作为入账价值。

第二节　固定资产的确认和初始计量

一、账户设置

为了反映固定资产的增减变动，企业应设置“固定资产”、“累计折旧”、“在建工程”和“工程物资”等账户。

（一）“固定资产”账户

“固定资产”账户总括反映固定资产原值的增减变动和结存情况。该账户借方登记增加固定资产的原值，贷方登记减少固定资产的原值，借方余额表示实有固定资产的原值。

固定资产一般下设明细账。固定资产明细账也称为固定资产卡片，应按照每一项独立的固定资产设置，登记固定资产原值、预计净残值、预计使用年限、折旧方法、月折旧率、开始使用时间、使用期间内的停用记录和大修理记录以及其他与该项固定资产相关的记录等，并按照固定资产的类别和使用、保管单位的顺序排列。月末，各类固定资产卡片的原值合计数，应与各该类固定资产登记簿余额核对相符。

（二）“累计折旧”账户

“累计折旧”账户属于“固定资产”账户的抵减账户。该账户贷方登记计提的固定资产折旧以及增加的旧固定资产的已提折旧，借方登记减少的旧固定资产的已提折旧，贷方余额表示全部固定资产已提折旧的累计数。

（三）“在建工程”账户

“在建工程”账户属于资产类账户，用来核算企业固定资产安装、基建、更新改造等在建工程发生的支出。该账户借方登记企业各项在建工程的实际支出，贷方登记完工工程转出的成本，期末余额在借方，反映企业尚未达到预定可使用状态的在建工程的成本。

（四）“工程物资”账户

“工程物资”账户属于资产类账户，用来核算企业为在建工程准备的各种物资的成本。该账户借方登记企业购入工程物资的成本，贷方登记领用工程物资的成本，期末余额在借方，反映企业期末为在建工程准备的剩余的各种物资的成本。

此外，企业固定资产、在建工程、工程物资发生减值的，还应当设置“固定资产减值准备”“在建工程减值准备”“工程物资减值准备”等账户进行核算。

二、外购固定资产的账务处理

企业外购固定资产的账务处理应该区分下列情况分别进行核算。

（一）购入不需安装的固定资产

企业购入不需安装的固定资产，应按照实际支付的购买价款、相关税费以及使固定资产达到预定可使用状态前所发生的可归属于该项资产的运输费、装卸费和专业人员服务费等，借记“固定资产”账户，根据可抵扣的增值税进项税额，借记“应交税费——应交增值税（进项税额）”账户，贷记“银行存款”等账户。

固定资产增值税相关问题

【例8-1】甲公司购入不需安装的生产设备一套，发票价格为100 000元，增值税税款为13 000元，发生运费1 000元，运费可抵扣的增值税为90元，款项全部以银行存款支付。

购入时，根据有关原始凭证，编制如下会计分录：

借：固定资产　　101 000
　　应交税费——应交增值税（进项税额）　　13 090
　贷：银行存款　　　　114 090

（二）购入需要安装的固定资产

企业购入需要安装的固定资产，应在固定资产取得成本的基础上加上发生的安装调试成本等，作为购入固定资产的成本，先通过“在建工程”账户核算，待安装完毕达到预定可使用状态时，再将“在建工程”账户的余额转入“固定资产”账户。

【例8-2】甲公司购入需要安装的生产设备一台，发票价格为100 000元，增值税税款为13 000元。设备由供货方安装，安装费5 000元，安装费的增值税为450元，款项以银行存款付清。要求根据有关原始凭据，作出相应的账务处理。

（1）购入该项设备时，根据有关原始凭证，编制如下会计分录：

借：在建工程 100 000

　　应交税费——应交增值税（进项税额） 13 000

　贷：银行存款 113 000

（2）支付安装费时，根据有关原始凭证，编制如下会计分录：

借：在建工程 5 000

　　应交税费——应交增值税（进项税额） 450

　贷：银行存款 5 450

（3）该项设备安装完毕达到预定可使用状态时，确定该固定资产的成本为105 000元（100 000+5 000），根据有关原始凭证，编制如下会计分录：

借：固定资产 105 000

　贷：在建工程 105 000

三、自行建造固定资产的账务处理

自行建造固定资产的成本，由建造该项资产使其达到预定可使用状态所发生的必要支出构成，包括工程物资成本、人工成本、缴纳的有关税费、应予资本化的借款费用以及应该分摊的间接费用等。

企业自行建造固定资产包括自营建造和出包建造两种方式。

（一）自营工程

企业以自营方式建造固定资产，意味着企业自行组织工程物资采购、自行组织施工人员从事工程施工。实务中企业较少采用自营方式建造固定资产，多数情况下采用出包方式。企业如果采用自营方式建造固定资产，其成本应包括直接材料、直接人工、直接机械施工费等。

企业为建造固定资产准备的各种物资应该按照实际支付的买价、运输费、保险费、装卸费以及相关的税费作为实际成本进行核算。建造固定资产领用工程物资、原材料或库存商品，应按照其实际成本转入在建工程成本。自营建造工程所应负担的职工薪酬、辅助生产部门为之提供的水、电、运输等劳务，以及其他必要支出等，都要计入所建工程的成本。此外，符合资本化条件的借款费用也要计入所建工程的成本。

企业以自营方式建造固定资产达到预定可使用状态时，应从“在建工程”账户转入“固定资产”账户。所建造的固定资产已达到预定可使用状态，但尚未办理竣工结算手续的，应当自达到预定可使用状态之日起，根据工程预算、造价，或者工程实际成本等，按暂估价值转入固定资产，并按有关规定计提折旧。待办理竣工决算手续后再调整原来的暂估价值，但不需要调整原已计提的折旧额。

【例8-3】2×23年1月1日，甲公司准备自行建造一条生产流水线。有关资料如下：

（1）1月8日，购入工程物资一批，价款为300 000元，增值税为39 000元，款项以银行存款支付。

（2）2月3日，领用生产用原材料一批，其初始取得成本为10 000元。

（3）1月8日至6月30日，工程先后领用工程物资272 500元。

（4）工程建设期间应发工程人员工资为65 800元。

（5）6月30日，该工程达到预定可使用状态。

甲公司账务处理如下：

（1）购入工程物资时，根据有关原始凭证，编制如下会计分录：

借：工程物资　　300 000

　　应交税费——应交增值税（进项税额）　　39 000

　贷：银行存款　　339 000

（2）领用原材料时，根据有关原始凭证，编制如下会计分录：

借：在建工程　　10 000

　贷：原材料　　10 000

（3）工程领用物资时，根据有关原始凭证，编制如下会计分录：

借：在建工程　　272 500

　贷：工程物资　　272 500

（4）计提工程人员工资时，根据有关原始凭证，编制如下会计分录：

借：在建工程　　65 800

　贷：应付职工薪酬　　65 800

（5）工程达到预定可使用状态时，确定固定资产的入账价值为348 300元（10 000+272 500+65 800），根据有关原始凭证，编制如下会计分录：

借：固定资产　　348 300

　贷：在建工程　　348 300

（二）出包工程

在出包方式下，企业通过招标方式将工程项目发包给建造承包商，由建造承包商（施工企业）组织工程项目施工。企业要与建造承包商签订建造合同，企业是建造合同的甲方，负责筹集资金和组织管理工程建设，通常称为建设单位，建造承包商是建造合同的乙方，负责建筑安装工程施工任务。

在出包方式下，“在建工程”账户主要是企业与建造承包商办理工程价款的结算账户，企业支付给建造承包商的工程价款，作为工程成本通过“在建工程”账户核算。企业应按合理估计的工程进度和合同规定结算的进度款，借记“在建工程”账户，按增值税专用发票上注明的增值税进项税额，借记“应交税费——应交增值税（进项税额）”账户，按应实际支付的金额，贷记“银行存款”账户。工程达到预定可使用状态时，按其成本，借记“固定资产”账户，贷记“在建工程”账户。

【例8-4】甲企业采用出包方式建造厂房。合同规定：全部工程款（不含增值税）为4 000 000元，2×23年3月1日合同签订日预付25%工程款；2×23年7月1日工程完成60%时，结算工程进度款；2×23年9月1日工程全部完工并验收合格时，支付剩余工程款。甲企业根据发生的经济业务，编制如下会计分录：

（1）2×23年3月1日，合同签订日，用银行存款预付工程款1 000 000元。

借：在建工程——预付工程款　　1 000 000

　贷：银行存款　　1 000 000

（2）2×23年7月1日，工程完成60%，结算工程进度款2 400 000元，增值税216 000

元，合计2 616 000元，扣除预付工程款1 000 000元，用银行存款补付工程款及增值税1 616 000元。

借：在建工程——工程成本　2 400 000
　　应交税费——应交增值税（进项税额）　216 000
　贷：在建工程——预付工程款　1 000 000
　　　银行存款　1 616 000

（3）2×23年9月1日，工程全部完工，验收合格，用银行存款支付剩余工程款1 600 000元，增值税144 000元，合计1 744 000元。

借：在建工程——工程成本　1 600 000
　　应交税费——应交增值税（进项税额）　144 000
　贷：银行存款　1 744 000

（4）厂房交付使用，结转为固定资产。

实际工程成本=2 400 000+1 600 000=4 000 000（元）

借：固定资产　4 000 000
　贷：在建工程——工程成本　4 000 000

四、投资者投入固定资产的账务处理

接受投资者投入固定资产，在办理了固定资产移交手续后，应按投资合同或协议约定的价值，借记“固定资产”“应交税费——应交增值税（进项税额）”账户，贷记“实收资本”“资本公积”等账户。

【例8-5】2×23年4月1日甲公司接受乙公司投入设备一台，该设备的账面原价为700 000元，双方确认的价值为500 000元（假设合同约定的价格公允），收到增值税专用发票，注明的税款为65 000元。

甲公司接受投资时，根据有关原始凭证，编制如下会计分录：

借：固定资产　500 000
　　应交税费——应交增值税（进项税额）　65 000
　贷：实收资本　565 000

第三节　固定资产的后续计量

一、固定资产折旧

（一）固定资产折旧的概念

固定资产折旧在会计中是指在固定资产使用寿命内，按照确定的方法对应计折旧额进行的系统分摊。应计折旧额是指应当计提折旧的固定资产的原价扣除其预计净残值和对固定资产计提的减值准备后的余额。

（二）影响固定资产折旧的主要因素

在计算固定资产折旧时，必须正确考虑影响固定资产计提折旧的因素。具体讲，计提固定资产折旧的主要依据有：计提固定资产折旧的基数、固定资产的减值准备、固定资产的预计净残值、固定资产的预计使用寿命。

1. 计提固定资产折旧的基数

计提固定资产折旧的基数一般为固定资产的原始成本，也就是固定资产原价。固定资产应计提的折旧总额等于原值减去预计净残值。

以使用固定资产产生的收入为基础的折旧方法

2. 固定资产减值准备

固定资产减值准备，是指固定资产已计提的减值准备累计金额。固定资产计提减值准备后，应当在剩余使用寿命内根据调整后的固定资产账面价值（固定资产账面余额减去累计折旧和累计减值准备后的金额）和预计的净残值重新计算确定折旧率和折旧额。

3. 固定资产的预计净残值

固定资产的预计净残值，是指企业预期在固定资产使用寿命终了时，从该固定资产的处置中获得的处置收入扣除预计处置费用后的净额。固定资产的净残值是固定资产使用期满时的回收额，在计提折旧时，应从固定资产原价中扣除。

企业应当根据固定资产的性质和使用情况，合理确定固定资产的预计净残值。固定资产的预计净残值一经确定，不得变更。

4. 固定资产的预计使用寿命

固定资产的预计使用寿命是指固定资产预期使用的期限（有些固定资产的使用寿命也可以用该固定资产所能生产的产品或提供服务的数量表示）。固定资产预计使用寿命的长短，直接影响各期应计提折旧额的大小。

（三）固定资产折旧的范围

《企业会计准则第4号——固定资产》规定，企业应对所有的固定资产计提折旧。但是，已提足折旧仍继续使用的固定资产和单独计价入账的土地除外。

提足折旧，是指已经提足该项固定资产的应计折旧额。固定资产提足折旧后，不论能否继续使用，均不再计提折旧。提前报废的固定资产也不再补提折旧。

处于更新改造过程停止使用的固定资产，应将其账面价值转入在建工程，不再计提折旧。更新改造项目达到预定可使用状态转为固定资产后，再按照重新确定的使用寿命、预计净残值和折旧方法计提折旧。

已达到预定可使用状态的固定资产，如果尚未办理竣工决算手续，应当按照估计价值暂估入账，并计提折旧；待办理竣工决算手续后，再按照实际成本调整原来的暂估价值，不再调整原已计提的折旧额。

因进行大修理而停用的固定资产，应当照提折旧，计提的折旧额计入相关的资产成本或是当期损益。

（四）固定资产折旧的方法

常用的固定资产折旧计算方法一般可以分为四类：平均年限法、工作量法、双倍余额递减法和年数总和法。企业应当根据与固定资产有关的经济利益的预期实现方式，合理选择折旧方法。由于折旧方法的选用直接影响企业的利润，所以一经选用，不得随意变更。如果需要变更，必须符合固定资产准则的规定。

1. 非加速折旧法

非加速折旧法包括平均年限法和工作量法。

如何合理选择固定资产折旧方法

（1）平均年限法

平均年限法，又称直线法，是指按照固定资产的预计使用年限平均计提折旧的方法，其累计折旧额为使用时间的线性函数。采用这种方法，假定固定资产的服务潜力随着时间的推移而逐渐递减，其效能与固定资产的新旧程度无关。因此，固定资产的应计提折旧总额可以均匀地摊配于预计使用年限内的各个会计期间。其计算公式为：

年折旧额=［固定资产原值-（预计残值收入-预计清理费用）］÷预计使用年限

=固定资产应计折旧总额÷预计使用年限

月折旧额=年折旧额÷12

上述公式为固定资产折旧平均年限法的一般原理。在实际工作中，固定资产折旧额一般根据固定资产原值乘以折旧率计算。在平均年限法下，固定资产折旧率是固定资产折旧额与固定资产原值的比率，其计算公式为：

年折旧率=（1-预计净残值率）÷预计使用年限×100%

月折旧率=年折旧率÷12

月折旧额=固定资产原值×月折旧率

【例8-6】甲公司某项固定资产原值为700 000元，预计净残值率为4%，预计使用年限为10年。其折旧率和月折旧额计算如下：

该项固定资产年折旧率=（1-4%）÷10=9.6%

该项固定资产月折旧率=9.6%÷12=0.8%

该项固定资产月折旧额=700 000×0.8%=5 600（元）

（2）工作量法

工作量法是指按照固定资产预计完成的工作总量平均计提折旧的方法，其累计折旧额为完成工作量的线性函数。采用这种方法，假定固定资产的服务潜力随着完成工作量的增加而逐渐递减，其效能与固定资产的新旧程度无关。因此，固定资产的应计提折旧总额可以均匀地摊配于预计的每一单位工作量。采用工作量法计提折旧，也应首先确定固定资产应计提折旧总额；然后根据固定资产应计提折旧总额和预计完成的工作总量，确定单位工作量折旧额；最后根据单位工作量折旧额和某月实际完成的工作量，就可以计算出该月折旧额。其计算公式如下：

某项固定资产单位工作量折旧额=该项固定资产应计提折旧总额÷该项固定资产预计完成的工作总量

该项固定资产月折旧额=该项固定资产单位工作量折旧额×该项固定资产该月实际完成的工作总量

不同的固定资产，其工作量有不同的表现形式。对于运输设备来说，其工作量表现为运输里程；对于机器设备来说，其工作量表现为机器工时和机器台班。

【例8-7】甲公司拥有运输汽车1辆，原值为300 000元，预计净残值率为4%，预计行驶总里程为800 000千米，该汽车采用工作量法计提折旧。某月该汽车行驶6 000千米。该汽车的单位工作量折旧额和该月折旧额计算如下：

单位工作量折旧额=300 000×（1-4%）÷800 000=0.36（元/千米）

该月折旧额=0.36×6 000=2 160（元）

工作量法一般适用于价值较高的大型精密机床以及运输设备等固定资产折旧的计算。这些固定资产的价值较高，各月的工作量一般不很均衡，采用平均年限法计提折旧会使各月成本费用的负担不够合理，采用工作量法来核算更为准确。

2. 加速折旧法

加速折旧法，是指在固定资产使用初期计提折旧较多而在后期计提折旧较少，从而相对加速折旧的方法。采用加速折旧法，各年的折旧额呈递减趋势。为了简化折旧计算工作，月折旧额一般按年折旧额的1/12计算。如果某项固定资产开始计提折旧的时间不是年初（一月份），则该年度各月的折旧额以及下一年度前几个月的折旧额（即开始计提折旧一年之内各月的折旧额），均按年折旧额的月平均数计算。较常用的加速折旧法有双倍余额递减法和年数总和法两种。

（1）双倍余额递减法

双倍余额递减法是指在不考虑固定资产净残值的前提下，按固定资产净值（每期期初固定资产原价减去累计折旧）和双倍直线折旧率计提折旧的方法。采用双倍余额递减法计提折旧的固定资产，应当在固定资产折旧年限到期前最后两年，将固定资产账面净值扣除预计净残值后的余额平均摊销。其计算公式如下：

年折旧率=2÷预计使用年限×100%

年折旧额=固定资产期初净值×年折旧率

月折旧额=固定资产年折旧额÷12

【例8-8】甲公司有一台机器设备，原价为600 000元，预计使用寿命为5年，预计净残值为24 000元。请用双倍余额递减法计算该设备每年应计提的折旧额。

年折旧率=2÷5×100%=40%

第一年应提的折旧额=600 000×40%=240 000（元）

第二年应提的折旧额=（600 000−240 000）×40%=144 000（元）

第三年应提的折旧额=（600 000−240 000−144 000）×40%=86 400（元）

第四、五年每年应提的折旧额=（600 000−240 000−144 000−86 400−24 000）÷2=52 800（元）

（2）年数总和法

年数总和法是指按固定资产应计提折旧总额和该年尚可使用年数占各年尚可使用年数总和的比重（即年折旧率）计提折旧的方法。其年折旧率和年折旧额的计算公式如下：

年折旧率=（预计使用年限−已使用年限）÷［预计使用年限×（预计使用年限+1）÷2］

=该年尚可使用年限÷各年尚可使用年数总和×100%

年折旧额=应计提折旧总额×年折旧率

【例8-9】乙公司有一台设备，原值78 000元，预计净残值2 000元，预计可用4年。请用年数总和法计算该设备每年应计提的折旧额。

年数总和=1+2+3+4=10

第一年应提的折旧额=（78 000−2 000）×（4÷10）=30 400（元）

第二年应提的折旧额=（78 000−2 000）×（3÷10）=22 800（元）

第三年应提的折旧额=（78 000−2 000）×（2÷10）=15 200（元）

第四年应提的折旧额=（78 000−2 000）×（1÷10）=7 600（元）

（五）固定资产折旧的账务处理

企业一般应按月计提固定资产折旧，当月增加的固定资产，当月不提折旧，从下月起计提折旧；当月减少的固定资产，当月照提折旧，从下月起不提折旧。因此，企业各月计算提取折旧时，可以在上月计提折旧的基础上，对当月固定资产的增减情况进行整理后计算当月应计提的折旧额。

企业每月计提折旧时：

本月应提折旧额=上月应提折旧额+上月增加的固定资产应提折旧额-上月减少的固定资产应提折旧额

我国会计实务中，各月固定资产折旧的计提一般是通过编制“固定资产折旧计算表”进行的。

企业每月计提的固定资产折旧额，应按照固定资产的使用部门，借记有关成本费用账户，贷记“累计折旧”账户。

【例8-10】甲公司2×23年10月份的固定资产折旧计算表见表8-1。

表8-1　**固定资产折旧计算表**

2×23年10月　单位：元

使用部门	固定资产类别	上月折旧额	上月增加固定资产		上月减少固定资产		本月应提折旧额
			原价	应提折旧额	原价	应提折旧额	
车间	厂房	5 000					5 000
	机器设备	25 000	100 000	600			25 600
	合计	30 000					30 600
管理部门	房屋建筑物	1 000					1 000
	运输工具	2 000					2 000
	合计	3 000					3 000

根据表8-1，编制如下会计分录：

借：制造费用　30 600

　　管理费用　3 000

贷：累计折旧　33 600

二、固定资产的后续支出

固定资产的后续支出指的是固定资产在使用过程中发生的更新改造支出、修理费用等。

《企业会计准则第4号——固定资产》规定，与固定资产有关的后续支出，如果使可能流入企业的经济利益超过了原先的估计，如延长了固定资产的使用寿命，或者使产品质量实质性提高，或者使产品成本实质性降低，则应当计入固定资产账面价值，其增计后的金额不应超过该固定资产的可收回金额。除此以外的后续支出，应当确认为当期费用，不再通过预提或待摊的方式核算。企业在日常核算中应依据上述原则判断固定资产后续支出是应当资本化，还是费用化。

在具体实务中，对于固定资产发生的下列各项后续支出，通常的处理方法如下：

（1）固定资产修理费用，应当直接计入当期费用。

（2）固定资产改良支出，应当计入固定资产账面价值，其增计后的金额不应超过该固定资产的可收回金额。

（3）如果不能区分是固定资产修理还是固定资产改良，或固定资产修理和固定资产改良结合在一起，则企业应按上述原则进行判断，其发生的后续支出分别计入固定资产价值或当期费用。

（4）企业因执行旧固定资产准则，对固定资产大修理费用的核算方法由原采用预提或待摊方式改为一次性计入当期费用的，其原为固定资产大修理发生的预提或待摊费用余额，应继续采用原有的会计政策，直至冲减或摊销完毕为止。自执行《企业会计准则第4号——固定资产》后发生的固定资产后续支出，再按上述原则处理。

（一）资本化的后续支出

企业在发生应资本化的固定资产后续支出时，应先将该固定资产的账面原价、已计提的累计折旧和减值准备转销，将固定资产的账面价值转入“在建工程”账户；然后，将发生的各项后续支出通过“在建工程”账户核算；当发生后续支出的固定资产完工并达到预定可使用状态时，应在后续支出资本化后的固定资产账面价值不超过其可收回金额的范围内，从“在建工程”账户转入“固定资产”账户。

【例8-11】2×23年9月1日，甲公司所拥有的一条生产线，其账面原价为860 000元，累计已提折旧500 000元。由于生产的产品适销对路，现有生产线的生产能力已难以满足公司生产发展的需要，经研究，公司决定对现有生产线进行扩建，以提高其生产能力。扩建工程从2×23年9月1日起至11月30日止，历时3个月，共支付改建工程款400 000元，支付增值税52 000元，全部以银行存款支付；该生产线扩建工程达到预定可使用状态后，预计其使用寿命将延长5年。该生产线已达到预定可使用状态。

在本例中，由于对生产线扩建的支出提高了生产线的生产能力并延长了其使用寿命，因此，此项后续支出应予以资本化，即增加固定资产的账面价值。其账务处理如下：

（1）生产线转入扩建时，根据有关原始凭证，编制如下会计分录：

借：在建工程	360 000	
累计折旧	500 000	
贷：固定资产		860 000

（2）支付改建工程款时，根据有关原始凭证，编制如下会计分录：

借：在建工程	400 000	
应交税费——应交增值税（进项税额）	52 000	
贷：银行存款		452 000

（3）生产线扩建工程达到预定可使用状态时，根据有关原始凭证，编制如下会计分录：

借：固定资产	760 000	
贷：在建工程		760 000

（二）费用化的后续支出

企业发生的固定资产后续支出，如果不满足固定资产确认条件，即不符合资本化的条件，则应予以费用化，即在发生时直接计入当期损益。固定资产的大修理、中小修理等维护性支出，就属于这种情况。

一般情况下，固定资产投入使用之后，由于固定资产磨损各组成部分的耐用程度不同，可能导致固定资产的局部损坏，为了维护固定资产的正常运转和使用，充分发挥其使用效能，企业就需要对固定资产进行必要的维护。企业发生的固定资产维护支出是为了确保固定资产处于正常工作状态，它并不导致固定资产性能的改变和固定资产未来经济利益的增加。因此，企业应在固定资产维护支出发生时，根据固定资产的使用地点和用途，直接计入当期损益。在会计处理上，借记“管理费用”“销售费用”“其他业务成本”等账户，贷记“银行存款”等账户。如企业行政管理部门发生的固定资产修理费用等后续支出，借记“管理费用”账户，贷记“银行存款”等账户；企业发生的与专设销售机构的固定资产相关的修理费用等后续支出，借记“销售费用”账户，贷记“银行存款”等账户。

【例 8-12】甲公司对行政管理部门的小轿车进行维修，以银行存款支付维修费 2 300元。

支付维修费时，根据有关原始凭证，编制如下会计分录：

借：管理费用　　2 300

　贷：银行存款　　2 300

第四节　固定资产的处置

一、固定资产终止确认的条件

企业会计准则规定，固定资产满足下列条件之一的，应当予以终止确认：

（1）该固定资产处于处置状态。固定资产处置包括固定资产的出售、转让、报废或毁损、对外投资、非货币性资产交换、债务重组等。处于处置状态的固定资产不再用于生产商品、提供劳务、出租或经营管理，因此不再符合固定资产的定义，应予终止确认。

（2）该固定资产预期通过使用或处置不能产生经济利益。固定资产的确认条件之一是“与该固定资产有关的经济利益很可能流入企业”，如果一项固定资产预期通过使用或处置不能产生经济利益，那么它就不再符合固定资产的定义和确认条件，应予终止确认。

二、固定资产处置的账务处理

（一）账户设置

企业出售、转让、报废固定资产或发生固定资产毁损，应当将处置收入扣除固定资产的账面价值和处置过程中相关税费后的金额计入当期损益。固定资产处置一般通过“固定资产清理”账户进行核算。

（二）账务处理（出售、报废、毁损）

企业因出售、报废或毁损、对外投资、非货币性资产交换、债务重组等处置固定资产，其会计处理一般经过以下几个步骤：

（1）固定资产转入清理。固定资产转入清理时，按固定资产账面价值，借记“固定资产清理”账户，按已计提的累计折旧，借记“累计折旧”账户，按已计提的减值准备，借记“固定资产减值准备”账户，按固定资产账面余额，贷记“固定资产”账户。

（2）发生的清理费用。固定资产清理过程中发生的有关费用以及应支付的相关税费，借记“固定资产清理”“应交税费——应交增值税（进项税额）”账户，贷记“银行存款”等账户。

（3）出售收入和残料等的处理。企业收回出售固定资产的价款、残料价值和变价收入等，应冲减清理支出。按实际收到的出售价款以及残料变价收入等，借记“银行存款”“原材料”等账户，贷记“固定资产清理”“应交税费——应交增值税（销项税额）”账户。

（4）保险赔偿的处理。企业取得的赔款也视为清理过程中的一项收入，借记“其他应收款”等账户，贷记“固定资产清理”“应交税费——应交增值税（销项税额）”账户，在计算清理净损益时也应一并考虑。

（5）固定资产清理完成后，对清理净损益，应区分不同情况进行账务处理。因固定资产已丧失使用功能或因自然灾害发生毁损等原因而报废清理产生的利得或损失应计入营业外收支。按生产经营期间报废清理产生的处理净损失，借记“营业外支出——非流动资产处置损失”（正常原因）或“营业外支出——非常损失”（非正常原因）账户，贷记“固定资产清理”账户；如为净收益，借记“固定资产清理”账户，贷记“营业外收入——非流动资产处置利得”账户。

因出售、转让等原因产生的固定资产处置利得或损失应计入资产处置损益。确认处置净损失时，借记“资产处置损益”账户，贷记“固定资产清理”账户；如为净收益，借记“固定资产清理”账户，贷记“资产处置损益”账户。

【例8-13】甲企业某项机器设备出售，原值为40 000元，累计折旧为20 000元，未计提固定资产减值准备，清理过程中用现金支付清理费用250元（未取得增值税专用发票），取得出售价款25 000元，增值税税额3 250元，存入银行。

（1）注销机器设备原值和累计折旧。

借：固定资产清理　20 000
　　累计折旧　20 000
　贷：固定资产　40 000

（2）支付清理费用，未取得增值税专用发票。

借：固定资产清理　250
　贷：库存现金　250

（3）收取价款和增值税税额。

借：银行存款　28 250
　贷：固定资产清理　25 000
　　　应交税费——应交增值税（销项税额）　3 250

（4）结转机器设备清理净损益。

机器设备清理净收益=25 000−20 000−250=4 750（元）

借：固定资产清理　4 750
　贷：资产处置损益　4 750

【例8-14】甲公司有一台设备，因使用期满经批准报废。该设备原价为92 000元，累计已计提折旧70 000元，已计提减值准备2 000元。在清理过程中，以银行存款支付清理费用5 000元，增值税300元；清理过程中残料出售，收取价款1 500元，增值税195元；应收保险公司赔偿款15 000元，增值税900元。

（1）固定资产转入清理时，根据有关原始凭证，编制如下会计分录：

借：固定资产清理　20 000
　　累计折旧　70 000
　　固定资产减值准备　2 000

　　贷：固定资产　　92 000

（2）发生清理费用，根据有关原始凭证，编制如下会计分录：

借：固定资产清理　　5 000

　　应交税费——应交增值税（进项税额）　　300

　　贷：银行存款　　5 300

（3）收到残料变价收入，根据有关原始凭证，编制如下会计分录：

借：银行存款　　1 695

　　贷：固定资产清理　　1 500

　　　　应交税费——应交增值税（销项税额）　　195

（4）结转应收保险公司赔偿款。

借：其他应收款　　15 900

　　贷：固定资产清理　　15 000

　　　　应交税费——应交增值税（销项税额）　　900

（5）结转固定资产净损益，根据有关原始凭证，编制如下会计分录：

借：营业外支出——处置非流动资产损失　　8 500

　　贷：固定资产清理　　8 500

第五节　固定资产清查

一、固定资产清查的意义

加强固定资产清查工作，对于加强企业管理、充分发挥会计的监督职能具有重要的意义。

（1）通过固定资产清查，做到账实相符，保证会计信息真实可靠，保护各项财产的安全完整。

（2）通过固定资产清查，揭示固定资产的使用情况，促进企业改善经营管理，挖掘固定资产的潜力，提高资金的使用效能，加速资金的周转。

（3）通过固定资产清查，可以发现经营管理中存在的漏洞，建立健全各项规章制度，提高企业管理水平。

二、固定资产的盘盈

微课8-1

以前年度损益调整

根据《企业会计准则第4号——固定资产》及其应用指南的有关规定，固定资产盘盈应作为前期差错记入“以前年度损益调整”账户，之所以准则将固定资产盘盈作为前期差错进行会计处理，是因为这些资产尤其是固定资产出现由于企业无法控制的因素而造成盘盈的可能性极小，甚至是不可能的。这些资产如果出现盘盈，必定是企业自身“主观”原因造成的，或者说是由以前会计期间少记或漏记这些资产等会计差错而形成的，所以，应当按照前期差错进行更正处理。准则通过以前年度损益调整，调整未分配利润，使企业的报表更加透明，这样也能在一定程度上降低人为调整利润的可能性。

【例8-15】甲公司于2×23年6月30日对公司全部的固定资产进行清查，盘盈一台机器设备，该设备同类商品市场价格为60 000元，估计折旧额为50 000元，企业所得税税率为25%。按净利润的10%提取法定盈余公积。

（1）盘盈设备时，根据有关原始凭证，编制如下会计分录：

借：固定资产　10 000

　贷：以前年度损益调整　10 000

（2）调整所得税时，根据有关原始凭证，编制如下会计分录：

借：以前年度损益调整　2 500

　贷：应交税费——应交所得税　2 500

注：以前年度损益调整增加了公司以往年度的净利润，税法上也将资产盘盈作为应税收入，会计与税法规定一致，所以要缴纳企业所得税。

（3）结转以前年度损益调整时，编制如下会计分录：

借：以前年度损益调整　7 500

　贷：利润分配——未分配利润　6 750

　　盈余公积——法定盈余公积　750

三、固定资产的盘亏

企业在财产清查中盘亏的固定资产，通过“待处理财产损溢——待处理固定资产损溢”账户核算，盘亏造成的损失，扣除各项赔款后，剩余的损失报经批准以后，转入“营业外支出——盘亏损失”账户，计入当期损益。

【例8-16】甲公司在财产清查中发现短缺设备一台，账面原价80 000元，已提折旧40 000元。后经批准将该固定资产盘亏损失转入营业外支出。

（1）批准前，根据有关原始凭证，编制如下会计分录：

借：待处理财产损溢——待处理固定资产损溢　40 000

　累计折旧　40 000

　贷：固定资产　80 000

（2）批准后，根据有关原始凭证，编制如下会计分录：

借：营业外支出　40 000

　贷：待处理财产损溢——待处理固定资产损溢　40 000

第六节　固定资产减值准备

由于固定资产发生损坏、技术陈旧或其他经济原因，导致固定资产可收回金额低于其账面价值，这种情况称为固定资产减值。此处的账面价值是指账面余额减去相关的备抵项目后的净额。固定资产原价扣除累计折旧后为净值，净值再扣除减值准备后为账面价值（净额）。账面余额是指固定资产账户中的实际余额。

一、固定资产期末减值的计价方法

企业会计准则规定，企业的固定资产应当在期末按照账面价值与可收回金额孰低计量，对可收回金额（指资产的销售净价，与预期从该资产的持续使用和使用寿命结束时的处置中形成的预计未来现金流量的现值进行比较，两者之间较高者）低于账面价值的差额，应计提固定资产减值准备。

固定资产减值迹象

二、固定资产期末减值的会计处理

（一）账户设置

企业对固定资产期末的减值应设置“固定资产减值准备”账户进行核算，其对应账户为“资产减值损失”账户。

（二）账务处理

企业计提固定资产减值准备时，应借记“资产减值损失”账户，贷记“固定资产减值准备”账户。固定资产减值损失一经确认，在以后会计期间不得转回。

【例8-17】2×23年年末，甲公司对其拥有的固定资产进行逐项检查，其中一项生产用设备存在可能发生减值的迹象。该设备账面价值100 000元，经计算，该设备可收回金额为70 000元，则于年末计提固定资产减值准备30 000元。以前年度未对该设备计提过减值准备。根据有关原始凭证，编制如下会计分录：

借：资产减值损失　　30 000

　贷：固定资产减值准备　　30 000

【思政讲堂】

绿水青山就是金山银山

2006年，我国首次将弃置费用这个概念引入企业会计准则。固定资产弃置费用是指根据我国法律、政府规章、国际条约等法规，针对某些特定产业所应支付的环保和生态修复等责任的费用。例如，核电站、石油开发企业，在进行相关工作时而废弃的核废料、油气井等，这些都会在一定程度上破坏环境，对环境造成污染。固定资产弃置费用具有明显的约束性和强制性，以及费用金额大的特征。企业应当承担起该责任，环境污染的治理成本是巨大的。

对于特殊行业的特定固定资产，在确认其初始入账价值时应当考虑弃置费用，企业应当根据《企业会计准则第13号——或有事项》的规定，按照现值计算确定应计入固定资产成本的金额和相应的预计负债。油气资产的弃置费用，应当按照《企业会计准则第27号——石油天然气开采》及其应用指南的规定处理。不属于弃置义务的固定资产报废清理费，应当在发生时作为固定资产处置费用处理。将在未来固定资产报废时预计会存在弃置费用的行业纳入弃置费用的核算范围，真正引导企业走可持续发展道路，形成良好的环保意识，避免短期效益，促进人与自然和谐发展，助推生态文明建设。

党的二十大报告提到：坚持绿水青山就是金山银山的理念，坚持山水林田湖草沙一体化保护和系统治理，全方位、全地域、全过程加强生态环境保护，生态文明制度体系更加健全，污染防治攻坚向纵深推进，绿色、循环、低碳发展迈出坚实步伐，生态环境保护发生历史性、转折性、全局性变化，我们的祖国天更蓝、山更绿、水更清。

资料来源：作者根据百度百科等相关资料整理.

【复习思考】

1. 什么是固定资产？固定资产的特点是什么？
2. 固定资产如何分类？
3. 固定资产初始取得的账务处理原则和方法有哪些？

4.影响固定资产折旧的因素有哪些？

5.计提折旧的方法有哪些？如何进行账务处理？

6.固定资产的后续支出如何处理？

7.固定资产的处置如何处理？

8.固定资产的报废和毁损如何进行账务处理？

9.固定资产减值准备如何确认？如何进行账务处理？

【练习题】

1.甲企业2×21年12月份购入一台需要安装的生产用设备，增值税专用发票上注明的设备货款为100 000元，增值税税率为13%；发生运杂费6 000元，运费的增值税为540元；发生安装费4 000元，安装费的增值税为360元，全部款项已用银行存款支付。该设备当月安装完毕并交付使用。该设备的预计净残值为10 000元，预计使用年限为5年。

要求：

（1）编制设备入账的相关会计分录。

（2）分别采用双倍余额递减法和年数总和法计算该设备2×22年和2×23年的折旧额。

2.甲企业是增值税一般纳税人，适用的增值税税率为13%，2×23年10月份发生的有关固定资产的业务如下：

（1）5日，购入不需安装的设备一台，该设备价款100 000元，增值税13 000元，运费12 500元，运费增值税1 125元，保险费为7 000元。款项均以银行存款支付。

（2）在财产清查过程中发现未入账的设备一台，该设备的同类市场价格为10 000元，估计折旧为3 000元，企业所得税税率为25%。按净利润的10%提取法定盈余公积。

（3）15日，一台设备报废，进入清理流程，该设备原价25 000元，已提折旧24 000元，取得残料收入500元，支付清理费用1 000元（未取得增值税专用发票）。

（4）月末，支付本月固定资产的日常维修费5 000元。

要求：对上述业务进行账务处理。

第九章

无形资产

学习目标

知识目标： 通过本章的学习，了解无形资产的定义、特征和分类；熟悉无形资产的初始计量及使用寿命的确定；掌握无形资产取得、后续计量、处置的会计处理；掌握研究开发支出的确认及处理原则；掌握无形资产减值的会计处理。

技能目标： 通过本章的学习，能够区分无形资产与有形资产，并正确计量无形资产的初始成本；能够对无形资产进行摊销及减值处理；掌握无形资产处置的核算。

第一节 无形资产概述

一、无形资产的定义和特征

无形资产，是指企业拥有或控制的没有实物形态的可辨认非货币性资产，通常包括专利权、非专利技术、商标权、著作权、特许权、土地使用权等。

无形资产具有以下特征：

（一）由企业拥有或者控制并能为其带来未来经济利益的资源

无形资产作为一项资产，具有一般资产的本质特征，即由企业拥有或控制并预期能为其带来未来经济利益。通常情况下，企业拥有或者控制的无形资产应当拥有其所有权并且预期能够为企业带来未来经济利益。但在某些情况下，如果企业有权获得某项无形资产产生的未来经济利益，并能约束其他方获得这些经济利益，即使企业没有拥有其所有权，也可认为企业控制了该无形资产。例如，对于会产生经济利益的技术知识，若其受到版权、贸易协议约束（如果允许）等法定权利或雇员保密法定职责的保护，那么说明该企业控制了相关利益。

客户关系、人力资源等，由于企业无法控制其带来的未来经济利益，不符合无形资产的定义，不应将其确认为无形资产。

（二）无形资产不具有实物形态

无形资产通常表现为某种权利、某项技术或是某种获取超额利润的综合能力，不具有实物形态，比如土地使用权、非专利技术等。需要指出的是，某些无形资产的存在有赖于实物载体，比如计算机软件需要存储在介质中，但这并不改变无形资产本身不具有实物形态的特征。在确定一项包含无形和有形要素的资产是属于固定资产，还是属于无形资产时，需要通过判断来加以确定，通常以哪个要素更重要作为判断的依据。例如，计算机控制的机械工具没有特定计算机软件就不能运行时，则说明该软件是构成相关硬件不可缺少的组成部分，该软件应作为固定资产处理；如果计算机软件不是构成相关硬件不可缺少的组成部分，则该软件应作为无形资产核算。

（三）无形资产具有可辨认性

作为无形资产核算的资产必须是能够区别于其他资产可单独辨认的，如企业持有的专利权、非专利技术、商标权、土地使用权、特许权等。满足下列条件之一的，应当认定为其具有可辨认性：

（1）能够从企业中分离或者划分出来，并能单独用于出售或转让等，而不需要同时处置在同一获利活动中的其他资产，表明无形资产可辨认。在某些情况下，无形资产可能需要与有关的合同一起用于出售转让等，此类无形资产也视为可辨认。

（2）产生于合同性权利或其他法定权利，无论这些权利是否可以从企业或其他权利和义务中转移或者分离。如一方通过与另一方签订特许权合同而获得的特许使用权、通过法律程序申请获得的商标权和专利权等。

商誉通常是与企业整体价值联系在一起的，无法与企业自身相分离而存在，不具有可辨认性，不属于无形资产。

（四）无形资产属于非货币性资产

微课9-1

有趣的商誉

非货币性资产是指企业持有的货币资金和将以固定或可确定的金额收取的资产以外的其他资产。无形资产在持有过程中为企业带来未来经济利益的情况不确定，不属于以固定或可确定的金额收取的资产，属于非货币性资产。

二、无形资产的分类

无形资产可按不同的标准进行分类，一般有以下几种分类：

（一）按经济内容分类

无形资产按其反映的经济内容，可以分为专利权、非专利技术、商标权、著作权、特许权、土地使用权等。

1. 专利权

专利权是指国家专利主管机关依法授予发明创造专利申请人，对其发明创造在法定期限内所享有的专有权利，一般包括发明专利权、实用新型专利权和外观设计专利权等。发明专利权的期限为20年，实用新型专利权和外观设计专利权的期限为10年，均自申请日起计算。

2. 非专利技术

非专利技术也称专有技术，它是指不为外界所知、在生产经营活动中已采用了的、不享有法律保护的、可以带来经济效益的各种技术和诀窍。非专利技术一般包括工业专有技术、商业贸易专有技术、管理专有技术等。非专利技术用自我保密的方式来维持其独占性，不受专利法的保护，具有经济性、机密性和动态性等特点。

3. 商标权

商标是用来辨认特定的商品或劳务的标记。商标权指专门在某类指定的商品或产品上使用特定的名称或图案的权利。经商标局核准注册的商标为注册商标，商标注册人享有商标专用权，受法律保护。注册商标的有效期为10年，自核准注册之日起计算。注册商标有效期满，需要继续使用的，应当在期满前6个月内申请续展注册；在此期间未能提出申请的，可以给予6个月的宽展期。宽展期满仍未提出申请的，注销其注册商标。每次续展注册的有效期为10年。

4. 著作权

著作权又称版权，指作者对其创作的文学、科学和艺术作品依法享有的某些特殊权利。著作权包括作品署名权、发表权、修改权和保护作品完整权，还包括复制权、发行权、出租权、展览权、表演权、放映权、广播权、信息网络传播权、摄制权、改编权、翻译权、汇编权以及应当由著作权人享有的其他权利。著作权人包括作者和其他依法享有著作权的公民、法人或者其他组织。

5. 特许权

特许权又称经营特许权、专营权，指企业在某一地区经营或销售某种特定商品的权利或是一家企业接受另一家企业使用其商标、商号、技术秘密等的权利。特许权通常有两种形式：一种是由政府机构授权，准许企业使用或在一定地区享有经营某种业务的特权，如水、电、邮电通信等专营权，烟草专卖权等；另一种指企业间依照签订的合同，有限期或无限期使用另一家企业的某些权利，如连锁店分店使用总店的名称等。转让人一般要向受让人提供商标、商号等使用权，传授专有技术，并负责培训营业人员，提供经营所必需的设备和特殊原料。受让人则需要向转让人支付取得特许权的费用，开业后则按营业收入的一定比例或其他计算方法支付享用特许权费用。

6. 土地使用权

微课9-2

土地使用权

土地使用权指国家准许某企业在一定期间内对国有土地享有开发、利用、经营的权利。根据我国土地管理法的规定，我国土地实行公有制，任何单位和个人不得侵占、买卖或者以其他形式非法转让。企业取得土地使用权的方式大致有行政划拨取得、外购取得（例如以缴纳土地出让金方式取得）及投资者投资取得几种。通常情况下，作为投资性房地产或者作为固定资产核算的土地，按照投资性房地产或者固定资产核算；以缴纳土地出让金等方式外购的土地使用权，以投资者投入等方式取得的土地使用权，作为无形资产核算。

（二）按来源途径分类

无形资产按其来源途径，可以分为外来无形资产和自创无形资产。外来无形资产是指企业用货币资金或可以变现的资产从国内外科研单位及其他企业购进的无形资产以及接受投资方式形成的无形资产。自创无形资产是指企业自行开发、研制的无形资产。

（三）按经济寿命期限分类

无形资产按是否具备确定的经济寿命期限，可以分为期限确定的无形资产和期限不确定的无形资产。期限确定的无形资产是指在有关法律中规定有最长有效期限的无形资产，如专利权、商标权、著作权、土地使用权和特许权等。期限不确定的无形资产是指没有相应法律规定其有效期限，其经济寿命难以预先准确估计的无形资产，如非专利技术。这些无形资产的经济寿命取决于技术进步的快慢以及技术保密工作的好坏等因素。

第二节　无形资产的确认和初始计量

一、无形资产的确认条件

无形资产应当在符合定义的前提下，同时满足以下两个确认条件时，才能予以确认：

（一）与该无形资产有关的经济利益很可能流入企业

作为无形资产确认的项目，必须满足其所产生的经济利益很可能流入企业这一条件。通常情况下，无形资产产生的未来经济利益可能包括在销售商品、提供劳务的收入中，或者企业使用该项无形资产而减少或节约的成本中，或体现在获得的其他利益中。例如，生产加工企业在生产工序中使用了某种知识产权，使其降低了未来生产成本。要确定无形资产创造的经济利益是否很可能流入企业，需要对无形资产在预计使用寿命内可能存在的各种经济因素作出合理估计，并且应当有明确的证据支持。例如，企业是否有足够的人力资源、高素质的管理队伍、相关的硬件设备、相关的原材料等来配合无形资产为企业创造经济利益。同时，更为重要的是关注一些外界因素的影响，例如，是否存在相关的新技术、新产品冲击，或据其生产的产品的市场等。企业管理层应对在无形资产的预计使用寿命内存在的各种因素作出最稳健的估计。

（二）该无形资产的成本能够可靠地计量

成本能够可靠地计量是确认资产的一项基本条件，对于无形资产而言，这个条件显得更为重要。例如，企业内部产生的品牌、报刊名、刊头、客户名单和实质上类似项目的支出，由于不能与整个业务开发成本区分开来，成本无法可靠计量，不应确认为无形资产。

二、无形资产的初始计量

无形资产通常按照实际成本进行初始计量，即以取得无形资产并使之达到预定用途而发生的全部支出作为无形资产的成本。对于不同来源取得的无形资产，其成本构成不尽相同。

（一）外购无形资产的成本

外购无形资产的成本，包括购买价款、相关税费以及直接归属于使该项资产达到预定用途所发生的其他支出。其中，直接归属于使该项资产达到预定用途所发生的其他支出包括使无形资产达到预定用途所发生的专业服务费用、测试无形资产是否能够正常发挥作用的费用等，但不包括为引入新产品进行宣传发生的广告费、管理费用及其他间接费用，也不包括在无形资产已经达到预定用途以后发生的费用。

购买无形资产的价款超过正常信用条件延期支付，实质上具有融资性质的，无形资产的成本应以购买价款的现值为基础确定。

（二）自行研究开发无形资产的成本

自行研究开发无形资产的成本包括自满足无形资产的确认条件后至达到预定用途前所发生的支出总额，但是对于以前期间已经费用化的支出不再调整。

（三）投资者投入无形资产的成本

投资者投入无形资产的成本，应当按照投资合同或协议约定的价值确定，但合同或协议约定价值不公允的，应按无形资产的公允价值入账。

（四）土地使用权的处理

企业取得的土地使用权，通常应当按照取得时所支付的价款及相关税费确认无形资产。但属于投资性房地产的土地使用权，应当按投资性房地产进行会计处理。

三、无形资产取得的核算

（一）账户设置

为了核算无形资产的取得、摊销和处置等情况，企业应当设置“无形资产”“研发支出”“累计摊销”“无形资产减值准备”等账户。

“无形资产”账户用来核算持有无形资产的成本。其借方登记取得无形资产的成本，贷方登记处置结转的无形资产成本，期末借方余额反映无形资产的成本。本账户可按无形资产项目进行明细核算。

“研发支出”账户用来核算企业在研究与开发无形资产的过程中发生的各项支出。其借方登记企业自行研发无形资产发生的研发支出，贷方登记结转达到预定用途的研究开发项目已资本化的金额和期末结转该账户归集的费用化金额，期末借方余额反映无形资产研发项目满足资本化条件的支出。该账户可按研发项目分别设置“费用化支出”和“资本化支出”进行明细核算。

“累计摊销”账户用来核算对使用寿命有限的无形资产计提的累计摊销。其贷方登记企业计提的无形资产摊销，借方登记处置无形资产转出的累计摊销，期末贷方余额反映无形资产的累计摊销额。

此外，企业无形资产发生减值的，还应设置“无形资产减值准备”账户进行核算。

研发支出

（二）无形资产取得的账务处理

1. 外购的无形资产

外购无形资产的成本，包括购买价款、相关税费以及直接归属于使该项资产达到预定用途所发生的其他支出，如律师费、咨询费、公证费、鉴定费、注册登记费等。企业外购的无形资产，按应计入无形资产成本的金额，借记“无形资产”账户，根据支付的增值税税额，借记“应交税费——应交增值税（进项税额）”账户，贷记“银行存款”等账户。

【例9-1】甲公司从乙公司购入一项专利权，实际支付的价款为500 000元，增值税为30 000元；另支付鉴定费、咨询费及其他费用50 000元；款项均已通过银行转账支付。

该无形资产的入账价值=500 000+50 000=550 000（元）

根据有关原始凭证，编制如下会计分录：

借：无形资产——专利权　　550 000

　　应交税费——应交增值税（进项税额）　　30 000

贷：银行存款　580 000

2. 自行研究开发无形资产

企业在自行研究开发无形资产的过程中，所发生的研究与开发活动的费用，除了要遵循无形资产确认和初始计量的一般要求外，还需要满足其他特定的条件，才能够确认为一项无形资产。首先，为评价内部产生的无形资产是否满足确认标准，企业应当将资产的形成过程分为研究阶段与开发阶段两部分；其次，对于开发过程中发生的费用，在符合一定条件的情况下，才可确认为一项无形资产。在实务工作中，具体划分研究阶段与开发阶段，以及是否符合资本化的条件，应当根据企业的实际情况以及相关信息予以判断。

（1）研究阶段和开发阶段的划分

对于企业自行进行的研究开发项目，应当区分研究阶段与开发阶段两个部分，分别进行核算。

①研究阶段，是指为获取新的技术和知识等进行的有计划的调研。例如，为了获取知识而进行的活动；研究成果或其他知识的应用研究、评价和最终选择；材料、设备、产品、工序、系统或服务替代品的研究；新的或经改进的材料、设备、产品、工序、系统或服务的可能替代品的配制、设计、评价和最终选择等，均属于研究活动。

研究阶段的两个重要特点是它的计划性和探索性，其研究是否能在未来形成成果，即通过开发后是否会形成无形资产均具有很大的不确定性，因此，研究阶段发生的有关支出应当费用化计入当期损益。

②开发阶段，是指在进行商业性生产或使用前，将研究成果或其他知识应用于某项计划或设计，以生产出新的或具有实质性改进的材料、装置、产品等。例如，生产前或使用前的原型和模型的设计、建造和测试；含新技术的工具、夹具、模具和冲模的设计；不具有商业性生产经济规模的试生产设施的设计、建造和运营；新的或经改造的材料、设备、产品、工序、系统或服务所选定的替代品的设计、建造和测试等，均属于开发活动。

开发阶段的特点在于具有针对性和形成成果的可能性较大。在开发阶段，已经对研究阶段的成果进行具体的应用，很大程度上形成一项新产品或新技术的基本条件已经具备，此时如果企业能够证明满足无形资产的定义及相关确认条件，所发生的开发支出可资本化，确认为无形资产的成本。

（2）开发阶段有关支出资本化的条件

如果开发阶段的支出同时满足下列条件，应将该支出资本化确认为无形资产的成本：

① 完成该无形资产以使其能够使用或出售在技术上具有可行性。

② 具有完成该无形资产并使用或出售的意图。

③ 该无形资产预期有用。

④ 有足够的技术、财务资源和其他资源支持，以完成该无形资产的开发，并有能力使用或出售该无形资产。

⑤ 归属于该无形资产开发阶段的支出能够可靠地计量。

（3）自行研发无形资产的计量

企业内部研发活动形成的无形资产的成本，由可直接归属于该资产的创造、生产并使该资产能够以管理层预定的方式运作的所有必要支出组成。可直接归属成本包括：开发该无形资产时耗费的材料、劳务成本、注册费、在开发该无形资产过程中使用的其他专利权和特许权的摊销，以及按照借款费用的处理原则可资本化的利息支出。在开发无形资产过程中发生的除上述可直接归属于无形资产开发活动的其他销售费用、管理费用等间接费用，无形资产达到预定用途前发生的可辨认的无效和初始运作损失，为运行该无形资产发生的培训支出等不构成无形资产的开发成本。

内部开发无形资产的成本仅包括自满足资本化条件的时点至无形资产达到预定用途前发生的支出总和，对于同一项无形资产在开发过程中达到资本化条件之前已经费用化计入当期损益的支出不再进行调整。

（4）内部研发费用的账务处理

① 研究阶段的有关支出在发生时应当全部费用化，计入当期损益（管理费用）。企业应根据其在研究阶段的支出，借记“研发支出——费用化支出”账户，贷记“银行存款”“原材料”“应付职工薪酬”等账户；期末，应根据发生的全部研究支出，借记“管理费用”账户，贷记“研发支出——费用化支出”账户。

② 开发阶段的有关支出符合条件的资本化，不符合资本化条件的计入当期损益（管理费用）。企业在开发阶段的支出，要判断其是否符合资本化条件，不满足资本化条件的，借记“研发支出——费用化支出”账户，满足资本化条件的，借记“研发支出——资本化支出”账户，贷记“原材料”“银行存款”“应付职工薪酬”等账户；待研究开发项目达到预定用途形成无形资产时，按“研发支出——资本化支出”账户的余额，借记“无形资产”账户，贷记“研发支出——资本化支出”账户。

③ 如果确实无法区分研究阶段的支出和开发阶段的支出，应将其所发生的研发支出全部费用化，计入当期损益。

【例9-2】2×23年1月1日，甲公司经董事会批准研发某项新产品专利技术，该公司董事会认为，研发该项目具有可靠的技术和财务等资源的支持，并且一旦研发成功将降低该公司产品的生产成本。该公司在研究开发过程中发生材料费用5 000万元、人工工资1 000万元，以及其他费用4 000万元，总计10 000万元，其中，符合资本化条件的支出为6 000万元。2×23年12月31日，该专利技术已经达到预定用途。

甲公司的账务处理如下：

（1）发生研发支出：

借：研发支出——费用化支出	40 000 000	
——资本化支出	60 000 000	
贷：原材料		50 000 000
应付职工薪酬		10 000 000
银行存款		40 000 000

（2）2×23年12月31日，该专利技术已经达到预定用途：

借：管理费用	40 000 000	
无形资产——专利技术	60 000 000	
贷：研发支出——费用化支出		40 000 000
——资本化支出		60 000 000

3. 投资者投入的无形资产

企业接受投资者投入的无形资产，应按投资合同或协议约定的价值，借记“无形资产”账户，贷记“实收资本”或“股本”账户，但投资合同或协议约定价值不公允的除外。如果投资合同或协议约定的价值超过投资协议规定的投资额，其差额贷记“资本公积——资本溢价（或股本溢价）”账户。

【例9-3】甲公司接受乙公司以其拥有的专利权作为出资，双方协议约定的价值为160万元，其公允价值为130万元，已办妥相关手续。甲公司接受乙公司投资后的注册资本为500万元，乙公司投资持股比例为12%。甲公司的账务处理为：

借：无形资产——专利权	1 300 000	
贷：实收资本		600 000
资本公积——资本溢价		700 000

第三节　无形资产的后续计量

一、无形资产后续计量的原则

无形资产初始确认和计量后，在其使用期间内应以成本减去累计摊销额和累计减值损失后的余额计量。无形资产的摊销是指将无形资产在其使用寿命内分期摊入各受益期间的过程。要确定无形资产在使用过程中的累计摊销额，基础是估计其使用寿命，只有使用寿命有限的无形资产才需要在估计使用寿命内采用系统合理的方法进行摊销，使用寿命不确定的无形资产则不需要摊销。

（一）估计无形资产使用寿命应考虑的因素

估计无形资产使用寿命应考虑的主要因素包括：

（1）该资产通常的产品寿命周期，以及可获得的类似资产使用寿命的信息；

（2）技术、工艺等方面的现实情况及对未来发展的估计；

（3）该资产在该行业运用的稳定性和生产的产品或服务的市场需求情况；

（4）现在或潜在的竞争者预期采取的行动；

（5）为维持该资产产生未来经济利益的能力所需要的维护支出，以及企业预计支付有关支出的能力；

（6）对该资产的控制期限，以及对该资产使用的法律或类似限制，如特许使用期间、租赁期间等；

（7）与企业持有的其他资产使用寿命的关联性等。

（二）无形资产使用寿命的确定

（1）某些无形资产的取得源自合同性权利或其他法定权利，其使用寿命不应超过合同性权利或其他法定权利的期限。但如果企业使用资产的预期期限短于合同性权利或其他法定权利规定的期限，则应当按照企业预期使用的期限确定其使用寿命。

（2）如果合同性权利或其他法定权利能够在到期时因续约等原因而延续，那么仅当有证据表明续约不需要付出重大成本时，续约期才能够包括在使用寿命的估计中。

（3）没有明确的合同或法律规定无形资产的使用寿命的，企业应当综合各方面情况，来确定无形资产为企业带来未来经济利益的期限。例如企业经过努力，聘请相关专家进行论证、与同行业的情况进行比较以及参考历史经验等。

如果经过这些努力，仍然无法合理确定无形资产为企业带来经济利益的期限，才能将该无形资产作为使用寿命不确定的无形资产。

（三）无形资产使用寿命的复核

企业至少应当于每年年度终了，对无形资产的使用寿命及摊销方法进行复核。如果有证据表明无形资产的使用寿命及摊销方法不同于以前的估计，则应改变其摊销年限及摊销方法，并按照会计估计变更进行处理；如果有证据表明使用寿命不确定的无形资产，其使用寿命是有限的，则应视为会计估计变更，估计其使用寿命并按照使用寿命有限的无形资产的处理原则进行处理。

二、使用寿命有限的无形资产

（一）摊销期和摊销方法

无形资产的摊销期自其可供使用（即其达到预定用途）时起至终止确认时止，即无形资产摊销期为：当月增加的无形资产，当月开始摊销；当月减少的无形资产，当月不再摊销。

在无形资产的使用寿命内系统地分摊其应摊销金额存在多种方法，例如直线法、产量法等。企业选择的无形资产摊销方法，应当能够反映与该项无形资产有关的经济利益的预期实现方式，并一致地运用于不同会计期间。无法可靠地确定其预期实现方式的，应当采用直线法进行摊销。

（二）残值的确定

使用寿命有限的无形资产，其残值一般为零，但下列情况除外：

（1）有第三方承诺在无形资产使用寿命结束时购买该项无形资产；

（2）可以根据活跃市场得到无形资产预计残值信息，并且该市场在该项无形资产使用寿命结束时很可能存在。

无形资产存在残值，意味着在其经济寿命结束之前企业预计将会处置该无形资产，并且从该处置中取得利益。估计无形资产的残值应以资产处置时的可收回金额为基础。残值确定以后，在持有无形资产的期间，至少应于每年年末进行复核，预计其残值与原估计金额不同的，应按照会计估计变更进行处理。如果无形资产的残值重新估计以后高于其账面价值，则无形资产不再摊销，直至残值降至低于账面价值时再恢复摊销。

（三）使用寿命有限的无形资产摊销的账务处理

对于使用寿命有限的无形资产，摊销金额一般应计入当期损益，但如果某项无形资产是专门用于生产某种产品或者其他资产，其所包含的经济利益是通过转入所生产的产品或其他资产中实现的，则无形资产的摊销金额应当计入相关资产的成本。

企业应当设置“累计摊销”账户核算企业对使用寿命有限的无形资产计提的累计摊销额，企业按期摊销无形资产时，按确定的摊销额，借记“管理费用”“制造费用”“其他业务成本”等账户，贷记“累计摊销”账户。

持有待售的无形资产不进行摊销，按照账面价值与公允价值减去处置费用后的净额孰低进行计量。

【例9-4】甲公司从外单位购得一项非专利技术，不含增值税的价款为4 800万元，增值税为288万元，款项已用银行存款支付，估计该项非专利技术的使用寿命为8年，该项非专利技术用于产品生产，净残值为零，甲公司对其采用直线法摊销。其账务处理如下：

（1）取得无形资产时，根据有关原始凭证，编制如下会计分录：

借：无形资产——非专利技术　48 000 000
　　应交税费——应交增值税（进项税额）　2 880 000
　贷：银行存款　50 880 000

（2）按年摊销时，根据有关原始凭证，编制如下会计分录：

借：制造费用——非专利技术　6 000 000
　贷：累计摊销　6 000 000

三、使用寿命不确定的无形资产

如果根据可获得的相关信息，企业无法合理估计某项无形资产的使用寿命，应将其作为使用寿命不确定的无形资产进行核算。对于使用寿命不确定的无形资产，在持有期间内不需要摊销，但应当在每个会计期间进行减值测试。如经减值测试表明已发生减值，则需要计提相应的减值准备，借记“资产减值损失”账户，贷记“无形资产减值准备”账户。

第四节　无形资产的处置

无形资产的处置，主要是指无形资产出售、对外出租、对外捐赠，或者是无法为企业带来未来经济利益时，应予终止确认并转销。

一、无形资产的出售

企业出售某项无形资产，表明企业放弃该无形资产的所有权，应按照持有待售非流动资产、处置组的相关规定进行会计处理，将所取得的价款与该无形资产账面价值的差额作为资产处置利得或损失，计入资产处置损益。

企业出售无形资产时，应按实际收到的金额，借记“银行存款”等账户，按已计提的累计摊销，借记“累计摊销”账户，原已计提减值准备的，借记“无形资产减值准备”账户，按其账面余额，贷记“无形资产”账户，按应支付的相关税费，贷记“应交税费”等账户，按其差额，借记或贷记“资产处置损益”账户。

【例9-5】甲企业为增值税一般纳税人，出售一项商标权，所得的不含税价款为1 200 000元，应缴纳的增值税为72 000元（适用的增值税税率为6%，不考虑其他相关税费）。该商标权的成本为3 000 000元，出售时已摊销金额为1 800 000元，已计提的减值准备为300 000元。

甲企业的账务处理为：

借：银行存款　1 272 000
　　累计摊销　1 800 000
　　无形资产减值准备——商标权　300 000
　贷：无形资产——商标权　3 000 000
　　　应交税费——应交增值税（销项税额）　72 000
　　　资产处置损益　300 000

二、无形资产的出租

企业出租某项无形资产，表明企业将所拥有的无形资产的使用权让渡给他人，并收取租金，属于与企业日常活动相关的其他经营活动取得的收入，在满足收入确认条件的情况下，应确认相关的收入及成本，并通过其他业务收支账户进行核算。

企业按照让渡无形资产使用权取得的租金收入，借记“银行存款”等账户，贷记“其他业务收入”等账户；摊销出租无形资产的成本并发生与之有关的各种费用支出时，借记“其他业务成本”账户，贷记“累计摊销”等账户。

【例9-6】2×23年1月1日，甲公司将某商标权出租给乙公司使用，租期为4年，每年收取不含税租金150 000元，增值税为9 000元（适用的增值税税率为6%）。在出租期间内甲公司不再使用该商标权。该商标权系甲公司2×22年1月1日购入的，初始入账价值为1 800 000元，预计使用年限为15年，采用直线法摊销。假定按年摊销商标权，且不考虑增值税以外的其他相关税费。

甲公司的账务处理为：

（1）每年取得租金时：

借：银行存款	159 000	
贷：其他业务收入——出租商标权		150 000
应交税费——应交增值税（销项税额）		9 000

（2）按年对该商标权进行摊销时：

借：其他业务成本——商标权摊销	120 000	
贷：累计摊销		120 000

三、无形资产的报废

如果无形资产预期不能为企业带来未来经济利益，应将其报废并予以转销，其账面价值转作当期损益。例如，该无形资产已被其他新技术所替代或超过法律保护期，不能再为企业带来经济利益的，则不再符合无形资产的定义。

转销时，应按已计提的累计摊销，借记“累计摊销”账户；按其账面余额，贷记“无形资产”账户；按其差额，借记“营业外支出”账户。已计提减值准备的，还应同时结转减值准备。

【例9-7】甲公司拥有的某项专利权因被其他新技术所替代，已经不能再为企业带来经济利益，甲公司决定予以转销。转销时，该项专利权的账面余额为400万元，摊销期限为10年，采用直线法进行摊销，已累计摊销240万元，假定该项专利权的残值为零，已累计计提的减值准备为38万元，假定不考虑其他相关因素。

根据有关原始凭证，编制如下会计分录：

借：累计摊销	2 400 000	
无形资产减值准备	380 000	
营业外支出——处置非流动资产损失	1 220 000	
贷：无形资产——专利权		4 000 000

第五节　无形资产减值准备

一、无形资产减值的确定

无形资产减值是指无形资产因给企业带来未来经济利益的能力下降等原因，其可收回金额低于账面价值。

企业应当在资产负债表日，对无形资产逐项进行检查，如果发现减值迹象，应当估计无形资产的可收回金额。比如市价大幅下跌，经营环境以及资产市场发生重大变化，已被其他新技术替代等。可收回金额应根据无形资产的公允价值减去处置费用后的净额与无形资产预计未来现金流量的现值两者中的较高者确定。无形资产的公允价值减去处置费用后的净额与无形资产预计未来现金流量的现值，只要有一项超过了无形资产的账面价值，就表明无形资产没有发生减值。

二、无形资产减值的会计处理

企业应设置“无形资产减值准备”账户核算无形资产的减值，该账户可按无形资产项目进行明细核算。资产负债表日，无形资产的可收回金额低于账面价值的，应当将无形资产的账面价值减记至可收回金额，按减记的金额借记“资产减值损失”账户，贷记“无形资产减值准备”账户。

无形资产减值损失一经确认，以后会计期间不得转回。无形资产减值损失确认后，减值无形资产的摊销费用应当在未来期间作相应调整，以使该无形资产在剩余使用寿命内，系统地分摊调整后的无形资产价值。

处置无形资产时，应同时结转其已计提的减值准备。

【例9-8】2×23年12月31日，由于市场情况发生变化，甲公司依托其一项专利权所生产的产品市场份额大幅下降，预计该专利权可收回金额为40万元。该专利权的成本为75万元，已累计摊销30万元。

甲公司的账务处理如下：

该专利权的减值损失=75-30-40=5（万元）

借：资产减值损失	50 000	
贷：无形资产减值准备		50 000

【思政讲堂】

数字技术创新是数字中国建设的核心动力

2023年5月23日，国家网信办发布了《数字中国发展报告（2022年）》（下称《报告》）：2022年数字中国建设取得显著成效，数字基础设施规模能级大幅提升，数字经济规模达50.2万亿元，占国内生产总值比重提升至41.5%，数字经济已经成为稳增长促转型的重要引擎。

数字中国和数字经济发展被寄予了更高的期望。2023年2月底，党中央、国务院下发了《数字中国建设整体布局规划》，要求要全面提升数字中国建设的整体性、系统性、协同性，促进数字经济和实体经济深度融合，以数字化驱动生产生活和治理方式变革。4月下旬又召开了第六届数字中国建设峰会，提出了很多数字中国建设的具体措施。

工信部此前发布的数据显示，2012—2021年间，我国数字经济规模从11万亿元增长到45.5万亿元，2022年相较2021年又同比增长10.3%。这个较高发展速度的重要基础就是数字技术的不断创新。上述《报告》也明确指出，数字技术创新是数字中国建设的核心动力。

2022年，我国在集成电路、人工智能、软件、量子信息技术等领域技术创新应用取得积极进展；5G实现了技术、产业、网络、应用的全面领先，6G加快研发布局。

要加快数字中国建设、继续发挥数字经济在稳增长促转型的重要引擎作用，关键还在于数字技术领域持续创新。要看到自己已经取得的优势，更要看到自己存在的短板，包括一些核心技术还存在"卡脖子"的现象。

首先，要认识创新的关键点、着力点。

上述《报告》提出，今后要培育壮大工业互联网、区块链、人工智能等数字产业，打造具有国际竞争力的数字产业集群；要加快传统产业数字化转型，深入实施智能制造工程，大力推进工业数字化转型，持续深化金融、贸易、教育、医疗、交通、能源等领域数字技术创新应用。

其次，要持续加强各类资金对创新的投入。

"一分投入一分收获"，尤其是对数字领域创新来说，投入巨大，需要各方努力。我国已经实现了5G在技术、产业、网络、应用的全面领先，6G也正在加快研发布局，这都离不开国家的整体投入。同时，市场经营主体也成为投入的重要力量，2022年我国市值排名前100的互联网企业总研发投入达3 384亿元，同比增长9.1%。

今后，在融资渠道上将会为数字技术创新企业提供更多便利。当前，在科创板、创业板已上市的战略性新兴产业企业中，数字领域相关企业占比分别接近40%和35%。这些企业的融资将会更多投入到数字技术的创新中去。

最后，数字技术创新必须和产业发展充分融合。

通过数字技术创新可以催生出新产品、新产业、新模式、新业态。现在，很多数字技术创新已经在产业领域得到了运用，工业互联网、智能制造、车联网、平台经济等就是其表现形式。但还有许多数字技术创新没有充分"施展拳脚"，比如数字孪生、量子计算等还未完全实现商业化价值。

上述《报告》中说，截至2022年，我国数字经济核心产业发明专利授权量33.5万件。如果这些核心产业发明专利能够更多与产业发展相结合，就一定能激发出强大的发展活力。产学研充分融合也是数字经济的魅力所在。

数字技术创新是推动产业发展的动力源泉，数字技术创新落实到产业才会有数字技术进步更坚实的前进基础，二者相辅相成。

上述《报告》中说，到2025年，数据要素价值要有效释放、数字经济发展质量效益大幅增强。其中最关键的因素是数字技术不断创新，要充分体现数字技术创新是数字中国建设的核心动力这一关键因素。为此，就要目标明确，加大投入，发动社会各方面的力量，并更多以市场驱动形成促进数字技术创新的合力。

资料来源：第一财经日报.数字技术创新是数字中国建设的核心动力［EB/OL］.［2023-05-24］. https：//baijiahao.baidu.com/s？id=1766783965863409391&wfr=spider&for=pc.

【复习思考】

1.无形资产具有哪些特征？

2.如何确认无形资产？

3.不同来源的无形资产如何进行初始计量？

4.内部研发的无形资产在开发阶段如何判断应予资本化的支出？

5.如何确定无形资产的使用寿命？

6.如何确定使用寿命有限的无形资产的摊销期限和摊销方法？

7.什么是无形资产处置？怎样进行会计处理？

8.怎样确认无形资产发生了减值？

【练习题】

甲公司从乙公司购入一项专利权，实际支付价款60 000元、增值税3 600元和有关专业服务费用3 000元，款项已通过银行转账支付。

要求：根据上述经济业务，编制相关会计分录。

第十章

负　债

学习目标

知识目标： 通过本章的学习，掌握负债的概念和特点；了解流动负债和非流动负债的种类；掌握短期借款和长期借款的核算；掌握应付债券的账务处理。

技能目标： 通过本章的学习，熟悉负债的种类；掌握短期借款和长期借款的借入、计提利息及归还的账务处理；掌握应付债券发行、计提利息及归还的账务处理。

第一节　负债概述

一、负债的定义及确认条件

（一）负债的定义

《企业会计准则——基本准则》（2014）第二十三条对负债的定义是：负债是指企业过去的交易或者事项形成的、预期会导致经济利益流出企业的现时义务。根据负债的定义，负债主要具备以下三个特征：

1. 负债是企业承担的现时义务

现时义务是负债的最基本特征。义务，是指企业要以一定方式履行的责任，而现时义务，是指企业在现行条件下已经承担的义务。企业未来发生的交易或者事项形成的义务，不属于现时义务，不构成负债。这里的义务，既包括法定义务，也包括推定义务。其中，法定义务，是指由具有约束力的合同或者法律法规产生的义务。企业对承担的法定义务必须依法执行，比如企业采用商业信用方式购买商品形成的应付账款、取得银行贷款形成的借款本金和利息、按照税法规定应缴纳的税费、应支付职工的工资等，均属于法定义务。推定义务，是指根据企业多年来形成的惯例、公开作出的承诺或者公开宣布的政策而导致企业承担的责任，有关各方都对企业履行该义务以解脱责任形成了合理预期，因而也形成企业的一项现时义务，如公司董事会对外宣告要支付的现金股利等。

2. 负债预期会导致经济利益流出企业

企业在履行现时义务时，会导致经济利益流出企业。经济利益以清偿负债的方式流出企业包括支付现金、转移非现金资产或提供劳务等形式。如果企业在履行义务时，不会导致经济利益的流出，如企业可以选择发行普通股来履行义务，就不属于一项负债。

3. 负债是由过去的交易或事项形成的

负债应当由企业过去的交易或者事项所形成。只有过去的交易或者事项才形成负债。企业将在未来发生的承诺、签订的合同等交易或者事项，不形成负债。

（二）金融负债

金融负债是企业承担的一种合同义务，履行该义务会导致企业转移现金或者其他金融资产，或者导致企业有义务在潜在不利的情况下与其他单位交换金融工具。大多数负债都属于金融负债，即债务人需要使用现金或者其他金融资产来履行相关的现时义务，比如应付账款、应付债券等。但是，也有个别负债不属于金融负债，如预收账款、产品质量保证形成的预计负债等，这些负债形成的现时义务不是以现金或其他金融资产来清偿，而是通过销售产品或者提供服务来履行义务。

（三）负债的确认条件

企业要确认负债，除了要符合负债的定义之外，还应当同时满足以下两个条件：

1. 与该义务有关的经济利益很可能流出企业

由于经济业务存在不确定性，导致企业在履行经济业务时流出的经济利益有时需要估计，特别是由于推定义务而产生的负债。比如，企业因销售产品而承担的产品质量保证义务所发生的支出金额就存在很大的不确定性。如果有证据表明，与现时义务有关的经济利益很可能流出企业，就应当确认负债。反之，企业对于预期流出经济利益可能性较小或不复存在的现时义务，不应确认为一项负债。

2. 未来流出经济利益的金额能够可靠地计量

企业要确认负债，必须能够可靠计量负债的金额，即能够可靠计量未来经济利益流出的金额。企业因法定义务而预期发生的经济利益流出金额，通常可以根据法律或合同的规定予以确定。比如，企业应交税费的金额可以根据相关税法的规定计算确定。而企业因推定义务产生的未来经济利益的流出金额，则往往需要根据合理的估计才能确定履行相关义务所需支出的金额。如果未来期间较长，还需要考虑货币时间价值的影响。

二、负债的分类

在资产负债表中，负债需要根据流动性进行分类列报，划分为流动负债和非流动负债。

1. 流动负债

流动负债，是指满足下列情形之一的负债：

（1）预计在一个正常营业周期内清偿的负债，如企业采用商业信用方式购买原材料形成的应付账款。

（2）为交易目的而持有的负债，如银行为近期回购而发行的短期票据。

（3）自资产负债表日起1年内（含1年）到期应予以清偿的负债，如企业以前期间发行的将在资产负债表日起1年内到期偿还的债券。

（4）企业无权自主地将清偿期限推迟至资产负债表日后1年以上的负债，如企业购买商品或接受劳务时开出并承兑的商业汇票，无权延长付款期限。

2. 非流动负债

非流动负债，是指流动负债以外的负债。非流动负债主要是企业为筹集长期资产购建所需资金而发生的负债，如企业为购买大型设备而从银行借入的中长期贷款等。

第二节 流动负债

一、流动负债概述

流动负债，是指企业将在1年或超过1年的一个营业周期内偿还的债务，主要包括短期借款、应付票据、应付账款、预收账款、应付职工薪酬、应交税费、应付利息、应付股利、其他应付款等。

流动负债除了具有负债的一般特点外，还具有以下特点：

（1）偿还期限短。这是流动负债的最大特点，它是在债权人提出要求时即期偿还，或1年内及超过1年的一个经营周期内必须偿付的债务。

（2）到期必须用企业资产、提供劳务或者举借新债来偿还。

（3）企业举借流动负债的目的一般是满足生产经营资金周转的需要。

（4）流动负债中各项负债项目的数额与非流动负债中各项负债项目的数额相比较小。

二、短期借款

短期借款，是指企业向银行或其他金融机构等借入的期限在1年以内（含1年）的各种借款。企业借入的短期借款无论用于哪一方面，只要借入了这笔资金，就构成了一项负债。对于发生的短期借款，企业应设置“短期借款”账户核算；对于短期借款的利息，企业应当按照应计的金额，借记“财务费用”账户，贷记“应付利息”等账户。

【例10-1】甲公司于2×23年1月1日向银行借入一笔生产经营用短期借款，共计240 000元；期限为8个月，年利率为8%。根据与银行签署的借款协议，该项借款的本金到期后一次归还，利息分月预提，按季支付。

（1）1月1日，借入短期借款时，根据有关原始凭证，编制如下会计分录：

借：银行存款　　240 000

　贷：短期借款　　240 000

（2）1月末，计提1月份应计利息时，根据有关原始凭证，编制如下会计分录：

本月应计提的利息金额=240 000×8%÷12=1 600（元）

借：财务费用　　1 600

　贷：应付利息　　1 600

2月末计提2月份利息费用的账务处理与1月份相同。

（3）3月末，支付第一季度银行借款利息时，根据有关原始凭证，编制如下会计分录：

借：财务费用　　1 600

　　应付利息　　3 200

　贷：银行存款　　4 800

第二季度支付银行借款利息的账务处理同上。

（4）9月1日，偿还银行借款本金时，根据有关原始凭证，编制如下会计分录：

借：短期借款　　240 000

　　应付利息　　3 200

　贷：银行存款　　243 200

三、应付票据

（一）应付票据的概念

应付票据是由出票人出票，委托付款人在指定日期无条件支付确定的金额给收款人或者持票人的票据。应付票据也是委托付款人允诺在一定时期支付一定款项的书面证明。应付票据与应付账款不同，虽然两者都是由交易引起的流动负债，但应付账款是尚未结清的债务，而应付票据是一种期票，是延期付款的证明，有承诺付款的票据作为凭据。

在我国，应付票据是在经济往来活动中由于采用商业汇票方式而发生的，由签发人签发、承兑人承兑的票据。我国商业汇票的付款期限最长为6个月，因而应付票据是短期应付票据。

票据

（二）应付票据的分类

在我国，企业的应付票据主要指的是商业汇票，按其承兑人的不同，可将商业汇票划分为商业承兑汇票和银行承兑汇票。商业汇票按是否计息可分为不带息商业汇票和带息商业汇票。实际工作中使用的商业汇票一般为不带息商业汇票。

（三）应付票据的账务处理

为了反映和监督企业对外发生债务时采用商业汇票结算的情况，企业应设置“应付票据”账户，反映商业汇票的面值。从理论上讲，应付票据都应折现，按现值计价，但由于应付票据的出票日和到期日相距时间不长，其折现值和到期值相差不大，为简化账务处理，可不计算现值，而按面值入账。“应付票据”账户的贷方发生额，反映企业因购买商品而开出、承兑的商业汇票；借方发生额，反映已支付的商业汇票；期末余额，反映尚未到期支付的商业汇票。该账户可按债权人设置明细账户进行明细核算。

1.带息应付票据

由于我国商业汇票期限较短，在每年的中期期末和年末，通常对尚未支付的应付票据计提利息，企业应按照票据的票面价值和票据规定的利率计算应付利息，借记“财务费用”账户，贷记“应付票据”账户。票据到期支付本息时，冲减“应付票据”账户。这样，在年度或中期的资产负债表上的“应付票据”项目的金额包括应付票据的面值和应付未付的利息。票据到期支付票款时，尚未计提的利息部分直接计入当期财务费用。

若为银行承兑商业汇票，企业则须按票面金额的一定比例支付手续费，即借记“财务费用”账户，贷记“银行存款”账户。

开出并承兑的商业承兑汇票如果不能如期支付，应在票据到期时，将“应付票据”账面价值转入“应付账款”账户，待协商后再行处理。如果重新签发票据以清偿原应付票据，再从“应付账款”账户转入“应付票据”账户。如果银行承兑汇票到期企业无力支付到期票款，承兑银行除凭票向持票人无条件付款外，对出票人尚未支付的汇票金额转作逾期贷款处理。企业无力支付到期银行承兑汇票票款，在接到银行转来的“××号汇票无款支付转入逾期贷款户”等有关凭证时，借记“应付票据”账户，贷记“短期借款”账户。

对计收的利息，按短期借款利息的处理办法处理。

2. 不带息应付票据

不带息应付票据，其面值就是票据到期时的应付金额。持票据采购或抵付货款时，借记“材料采购”“应交税费——应交增值税（进项税额）”“应付账款”等账户，贷记“应付票据”账户。其他账务处理同上，不再赘述。

【例10-2】甲公司购进一批钢材已入库，价值10 000元，应交增值税1 300元，双方协议货到后签发3个月不带息的商业承兑汇票，以现金支付银行手续费10元。

（1）根据进货发票和商业汇票存根，编制如下会计分录：

借：原材料　10 000

　　应交税费——应交增值税（进项税额）　1 300

　贷：应付票据　11 300

（2）支付银行手续费时，根据有关原始凭证，编制如下会计分录：

借：财务费用　10

　贷：库存现金　10

（3）到期收到银行支付通知时，根据有关原始凭证，编制如下会计分录：

借：应付票据　11 300

　贷：银行存款　11 300

（4）假设上述业务票据到期企业无力支付，根据有关原始凭证，编制如下会计分录：

借：应付票据　11 300

　贷：应付账款　11 300

四、应付账款

（一）应付账款的概念

应付账款，是指因购买材料、商品和接受劳务供应而发生的债务。它是买卖双方在购销活动中由于取得物资与支付货款在时间上不一致而产生的负债。

应付账款和应付票据都是企业在交易活动中，为取得某项物资与支付货款在时间上的不一致而产生的负债。虽然两种负债同属于流动负债，但两者不同，应付账款属于尚未清偿的债务，而应付票据是有承诺、有证明的延期付款的债务。

（二）应付账款入账时间和金额的确定

应付账款入账时间的确定，一般应以与所购买物资所有权有关的风险和报酬已经转移或劳务已经接受为标志。但在实际工作中，一般是区分下列情况处理：

（1）在物资和发票账单同时到达的情况下，应付账款一般待物资验收入库后，才按发票账单登记入账。这主要是为了确认所购入的物资是否在质量、数量和品种上都与合同上写明的条件相符，以免因先入账而在验收入库时发现购入物资错、漏、破损等问题再行调账。在会计期末仍未完成验收的，则应先按合理估计金额将物资和应付债务入账，事后发现问题再行更正。

（2）在物资和发票账单未同时到达的情况下，由于应付账款需根据发票账单登记入账，有时货物已到，发票账单要间隔较长时间才能到达，由于这笔负债已经成立，应作为一项负债反映。为在资产负债表上客观反映企业所拥有的资产和承担的债务，在实际工作中采用在月份终了将所购物资和应付债务估计入账；待下月月初再用红字予以冲回的办法。

应付账款一般按应付金额入账，而不按到期应付金额的现值入账。在企业购入资产取得增值税专用发票的情况下，发票价格包括增值税税额。

（三）应付账款的账务处理

为核算企业因购买材料、物资和接受劳务供应而产生的债务及其偿还情况，企业应设置和运用“应付账款”账户，用来反映企业因购买材料、商品和接受劳务供应等经营活动应支付的款项。该账户应当按照不同的债权人进行明细核算。

企业购入材料、商品等验收入库，但货款尚未支付，根据有关凭证（发票账单、随货同行发票上记载的实际价款或暂估价值），借记“材料采购”“在途物资”等账户，按可抵扣的增值税税额，借记“应交税费——应交增值税（进项税额）”等账户，按应付的价款，贷记“应付账款”账户。接受供应单位提供劳务而发生的应付未付款项，根据供应单位的发票账单，借记“生产成本”“管理费用”等账户，贷记“应付账款”账户。企业偿付应付账款时，应借记“应付账款”账户，贷记“银行存款”账户；若开出商业承兑汇票抵付应付账款，则应借记“应付账款”账户，贷记“应付票据”账户。

有些应付账款，由于债权单位撤销或其他原因，企业无法支付这笔款项。若企业的应付账款确实无法支付，报经批准后，可视同企业经营业务以外的一项额外收入，借记“应付账款”账户，贷记“营业外收入”账户。

【例10-3】甲公司为增值税一般纳税人，适用的增值税税率为13%，2×23年2月，公司购入材料20 000元，进项税额为2 600元，材料已验收入库，发票已收到，货款尚未支付。

（1）根据发票、入库单等原始凭证，编制如下会计分录：

借：原材料　　20 000
　　应交税费——应交增值税（进项税额）　　2 600
　贷：应付账款　　22 600

（2）开出支票偿付上述应付账款时，根据有关原始凭证，编制如下会计分录：

借：应付账款　　22 600
　贷：银行存款　　22 600

①若上述材料的发票至月终尚未到达，可根据计划成本或暂估成本（假设该材料的计划成本为25 000元）入账，根据有关原始凭证，编制如下会计分录：

借：原材料　　25 000
　贷：应付账款　　25 000

②下月月初编制相反的会计分录冲回，根据有关原始凭证，编制如下会计分录：

借：应付账款　　25 000
　贷：原材料　　25 000

（3）本月应付电费2 000元，其中生产产品用电1 000元，车间用电500元，照明用电500元，根据有关原始凭证，编制如下会计分录：

借：生产成本　　1 000
　　制造费用　　500
　　管理费用　　500

贷：应付账款　　2 000

（4）公司开出商业承兑汇票一张，票面金额为20 000元，期限2个月，抵付前欠的应付账款，根据有关原始凭证，编制如下会计分录：

借：应付账款　　20 000

贷：应付票据　　20 000

（5）公司一项应付账款1 000元，因债权人下落不明，已无法支付。报经批准后，根据有关原始凭证，编制如下会计分录：

借：应付账款　　1 000

贷：营业外收入　　1 000

五、预收账款

预收账款，是指企业按照合同规定向购货单位预收的款项，一般是定金或部分货款，这些负债要在以后用商品或劳务偿付。

预收账款一般是在三种情况下产生的：一是企业的产品或劳务在市场上供不应求；二是购货单位的信用不佳；三是生产周期长的企业（如建筑业、造船业等）为解决生产资金不足而向购货单位收取定金。

为了核算企业的预收账款，在预收账款业务较多的企业，一般应设置“预收账款”账户，并按购货单位进行明细核算。该账户贷方登记预收的货款以及购货单位补付的货款，借方登记销售产品的售价和退回多收的余款。期末贷方余额，表示尚未发出产品或提供劳务的预收账款，或者表示应向购货单位退回的余款；期末借方余额，表示应向购货单位补收的货款。

如果企业的预收账款情况不多，也可以不设“预收账款”账户，而是将预收的货款直接记入“应收账款”账户。

企业向购货单位预收的款项，借记“银行存款”等账户，贷记“预收账款”账户；销售实现时，按实现的收入和应交的增值税销项税额，借记“预收账款”账户，按实现的营业收入，贷记“主营业务收入”账户，按增值税专用发票上注明的增值税税额，贷记“应交税费——应交增值税（销项税额）”账户。

购货单位补付的款项，借记“银行存款”等账户，贷记“预收账款”账户；退回多付的款项，编制相反的会计分录。

【例10-4】甲公司于2×23年5月23日与某企业签订一笔金额为600 000元的销货合同，合同规定，甲公司先预收货款的50%，余款在12月28日交货后收取。

（1）2×23年5月23日，预收货款时，根据有关原始凭证，编制如下会计分录：

借：银行存款　　300 000

贷：预收账款　　300 000

（2）2×23年12月28日，交货时，根据有关原始凭证，编制如下会计分录：

借：预收账款　　678 000

贷：主营业务收入　　600 000

应交税费——应交增值税（销项税额）　　78 000

（3）2×23年12月28日，收到其余货款时，根据有关原始凭证，编制如下会计分录：

借：银行存款　　378 000

贷：预收账款　378 000

六、应付职工薪酬

职工薪酬，是指企业为获得职工提供的服务或解除劳动关系而给予各种形式的报酬或补偿。根据《企业会计准则第9号——职工薪酬》（2014）的规定，职工薪酬包括短期薪酬、离职后福利、辞退福利和其他长期职工福利。企业提供给职工配偶、子女、受赡养人、已故员工遗属及其他受益人等的福利，也都属于职工薪酬。

（一）短期薪酬

短期薪酬，是指企业在职工提供相关服务的年度报告期间结束后12个月内需要全部予以支付的职工薪酬，因解除与职工的劳动关系给予的补偿除外。因解除与职工的劳动关系给予的补偿属于辞退福利的范畴。

短期薪酬主要包括以下内容：

新准则中职工薪酬的含义与范围

（1）职工工资、奖金、津贴和补贴，是指企业按照构成工资总额的计时工资、计件工资、支付给职工的超额劳动报酬等的劳动报酬，为了补偿职工特殊或额外的劳动消耗和因其他特殊原因支付给职工的津贴，以及为了保证职工工资水平不受物价影响支付给职工的物价补贴等。其中，企业按照短期奖金计划向职工发放的奖金，属于短期薪酬；按照长期奖金计划向职工发放的奖金，属于其他长期职工福利。

（2）职工福利费，是指企业向职工提供的生活困难补助、丧葬补助费、抚恤费、职工异地安家费、防暑降温费等职工福利支出。

（3）社会保险费，是指企业按照国家规定的基准和比例计算，向社会保险经办机构缴存的医疗保险费、工伤保险费和生育保险费等。

（4）住房公积金，是指企业按照国家规定的基准和比例计算，向住房公积金管理机构缴存的用于购买商品房、支付住房租金的长期储金。

“五险一金”的作用

（5）工会经费和职工教育经费，是指企业为了改善职工文化生活、为职工学习先进技术、提高职工文化水平和业务素质，用于开展工会活动、职工教育及职业技能培训等的相关支出。

（6）短期带薪缺勤，是指职工虽然缺勤但企业仍向其支付报酬的安排，包括年休假、病假、婚假、产假、丧假、探亲假等。长期带薪缺勤属于其他长期职工福利。

（7）短期利润分享计划，是指因职工提供服务而与职工达成的基于利润或其他经营成果提供薪酬的协议。长期利润分享计划属于其他长期职工福利。

（8）非货币性福利，是指企业以自产产品或外购商品发给职工作为福利、将自己拥有的资产或租赁的资产无偿提供给职工使用（如提供给企业高级管理人员的汽车、住房等）、为职工无偿提供医疗保健服务，或者向职工提供企业支付了一定补贴的商品或服务等职工福利。

（9）其他短期薪酬，是指除上述薪酬以外的其他为获得职工提供的服务而给予的短期薪酬。

企业发生的职工工资、津贴和补贴等短期薪酬，应当根据职工提供服务情况和工资标准等计算应计入职工薪酬的工资总额，并按照受益对象计入当期损益或相关资产成本，借记“生产成本”“制造费用”“管理费用”等账户，贷记“应付职工薪酬”账户。发放时，借记“应付职工薪酬”账户，贷记“银行存款”等账户。

企业为职工缴纳的医疗保险费、工伤保险费、生育保险费等社会保险费和住房公积金，以及按规定提取的工会经费和职工教育经费，应当在职工为其提供服务的会计期间，根据规定的计提基础和计提比例计算确定相应的职工薪酬金额，并确认相关负债，按照受益对象计入当期损益或相关资产成本，借记“生产成本”“制造费用”“管理费用”等账户，贷记“应付职工薪酬”账户。

企业发生的职工福利费，应当在实际发生时根据实际发生额计入当期损益或相关资产成本。企业向职工提供非货币性福利的，应当按照公允价值计量。企业以自产的产品作为非货币性福利提供给职工的，应当按照该产品的公允价值和相关税费确定职工薪酬金额，并计入当期损益或相关资产成本。相关收入的确认、销售成本的结转以及相关税费的处理，与企业正常商品销售的会计处理相同。企业以外购的商品作为非货币性福利提供给职工的，应当按照该商品的公允价值和相关税费确定职工薪酬的金额，并计入当期损益或相关资产成本。企业将拥有的住房等资产无偿提供给职工使用的，应当根据受益对象，将该住房每期应计提的折旧计入相关资产成本或费用，同时确认应付职工薪酬。企业将租赁住房等资产提供给职工无偿使用的，应当根据受益对象，将每期应付的租金计入相关资产成本或费用，并确认应付职工薪酬。难以认定受益对象的非货币性福利，直接计入管理费用。

【例10-5】2×23年7月，甲公司当月应发工资1 560万元。其中，生产部门生产工人工资1 000万元；生产部门管理人员工资200万元；管理部门管理人员工资360万元。

根据甲公司所在地政府的规定，甲公司应当分别按照职工工资总额的10%和8%计提并缴存社会保险费和住房公积金。甲公司分别按照职工工资总额的2%和8%计提工会经费和职工教育经费。假定不考虑其他因素以及所得税的影响。

根据上述资料，甲公司计算2×23年7月份的职工薪酬金额如下：

应当计入生产成本的职工薪酬金额=1 000+1 000×（10%+8%+2%+8%）=1 280（万元）

应当计入制造费用的职工薪酬金额=200+200×（10%+8%+2%+8%）=256（万元）

应当计入管理费用的职工薪酬金额=360+360×（10%+8%+2%+8%）=460.80（万元）

甲公司根据有关原始凭证，编制如下会计分录：

借：生产成本	12 800 000	
制造费用	2 560 000	
管理费用	4 608 000	
贷：应付职工薪酬——工资		15 600 000
——社会保险费		1 560 000
——住房公积金		1 248 000
——工会经费		312 000
——职工教育经费		1 248 000

【例10-6】甲公司是一家生产电视机产品的企业，现有职工260名，其中一线生产工人为230名，总部管理人员为30名，2×23年3月，甲公司决定以自己生产的电视机每人一台作为福利发放给职工使用。该电视机的单位成本为2 000元，单位计税价格为3 000元，适用的增值税税率为13%。

（1）决定发放非货币性福利时，根据有关原始凭证，编制如下会计分录：

借：生产成本	779 700	

借：管理费用　101 700
　贷：应付职工薪酬——非货币性福利　881 400

（2）实际发放时，根据有关原始凭证，编制如下会计分录：

借：应付职工薪酬——非货币性福利　881 400
　贷：主营业务收入　780 000
　　应交税费——应交增值税（销项税额）　101 400
借：主营业务成本　520 000
　贷：库存商品　520 000

【例10-7】乙公司决定为企业的部门经理每人租赁住房1套，并提供轿车1辆免费使用，轿车的月折旧总额为10 000元，租赁住房的月租金总额为20 000元。

（1）计提轿车折旧时，根据有关原始凭证，编制如下会计分录：

借：管理费用　10 000
　贷：应付职工薪酬——非货币性福利　10 000
借：应付职工薪酬——非货币性福利　10 000
　贷：累计折旧　10 000

（2）确认租金费用时，根据有关原始凭证，编制如下会计分录：

借：管理费用　20 000
　贷：应付职工薪酬——非货币性福利　20 000
借：应付职工薪酬——非货币性福利　20 000
　贷：银行存款　20 000

（二）离职后福利

离职后福利，是指企业为获得职工提供的服务而在职工退休或与企业解除劳动关系后，提供的各种形式的报酬和福利，短期薪酬和辞退福利除外。企业应当将离职后福利计划分为设定提存计划和设定受益计划两种类型。

设定提存计划，是指企业向独立的基金缴存固定费用后，不再承担进一步支付义务的离职后福利计划。企业应在资产负债表日确认为换取职工在会计期间内为企业提供的服务而应付给设定提存计划的提存金，并作为一项费用计入当期损益或相关资产成本。

设定受益计划，是指除设定提存计划以外的离职后福利计划。企业应当采用预期累计福利单位法和适当的精算假设，确认和计量设定受益计划所产生的义务。

（三）辞退福利

辞退福利，是指企业在职工劳动合同到期之前解除与职工的劳动关系，或者为鼓励职工自愿接受裁减而给予职工的补偿。由于导致义务产生的事项是终止雇佣而不是为获得职工的服务，企业应当将辞退福利作为单独一类职工薪酬进行会计处理。

企业向职工提供辞退福利的，应当在下列两者孰早确认辞退福利产生的职工薪酬，并计入当期损益：

（1）企业不能单方面撤回因解除劳动关系计划或裁减建议所提供的辞退福利时。

（2）企业确认与涉及支付辞退福利的重组相关的成本或费用时。

企业应当按照辞退计划条款的规定，合理预计并确认辞退福利产生的应付职工薪酬。辞退福利预期在其确认的年度报告期结束后的12个月内完全支付的，应当适用短期薪酬的相关规定。辞退福利预期在年度报告期结束后12个月内不能完全支付的，应当适用其他长期职工福利的相关规定。

（四）其他长期职工福利

其他长期职工福利，是指除短期薪酬、离职后福利和辞退福利以外的其他所有职工福利，包括长期带薪缺勤、其他长期服务福利、长期残疾福利、长期利润分享计划和长期奖金计划等。

七、应交税费

应交税费，是指企业在生产经营过程中产生的应向国家缴纳的各种税费，主要包括增值税、消费税、城市维护建设税、教育费附加和所得税等。

（一）增值税

微课10-1

一分钟了解什么是增值税

增值税是以销售货物、提供加工修理修配劳务，销售服务、无形资产或不动产等各项活动的增值额为征税对象的一种流转税。在我国境内从事上述活动以及进口货物的单位和个人为增值税纳税义务人。

按照我国现行制度的规定，纳税义务人分为一般纳税人和小规模纳税人。小规模纳税人，是指年销售额在规定的数额以下、会计核算不健全的纳税义务人，其应交增值税采用简化的核算方法。

1. 增值税税率

一般纳税人采用的税率分为13%、9%、6%和零税率。

（1）一般纳税人销售货物、劳务、有形动产租赁服务或者进口货物，税率为13%。

（2）一般纳税人销售或者进口粮食等农产品、食用植物油、食用盐、自来水、暖气、冷气、热水、煤气、石油液化气、天然气、二甲醚、沼气、居民用煤炭制品、图书、报纸、杂志、音像制品、电子出版物、饲料、化肥、农药、农机、农膜，以及国务院及其有关部门规定的其他货物，税率为9%；提供交通运输、邮政、基础电信、建筑、不动产租赁服务，销售不动产，转让土地使用权，税率为9%。

（3）其他应税行为，税率为6%。

（4）一般纳税人出口货物，税率为零。但是，国务院另有规定的除外。境内单位和个人发生的跨境应税行为税率为零，具体范围由财政部和国家税务总局另行规定。

增值税的简易计税方法是按照销售额与征收率的乘积计算应纳税额，不得抵扣进项税额。应纳税额的计算公式：

应纳税额=销售额×征收率

公式中的销售额不包括其应纳税额，如果纳税人采用销售额和应纳税额合并定价的方法，应按照公式“销售额=含税销售额÷（1+征收率）”将含税销售额还原为不含税销售额计算。

增值税一般纳税人计算增值税大多采用一般计税方法；小规模纳税人一般采用简易计税方法；一般纳税人发生财政部和国家税务总局规定的特定应税销售行为，也可以选择简易计税方式计税，但是不得抵扣进项税额。采用简易计税方式的增值税征收率为3%，国家另有规定的除外。

2. 账户设置

增值税一般纳税人应当在“应交税费”账户下设置“应交增值税”“未交增值税”“预

交增值税”“待抵扣进项税额”“待认证进项税额”“待转销项税额”“转让金融商品应交增值税”“简易计税”“代扣代交增值税”“增值税留抵税额”等明细账户。

（1）“应交税费——应交增值税”明细账户。企业应交的增值税，在“应交税费”账户下设置“应交增值税”明细账户进行核算。“应交增值税”明细账户的借方发生额，反映企业购进货物或接受应税劳务支付的进项税额、实际已缴纳的增值税等；贷方发生额，反映销售货物或提供应税劳务应缴纳的销项税额、出口货物退税、转出已支付或应分担的增值税等。“应交增值税”二级账户月末应无余额，如有余额，应为借方余额，反映企业尚未抵扣的增值税。增值税一般纳税人应在“应交增值税”明细账内设置“进项税额”“销项税额抵减”“已交税金”“转出未交增值税”“减免税款”“出口抵减内销产品应纳税额”“销项税额”“出口退税”“进项税额转出”“转出多交增值税”等专栏。

（2）“应交税费——未交增值税”明细账户。该明细账户反映企业月末累计未交增值税或多交增值税。该明细账户贷方登记转入的当月应交未交增值税，借方登记转入的当月多交或预交的增值税和实际缴纳的以前期间欠缴增值税。该账户借方余额为累计多交增值税，贷方余额为累计未交增值税。

（3）“应交税费——预交增值税”明细账户。该明细账户反映企业转让不动产、提供不动产经营租赁服务、提供建筑服务、采用预收款方式销售自行开发的房地产项目等，以及其他按现行增值税制度规定的应预交的增值税税额。该明细账户借方登记预交的增值税，贷方登记转出的已经发生纳税义务的预交增值税，月末借方余额为尚未发生纳税义务的预交增值税。

（4）“应交税费——待抵扣进项税额”明细账户。该明细账户反映企业已取得增值税扣税凭证并经税务机关认证，按照现行增值税制度规定准予以后期间从销项税额中抵扣的进项税额。该明细账户借方登记支付的待抵扣进项税额，贷方登记转出的可以抵扣的进项税额，月末借方余额为以后期间可以抵扣的进项税额。

（5）“应交税费——待认证进项税额”明细账户。该明细账户反映企业由于未经税务机关认证而不得从当月销项税额中抵扣的进项税额，包括已取得增值税扣税凭证、按照现行增值税制度规定准予从销项税额中抵扣，但尚未经税务机关认证的进项税额；已申请稽核但尚未取得稽核相符结果的海关缴款书进项税额。该账户借方登记支付的待认证进项税额，贷方登记转出的经过认证的进项税额，月末借方余额为尚未认证的进项税额。

（6）“应交税费——待转销项税额”明细账户。该明细账户反映企业销售货物、加工修理修配劳务、服务、无形资产或不动产，已确认相关收入（或利得）但尚未发生增值税纳税义务而需于以后期间确认为销项税额的增值税税额。该账户贷方登记未来应缴纳的销项税额，借方登记转出的确认的销项税额，月末贷方余额为未来应缴纳的销项税额。

（7）“应交税费——转让金融商品应交增值税”明细账户。该明细账户反映企业转让金融商品发生的增值税税额。该账户贷方登记转让金融商品应缴纳的销项税额，以及月末转入“未交增值税”明细账户的多交增值税，借方登记转让金融商品亏损可以抵扣的增值税税额、本月缴纳的增值税税额以及月末转入“未交增值税”明细账户的未交增值税，月末借方余额为转让金融商品亏损尚未抵扣的增值税税额。

（8）“应交税费——简易计税”明细账户。该明细账户反映企业发生的教育辅助服务等采用简易计税方法应交的增值税。该账户贷方登记应交增值税，借方登记抵扣、预交、补交的增值税，月末贷方余额为未交的增值税，借方余额为多交的增值税。

(9)“应交税费——代扣代交增值税”明细账户。该明细账户反映企业购进在境内未设经营机构的境外单位或个人在境内的应税行为代扣代交的增值税。该明细账户贷方登记代扣的增值税，借方登记代交的增值税，月末贷方余额为未交的增值税。

小规模纳税人只需在“应交税费”账户下设置“应交增值税”明细账户，不需要设置上述专栏及除“转让金融商品应交增值税”“代扣代交增值税”以外的明细账户。

3. 增值税进项税额

增值税进项税额，是指一般纳税人购进货物、加工修理修配劳务、服务、无形资产或不动产等而支付或负担的且经过税务机关认证可以在当月抵扣的增值税税额。待抵扣进项税额是指一般纳税人购进货物、加工修理修配劳务、服务、无形资产或不动产等而支付或负担的且经过税务机关认证可以在以后期间抵扣的增值税税额。企业支付的增值税进项税额能否在销项税额中抵扣，应视具体情况而定。

(1) 不得抵扣的进项税额。按照我国税法的规定，下列项目的进项税额不得从销项税额中抵扣：①用于简易计税项目、免征增值税项目、集体福利或者个人消费的购进货物、加工修理修配劳务、服务、无形资产或不动产；用于企业的交际应酬消费属于个人消费。②非正常损失的购进货物，以及相关的加工修理修配劳务和交通运输服务。③非正常损失的在产品、产成品所耗用的购进货物（不包括固定资产）、加工修理修配劳务和交通运输服务。④非正常损失的不动产，以及该不动产所耗用的购进货物、设计服务和建筑服务。⑤非正常损失的不动产在建工程所耗用的购进货物、设计服务和建筑服务。新建、改建、扩建、修缮、装饰不动产，均属于不动产在建工程。⑥购进的旅客运输服务、贷款服务、餐饮服务、居民日常服务和娱乐服务。⑦财政部和国家税务总局规定的其他情形。

其中，非正常损失，是指因管理不善造成货物被盗、丢失、霉烂变质，以及因违反法律法规造成货物或者不动产被依法没收、销毁、拆除的情形。非正常损失的不动产以及在建工程所耗用的购进货物，是指构成不动产实体的材料和设备，包括建筑装饰材料和给排水、采暖、卫生、通风、照明、通信、煤气、消防、中央空调、电梯、电气、智能化楼宇设备及配套设施。

(2) 可以抵扣的进项税额。可以抵扣的进项税额分为两种情况：取得增值税扣税凭证和未取得增值税扣税凭证。

① 取得增值税扣税凭证。企业购进的一般货物及接受的应税劳务，必须取得增值税扣税凭证，才能从销项税额中抵扣。企业购进货物或接受应税劳务时，应根据增值税专用发票中货物或应税劳务的价款，借记“原材料”“库存商品”“固定资产”“在建工程”“管理费用”“销售费用”等账户，根据税务机关认证的增值税专用发票中的增值税税额，借记“应交税费——应交增值税（进项税额）”账户；根据全部价款，贷记“银行存款”等账户。

② 未取得增值税扣税凭证。企业购进农产品，除取得增值税专用发票或者海关进口增值税专用缴款书外，按照农产品收购发票或者销售发票上注明的农产品买价和9%的扣除率计算进项税额；购进用于生产销售或委托加工13%税率货物的农产品，按照农产品收购发票或者销售发票上注明的农产品买价和10%的扣除率计算进项税额。进行账务处

理时，借记“应交税费——应交增值税（进项税额）”账户，按农产品买价扣除进项税额后的差额，借记“材料采购”“在途物资”“原材料”“库存商品”等账户，按照应付或实际支付的价款，贷记“应付账款”“应付票据”“银行存款”等账户。

【例10-8】甲公司为增值税一般纳税人，本期购入一批原材料，增值税专用发票上注明的原材料价款为600万元，增值税进项税额为78万元。货款已经支付，材料已经到达并验收入库。该公司当期销售产品收入为1 200万元（不含应向购买者收取的增值税），符合收入确认条件，货款尚未收到。假定该产品适用的增值税税率为13%，不缴纳消费税。

（1）甲公司购入原材料时，根据有关原始凭证，编制如下会计分录：

借：原材料	6 000 000	
应交税费——应交增值税（进项税额）	780 000	
贷：银行存款		6 780 000

（2）甲公司销售产品时，根据有关原始凭证，编制如下会计分录：

销项税额=1 200×13%=156（万元）

借：应收账款	13 560 000	
贷：主营业务收入		12 000 000
应交税费——应交增值税（销项税额）		1 560 000

【例10-9】甲公司为增值税一般纳税人，购入农产品一批，农产品收购发票上注明的买价为200 000元，规定的扣除率为9%，货物尚未到达，价款已用银行存款支付。

根据有关原始凭证，编制如下会计分录：

借：在途物资	182 000	
应交税费——应交增值税（进项税额）	18 000	
贷：银行存款		200 000

可抵扣的进项税额=购买价款×扣除率=200 000×9%=18 000（元）

【例10-10】乙企业购入精装修房屋一套，买价2 000 000元，应交增值税180 000元，共计2 180 000元，用银行存款支付；已收到增值税专用发票，经税务机关认证可以抵扣。

根据有关原始凭证，编制如下会计分录：

借：固定资产	2 000 000	
应交税费——应交增值税（进项税额）	180 000	
贷：银行存款		2 180 000

【例10-11】甲公司为增值税一般纳税人，本期购入一批材料，增值税专用发票上注明的增值税进项税额为13万元，材料价款为100万元。材料已入库，货款已经支付（假定该公司材料采用实际成本法进行核算）。材料入库后，该公司将该批材料全部用于办公楼工程建设项目。

（1）材料入库时，根据有关原始凭证，编制如下会计分录：

借：原材料	1 000 000	
应交税费——应交增值税（进项税额）	130 000	
贷：银行存款		1 130 000

（2）工程领用材料时，根据有关原始凭证，编制如下会计分录：

借：在建工程 1 000 000

　贷：原材料 1 000 000

4. 增值税待认证进项税额

待认证进项税额，是指已经取得增值税专用发票但尚未经过税务机关认证而不得从当期销项税额中抵扣的增值税税额。企业购进货物、加工修理修配劳务、服务、无形资产、不动产及不动产在建工程时，应根据增值税专用发票中货物、加工修理修配劳务、服务、无形资产、不动产以及不动产在建工程的价款，借记“原材料”“库存商品”“固定资产”“工程物资”“在建工程”“无形资产”“管理费用”“销售费用”等账户；根据未经税务机关认证的可抵扣增值税税额，借记“应交税费——待认证进项税额”账户；根据全部价款，贷记“银行存款”等账户。待税务机关认证以后，应根据认证的增值税税额，借记“应交税费——应交增值税（进项税额）”“应交税费——待抵扣进项税额”账户，贷记“应交税费——待认证进项税额”账户。

【例 10-12】甲公司 2×23 年 8 月份赊购原材料一批，买价 200 000 元，应交增值税 26 000 元，原材料已验收入库，已收到增值税专用发票，但尚未经税务机关认证。

根据发生的有关增值税待认证进项税额的业务，编制如下会计分录：

借：原材料 200 000

　　应交税费——待认证进项税额 26 000

　贷：应付账款 226 000

5. 增值税进项税额转出

一般纳税人在购进货物时如果不能直接认定其进项税额能否抵扣，支付的进项税额可以先予以抵扣，待以后用于不得抵扣进项税额的项目或发生非正常损失时，再将其进项税额转出，抵减当期进项税额。进项税额转出时，应借记有关账户，贷记“应交税费——应交增值税（进项税额转出）”账户。

企业的固定资产、无形资产或不动产改变用途，用于不得抵扣进项税额的项目或发生非正常损失时，其不得抵扣的进项税额计算方法如下：

不得抵扣的进项税额=固定资产、无形资产或不动产净值×适用税率

【例 10-13】乙企业 2×23 年 8 月由于管理不善，毁损产成品一批，实际成本 80 000 元，所耗购进货物及应税劳务的进项税额为 8 900 元。

根据有关原始凭证，编制如下会计分录：

借：待处理财产损溢 88 900

　贷：库存商品 80 000

　　　应交税费——应交增值税（进项税额转出） 8 900

6. 增值税销项税额

增值税销项税额，是指一般纳税人销售货物、加工修理修配劳务、服务、无形资产或不动产收取价款中所含的增值税税额。销项税额抵减，是指因扣减销售额而减少的销项税额。

（1）计征增值税的销售额。计征增值税的销售额，是指企业销售货物或提供应税劳务向购买方收取的除销项税额、代扣代缴的消费税以及代垫运杂费以外的全部价款和价外费用。价外费用主要包括手续费、包装费、违约金（延期付款利息）以及运杂费等。

（2）销项税额的计算。企业如果采用不含税定价的方法，销项税额可以直接根据不含税的销售额乘以增值税税率计算；如果采用含税合并定价的方法，销项税额应根据下列公式计算：先将含税销售额按公式“销售额=含税销售额÷（1+增值税税率）”还原为不含税销售额，再按不含税销售额计算销项税额，即：销项税额=不含税销售额×增值税税率。

企业销售货物、加工修理修配劳务、服务、无形资产或不动产以后，应根据全部价款，借记“银行存款”等账户，根据其他价款和价外费用，贷记“主营业务收入”“固定资产清理”等账户，根据销项税额，贷记“应交税费——应交增值税（销项税额）”账户。若该业务发生销售退回或销售折让，应根据冲减的销售额，借记“主营业务收入”等账户，根据冲减的销项税额，借记“应交税费——应交增值税（销项税额抵减）”账户，根据退回的全部价款，贷记“银行存款”等账户。

（3）视同销售行为。视同销售行为主要包括：①将自产或委托加工的货物用于免征增值税项目；②将自产或委托加工的货物用于集体福利或个人消费；③将自产、委托加工或购买的货物以及无形资产、不动产用于投资、提供给其他单位或个体经营者；④将自产、委托加工或购买的货物分配给股东或投资者；⑤将自产、委托加工或购买的货物以及无形资产、不动产无偿赠送他人；⑥向其他单位或者个人无偿提供服务。

上述视同销售行为，企业均按照资产处置的方法进行核算。

【例10–14】甲公司3月份销售甲产品100件，不含税的价款为5 000 000元，适用的增值税税率为13%，增值税销项税额为650 000元，款项收到，并已存入银行；该批产品成本为3 000 000元。

根据有关原始凭证，编制如下会计分录：

借：银行存款	5 650 000	
贷：主营业务收入		5 000 000
应交税费——应交增值税（销项税额）		650 000
借：主营业务成本	3 000 000	
贷：库存商品		3 000 000

【例10–15】甲公司为增值税一般纳税人，本期以自产产品对乙公司投资，双方协议按产品的售价作价。该批产品的成本为200万元，假设售价和计税价格均为220万元。该产品适用的增值税税率为13%。假定该笔交易符合非货币性资产交换准则规定的按公允价值计量的条件，乙公司收到投入的产品作为原材料使用。假定乙公司原材料采用实际成本法进行核算。

（1）根据上述经济业务，甲公司的账务处理如下：

对外投资转出计算的销项税额=220×13%=28.60（万元）

①确认收入时，根据有关原始凭证，编制如下会计分录：

借：长期股权投资	2 486 000	
贷：主营业务收入		2 200 000
应交税费——应交增值税（销项税额）		286 000

②结转成本时，根据有关原始凭证，编制如下会计分录：

借：主营业务成本	2 000 000	
贷：库存商品		2 000 000

（2）根据上述经济业务，乙公司的账务处理如下：

收到投资时，视同购进处理，根据有关原始凭证，编制如下会计分录：

借：原材料　　2 200 000

　　应交税费——应交增值税（进项税额）　　286 000

　贷：实收资本　　2 486 000

7. 增值税出口退税及出口抵减内销产品应纳税额

按照税法的规定，出口货物的增值税税率为零，即出口货物在出口环节不征收增值税，但企业在购进出口货物或购进出口货物所耗原材料时还要照章支付增值税进项税额。企业支付的进项税额，按规定可以先计入增值税进项税额，在货物出口以后，再根据出口报关单等有关凭证，向税务机关申报办理该项出口货物的退税。

未实行“免、抵、退”办法的企业出口货物按规定退税的，应根据按照相关规定计算的应收出口退税额，借记“应收出口退税款”账户，贷记“应交税费——应交增值税（出口退税）”账户。收到出口退税时，借记“银行存款”账户，贷记“应收出口退税款”账户。退税额低于购进时取得的增值税专用发票上的增值税税额的差额，借记“主营业务成本”账户，贷记“应交税费——应交增值税（进项税额转出）”账户。

实行“免、抵、退”办法的企业出口货物，按相关规定计算的出口退税额，可以抵减内销产品的销项税额，借记“应交税费——应交增值税（出口抵减内销产品应纳税额）”账户，贷记“应交税费——应交增值税（出口退税）”账户。在规定期限内，内销产品的应纳税额不足以抵减出口货物的进项税额的，不足部分按有关税法规定给予退税的，应在实际收到退税款时，借记“银行存款”账户，贷记“应交税费——应交增值税（出口抵减内销产品应纳税额）”账户。

8. 小规模纳税人的账务处理

小规模纳税人应交增值税的核算采用简化的方法，即购进货物或接受应税劳务支付的增值税进项税额，一律不予抵扣，均计入购进货物和接受应税劳务的成本；销售货物或提供应税劳务时，按应征增值税销售额的3%计算，但不得开具增值税专用发票。

小规模纳税企业的特点：一是小规模纳税企业销售货物或者提供应税劳务，一般情况下，只能开具普通发票，不能开具增值税专用发票；二是小规模纳税企业销售货物或提供应税劳务，实行简易办法计算应纳税额，按照销售额的一定比例计算；三是小规模纳税企业的销售额不包括其应纳税额，采用销售额和应纳税额合并定价方法的，按照公式“销售额=含税销售额÷（1+征收率）”还原为不含税销售额计算。

从会计核算角度来看，首先，小规模纳税企业购入货物无论是否取得增值税专用发票，其支付的增值税税额均不计入进项税额，不得由销项税额抵扣，应计入购入货物的成本。相应地，其他企业从小规模纳税企业购入货物或接受劳务支付的增值税税额，如果不能取得增值税专用发票，也不能作为进项税额抵扣，而应计入购入货物或应税劳务的成本；其次，小规模纳税企业的销售收入按不含税价格计算。另外，小规模纳税企业“应交税费——应交增值税”账户，应采用三栏式账户。

【例10-16】甲公司为增值税小规模纳税人，本期购入原材料，按照增值税专用发票上记载的原材料价款为100万元，支付的增值税税额为13万元，公司开出承兑的商业汇票，材料已到达并验收入库（材料按实际成本法核算）。该公司本期销售产品，销售价格总额为90万元（含税），假定符合收入确认条件，货款尚未收到。

（1）购进货物时，根据有关原始凭证，编制如下会计分录：

借：原材料　1 130 000

　贷：应付票据　1 130 000

（2）销售货物时，根据有关原始凭证，编制如下会计分录：

不含税价格=90÷（1+3%）=87.3786（万元）

应交增值税=87.3786×3%=2.6214（万元）

借：应收账款　900 000

　贷：主营业务收入　873 786

　　应交税费——应交增值税　26 214

9. 转出多交增值税和未交增值税的账务处理

为了分别反映增值税一般纳税人欠缴增值税和待抵扣增值税的情况，确保企业及时足额上缴增值税，避免出现企业用以前月份欠缴增值税抵扣以后月份未抵扣的增值税的情况，企业应在“应交税费”账户下设置“未交增值税”明细账户，核算企业月份终了从“应交税费——应交增值税”账户转入的当月未交或多交的增值税；同时，在“应交税费——应交增值税”账户下设置“转出未交增值税”和“转出多交增值税”专栏。月份终了，企业计算出当月应交未交的增值税，借记“应交税费——应交增值税（转出未交增值税）”账户，贷记“应交税费——未交增值税”账户；当月多交的增值税，借记“应交税费——未交增值税”账户，贷记“应交税费——应交增值税（转出多交增值税）”账户，经过结转后，月份终了，“应交税费——应交增值税”账户的余额，反映企业尚未抵扣的增值税。

值得注意的是，企业当月缴纳当月的增值税，仍然通过“应交税费——应交增值税（已交税金）”账户核算；当月缴纳以前各期未交的增值税，通过“应交税费——未交增值税”账户核算，不通过“应交税费——应交增值税（已交税金）”账户核算。

（二）消费税

微课10-2

消费税小知识

为了正确引导消费方向，国家在普遍征收增值税的基础上，选择部分消费品再征收一道消费税。消费税的征收方法采取从价定率、从量定额或复合计税的方法。实行从价定率办法计征的应纳税额的税基为销售额，如果企业应税消费品的销售额中未扣除增值税税额，或者因不能开具增值税专用发票而发生价款和增值税税额合并收取的，在计算消费税时，按公式“应税消费品的销售额=含增值税的销售额÷（1+增值税税率或征收率）”换算为不含增值税税额的销售额。实行从量定额办法计征的应纳税额的销售数量，是指应税消费品的数量。属于销售应税消费品的，为应税消费品的销售数量；属于自产自用应税消费品的，为应税消费品的移送使用数量；属于委托加工应税消费品的，为纳税人收回的应税消费品数量；属于进口应税消费品的，为海关核定的应税消费品进口征税数量。

1. 账户设置

按规定应交的消费税，在“应交税费”账户下设置“应交消费税”明细账户核算。“应交消费税”明细账户的借方发生额，反映实际缴纳的消费税和待扣的消费税，贷方发生额，反映按规定应缴纳的消费税，期末贷方余额，反映尚未缴纳的消费税，期末借方余额，反映多交或待扣的消费税。

2. 产品销售的账务处理

企业销售产品时应缴纳的消费税，应区分情况进行处理：

企业将生产的产品直接对外销售的，对外销售产品应缴纳的消费税，通过“税金及附加”账户核算；企业按规定计算应交的消费税，借记“税金及附加”账户，贷记“应交税费——应交消费税”账户。

【例10-17】甲公司为增值税一般纳税人（采用计划成本核算原材料），本期销售其生产的应纳消费税产品，应纳消费税产品的售价为20万元（不含应向购买者收取的增值税税额），产品成本为15万元。该产品适用的增值税税率为13%，消费税税率为10%。产品已经发出，符合收入确认条件；款项尚未收到。

根据这项经济业务，甲公司的账务处理如下：

应向购买者收取的增值税销项税额=200 000×13%=26 000（元）

应交的消费税=200 000×10%=20 000（元）

（1）确认收入时，根据有关原始凭证，编制如下会计分录：

借：应收账款	226 000	
贷：主营业务收入		200 000
应交税费——应交增值税（销项税额）		26 000

（2）计提应交的消费税时，根据有关原始凭证，编制如下会计分录：

借：税金及附加	20 000	
贷：应交税费——应交消费税		20 000

（3）结转产品销售成本时，根据有关原始凭证，编制如下会计分录：

借：主营业务成本	150 000	
贷：库存商品		150 000

企业将自产的应税消费品用于本企业生产非应税消费品、在建工程、管理部门、非生产机构、集体福利、个人消费，或用于对外投资、分配给股东或投资者或无偿捐赠给他人，均应视同销售，计算缴纳消费税。

3. 委托加工应税消费品的账务处理

按照税法规定，企业委托加工的应税消费品，由受托方在向委托方交货时代收代缴税款（除受托加工或翻新改制金银首饰按规定由受托方缴纳消费税外）。委托加工的应税消费品，委托方用于连续生产应税消费品的，所纳税款准予按规定抵扣。这里的委托加工应税消费品，是指由委托方提供原料和主要材料，受托方只收取加工费和代垫部分辅助材料加工的应税消费品，对于由受托方提供原材料生产的应税消费品，或者受托方先将原材料卖给委托方，然后再接受加工的应税消费品，以及由受托方以委托方名义购进原材料生产的应税消费品，都不作为委托加工应税消费品，而应当按照销售自制应税消费品缴纳消费税。委托加工的应税消费品直接出售的，不再征收消费税。

在会计处理时，需要缴纳消费税的委托加工应税消费品，于委托方提货时，由受托方代收代缴税款。受托方按应扣税款金额，借记“应收账款”“银行存款”等账户，贷记“应交税费——应交消费税”账户。委托加工应税消费品收回后直接用于销售的，委托方应将代收代缴的消费税计入委托加工的应税消费品成本，借记“委托加工物资”“生产成本”等账户，贷记“应付账款”“银行存款”等账户，待委托加工应税消费品销售时，不需要再缴纳消费税；委托加工的应税消费品收回后用于连续生产应税消费品，按规定准予抵扣的，委托方应按代收代缴的消费税税款，借记“应交税费——应交消费税”账户，贷记“应付账款”“银行存款”等账户，待用委托加工的应税消费品生产出应纳消费税的产品销售时，再缴纳消费税。

【例10-18】甲公司委托外单位加工材料（非金银首饰），原材料价款20万元，加工费用5万元，应交增值税0.65万元，由受托方代收代缴的消费税为0.5万元，材料已经加工完毕验收入库，相关款项已用银行存款支付。假定该公司材料采用实际成本核算。

（1）如果委托方收回加工后的材料用于继续生产应税消费品，委托方的账务处理如下：

①拨付加工原材料时，根据有关原始凭证，编制如下会计分录：

借：委托加工物资	200 000	
贷：原材料		200 000

②支付加工费及增值税时，根据有关原始凭证，编制如下会计分录：

借：委托加工物资	50 000	
应交税费——应交增值税（进项税额）	6 500	
贷：银行存款		56 500

③支付消费税时，根据有关原始凭证，编制如下会计分录：

借：应交税费——应交消费税	5 000	
贷：银行存款		5 000

④收回委托加工物资时，根据有关原始凭证，编制如下会计分录：

借：原材料	250 000	
贷：委托加工物资		250 000

（2）如果委托方收回加工后的材料直接用于销售，委托方的账务处理如下：

①拨付加工原材料时，根据有关原始凭证，编制如下会计分录：

借：委托加工物资	200 000	
贷：原材料		200 000

②支付加工费及增值税时，根据有关原始凭证，编制如下会计分录：

借：委托加工物资	50 000	
应交税费——应交增值税（进项税额）	6 500	
贷：银行存款		56 500

③支付消费税时，根据有关原始凭证，编制如下会计分录：

借：委托加工物资	5 000	
贷：银行存款		5 000

④收回委托加工物资时，根据有关原始凭证，编制如下会计分录：

借：原材料	255 000	
贷：委托加工物资		255 000

（三）应交城市维护建设税与教育费附加

城市维护建设税与教育费附加均为一种附加税。按照现行税法规定，城市维护建设税应根据应交增值税、消费税之和的一定比例计算缴纳。城市维护建设税与教育费附加均为一种价内税，应由营业收入来补偿。

结转应交城市维护建设税与教育费附加时，应借记“税金及附加”账户，贷记“应交税费——应交城市维护建设税”“应交税费——应交教育费附加”账户。实际缴纳城市维护建设税与教育费附加时，借记“应交税费——应交城市维护建设税”“应交税费——应交教育费附加”账户，贷记“银行存款”账户。

（四）其他应交税费

1. 资源税

资源税，是指以各种应税自然资源为课税对象、为了调节资源级差收入并体现国有资源有偿使用而征收的一种税。我国资源税的征税范围相对较窄，仅选择了较为普遍，且易于征收管理的矿产品和盐等列为征税范围。2016年7月1日我国实行资源税改革，全面扩大资源税征收范围，征收方式由从量征收改为从价征收。

在会计核算时，企业按规定计算出销售应税产品应缴纳的资源税，借记“税金及附加”账户，贷记“应交税费——应交资源税”账户；企业计算自产自用的应税产品应缴纳的资源税，借记“生产成本”“制造费用”等账户，贷记“应交税费——应交资源税”账户。收购未税矿产品时，企业应按收购未税矿产品实际支付的收购款以及代扣代缴的资源税，作为收购矿产品的成本，将代扣代缴的资源税记入“应交税费——应交资源税”账户。

2. 土地增值税

转让国有土地使用权、地上建筑物及其附着物并取得收入的单位和个人，均应缴纳土地增值税。土地增值税按照转让房地产所取得的增值额和规定的税率计算征收。土地增值税税额的计算公式为：

土地增值税税额=出售房地产的总收入-扣除项目金额

在会计核算时，企业缴纳的土地增值税通过“应交税费——应交土地增值税”账户核算。兼营房地产业务的企业，应由当期收入负担的土地增值税，借记“税金及附加”账户，贷记“应交税费——应交土地增值税”账户。转让的国有土地使用权、地上建筑物及其附着物一并在“固定资产”或“在建工程”账户核算的，转让时应缴纳的土地增值税，借记“固定资产清理”“在建工程”账户，贷记“应交税费——应交土地增值税”账户。企业在项目全部竣工结算前转让房地产取得的收入，按税法规定预交的土地增值税，借记“应交税费——应交土地增值税”账户，贷记“银行存款”等账户；待该项房地产销售收入实现时，再按上述销售业务的会计处理方法进行处理。该项目全部竣工、办理结算后进行清算，收到退回多交的土地增值税，借记“银行存款”等账户，贷记“应交税费——应交土地增值税”账户，补缴的土地增值税应编制相反的会计分录。

3. 房产税、城镇土地使用税、车船税和印花税

房产税是国家在城市、县城、建制镇和工矿区征收的由产权所有人缴纳的一种税。房产税依照房产原值一次减除10%至30%后的余额计算缴纳。没有房产原值作为依据的，由房产所在地税务机关参考同类房产核定；房产出租的，以房产租金收入为房产税的计税依据。城镇土地使用税是国家为了合理利用城镇土地，调节土地级差收入，提高土地使用效益，加强土地管理而开征的一种税，以纳税人实际占用的土地面积为计税依据，依照规

定税率计算征收。车船税由拥有并且使用车船的单位和个人缴纳。车船税按照适用税率计算缴纳。

企业按规定计算应交的房产税、城镇土地使用税、车船税时，借记“税金及附加”账户，贷记“应交税费——应交房产税（或城镇土地使用税、车船税）”账户；上缴时，借记“应交税费——应交房产税（或城镇土地使用税、车船税）”账户，贷记“银行存款”账户。

印花税是对经济活动和经济交往中书立、领受、使用的应税经济凭证征收的一种税。在中华人民共和国境内书立应税凭证、进行证券交易的单位和个人，为印花税的纳税人，应当依照《中华人民共和国印花税法》（以下简称《印花税法》）的规定缴纳印花税。应税凭证，包括买卖合同、借款合同、融资租赁合同、租赁合同、承揽合同、建设工程合同、运输合同、技术合同、保管合同、仓储合同、财产保险合同；产权转移书据；营业账簿；证券交易等。如果一份合同或应税凭证由两方或两方以上当事人共同签订，签订合同或应税凭证的各方都是纳税人，应各就其所持合同或应税凭证的计税金额履行纳税义务。

印花税实行比例税率，按照凭证所标明的确定的金额按比例计算应纳税额。企业缴纳的印花税，不会发生应付未付税款的情况，不需要预计应纳税金额，同时也不存在与税务机关结算或者清算的问题。因此，企业缴纳的印花税不需要通过“应交税费”账户核算。在购买印花税票时，直接借记“税金及附加”账户，贷记“银行存款”账户。

4. 所得税

企业的生产、经营所得和其他所得，依照企业所得税法及其实施条例的规定需要缴纳所得税。企业应缴纳的所得税，在“应交税费”账户下设置“应交所得税”明细账户核算；当期应计入损益的所得税，作为一项费用，在净收益前扣除。企业按照一定方法计算，计入损益的所得税，借记“所得税费用”等账户，贷记“应交税费——应交所得税”账户。

5. 耕地占用税

耕地占用税，是指国家为了利用土地资源、加强土地管理、保护农用耕地而征收的一种税。耕地占用税以实际占用的耕地面积计税，按照规定税率一次征收。企业缴纳的耕地占用税不需要通过“应交税费”账户核算。企业按规定计算缴纳耕地占用税时，借记“在建工程”账户，贷记“银行存款”账户。

八、应付利息

应付利息，是指企业按照合同约定应支付的利息，包括应收存款、分期付息到期还本的长期借款、企业债券等应支付的利息。

资产负债表日，应按摊余成本和实际利率计算确定的利息费用，借记“在建工程”“财务费用”“研发支出”等账户，按合同利率计算确定的应付未付利息，贷记“应付利息”账户，按借贷双方之间的差额，借记或贷记“长期借款——利息调整”等账户。

合同利率与实际利率差异较小的，也可以采用合同利率计算确定利息费用。实际支付利息时，借记“应付利息”账户，贷记“银行存款”等账户。

该账户期末贷方余额，反映企业应付未付的利息。

九、应付股利

应付股利，是指企业经股东大会或类似机构审议批准分配的现金股利或利润，企业股东大会或类似机构审议批准的利润分配方案、宣告分配的现金股利或利润，在实际支付前形成企业负债。企业经股东大会或类似机构审议批准的利润分配方案，按应支付的现金股利或利润，借记“利润分配”账户，贷记“应付股利”账户；实际支付现金股利或利润时，借记“应付股利”账户，贷记“银行存款”等账户。

企业董事会或类似机构通过的利润分配方案中拟分配的现金股利或利润，不应确认负债，但应在附注中披露。

十、其他应付款

其他应付款，是指企业除短期借款、应付票据、应付账款、预收账款、应付职工薪酬、应付利息、应付股利、应交税费等以外的其他各项偿付期在1年以内的款项，如应付租入固定资产和包装物的租金、存入保证金、应付统筹退休金等。“其他应付款”账户应按照其他应付款的项目和对方单位（或个人）进行明细核算，期末贷方余额，反映企业尚未支付的其他应付款项。

其他应付款项的数额一般能够直接确定。发生其他应付款时，应借记“管理费用”等账户，贷记“其他应付款”账户；偿付其他应付款时，应借记“其他应付款”账户，贷记“银行存款”等账户。

【例10-19】甲公司在销售产品的过程中，出借给购货企业一批包装物，收到该企业以银行存款支付的押金5 000元。

（1）收到押金5 000元时，根据有关原始凭证，编制如下会计分录：

借：银行存款	5 000	
贷：其他应付款——存入保证金		5 000

（2）包装物如期归还，退还押金时，根据有关原始凭证，编制如下会计分录：

借：其他应付款——存入保证金	5 000	
贷：银行存款		5 000

第三节　非流动负债

一、非流动负债概述

非流动负债，又称长期负债，是指偿还期限在1年或者超过1年的一个营业周期以上的债务。非流动负债的主要项目有长期借款、应付债券、长期应付款等。非流动负债主要是企业为筹集长期投资项目所需资金而发生的，如企业为购买大型设备而向银行借入的中长期贷款等。

二、长期借款

长期借款，是指企业从银行或其他金融机构借入的期限在1年以上（不含1年）的借款。

企业借入各种长期借款时，按实际收到的款项，借记“银行存款”账户，贷记“长期借款——本金”账户；按借贷双方之间的差额，借记“长期借款——利息调整”账户。

在资产负债表日，企业应按长期借款的摊余成本和实际利率计算确定的长期借款的利息费用，借记“在建工程”“财务费用”“制造费用”等账户，按借款本金和合同利率计算确定的应付未付利息，贷记“应付利息”或“长期借款——应计利息”账户，按其差额，贷记“长期借款——利息调整”账户。

企业归还长期借款，按归还的长期借款本金，借记“长期借款——本金”账户，按转销的利息调整金额，贷记“长期借款——利息调整”账户，按实际归还的款项，贷记“银行存款”账户，按借贷双方之间的差额，借记“在建工程”“财务费用”“制造费用”等账户。

【例10-20】甲公司2×21年1月1日从银行借入人民币借款400 000元，用于扩建厂房。该笔借款期限为3年、年利率为10%、按复利计息、到期一次还本付息。厂房扩建工程于2×22年1月1日达到预定可使用状态。假定资产达到预定可使用状态以前的利息费用全部予以资本化。

（1）2×21年1月1日，借入长期借款时，根据有关原始凭证，编制如下会计分录：

借：银行存款 400 000

　贷：长期借款——本金 400 000

（2）2×21年12月31日，计提借款利息时，根据有关原始凭证，编制如下会计分录：

应计利息=400 000×10%=40 000（元）

借：在建工程 40 000

　贷：长期借款——应计利息 40 000

（3）2×22年12月31日，计提借款利息时，根据有关原始凭证，编制如下会计分录：

应计利息=（400 000+40 000）×10%=44 000（元）

借：财务费用 44 000

　贷：长期借款——应计利息 44 000

（4）2×23年12月31日，计提借款利息时，根据有关原始凭证，编制如下会计分录：

应计利息=（400 000+40 000+44 000）×10%=48 400（元）

借：财务费用 48 400

　贷：长期借款——应计利息 48 400

（5）2×24年1月1日，还本付息时，根据有关原始凭证，编制如下会计分录：

借：长期借款——本金 400 000

　　　　　——应计利息 132 400

　贷：银行存款 532 400

三、应付债券

（一）一般公司债券

1. 公司债券的发行

债券

企业发行的1年期以上的债券，构成了企业的长期负债。公司债券的发行方式有面值发行、溢价发行、折价发行三种。假设其他条件不变，债券的票面利率高于同期银行存款利率时，可按超过债券票面价值的价格发行，称为溢价发行。溢价是企业以后各期多付利息而事先得到的补偿。如果债券的票面利率低于同期银行存款利率，可按低于债券面值的价格发行，称为折价发行。折价是企业以后各期少付利息而事先付出的代价。如果债券的票面利率与同期银行存款利率相同，可按票面价格发行，称为面值发行。溢价或折价是发行债券企业在债券存续期间内对利息费用的一种调整。

无论是按面值发行，还是溢价发行或折价发行，均按债券面值记入“应付债券”账户，实际收到的款项与面值的差额，记入“利息调整”明细账户。企业发行债券时，按实际收到的款项，借记“银行存款”“库存现金”等账户，按债券票面价值，贷记“应付债券——面值”账户，按实际收到的款项与票面价值之间的差额，贷记或借记“应付债券——利息调整”账户。

国家债券的取得

公司债券

2. 利息调整的摊销

利息调整应在债券存续期间内采用实际利率法进行摊销。实际利率法，是指按照应付债券的实际利率计算其摊余成本及各期利息费用的方法。实际利率，是指将应付债券在债券存续期间的未来现金流量，折现为该债券当前账面价值所使用的利率。

在资产负债表日，对于分期付息、一次还本的债券，企业应按应付债券的摊余成本和实际利率计算确定的债券利息费用，借记“在建工程”“制造费用”“财务费用”等账户，按票面利率计算确定的应付未付利息，贷记“应付利息”账户，按其差额，借记或贷记“应付债券——利息调整”账户。

【例10-21】2×19年12月31日，甲公司经批准发行4年期一次还本、分期付息的公司债券1 000万元，债券利息在每年12月31日支付，票面年利率为6%。假定债券发行时的市场利率为3%。甲公司该批债券实际发行价格为1 100万元。甲公司采用实际利率法计算利息费用。

（1）2×19年12月31日，发行债券时，根据有关原始凭证，编制如下会计分录：

借：银行存款	11 000 000	
贷：应付债券——面值		10 000 000
——利息调整		1 000 000

（2）2×20年12月31日，计提利息费用时，根据有关原始凭证，编制如下会计分录：

借：财务费用	330 000	
应付债券——利息调整	270 000	
贷：应付利息		600 000
借：应付利息	600 000	
贷：银行存款		600 000

（3）2×21年12月31日，计提利息费用时，根据有关原始凭证，编制如下会计分录：

借：财务费用	321 900	
应付债券——利息调整	278 100	
贷：应付利息		600 000
借：应付利息	600 000	
贷：银行存款		600 000

（4）2×22年12月31日，计提利息费用时，根据有关原始凭证，编制如下会计分录：

借：财务费用	313 557	
应付债券——利息调整	286 443	

贷：应付利息 600 000

借：应付利息 600 000

贷：银行存款 600 000

（5）2×23年12月31日，归还债券本金及最后一期利息费用时，根据有关原始凭证，编制如下会计分录：

借：财务费用 434 543

应付债券——利息调整 165 457

贷：应付利息 600 000

借：应付债券——面值 10 000 000

应付利息 600 000

贷：银行存款 10 600 000

对于一次还本付息的债券，应于资产负债表日按摊余成本和实际利率计算确定债券利息费用，借记“在建工程”“制造费用”“财务费用”等账户，按票面利率计算确定的应付未付利息，贷记“应付债券——应计利息”账户，按其差额，借记或贷记“应付债券——利息调整”账户。

3. 债券的偿还

企业发行的债券通常分为到期一次还本付息或一次还本、分期付息两种。采用一次还本付息方式的，企业应于债券到期支付债券本息时，借记“应付债券——面值”“应付债券——应计利息”账户，贷记“银行存款”账户。采用一次还本、分期付息方式的，在每期支付利息时，借记“应付利息”账户，贷记“银行存款”账户。债券到期偿还本金并支付最后一期利息时，借记“应付债券——面值”“在建工程”“财务费用”“制造费用”等账户，贷记“银行存款”账户，按借贷双方之间的差额，借记或贷记“应付债券——利息调整”账户。

（二）可转换公司债券

我国发行可转换公司债券采取记名式无纸化发行方式，债券最短期限为1年，最长期限为6年。企业发行的可转换公司债券在“应付债券”账户下设置“可转换公司债券”明细账户核算。

企业发行的可转换公司债券，应当在初始确认时将其包含的负债成分和权益成分进行分拆，将负债成分确认为应付债券，将权益成分确认为其他权益工具。在进行分拆时，应当先对负债成分的未来现金流量进行折现确定负债成分的初始确认金额，再按发行价格总额扣除负债成分初始确认金额后的金额确定权益成分的初始确认金额。发行可转换公司债券发生的交易费用，应当在负债成分和权益成分之间按照各自的相对公允价值进行分摊。企业应按实际收到的款项，借记“银行存款”等账户，按可转换公司债券包含的负债成分面值，贷记“应付债券——可转换公司债券（面值）”账户，按权益成分的公允价值，贷记“其他权益工具”账户，按借贷双方之间的差额，借记或贷记“应付债券——可转换公司债券（利息调整）”账户。

可转换公司债券

【例10-22】甲公司经批准于2×22年1月1日按面值发行5年期一次还本付息的可转换公司债券200 000 000元，款项已收存银行，债券票面年利率为6%。债券发行1年后可转换为普通股股票，初始转股价为每股10元（债券持有人若在当期付息前转换股票，应按债券面值与应计利息之和除以转股价，计算转换的股份数），股票面值为每股1元。假定2×23年1月1日债券持有人将持有的可转换公司债券全部转换为普通股股票，甲公司发行可转换公司债券时的债券市场利率为9%，可转换公司债券负债成分的公允价值为176 656 400元。

（1）2×22年1月1日，发行可转换公司债券时，根据有关原始凭证，编制如下会计分录：

可转换公司债券权益成分的公允价值=200 000 000−176 656 400=23 343 600（元）

借：银行存款	200 000 000	
应付债券——可转换公司债券（利息调整）	23 343 600	
贷：应付债券——可转换公司债券（面值）		200 000 000
其他权益工具		23 343 600

（2）2×22年12月31日，确认利息费用时，根据有关原始凭证，编制如下会计分录：

借：财务费用	15 899 076	
贷：应付债券——可转换公司债券（应计利息）		12 000 000
——可转换公司债券（利息调整）		3 899 076

（3）2×23年1月1日，债券持有人行使转换权时，根据有关原始凭证，编制如下会计分录：

转换的股份数=（200 000 000+12 000 000）÷10=21 200 000（股）

借：应付债券——可转换公司债券（面值）	200 000 000	
——可转换公司债券（应计利息）	12 000 000	
其他权益工具	23 343 600	
贷：股本		21 200 000
应付债券——可转换公司债券（利息调整）		19 444 524
资本公积——股本溢价		194 699 076

四、其他非流动负债

（一）长期应付款

长期应付款，是指企业除长期借款和应付债券以外的其他各种长期应付款项，包括以分期付款方式购入固定资产发生的应付款项等。

企业延期付款购买资产，如果延期支付的购买价款超过正常信用条件，实质上具有融资性质的，所购资产的成本应当以延期支付购买价款的现值为基础确定。实际支付的价款确认为长期应付款，实际支付的价款与购买价款的现值之间的差额，应当在信用期间内采用实际利率法进行摊销，计入相关资产成本或当期损益。

企业发生的各项长期应付款项，应当在“长期应付款”账户下，按长期应付款的种类或债权人进行明细核算。

（二）专项应付款

专项应付款，是指企业接受国家拨入的指定为资本性投入的具有专门用途的拨款，如专项用于技术改造、技术研究的款项，以及从其他来源取得的款项。

专项应付款的特点是国家拨入，专款专用，是不需要企业以资产或增加其他负债偿还的非流动负债。

【思政讲堂】

依法纳税，是每个公民应尽的义务！

党的二十大报告提到：加大税收、社会保障、转移支付等的调节力度。完善个人所得税制度，规范收入分配秩序，规范财富积累机制，保护合法收入，调节过高收入，取缔非法收入。引导、支持有意愿有能力的企业、社会组织和个人积极参与公益慈善事业。

2021年12月，浙江省杭州市税务部门经税收大数据分析发现网络主播黄某涉嫌偷逃税款，在相关税务机关协作配合下，依法对其开展了全面深入的税务检查。

经查，黄某在2019年至2020年期间，通过隐匿个人收入、虚构业务转换收入性质、虚假申报等方式偷逃税款6.43亿元，其他少缴税款0.6亿元。国家税务总局杭州市税务局稽查局依据《中华人民共和国个人所得税法》《中华人民共和国税收征收管理法》《中华人民共和国行政处罚法》等相关法律法规规定，按照《浙江省税务行政处罚裁量基准》，对黄某追缴税款、加收滞纳金并处罚款，共计13.41亿元。

税收是国家存在发展的经济基础，依法纳税是我们每一个公民应尽的责任与义务。偷税漏税不仅影响国家的财政收入、财富分配，甚至会威胁国家的经济安全，同时也给违法者个人及企业带来严重的经济损失。我们应当践行"社会主义核心价值观"中的法治理念，树立"偷税抗税违法，纳税协税光荣"的观念，培养家国情怀和担当意识，做一个自觉纳税遵纪守法的好公民。

资料来源：百度百科．薇娅逃税案［EB/OL］．［2023-05-29］．https：//baike.baidu.com/item/%E8%96%87%E5%A8%85%E9%80%83%E7%A8%8E%E6%A1%88/59551306?fr=aladdin.

【复习思考】

1.简述流动负债和非流动负债的区别。

2.职工薪酬包括哪些内容？

3.简述公司债券的三种发行方式。

4.商业汇票按承兑人不同分为哪几类？

【练习题】

1.某企业借入6个月的银行借款600 000元，年利率为6%，按月计提利息，到期一次还本付息。

要求：编制相关的会计分录。

2.某企业向银行借入一笔借款800 000元，用于建造厂房。建设期内该项借款发生利息支出80 000元，另在厂房投入使用后的2年还款期内发生利息支出共计140 000元。

要求：编制相关的会计分录。

3.甲企业为增值税一般纳税人，适用的增值税税率为13%、消费税税率为10%，库存材料按照实际成本核算，销售收入（或计税价格）均不含应向购买者收取的增值税税额。

该企业2×23年3月份发生以下经济业务：

（1）发出原材料用于加工委托加工物资，发出原材料的实际成本为190万元，本月以银行存款支付加工费用50万元，加工费的增值税为6.5万元，支付受托加工企业代扣代缴的消费税5万元。收回委托加工的原材料用于本企业生产应纳消费税的产品。

(2) 假设上述委托加工的原材料收回后直接用于对外销售，其他条件不变。

要求：根据上述资料，编制该企业有关经济业务的会计分录（为简化核算不考虑城市维护建设税和教育费附加，"应交税费"账户要求写出明细账户）。

4. 甲公司为增值税一般纳税人，适用的增值税税率为13%，材料采用实际成本进行日常核算。该公司2×23年4月30日"应交税费——应交增值税"账户借方余额为0.5万元，该借方余额均可用下月的销项税额抵扣。5月份发生以下涉及增值税的经济业务：

(1) 购买原材料一批，增值税专用发票上注明的价款为60万元，应交增值税为7.8万元，公司已开出承兑的商业汇票。该原材料已验收入库。

(2) 用原材料对外投资，双方协议按成本作价。该批原材料的成本和计税价格均为41万元，应交增值税为5.33万元。

(3) 销售产品一批，销售价格为20万元（不含增值税），实际成本为16万元，提货单和增值税专用发票已交购货企业，货款尚未收到。该销售符合收入确认条件。

(4) 在建工程领用原材料一批，该批原材料实际成本为30万元。

(5) 月末盘亏原材料一批，该批原材料的实际成本为10万元，增值税进项税额为1.3万元。

(6) 用银行存款缴纳本月增值税1万元。

(7) 月末将本月应交未交增值税转入未交增值税明细账户。

要求：

(1) 编制上述经济业务相关的会计分录。

(2) 计算甲公司5月份发生的销项税额、应交增值税税额和应交未交的增值税税额（"应交税费"账户要求写出明细账户）。

第十一章

所有者权益

学习目标

知识目标： 通过本章的学习，了解所有者权益的分类，所有者权益的特征；掌握实收资本（或股本）增加的途径、其他综合收益核算的内容、留存收益核算的内容、盈余公积的作用、利润分配的顺序。

技能目标： 通过本章的学习，掌握实收资本增加的会计核算、资本公积的会计核算、提取盈余公积的会计核算、盈余公积转增资本的会计核算、利润分配的会计核算。

企业的组织形式对资产、负债的会计处理并无重大影响，但涉及所有者权益的会计处理却不大一样。企业分为公司制企业和非公司制企业，本章主要介绍公司制企业中的有限责任公司和股份有限公司所有者权益的核算。

第一节 所有者权益概述

一、所有者权益的含义

所有者权益是指企业资产扣除负债后，由所有者享有的剩余权益，公司的所有者权益也称为股东权益。

公司注册

二、所有者权益的特征（与负债相比较）

（1）所有者权益不存在确定的偿还日期。债权人享有的权益具有明确的时限和偿还金额，一旦企业偿还了负债，债权人的权益随即消失。

（2）所有者对资产的要求权在顺序上置于债权人之后。所有者权益在数额上为资产减去负债后的剩余金额。企业在发生清算时，债权人的权益优先得到清偿，所有者对资产的要求权在顺序上置于债权人之后，只有在所有债权人的权益得到清偿后，剩余的权益才归所有者所有。

（3）所有者凭借其所有者权益，有权决定企业的经营方针，有权请求分得企业的利润。债权人只有要求偿还其债权的权利，无权行使上述决策，也无权分得企业的利润。

三、所有者权益的来源和构成

所有者权益按其来源可分为所有者投入的资本、其他综合收益、留存收益等，通常由实收资本（或股本）、其他权益工具、资本公积、其他综合收益、专项储备、留存收益构成。本章重点介绍实收资本、资本公积和留存收益的有关内容。

所有者权益的来源和构成见表11-1。

表11-1　　**所有者权益的来源和构成**

所有者权益来源	所有者权益构成
投入资本	实收资本（股本）
	资本公积
直接计入所有者权益的利得与损失	其他综合收益
留存收益	盈余公积
	利润分配——未分配利润

第二节　实收资本（或股本）

一、投资者投入资本的基本内容

微课11-1

什么是全面注册制？

（一）投资者投入资本的概念

投资者投入资本是指所有者在企业注册资本的范围内实际投入的资本，是指出资人作为资本实际投入企业的资金数额，进一步划分为实收资本与资本公积。

公司在收到投资者实际投入资本时，构成法定注册资本的部分形成公司的实收资本，超过按照投资比例计算的部分作为资本溢价。

公司注册资本为在市场监督管理机关登记的资本总额。根据这一规定，公司设立时，公司的实收资本即为注册资本。

股份有限公司中，实收资本称为股本。股本为公司的注册资本，它是股份有限公司的股票面值之和（我国上市公司每张股票面值为1元）。

随着公司的经营，如新的投资者加入、原投资者退出，以及转增资本等，均会引起实收资本的增减变动。公司法规定，实收资本增减变动超过注册资本20%的，应向原登记机关申请变更登记。

投资者投入资本按照投资主体可以分为国家投入资本、法人投入资本、个人投入资本、外商投入资本。

（二）投资者投入资本的特点

实收资本是投资者投入资本形成法定资本的价值，所有者向企业投入的资本，在一般情况下无须偿还，可以长期使用。实收资本的构成比例，即投资者的出资比例或股东的股份比例，通常是确定所有者在企业所有者权益中所占的份额和参与企业财务经营决策的基础，也是企业进行利润分配或股利分配的依据，同时还是企业清算时确定所有者对净资产的要求权的依据。

（三）账户设置

企业应当设置“实收资本”账户，核算企业接受投资者投入的实收资本，股份有限公司应将该账户改为“股本”。投资者可以用现金投资，也可以用现金以外的其他有形资产投资，符合国家规定比例的，还可以用无形资产投资。企业收到投资时，一般应进行如下会计处理：收到投资人投入的现金，应在实际收到或者存入企业开户银行时，按实际收到的金额，借记“银行存款”账户，以实物资产投资的，应在办理实物产权转移手续时，借记有关资产账户，以无形资产投资的，应按照合同、协议或公司章程规定移交有关凭证时，借记“无形资产”账户，按投入资本在注册资本或股本中所占份额，贷记“实收资本”或“股本”账户，按其差额，贷记“资本公积——资本溢价”或“资本公积——股本溢价”等账户。

（四）投入方式

按照《中华人民共和国公司法》的规定，有限责任公司的股东可以用货币出资，也可以用实物、知识产权、土地使用权等可以用货币估价并可以依法转让的非货币财产作价出资；但是，法律、行政法规规定不得作为出资的财产除外。

二、增资的账务处理

（一）企业增加资本的一般途径

企业增加资本的途径一般有三条：一是将资本公积转为实收资本或者股本。会计上应借记“资本公积——资本溢价”或“资本公积——股本溢价”账户，贷记“实收资本”或“股本”账户。二是将盈余公积转为实收资本。会计上应借记“盈余公积”账户，贷记“实收资本”或“股本”账户。三是所有者（包括原企业所有者和新投资者）投入。企业接受投资者投入的资本，借记“银行存款”“固定资产”“无形资产”“长期股权投资”等账户，贷记“实收资本”或“股本”等账户。

【例11-1】甲、乙、丙共同出资设立ABC有限责任公司，公司注册资本为30 000 000元，甲、乙、丙持股比例分别为50%、30%和20%。2×23年1月5日，ABC有限责任公司如期收到各投资者一次性缴足的款项。

根据上述资料，ABC有限责任公司应作以下账务处理：

借：银行存款	30 000 000	
贷：实收资本——甲		15 000 000
——乙		9 000 000
——丙		6 000 000

【例11-2】甲公司发行普通股20 000 000股，每股面值为1元，发行价格为6元。股款120 000 000元已经全部收到。

根据上述资料，甲公司应作以下账务处理：

计入股本的金额=20 000 000×1=20 000 000（元）

计入资本公积的金额=（6-1）×20 000 000=100 000 000（元）

借：银行存款	120 000 000	
贷：股本		20 000 000
资本公积——股本溢价		100 000 000

【例11-3】甲公司由甲、乙二人共同投资设立，原注册资本为2 000万元。甲、乙出

资分别为1 500万元和500万元，为了扩大经营规模，经批准，甲公司按照原出资比例将资本公积500万元转增资本。

根据上述资料，甲公司应作以下账务处理：

借：资本公积	5 000 000	
贷：实收资本——甲		3 750 000
——乙		1 250 000

（二）股份有限公司发放股票股利

股份有限公司采用发放股票股利的方式实现增资的，应在办理增资手续后，借记“利润分配——转作股本的股利”账户，贷记“股本”账户。

（三）可转换公司债券持有人行使转换权利

可转换公司债券持有人行使转换权利，将其持有的债券转换为股票，按可转换公司债券的余额，借记“应付债券——可转换公司债券（面值、利息调整）”账户，按其权益成分的金额，借记“资本公积——其他资本公积”账户，按股票面值和转换的股数计算的股票面值总额，贷记“股本”账户，按其差额，贷记“资本公积”账户。

（四）企业将重组债务转为资本

企业将重组债务转为资本的，应按重组债务的账面余额，借记“应付账款”等账户，按债权人因放弃债权而享有本企业股份的面值总额，贷记“实收资本”或“股本”账户，按股份的公允价值总额与相应的实收资本或股本之间的差额，贷记或借记“资本公积——资本溢价”或“资本公积——股本溢价”账户，按其差额，贷记“营业外收入——债务重组利得”账户。

三、减资的账务处理

企业实收资本减少的原因大体有两种：一是资本过剩；二是企业发生重大亏损而需要减少实收资本。企业因资本过剩而减资，一般要发还股款。有限责任公司和一般企业发还投资的会计处理比较简单，按法定程序报经批准减少注册资本的，借记“实收资本”账户，贷记“库存现金”“银行存款”等账户。

股份有限公司由于采用的是发行股票的方式筹集股本，发还股款时，则要回购发行的股票，发行股票的价格与股票面值可能不同，回购股票的价格也可能与发行价格不同，会计处理较为复杂。股份有限公司因减少注册资本而回购本公司股份的，应按实际支付的金额，借记“库存股”账户，贷记“银行存款”等账户。注销库存股时，应按股票面值和注销股数计算的股票面值总额，借记“股本”账户，按注销库存股的账面余额，贷记“库存股”账户，按其差额，冲减股票发行时原计入资本公积的溢价部分，借记“资本公积——股本溢价”账户，回购价格超过上述冲减“股本”及“资本公积——股本溢价”账户的部分，应依次借记“盈余公积”“利润分配——未分配利润”等账户；如回购价格低于回购股份所对应的股本，所注销库存股的账面余额与所冲减股本的差额作为增加股本溢价处理，按回购股份所对应的股本面值，借记“股本”账户，按注销库存股的账面余额，贷记“库存股”账户，按其差额，贷记“资本公积——股本溢价”账户。

【例11-4】甲股份有限公司截至2×23年12月31日共发行股票3 000万股，股票面值为1元，资本公积（股本溢价）600万元，盈余公积400万元。经股东大会批准，甲公司以现金回购本公司股票300万股并注销。假定甲公司按照每股4元回购股票，不考虑其他因素，甲公司的会计处理如下：

库存股的成本=3 000 000×4=12 000 000（元）

借：库存股　12 000 000

　贷：银行存款　12 000 000

借：股本　3 000 000

　　资本公积——股本溢价　6 000 000

　　盈余公积　3 000 000

　贷：库存股　12 000 000

【例11-5】沿用【例11-4】，假定甲公司以每股0.9元回购股票，其他条件不变。甲公司的会计处理如下：

库存股的成本=3 000 000×0.9=2 700 000（元）

借：库存股　2 700 000

　贷：银行存款　2 700 000

借：股本　3 000 000

　贷：库存股　2 700 000

　　　资本公积——股本溢价　300 000

由于甲公司以低于面值的价格回购股票，股本与库存股成本的差额30万元应作增加资本公积处理。

第三节　其他权益工具

其他权益工具，是指企业发行的除股票以外的归类为权益工具的各类金融工具。如企业发行的分类为权益工具的优先股、永续债等。

如果企业有其他权益工具，则需要在所有者权益类账户中增设“其他权益工具——优先股”“其他权益工具——永续债”等账户核算该类业务。企业发行权益工具收到的价款登记在该账户的贷方。

由于发行的金融工具原合同条款约定的条件或事项随着时间的推移或经济环境的改变而发生变化，导致原归类为权益工具的金融工具重分类为金融负债的，应当于重分类日，按该工具的账面价值，借记“其他权益工具——优先股、永续债等”账户，按该工具的面值，贷记“应付债券——优先股、永续债等（面值）”账户，按该工具的公允价值与面值之间的差额，借记或贷记“应付债券——优先股、永续债等（利息调整）”账户，按该工具的公允价值与账面价值的差额，贷记或借记“资本公积——资本溢价（或股本溢价）”账户，资本公积不够冲减的依次冲减盈余公积和未分配利润。发行方以重分类日计算的实际利率作为应付债券后续计量利息调整等的基础。

由于发行的金融工具原合同条款约定的条件或事项随着时间的推移或经济环境的改变而发生变化，导致原归类为金融负债的金融工具重分类为权益工具的，应于重分类日，按金融负债的面值，借记“应付债券——优先股、永续债等（面值）”账户，按利息调整余额，借记或贷记“应付债券——优先股、永续债等（利息调整）”账户，按金融负债的账面价值，贷记“其他权益工具——优先股、永续债等”账户。

发行方按合同条款约定将发行的除普通股以外的权益工具转换为普通股的，按该工具对应的其他权益工具的账面价值，借记“其他权益工具”账户，按普通股的面值，贷记“实收资本（或股本）”账户，按其差额，贷记“资本公积——资本溢价（或股本溢价）”账户（如转股时金融工具的账面价值不足转换为1股普通股而以现金或其他金融资产支付的，还需按支付的现金或其他金融资产的金额，贷记“银行存款”等账户）。

【例11-6】某公司发行归类为权益工具的可转换优先股180万股，实际收到价款252万元。其账务处理如下：

借：银行存款	2 520 000	
贷：其他权益工具——优先股		2 520 000

【例11-7】承【例11-6】，可转换优先股全部转换为普通股36万股，每股面值1元。其账务处理如下：

借：其他权益工具——优先股	2 520 000	
贷：股本		360 000
资本公积——股本溢价		2 160 000

第四节　资本公积

一、资本公积的定义及基本内容

资本公积是指企业收到投资者的超出其在企业注册资本（或股本）中所占份额的投资，以及直接计入所有者权益的利得和损失等。资本公积实质上是来自投资者或其他方面的不构成企业实收资本却由全体所有者享有的非收益积累的资金。

（一）资本公积的内容

资本公积包括资本（或股本）溢价和其他资本公积。

资本（或股本）溢价包括有限责任公司的资本溢价和股份有限公司的股本溢价两部分。资本溢价是企业投资者投入的资金超过其在注册资本中所占份额的部分。股本溢价是企业实际收到的股本大于注册资本的金额。

其他资本公积是指除资本（或股本）溢价以外所形成的资本公积。

（二）资本公积的用途

资本公积主要用于转增资本（或股本），按照公司法的规定，法定公积金（资本公积和盈余公积）转为资本时，所留存的该项公积金不得少于转增前公司注册资本的25%。

企业按规定程序增资时，应按转增前的实收资本（或股本）的结构或比例，将转增的金额记入“实收资本（或股本）”账户下各个所有者的明细分类账。

（三）资本公积的特点

（1）资本公积主要产生于公司投资人的投资和捐赠人的捐入。作为一种来自公司外部的非借入资本，资本公积与实收资本统称为“投入资本”。

（2）资本公积作为实收资本以外的投入资本，显然具有“准资本”特征。公司增资扩股时资本公积可以转增资本。

（3）资本公积与留存收益都由全体所有者享有，但与留存收益不同的是，资本公积不是公司收益的积累。

二、资本公积的账务处理

（一）资本（或股本）溢价

投资者经营的企业（不含股份有限公司），投资者依其出资份额对企业经营决策享有表决权，依其所认缴的出资额对企业承担有限责任。明确记录投资者认缴的出资额，真实地反映各投资者对企业享有的权利与承担的义务，是会计处理应注意的问题。为此，会计上应设置“实收资本”账户，核算企业投资者按照公司章程所规定的出资比例实际缴付的出资额。在企业创立时，出资者认缴的出资额全部记入“实收资本”账户。

在企业有新的投资者加入时，为了维护原有投资者的权益，新加入的投资者的出资额，并不一定全部作为实收资本处理。投资者投入的资本中按其投资比例计算的出资额部分，应记入“实收资本”账户，超出部分应记入“资本公积”账户。

例如，某有限责任公司由甲、乙、丙三位股东各自出资100万元设立。设立时的实收资本为300万元。经过三年的经营，该企业留存收益为150万元。这时又有丁投资者有意加入该企业，并表示愿意出资180万元，而仅占该企业股份的25%。在进行会计处理时，应将丁股东投入资金中的100万元记入“实收资本”账户，其余80万元记入“资本公积”账户。

股份有限公司是以发行股票的方式筹集股本的，股票是企业签发的证明股东按其所持股份享有权利和承担义务的书面证明。股票按照股东享有的权利不同可分为普通股和优先股。由于股东按其所持企业股份享有权利和承担义务，为了反映和便于计算各股东所持股份占企业全部股本的比例，企业的股本总额应按股票的面值与股份总数的乘积计算。国家规定，实收股本总额应与注册资本相等。因此，为提供企业股本总额及其构成及注册资本等信息，在采用与股票面值相同的价格发行股票的情况下，企业发行股票取得的收入，应全部记入“股本”账户；在采用溢价发行股票的情况下，企业发行股票取得的收入，相当于股票面值的部分记入“股本”账户，超出股票面值的溢价收入记入“资本公积”账户。委托证券商代理发行股票而支付的手续费、佣金等，应从溢价发行收入中扣除，企业应按扣除手续费、佣金后的数额记入“资本公积”账户。

【例11-8】甲公司委托B证券公司代理发行普通股4 000 000股，每股面值1元，按每股1.2元的价格发行。公司与受托单位约定，按发行收入的3%收取手续费，从发行收入中扣除。假如收到的股款已存入银行。根据上述资料，甲公司应作以下会计处理：

优先股

公司收到受托发行单位交来的股款=4 000 000×1.2×（1−3%）=4 656 000（元）

应记入“资本公积”账户的金额=溢价收入−发行手续费

=4 000 000×（1.2−1）−4 000 000×1.2×3%=656 000（元）

借：银行存款　　4 656 000

　贷：股本　　4 000 000

　　　资本公积——股本溢价　　656 000

（二）其他资本公积的核算范围

（1）权益结算的股份支付在等待期内确认的成本费用金额；以权益结算的股份支付换取职工或其他方提供服务的，应按照确定的金额，记入“管理费用”等账户，同时增加资本公积（其他资本公积）。在行权日，应按实际行权的权益工具数量计算确定的金额，借记“资本公积——其他资本公积”账户，按计入实收资本或股本的金额，贷记“实收资本”或“股本”账户，并将其差额记入“资本公积——资本溢价”或“资本公积——股本溢价”账户。

（2）权益法核算的长期股权投资中，投资方应享有被投资单位实现的除净损益、其他综合收益和利润分配以外的所有者权益的其他变动金额的份额。

（三）资本公积转增资本的会计处理

按照《中华人民共和国公司法》（以下简称《公司法》）的有关规定，法定公积金（资本公积和盈余公积）转为资本时，所留存的该项公积金不得少于转增前公司注册资本的25%。经股东大会或类似机构决议，用资本公积转增资本时，应冲减资本公积，同时按照转增前的实收资本（或股本）的结构或比例，将转增的金额记入“实收资本”或“股本”账户下各所有者的明细分类账户。

第五节　其他综合收益

直接计入所有者权益的利得和损失，通过“其他综合收益”账户核算。其他综合收益，是指企业根据其他会计准则规定未在当期损益中确认的各项利得和损失，包括以后会计期间不能重分类进损益的其他综合收益和以后会计期间满足规定条件时将重分类进损益的其他综合收益两类。

微课11-2

什么是其他综合收益？

以后会计期间不能重分类进损益的其他综合收益项目，主要包括重新计量设定受益计划净负债或净资产导致的变动、按照权益法核算因被投资单位重新计量设定受益计划净负债或净资产变动导致的权益变动，投资企业按持股比例计算确认的该部分其他综合收益项目，以及在初始确认时，企业可以将非交易性权益工具指定为以公允价值计量且其变动计入其他综合收益的金融资产，该指定不得撤销，即当该类非交易性权益工具终止确认时原计入其他综合收益的公允价值变动损益不得重分类进损益。

以后会计期间在满足规定条件时将重分类进损益的其他综合收益项目，主要包括：

（1）以公允价值计量且其变动计入其他综合收益的债权性投资的公允价值变动。

（2）按照金融工具准则的规定，将以公允价值计量且其变动计入其他综合收益的债务工具投资重分类为以摊余成本计量的金融资产的，或重分类为以公允价值计量且其变动计入当期损益的金融资产的，按规定可以将原计入其他综合收益的利得或损失转入当期损益的部分。

（3）按照权益法核算的在被投资单位以后会计期间在满足规定条件时将重分类进损益的其他综合收益中所享有的份额。

（4）存货或自用房地产转换为投资性房地产。企业将作为存货的房地产转换为采用公允价值模式计量的投资性房地产时，应当按该项房地产在转换日的公允价值，借记“投资性房地产——成本”账户，原已计提跌价准备的，借记“存货跌价准备”账户，按其账面余额，贷记“开发产品”等账户；同时转换日的公允价值小于账面价值的，按其差额，借记“公允价值变动损益”账户，转换日的公允价值大于账面价值的，按其差额，贷记“其他综合收益”账户。

企业将自用的建筑物等转换为采用公允价值模式计量的投资性房地产时，应当按该项房地产在转换日的公允价值，借记“投资性房地产——成本”账户，原已计提减值准备的，借记“固定资产减值准备”账户，按已计提的累计折旧等，借记“累计折旧”等账户，按其账面余额，贷记“固定资产”等账户；同时，转换日的公允价值小于账面价值的，按其差额，借记“公允价值变动损益”账户，转换日的公允价值大于账面价值的，按其差额，贷记“其他综合收益”账户。待该项投资性房地产处置时，因转换计入其他综合收益的部分应转入当期损益。

（5）现金流量套期工具产生的利得或损失中属于有效套期的部分。

（6）外币财务报表折算差额。按照外币折算的要求，企业在处置境外经营的当期，将已列入合并财务报表所有者权益的外币报表折算差额中与该境外经营相关部分，自其他综合收益项目转入处置当期损益。如果是部分处置境外经营，应当按处置的比例计算处置部分的外币报表折算差额，转入处置当期损益。

此外，与上述事项相关的所得税影响也应计入其他综合收益。

第六节　留存收益

留存收益是股东权益的一个重要部分，由企业历年剩余的净收益积累而成。留存收益由盈余公积和未分配利润两部分构成。

一、盈余公积

（一）盈余公积的形成

盈余公积指从企业净利润中提取的积累资金，包括法定盈余公积和任意盈余公积。

利润分配的一般程序

1. 法定盈余公积

法定盈余公积是指企业按照法律规定从净利润中提取的积累资金。我国《公司法》规定，公司制企业的法定盈余公积按照净利润的10%提取。按规定，企业计提的法定盈余公积达到注册资本的50%时，可以不再计提。超过注册资本25%的部分，可以用于转增资本。

2. 任意盈余公积

企业在计提了法定盈余公积之后，还可以根据企业需求，计提任意盈余公积。任意盈余公积的计提比例由企业自行确定。

计提盈余公积时，借记“利润分配——提取法定（或任意）盈余公积”账户，贷记“盈余公积——法定（或任意）盈余公积”账户。

（二）盈余公积的用途

盈余公积主要用于企业扩大再生产，也可以用于转增资本和弥补企业亏损。盈余公积转增资本时，借记“盈余公积”账户，贷记“实收资本”或“股本”账户；盈余公积弥补亏损时，借记“盈余公积”账户，贷记“利润分配——盈余公积补亏”账户。

二、未分配利润

（一）未分配利润的概念

未分配利润是企业留待以后年度进行分配的利润，其计算公式如下：

期末未分配利润=期初未分配利润+本期净利润-提取盈余公积-发放股利

（二）未分配利润的账务处理

年度终了，企业应将“本年利润”账户中的净利润转入“利润分配——未分配利润”账户；同时需要结转利润分配账户所属其他明细账户余额至“利润分配——未分配利润”账户，借记“利润分配——未分配利润”账户，贷记“利润分配——提取法定盈余公积”“利润分配——提取任意盈余公积”“利润分配——应付现金股利”“利润分配——转作股本的股利”等账户。经上述结转，“利润分配——未分配利润”账户的余额如果在贷方，即为未分配利润；如果在借方，则为未弥补亏损。

【思政讲堂】

全面实行股票发行注册制改革正式启动

党的十九届五中全会提出，全面实行股票发行注册制。党的二十大报告提出，健全资本市场功能，提高直接融资比重。以习近平同志为核心的党中央高度重视股票发行注册制改革。近日，党中央、国务院批准了《全面实行股票发行注册制总体实施方案》。

一、当前全面实行股票发行注册制的主要考虑因素

全面实行股票发行注册制，是贯彻落实党的二十大精神、全面深化资本市场改革的重大举措。2018年11月5日，习近平总书记宣布在上海证券交易所设立科创板并试点注册制，标志着注册制改革进入启动实施阶段。此后，科创板、创业板、北交所试点注册制相继平稳落地，为全面实行股票发行注册制奠定了基础。总的看，经过几年的试点，市场各方对注册制的基本架构、制度规则总体认同，向全市场推广的条件已经具备、水到渠成。全面实行股票发行注册制的主要任务是解决制度安排的完善定型和推广问题。通过这次改革，注册制的制度安排将得到优化和统一，覆盖各类公开发行股票行为。

二、注册制与核准制的实质区别

注册制改革当然不是仅仅把审核主体从证监会搬到了证券交易所，实质上是对政府与市场关系的调整，通过充分贯彻以信息披露为核心的理念，使发行上市全过程更加规范、透明、可预期。一是大幅优化发行上市条件。改革后，仅保留了企业公开发行股票必要的资格条件、合规条件，将核准制下的实质性门槛尽可能转化为信息披露要求，审核部门不再对企业的投资价值作出判断。二是切实把好信息披露质量关。审核工作主要通过问询来进行，督促发行人真实、准确、完整披露信息。同时，综合运用多要素校验、现场督导、现场检查、投诉举报核查、监管执法等多种方式，压实发行人的信息披露第一责任、中介机构的“看门人”责任。三是坚持开门搞审核。审核注册的标准、程序、内容、过程、结果全部向社会公开，公权力运行全程透明、严格制衡，接受社会监督，与核准制有根本的区别。

三、这次改革在完善以信息披露为核心的注册制安排方面的优化措施

审核注册机制是注册制改革的重点内容。总的思路是，保持交易所审核、证监会注册的基本架构不变，进一步明晰交易所和证监会的职责分工，提高审核注册的效率和可预期性。优化主要包括三个方面：优化注册程序；统一注册制度；完善监督制衡机制。通过这次改革，多层次资本市场体系将更加清晰，基本覆盖不同行业、不同类型、不同成长阶段的企业。

资料来源：中国政府网．全面实行股票发行注册制改革正式启动——访中国证监会有关负责人［EB/OL］．［2023-02-02］．http：//www.gov.cn/zhengce/2023-02/02/content_5739696.htm.

【复习思考】

1. 简述企业的组织形式及特征。

2. 简述投入资本的主要法律规定。

3. 何谓资本公积？其构成内容如何？

4. 试述留存收益的构成内容。

5. 简述股利的分配形式及特征。

6. 企业减少实收资本的原因有哪些？

【练习题】

1. 某公司原注册资本为400万元，A投资者希望加入，为了占有该公司注册资本10%的份额，投入10万元现金和一台机器，该机器经双方确认的价值为45万元。该公司原投资者同意接纳A投资者加入，加入后注册资本为500万元，将现金收存银行，并已对机器进行验收。

要求：根据上述资料，编制该公司接受追加投资的会计分录。

2. 甲公司2×23年1月1日发行在外的普通股为11 600万股，每股面值1元，资本公积（股本溢价）6 000万元，盈余公积900万元。2×23年度，甲公司发生下列相关业务：经股东大会批准，以现金回购本公司发行的股票1 600万股。回购时，每股股票回购价为5元。回购后，企业将库存股注销。

要求：编制甲公司股票回购业务的会计分录。

第十二章

费用与成本

学习目标

知识目标： 通过本章的学习，了解费用和成本的定义；理解费用、成本、支出的关系；掌握生产成本的归集，生产费用在完工产品与在产品之间的分配方法，管理费用、销售费用、财务费用核算的内容。

技能目标： 通过本章的学习，能够掌握生产成本归集的账务处理；能够采用约当产量比例法等将生产费用在完工产品与在产品之间进行分配；掌握期间费用相关的账务处理。

第一节 费用与成本概述

一、费用的概念

1. 费用的定义

费用是指企业在日常活动中发生的、会导致所有者权益减少的、与向所有者分配利润无关的经济利益的总流出。费用包括企业日常活动所发生的经济利益的总流出，主要指企业为取得营业收入进行产品销售等营业活动所发生的营业成本、税金及附加和期间费用。企业为生产产品、提供劳务等发生的可归属于产品成本、劳务成本等的费用，应当在确认销售商品收入、提供劳务收入等时，将已销售商品、已提供劳务的成本确认为营业成本(包括主营业务成本和其他业务成本)。期间费用包括销售费用、管理费用和财务费用。

费用具有以下特征：

（1）费用是企业在日常活动中发生的；

（2）费用与向所有者分配利润无关；

（3）费用会导致经济利益的流出，即会直接导致资产的减少或者负债的增加；

所得税费用

（4）费用最终会导致所有者权益的减少。

2. 费用的确认条件

费用只有在经济利益很可能流出从而导致企业资产减少或者负债增加，且经济利益的流出额能够可靠计量时才能予以确认。

符合费用定义和费用确认条件的项目，应当列入利润表。

二、费用与资产、成本和损失的关系

费用有狭义和广义之分。广义的费用泛指企业各种日常活动发生的所有耗费，狭义的费用仅指与本期营业收入相配比的那部分耗费。费用应按照权责发生制和配比原则确认，凡应属于本期发生的费用，不论其款项是否支付，均应确认为本期费用；反之，不属于本期发生的费用，即使其款项已在本期支付，也不应确认为本期费用。

在确认费用时，第一，应当划分生产费用与非生产费用的界限。生产费用是指与企业日常生产经营活动有关的费用，如生产产品所发生的原材料费用、人工费用等；非生产费用是指不属于生产费用的费用，如用于购建固定资产所发生的费用，不属于生产费用。第二，应当分清生产费用与产品成本的界限。生产费用与一定的期间相联系，而与生产的产品无关；产品成本与一定品种和数量的产品相联系，而不论发生在哪一期。第三，应当分清生产费用与期间费用的界限。生产费用应当计入产品成本；而期间费用直接计入当期损益。

在确认费用时，对于确认为期间费用的费用，必须进一步划分为管理费用、销售费用和财务费用。对于确认为生产费用的费用，必须根据该费用发生的实际情况区分不同的费用性质将其确认为不同产品所负担的费用；对于几种产品共同发生的费用，必须按受益原则，采用一定方法和程序将其分配计入相关产品的生产成本。有关费用、资产、成本、损失之间的关系区分如下：

1. 费用与资产

资产从本质上讲是一种经济资源，并且能给企业带来未来的经济利益。企业为了得到经济利益，通常要发生费用。费用是为取得某项资产而耗费的另一项资产。或者说，费用与资产是相互转化的。

2. 费用与成本

费用与成本都是支付或耗费的各项资产，但是严格来讲，成本并不等于费用。费用是相对于收入而言的，当这些支出和耗费与当期收入相匹配时，即计入当期损益时，才成为当期费用。费用，无论生产费用还是期间费用都与一定的期间相联系，而成本与一定的成本计算对象相联系，当期的成本不一定是当期的费用。

3. 费用与损失

从广义上讲，费用包括了损失。损失和费用一样，都是经济利益的减少，都会导致所有者权益减少；从狭义上讲，费用是相对收入而言的，是在日常活动中发生的，收入与费用存在着配比关系。损失与利得是相对应的，但两者不存在配比关系，也不是在企业日常活动中发生的。

三、费用的确认与计量

（一）费用确认的原则

费用的实质是资产的耗费，但并不是所有的资产耗费都是费用。因此，就需明确什么样的资产耗费应确认为费用。由于发生费用的目的是取得收入，那么费用的确认就应当与收入确认相联系。因此，费用的确认应遵循划分收益性支出与资本性支出原则、权责发生制原则和配比原则。

1. 划分收益性支出与资本性支出原则

按照划分收益性支出与资本性支出原则，如果某项支出的效益涉及几个会计年度（或几个营业周期），则该项支出应予以资本化，不能作为当期的费用；如果某项支出的效益仅涉及本会计年度（或一个营业周期），则该项支出为收益性支出，应在一个会计期间内确认为费用。这一原则为费用的确认设定了一个时间上的总体界限。正确地区分收益性支出与资本性支出，保证了正确地计量资产的价值和正确地计算各期的产品成本、期间费用及损益。

2. 权责发生制原则

划分收益性支出与资本性支出原则，只是为费用的确认作出时间上的大致区分，权责发生制原则则规定了具体在什么时点上确认费用。企业会计制度规定，凡是当期已经发生或应当负担的费用，不论款项是否收付，都应作为当期的费用；凡是不属于当期的费用，即使款项已在当期支付，也不应当作为当期的费用。

3. 配比原则

按照配比原则，为产生当期收入所发生的费用，应当确认为该期的费用。配比原则的基本含义在于，当收入已经实现时，某些资产（如物料用品）已被消耗，或已被出售（如商品），以及劳务已经提供（如专设的销售部门人员提供的劳务），已被耗用的这些资产和劳务的成本，应当在确认有关收入的期间予以确认。如果收入要到未来期间实现，相应的费用也应递延分配记入未来的实际受益期间。因此，费用的确认要根据费用与收入的相关程度，确定哪些资产耗费或负债的增加应从本期收入中扣减。

（二）费用确认的标准

根据上述费用确认原则，在确认费用时，一般应遵循以下三个标准：

1. 按费用与收入的直接联系（或称因果关系）加以确认

凡是与本期收入有直接因果关系的耗费，应当确认为该期间的费用。这种因果关系具体表现在以下两个方面：一是经济性质上的因果性，即应予以确认的费用与期间收入项目具有必然的因果关系，也就是有所得必有所费，不同收入的取得是由于发生了不同的费用；二是时间上的一致性，即应予以确认的费用与某项收入同时或结合起来加以确认，这一过程就是收入与费用配比的过程。例如，如果企业销售出去的商品是直接与所产生的营业收入相联系的，那么，该项销售商品的成本就可以随同本期实现的销售收入作为该期的费用；如果企业采用分期收款方式销售商品，应按合同约定的收款日期分期确认收入，在这种情况下，按商品全部销售成本与全部销售收入的比率，计算出本期应结转的营业成本，并与本期所确认的营业收入相配比。

2. 直接作为当期费用确认

在实务工作中，有些支出不能提供明确的未来经济利益，并且对这些支出加以分摊也没有意义，这时就应采用这一标准，将这些支出直接作为当期费用予以确认，如固定资产日常修理费等。这些费用虽然与跨期收入有联系，但由于不确定性因素的存在，往往不能确切地预计其收益所涉及的期间，因而直接将其列作当期费用。

3. 按系统、合理的分摊方式确认

如果费用的经济效益有望在若干个会计期间发生，并且只能大致和间接地确定其与收益的联系，该项费用就应当按照合理的分配程序，在利润表中确认为一项费用，如固定资产的折旧和无形资产的摊销都属于这种情况。一般地，我们将这类费用称为折旧或摊销。

（三）费用的计量

费用是通过所使用或所耗用的商品或劳务的价值来计量的，通常的费用计量标准是实际成本。企业会计制度规定，企业在生产经营过程中所发生的其他各项费用，应当以实际发生数计入成本、费用。

费用是资产的一种转化形式。有些资产将会使几个会计期间受益，在通过系统、合理的分摊而形成费用时，是以其资产取得成本的实际数进行计量的。例如，固定资产的折旧要按固定资产原始价值和规定使用年限来计算。无形资产的摊销、长期待摊费用的摊销也属于这种情况。有些费用可以立即确认，这时可以按其实际发生额进行计量。

总之，企业应按实际成本来计量费用，不得以估计成本或计划成本代替实际成本。

第二节　费　用

一、营业成本

营业成本是指企业为生产产品、提供服务等发生的可归属于产品成本、服务成本等的费用，应当在确认销售商品收入、提供服务收入等时，将已销售商品、已提供服务的成本等计入当期损益。营业成本包括主营业务成本和其他业务成本。

（一）主营业务成本

主营业务成本是指企业销售商品、提供服务等经常性活动所发生的成本。企业一般在确认销售商品、提供服务等主营业务收入时，或在月末，将已销售商品、已提供服务的成本转入主营业务成本。企业应当设置“主营业务成本”账户，用来核算企业因销售商品、提供服务等日常活动而发生的实际成本，该账户按主营业务的种类进行明细核算。企业结转已销售商品或提供服务成本时，借记“主营业务成本”账户，贷记“库存商品”“合同履约成本”等账户。期末，将主营业务成本的余额转入“本年利润”账户，借记“本年利润”账户，贷记“主营业务成本”账户，结转后，“主营业务成本”账户无余额。

【例12-1】2×23年5月20日，甲公司向乙公司销售一批产品，开具的增值税专用发票上注明的价款为200 000元，增值税税额为26 000元；甲公司已收到乙公司支付的款项226 000元，并将提货单送交乙公司；该批产品成本为190 000元。该项销售业务属于在某一时点履行的履约义务。甲公司应编制如下会计分录：

（1）销售实现时：

借：银行存款	226 000	
贷：主营业务收入		200 000
应交税费——应交增值税（销项税额）		26 000
借：主营业务成本	190 000	
贷：库存商品		190 000

（2）期末，将主营业务成本结转至本年利润时：

借：本年利润　　　　　　　　　　　　　　　　　　　　　190 000
　贷：主营业务成本　　　　　　　　　　　　　　　　　　　　190 000

【例12-2】2×23年5月10日，某公司销售甲产品100件，单价1 000元，单位成本800元，开具的增值税专用发票上注明的价款为100 000元，增值税税额为13 000元，购货方尚未付款，该项销售业务属于在某一时点履行的履约义务。7月25日，因产品质量问题购货方退货，并开具增值税专用发票（红字）。假定不考虑其他因素，该公司应编制如下会计分录：

（1）销售产品时：

借：应收账款　　　　　　　　　　　　　　　　　　　　113 000
　贷：主营业务收入　　　　　　　　　　　　　　　　　　　100 000
　　　应交税费——应交增值税（销项税额）　　　　　　　　　13 000
借：主营业务成本　　　　　　　　　　　　　　　　　　　80 000
　贷：库存商品——甲产品　　　　　　　　　　　　　　　　80 000

（2）销售退回时：

借：主营业务收入　　　　　　　　　　　　　　　　　　100 000
　　应交税费——应交增值税（销项税额）　　　　　　　　　13 000
　贷：应收账款　　　　　　　　　　　　　　　　　　　　　113 000
借：库存商品——甲产品　　　　　　　　　　　　　　　　80 000
　贷：主营业务成本　　　　　　　　　　　　　　　　　　　80 000

【例12-3】2×23年8月末，某公司计算已销售的甲、乙、丙三种产品的实际成本分别为10 000元、20 000元和25 000元。该公司月末结转已销甲、乙、丙产品的成本时，应编制如下会计分录：

借：主营业务成本　　　　　　　　　　　　　　　　　　　55 000
　贷：库存商品——甲产品　　　　　　　　　　　　　　　　10 000
　　　　　　　——乙产品　　　　　　　　　　　　　　　　20 000
　　　　　　　——丙产品　　　　　　　　　　　　　　　　25 000

（二）其他业务成本

其他业务成本是指企业确认的除主营业务活动以外的其他日常经营活动所发生的支出。其他业务成本包括销售材料的成本、出租固定资产的折旧额、出租无形资产的摊销额、出租包装物的成本或摊销额等。采用成本模式计量投资性房地产的，所计提的折旧额或摊销额，也构成其他业务成本。

企业应当设置“其他业务成本”账户，核算企业确认的除主营业务活动以外的其他日常经营活动所发生的支出。“其他业务成本”账户按其他业务成本的种类进行明细核算。企业发生的其他业务成本，借记“其他业务成本”账户，贷记“原材料”“周转材料”“累计折旧”“累计摊销”“应付职工薪酬”“银行存款”等账户。期末，企业应将“其他业务成本”账户余额转入“本年利润”账户，结转后“其他业务成本”账户无余额。

【例12-4】2×23年5月10日，某公司销售一批原材料，开具的增值税专用发票上注明的价款为10 000元，增值税税额为1 300元，款项已由银行收妥。该批原材料的实际成本为7 000元。该项销售业务属于在某一时点履行的履约义务。该公司应编制如下会计分录：

(1) 销售实现时:

借: 银行存款 11 300

贷: 其他业务收入 10 000

应交税费——应交增值税(销项税额) 1 300

借: 其他业务成本 7 000

贷: 原材料 7 000

(2) 期末, 将其他业务成本结转至本年利润时:

借: 本年利润 7 000

贷: 其他业务成本 7 000

【例12-5】2×23年1月5日, 甲公司将自行开发完成的非专利技术出租给一家公司, 该非专利技术成本为240 000元, 双方约定的租赁期限为10年, 甲公司每月应摊销2 000元 (240 000÷10÷12)。甲公司每月摊销非专利技术成本时, 应编制如下会计分录:

借: 其他业务成本 2 000

贷: 累计摊销 2 000

【例12-6】2×23年11月22日, 某公司因销售商品领用单独计价的包装物的实际成本为40 000元, 开具的增值税专用发票上注明的价款为100 000元, 增值税税额为13 000元, 款项已存入银行。销售商品领用单独计价包装物属于销售商品和包装物两项履约义务, 且属于在某一时点履行的履约义务。该公司确认商品销售收入的同时应编制如下会计分录:

(1) 出售包装物时:

借: 银行存款 113 000

贷: 其他业务收入 100 000

应交税费——应交增值税(销项税额) 13 000

(2) 结转出售包装物成本时:

借: 其他业务成本 40 000

贷: 周转材料——包装物 40 000

(3) 期末, 将其他业务成本结转至本年利润时:

借: 本年利润 40 000

贷: 其他业务成本 40 000

二、税金及附加

税金及附加是指企业经营活动应负担的相关税费, 包括消费税、城市维护建设税、教育费附加、资源税、环境保护税、土地增值税、房产税、城镇土地使用税、车船税、印花税、耕地占用税、契税、车辆购置税等。

企业应当设置"税金及附加"账户, 核算企业经营活动发生的消费税、城市维护建设税、教育费附加、资源税、房产税、城镇土地使用税、车船税、环境保护税、印花税等相关税费。其中, 按规定计算确定的与经营活动相关的消费税、城市维护建设税、资源税、教育费附加、房产税、城镇土地使用税、车船税、环境保护税等税费, 企业应借记"税金及附加"账户, 贷记"应交税费"账户。期末, 应将"税金及附加"账户余额转入"本年利润"账户, 结转后, "税金及附加"账户无余额。企业缴纳的印花税, 不会发生应付未付税款的情况, 不需要预计应纳税金额, 同时也不存在与税务机关结算或者清算的问题。

因此，企业缴纳的印花税不通过“应交税费”账户核算，于购买印花税票时，直接借记“税金及附加”账户，贷记“银行存款”账户。

【例 12-7】2×23 年 8 月 1 日，某公司取得应纳消费税的销售商品收入 3 000 000 元，该商品适用的消费税税率为 25%。该公司应编制如下会计分录：

（1）计算确认应交消费税税额：

消费税税额= 3 000 000×25%=750 000（元）

借：税金及附加 750 000

贷：应交税费——应交消费税 750 000

（2）实际缴纳消费税时：

借：应交税费——应交消费税 750 000

贷：银行存款 750 000

【例 12-8】2×23 年 9 月，某公司当月实际缴纳的增值税为 450 000 元、消费税为 150 000 元。该公司适用的城市维护建设税税率为 7%，教育费附加征收率为 3%。该公司应编制与城市维护建设税、教育费附加有关的会计分录如下：

（1）计算确认应交城市维护建设税和教育费附加时：

城市维护建设税=（450 000+150 000）×7%=42 000（元）

教育费附加=（450 000+150 000）×3%=18 000（元）

借：税金及附加 60 000

贷：应交税费——应交城市维护建设税 42 000

——应交教育费附加 18 000

（2）实际缴纳城市维护建设税和教育费附加时：

借：应交税费——应交城市维护建设税 42 000

——应交教育费附加 18 000

贷：银行存款 60 000

【例 12-9】2×23 年 12 月，某公司一幢房产的原值为 2 000 000 元，已知房产税税率为 1.2%，当地规定的房产税扣除比例为 30%。该公司应编制如下会计分录：

（1）计算应交房产税税额时：

2 000 000×（1-30%）×1.2%=16 800（元）

借：税金及附加 16 800

贷：应交税费——应交房产税 16 800

（2）实际缴纳房产税时：

借：应交税费——应交房产税 16 800

贷：银行存款 16 800

【例 12-10】2×23 年 12 月，某公司按规定当月实际应交车船税 24 000 元，应交城镇土地使用税 50 000 元。该公司应编制如下会计分录：

（1）计算应缴纳的车船税、城镇土地使用税税额时：

借：税金及附加 74 000

贷：应交税费——应交车船税 24 000

——应交城镇土地使用税 50 000

（2）实际缴纳车船税、城镇土地使用税时：

借：应交税费——应交车船税　24 000

　　　　　　——应交城镇土地使用税　50 000

　贷：银行存款　74 000

三、期间费用

期间费用是指企业日常活动发生的不能计入特定核算对象的成本，而应计入发生当期损益的费用。

期间费用是企业日常活动中所发生的经济利益的流出，通常不计入特定的成本核算对象。期间费用是企业为组织和管理整个经营活动所发生的费用，与可以确定特定成本核算对象的材料采购、产成品生产等没有直接关系，因而期间费用不计入有关核算对象的成本，而是直接计入当期损益。

期间费用包含以下两种情况：一是企业发生的不符合或者不再符合资产确认条件的支出，应当在发生时确认为费用，计入当期损益。二是企业发生的交易或者事项导致其承担了一项负债，而又不确认为一项资产的，应当在发生时确认为费用计入当期损益。

（一）管理费用

1. 管理费用的定义及内容

管理费用，是指企业为组织和管理企业生产经营所发生的费用，包括企业在筹建期间发生的开办费、董事会和行政管理部门在企业的经营管理中发生的或者应由企业统一负担的公司经费（包括行政管理部门职工工资及福利费、物料消耗、低值易耗品摊销、办公费和差旅费等）、工会经费、董事会费（包括董事会成员津贴、会议费和差旅费等）、聘请中介机构费、咨询费（含顾问费）、诉讼费、业务招待费、技术转让费、研究费用以及企业生产车间（部门）和行政管理部门等发生的固定资产修理费用等。

管理费用控制

企业发生的管理费用通过“管理费用”账户核算，并按费用项目设置明细账进行明细核算。期末，“管理费用”账户的发生额结转至“本年利润”账户后无余额。

2. 管理费用的账务处理

管理费用明细科目

【例12-11】2×23年4月10日，某公司为拓展产品销售市场发生业务招待住宿费50 000元，取得的增值税专用发票上注明的增值税税额为3 000元，已用银行存款支付全部款项。该公司应编制如下会计分录：

借：管理费用——业务招待费　50 000

　　应交税费——应交增值税（进项税额）　3 000

　贷：银行存款　53 000

【例12-12】公司行政部2×23年4月份共发生费用179 000元，其中：行政人员薪酬150 000元，行政人员差旅费21 000元（假定报销人员均未预借差旅费），其他办公费、水电费8 000元（均用银行存款支付）。假设不考虑增值税等因素，该公司应编制如下会计分录：

借：管理费用　179 000

贷：应付职工薪酬　　150 000

　　库存现金　　21 000

　　银行存款　　8 000

【例12-13】2×23年4月30日，某公司计提管理部门固定资产折旧50 000元，摊销公司管理部门用无形资产成本80 000元。该公司应编制如下会计分录：

借：管理费用　　130 000

　贷：累计折旧　　50 000

　　累计摊销　　80 000

【例12-14】某公司2×23年4月30日将“管理费用”账户余额359 000元结转至“本年利润”账户。该公司应编制如下会计分录：

借：本年利润　　359 000

　贷：管理费用　　359 000

（二）财务费用

销售费用和财务费用控制

1. 财务费用的定义及内容

财务费用，是指企业为筹集生产经营所需资金等而发生的筹资费用，包括利息支出（减利息收入）、汇兑损益以及相关的手续费等。

企业发生的财务费用通过“财务费用”账户核算，并按费用项目设置明细账进行明细核算。期末，“财务费用”账户的发生额结转至“本年利润”账户后无余额。

2. 财务费用的账务处理

【例12-15】甲公司于2×23年12月1日向银行借入生产经营用短期借款360 000元，期限6个月，年利率5%，该借款本金到期后一次归还，利息分月预提，按季支付。该公司应编制如下会计分录：

每月末，预提当月应计利息：360 000×5%÷12=1 500（元）

借：财务费用——利息支出　　1 500

　贷：应付利息　　1 500

【例12-16】甲公司于2×23年12月30日用银行存款支付本月应负担的短期借款利息25 440元。该公司应编制如下会计分录：

借：财务费用——利息支出　　25 440

　贷：银行存款　　25 440

【例12-17】2×23年12月30日，甲公司办理银行业务时支付手续费4 000元（假定不考虑增值税）。该公司应编制如下会计分录：

借：财务费用　　4 000

　贷：银行存款　　4 000

【例12-18】2×23年12月31日，甲公司将“财务费用”账户余额30 940元结转至“本年利润”账户。该公司应编制如下会计分录：

借：本年利润　　30 940

　贷：财务费用　　30 940

（三）销售费用

1. 销售费用的定义及内容

销售费用明细科目

销售费用，是指企业在销售商品和材料、提供劳务或服务的过程中发生的各种费用，包括企业在销售商品过程中发生的保险费、包装费、展览费和广告费、商品维修费、预计产品质量保证损失、运输费、装卸费等，以及为销售本企业商品而专设的销售机构（包括销售网点、售后服务网点等）的职工薪酬、业务费、折旧费、固定资产修理费用等。

企业发生的销售费用通过“销售费用”账户核算，并按费用项目设置明细账进行明细核算。期末，“销售费用”账户的发生额结转至“本年利润”账户后无余额。

2. 销售费用的账务处理

【例12-19】某公司为增值税一般纳税人，于2×23年6月1日为宣传新产品发生广告费，取得的增值税专用发票上注明的价款为100 000元，增值税税额为6 000元，价税款项用银行存款支付。该公司应编制如下会计分录：

借：销售费用——广告费　100 000
　　应交税费——应交增值税（进项税额）　6 000
　贷：银行存款　106 000

【例12-20】某公司为增值税一般纳税人，于2×23年6月12日为销售一批产品发生运输费用，取得的增值税专用发票上注明的运输费为7 000元，增值税税额为630元，取得的增值税普通发票上注明的装卸费价税合计为3 000元，上述款项均用银行存款支付。该公司应编制如下会计分录：

借：销售费用　10 000
　　应交税费——应交增值税（进项税额）　630
　贷：银行存款　10 630

【例12-21】某公司为增值税一般纳税人，于2×23年6月15日用银行存款支付产品保险费合计10 600元，取得的增值税专用发票上注明的保险费为10 000元，增值税税额为600元。该公司应编制如下会计分录：

借：销售费用——保险费　10 000
　　应交税费——应交增值税（进项税额）　600
　贷：银行存款　10 600

【例12-22】某公司销售部2×23年6月份共发生费用220 000元，其中：销售人员薪酬100 000元，销售部专用办公设备和房屋的折旧费50 000元，业务费70 000元（用银行存款支付）。假设不考虑其他因素，该公司应编制如下会计分录：

借：销售费用　220 000
　贷：应付职工薪酬　100 000
　　　累计折旧　50 000
　　　银行存款　70 000

【例12-23】某公司2×23年6月30日将“销售费用”账户余额340 000元结转至“本年利润”账户。该公司应编制如下会计分录：

借：本年利润　340 000

贷：销售费用 340 000

第三节 生产成本

一、生产成本的概念

（一）生产成本的定义

生产成本是指企业进行工业性生产，包括生产各种产品（产成品、自制半成品等）、自制材料、自制工具、自制设备和提供劳务等发生的各项直接生产费用和间接生产费用的总和。

（二）生产成本和费用的关系

1. 成本是对象化的费用

生产成本是相对于一定的产品而言所发生的费用，它是按照产品品种等成本计算对象对当期发生的费用进行归集所形成的。在按照费用的经济用途分类中，企业一定期间发生的直接费用和间接费用的总和构成一定期间产品的生产成本。

2. 成本与费用是相互转化的

企业在一定期间发生的直接费用按照成本计算对象进行归集；间接费用则通过分配计入各成本计算对象，使本期发生的费用予以对象化，转化成成本。

（三）生产成本的内容

微课 12-1

生产成本和制造费用的区别

生产成本包括直接生产费用（直接材料、燃料及动力、直接人工）和间接生产费用（制造费用及分配转入的辅助生产成本）。

二、生产成本的账务处理

（一）账户设置

企业应设置“生产成本”“制造费用”账户。“生产成本”账户用来核算企业进行工业性生产发生的各项生产成本，包括生产各种产品（产成品、自制半成品等）、自制材料、自制工具、自制设备等的成本。本账户可按“基本生产成本”和“辅助生产成本”进行明细核算。基本生产成本应当分别按照基本生产车间和成本核算对象（产品的品种、类别、订单、批别、生产阶段等）设置明细账（或成本计算单，下同），并按照规定的成本项目设置专栏。

微课 12-2

生产成本小知识

“制造费用”账户用来核算生产车间管理人员的职工薪酬、折旧费、修理费、办公费、水电费、机物料消耗、劳动保护费、租赁费、保险费、季节性和修理期间的停工损失等。

企业应将生产经营过程中发生的各种耗费，按其耗用情况直接或分配记入各有关成本类账户。基本生产车间发生的直接材料和直接人工等费用，记入“生产成本——基本生产成本”账户；基本生产车间发生的间接费用，记入“制造费用”账户；辅助生产车间发生的费用，记入“生产成本——辅助生产成本”账户。

各辅助生产车间在计算出各自的劳务成本后，按提供劳务量的情况分配计入各有关成本费用账户。如果辅助生产车间也单独核算本身发生的制造费用，月末还应先将这些制造费用分配计入辅助生产成本。

（二）账务处理

（1）企业发生的各项直接生产成本，借记“生产成本——基本生产成本”“生产成本——辅助生产成本”账户，贷记“原材料”“库存现金”“银行存款”“应付职工薪酬”等账户。

（2）各生产车间应负担的制造费用，借记“生产成本——基本生产成本”“生产成本——辅助生产成本”账户，贷记“制造费用”账户。

（3）辅助生产车间为基本生产车间、企业管理部门和其他部门提供的劳务和产品，期（月）末按照一定的分配标准分配给各受益对象，借记“生产成本——基本生产成本”“管理费用”“销售费用”“其他业务成本”“在建工程”等账户，贷记“生产成本——辅助生产成本”账户。

（4）期末，按照一定的方法，将按产品归集的累计费用在已完工产品和在产品之间进行分配，计算出完工产品和期末在产品的实际成本，然后将完工产品负担的生产费用从“生产成本”账户转入“库存商品”账户，借记“库存商品”等账户，贷记“生产成本——基本生产成本”账户。

（5）“生产成本”账户期末为借方余额，反映企业尚未加工完成的在产品成本。

【例12-24】甲公司根据“发料凭证汇总表”的记录，某月A材料的消耗（计划成本）为：基本生产车间领用1 000 000元，辅助生产车间领用300 000元，车间管理部门领用200 000元，企业行政管理部门领用50 000元。

借：生产成本——基本生产成本	1 000 000	
——辅助生产成本	300 000	
制造费用	200 000	
管理费用	50 000	
贷：原材料——A材料		1 550 000

三、生产费用在完工产品与在产品之间分配

生产费用在完工产品与在产品之间的分配，关系到月末在产品和完工产品的计价，关系到完工产品单位成本的计算和定价的正确性。如何合理而简便地在完工产品和月末在产品之间分配生产费用，是产品成本计算中一个重要而复杂的问题。如果费用分配不合理，或者将在产品成本作为产品完工成本的调节器，就会歪曲完工产品成本，影响对成本计划执行情况的考核，也会影响企业利润，进而影响企业与国家及其他投资者之间的分配关系。

生产费用在完工产品与在产品之间分配的方法主要有六种。

（一）不计算在产品成本法

不计算在产品成本法，是指虽然月末有结存在产品，但月末在产品数量很少，价值很低，并且各月份在产品数量比较稳定，从而可对月末在产品成本忽略不计的一种分配方法。

为简化产品成本计算工作，根据重要性原则，可以不计算月末在产品成本，本月生产费用全部视为完工产品成本，本月各产品发生的生产耗费全部由完工产品负担。

（二）按年初数固定计算在产品成本法

按年初数固定计算在产品成本法，是对各月在产品按年初在产品成本计价的一种方法。这种方法适用于各月月末在产品结存数量较少，或者虽然在产品结存数量较多，但各月月末在产品数量稳定、起伏不大的产品。

采用在产品按年初数固定计算的方法，对于每年年末在产品，需要根据实际盘存资料，采用其他方法计算在产品成本，以免在产品以固定不变的成本计价延续时间太长，使在产品成本与实际出入过大而影响产品成本计算的正确性和导致企业存货资产反映失实。

（三）在产品按原材料费用计价法

在产品按原材料费用计价法，就是月末在产品成本只计算所耗的原材料费用，不计算工资及福利费等加工费用，产品的加工费用全部由完工产品负担的一种方法。

完工产品成本=期初在产品的原材料费用+本期生产费用-期末在产品所耗原材料费用

这种方法适用于各月在产品数量多，各月在产品数量变化较大，且原材料费用在产品成本中所占比重较大的产品。

（四）约当产量比例法

约当产量比例法是将月末在产品数量按其完工程度折算为相当于完工产品的数量（即约当产量），然后按完工产品产量与月末在产品约当产量的比例分配计算完工产品费用与月末在产品费用。约当产量比例法适用范围较广，特别适用于月末在产品数量较大，各月末在产品数量变化也较大，产品成本中原材料费用和工资及福利费等加工费用所占的比重相差不多的产品。

约当产量比例法的计算公式如下：

月末在产品约当产量=月末在产品结存产量×在产品完工百分比

$$费用分配率=\frac{月初在产品成本+本月生产费用}{完工产品产量+月末在产品约当产量}$$

完工产品总成本=完工产品产量×费用分配率

月末在产品成本=月末在产品约当产量×费用分配率

在约当产量比例法下，应区分产品成本项目计算月末在产品的约当产量，根据不同的约当产量分配不同成本项目的费用。

企业生产产品所耗用的原材料有可能是在生产开始时一次性投入的，这时，完工产品和月末在产品都视同完工程度为100%的产品，约当产量即完工产品数量与月末在产品数量之和。

采用约当产量比例法，必须正确计算月末在产品的约当产量，而在产品约当产量正确与否，主要取决于对在产品完工程度的测定，测定在产品完工程度的方法一般有两种：一种是平均计算完工率，即一律按50%作为各工序在产品的完工程度。另一种是各工序分别测算完工率。可以按照各工序的累计工时定额占完工产品工时定额的比率计算，事前确定各工序在产品的完工率。其计算公式如下：

$$某工序在产品完工率=\frac{前面各工序工时定额之和+本工序工时定额\times 50\%}{产品工时定额}$$

式中，本工序工时定额之所以乘以50%，是因为该工序中各在产品的完工程度不同，为简化完工率的测算工作，在本工序一律按平均完工率50%计算。在产品在上一道工序转入下一道工序时，因为上一道工序已完工，所以前面各工序的工时定额应按100%计算。

如果原材料不是在生产开始时一次性投入，而是随着生产进度陆续投入，对原材料费用按约当产量比例法分配时，应按每一道工序的原材料消耗定额分别计算在产品的完工率（或投料率）。

（五）在产品按完工产品计算法

在产品按完工产品计算法是将在产品视同完工产品计算、分配生产费用的一种方法。这种分配方法适用于月末在产品已接近完工，或产品已经加工完毕但尚未验收或包装入库的产品。这是因为在这种情况下，在产品已接近完工产品，为了简化产品成本计算工作，可以将在产品视同完工产品，按两者数量的比例分配生产费用。

（六）在产品按定额成本计价法

在产品按定额成本计价法是按照预先制定的定额成本计算月末在产品成本，即月末在产品成本按其数量和单位定额成本计算的一种方法。产品的月初在产品费用加本月生产费用，减月末在产品的定额成本，其余额作为完工产品成本。每月生产费用脱离定额的差异，全部由完工产品负担。这种方法适用于定额管理基础较好，各项消耗定额或费用定额比较准确、稳定，而且各月在产品数量变动不大的产品。采用这种方法，应根据各种在产品有关定额资料，以及在产品月末结存数量，计算各种月末在产品的定额成本。

在产品定额成本的计算公式为：

在产品直接材料定额成本=在产品数量×材料消耗定额×材料计划单价

在产品直接人工定额成本=在产品数量×工时定额×计划小时工资率

在产品制造费用定额成本=在产品数量×工时定额×计划小时费用率

【复习思考】

1. 简述费用、支出、成本三者的区别与联系。
2. 产品成本项目包括哪些内容？
3. 制造企业为了进行产品成本核算，应如何设置生产成本账户？
4. 期间费用包括哪些内容？

【思政讲堂】

多措并举助力企业减负前行

在浙江，借助数字化改革推出“一指减负”应用，2022年以来已覆盖企业41.1万家，惠及市场主体5 368万次，累计助力企业减负3 389亿元。

真招实招频出，助力减负纾困。在第十一届全国减轻企业负担政策宣传周期间，国务院减轻企业负担部际联席会议办公室有关负责人表示：“今年以来，面对复杂多变的内外部环境，一系列惠企减负政策举措密集出台，帮助市场主体渡难关、复元气、促发展，取得积极成效。”

用好减税降费“连环招”，助力企业纾困发展。加快实施增值税留抵退税、缓缴部分行政事业性收费和保证金、推动金融机构进一步向实体经济合理让利。2022年以来，各部门持续强化政策联动，加快释放政策红利。截至2022年11月10日，全国累计新增减税降费及退税缓税缓费超3.7万亿元，企业贷款加权平均利率进一步降低，达到改革开放40多年来最低水平；中小企业宽带和专线平均资费在2021年同比分别下降33.4%和14.8%的基础上2022年进一步降低10%。

打好违规收费“组合拳”，缓解企业资金压力。聚焦交通物流、水电气暖、地方财经、金融、行业协会商会等重点领域，相关部门开展涉企违规收费专项整治行动，通过建立完善问题清单台账和督办制度、施行实地联合检查、开展防范和化解拖欠中小企业账款专项行动等方式，推动解决违规收费问题，更好缓解企业资金压力。

苦练优化环境“基本功”，激发市场主体活力。推进更多服务事项网上办理、制定完善物流保通保畅措施、规范市场监督管理行政处罚裁量权。2022年以来，各主管部门持续深化“放管服”改革，为市场主体提供更多便利，降低制度性交易成本。在各方面共同努力下，我国营商环境持续改善，企业活力进一步显现，目前全国市场主体数量超过1.6亿户。

政策给力，企业获益。根据中国中小企业发展促进中心对近8 000家工业企业负担情况调查评估的结果，九成以上企业对政府采取的减轻企业负担、优化营商环境措施表示满意，认为相关举措为应对超预期因素冲击，帮扶企业渡难关、复元气发挥重要作用。超七成企业反映税费负担适度或减轻。九成以上的企业表示治理“乱收费、乱摊派”等相关问题成效比较明显。98%的企业反映没有遇到过涉企违规收费，或相关问题有所减轻。94%的企业反映知晓各项惠企相关政策。超过90%的企业对工商注册登记信息变更和开办企业等政策优化感到满意。

资料来源：韩鑫. 多措并举助力企业减负前行［EB/OL］.［2022-12-21］. https：//m.gmw.cn/baijia/2022-12/21/1303230204.html.

【练习题】

一、单项选择题

1.以下关于费用的说法中，错误的是（　　）。

A.形成于日常活动中　　B.会导致所有者权益增加

C.与向所有者分配利润无关　　D.是经济利益的总流出

2.下列会计处理中，应计入主营业务成本的是（　　）。

A.出租无形资产的摊销额　　B.出租固定资产的折旧额

C.工业企业销售自产商品所发生的成本　　D.投资性房地产每月计提的折旧

3.2×23年某生产企业销售商品一批，售价1 000万元（不含增值税），成本为700万元，销售原材料一批，售价500万元（不含增值税），成本为250万元，出租固定资产的折旧额为20万元，该企业应确认的主营业务成本为（　　）万元。

A.1 200　　B.700　　C.500　　D.250

4.企业行政管理部门打印机的修理费应计入（　　）。

A.销售费用　　B.管理费用

C.主营业务成本　　D.其他业务成本

5.2×23年甲公司支付销售人员工资10万元，计提专设销售机构使用房屋折旧1万元，支付业务招待费5万元，支付行政部门发生的固定资产修理费用4.5万元，计提固定资产减值准备2.5万元，计提车间固定资产折旧3万元，甲公司该年应确认的期间费用为（　）万元。

A.26　B.20.5　C.14.5　D.16

二、多项选择题

1.以下选项中，属于成本费用的有（　）。

A.主营业务成本　B.其他业务成本　C.税金及附加　D.营业外支出

2.以下关于营业成本的表述中，错误的有（　）。

A.营业成本是非日常活动形成的

B.营业成本是由主营业务成本和其他业务成本组成的

C.营业成本会导致利润总额减少

D.企业在确认销售商品收入时，应将已销售商品的成本计入营业外支出

3.以下选项中，应计入主营业务成本的有（　）。

A.暴雨导致商品毁损的成本　B.非流动资产处置损失

C.工业企业销售自产产品的成本　D.服务企业提供服务所发生的成本

4.以下选项中，应计入税金及附加的有（　）。

A.商品销售的销项税额　B.出售固定资产的增值税

C.出售消费品的消费税　D.城市维护建设税

5.以下各项中，应计入产品成本的有（　）。

A.直接材料成本

B.直接人工成本

C.生产车间发生的固定资产修理费用

D.销售机构相关的固定资产修理费用

6.以下选项中，应在利润表“财务费用”项目下列示的有（　）。

A.汇兑损益　B.手续费

C.售后网点的职工薪酬　D.利息支出

7.下列选项中，应计入管理费用的有（　）。

A.诉讼费　B.聘请中介机构费

C.城镇土地使用税　D.车船税

8.下列关于管理费用的说法中，正确的有（　）。

A.商品流通企业管理费用不多的，可不设“管理费用”账户

B.管理费用属于期间费用

C.管理费用是指企业为组织和管理企业生产经营发生的各种费用

D.企业生产车间的固定资产修理费用属于管理费用

9.以下关于财务费用的表述中，正确的有（　）。

A.企业进行外贸交易时发生的汇兑损益计入财务费用

B.财务费用是指企业为筹集生产经营所需资金而发生的筹资费用

C.企业应通过“财务费用”账户核算财务费用的发生和结转情况

D.“财务费用”账户借方登记发生的各项财务费用，贷方登记期末转入“本年利润”账户的财务费用

第十三章

收入与利润

学习目标

知识目标： 通过本章的学习，了解收入和利润的概念，掌握收入的确认与计量，以及利润结转与分配的会计处理。

技能目标： 通过本章的学习，能进行企业收入、利润、利润分配业务的核算，会计算营业利润、利润总额、净利润和应分配的利润；能编制收入、利润、利润分配等业务相关原始凭证、记账凭证；能根据有关资料登记有关总账、明细账。

第一节　收　入

企业在确认和计量收入时，应遵循的基本原则是：确认收入的方式应当反映其向客户转让商品或提供服务的模式，收入的金额应当反映企业因转让商品或提供服务而预期有权收取的对价金额。通过收入确认和计量能进一步如实地反映企业的生产经营成果，准确核算企业实现的损益。

一、收入的确认和计量

（一）收入确认的原则

企业应当在履行了合同中的履约义务，即在客户取得相关商品控制权时确认收入。取得相关商品控制权，是指客户能够主导该商品的使用并从中获得几乎全部经济利益，也包括有能力阻止其他方主导该商品的使用并从中获得经济利益。取得商品控制权包括三个要素：一是客户必须拥有现时权利，能够主导该商品的使用并从中获得几乎全部经济利益。如果客户只能在未来的某一期间主导该商品的使用并从中获益，则表明其尚未取得该商品的控制权。二是客户有能力主导该商品的使用，即客户在其活动中有权使用该商品，或者能够允许或阻止其他方使用该商品。三是客户能够获得商品几乎全部的经济利益。商品的经济利益是指商品的潜在现金流量，既包括现金流入的增加，也包括现金流出的减少。客户可以通过使用、消耗、出售、处置、交换、抵押或持有等多种方式直接或间接地获得商品的经济利益。

需要说明的是，本章所称的客户是指与企业订立合同以向该企业购买其日常活动产出的商品并支付对价的一方；所称的商品包括商品和服务。本章的收入不涉及企业对外出租资产收取的租金、进行债权投资收取的利息、进行股权投资取得的现金股利以及保费收入等。

（二）收入确认的前提条件

企业与客户之间的合同同时满足下列五项条件的，企业应当在客户取得相关商品控制权时确认收入：

（1）合同各方已批准该合同并承诺将履行各自义务；

（2）该合同明确了合同各方与所转让商品相关的权利和义务；

（3）该合同有明确的与所转让商品相关的支付条款；

（4）该合同具有商业实质，即履行该合同将改变企业未来现金流量的风险、时间分布或金额；

（5）企业因向客户转让商品而有权取得的对价很可能收回。

（三）收入确认和计量的步骤

根据《企业会计准则第14号——收入》（2017），收入确认和计量大致分为五步：

第一步，识别与客户订立的合同。合同是指双方或多方之间订立有法律约束力的权利义务的协议。合同有书面形式、口头形式以及其他形式。合同的存在是企业确认客户合同收入的前提，企业与客户之间的合同一经签订，企业即享有从客户取得与转移商品和服务对价的权利，同时负有向客户转移商品和服务的履约义务。

第二步，识别合同中的单项履约义务。履约义务是指合同中企业向客户转让可明确区分商品或服务的承诺。企业应当将向客户转让可明确区分商品（或者商品的组合）的承诺以及向客户转让一系列实质相同且转让模式相同的、可明确区分商品的承诺作为单项履约义务。例如，企业与客户签订合同向其销售商品并提供安装服务，该安装服务简单，除该企业外其他供应商也可以提供此类安装服务，该合同中销售商品和提供安装服务为两项单项履约义务。若该安装服务复杂且商品需要按客户定制要求修改，则合同中销售商品和提供安装服务合并为单项履约义务。

第三步，确定交易价格。交易价格是指企业因向客户转让商品而预期有权收取的对价金额，不包括企业代第三方收取的款项（如增值税）以及企业预期将退还给客户的款项。合同条款所承诺的对价，可能是固定金额、可变金额或两者兼有。例如，甲公司与客户签订合同为其建造一栋厂房，约定的价款为100万元，4个月完工，交易价格就是固定金额100万元；假如合同中约定若提前1个月完工，客户将额外奖励甲公司10万元，甲公司对合同估计工程提前1个月完工的概率为95%，则甲公司预计有权收取的对价为110万元，因此交易价格包括固定金额100万元和可变金额10万元，总计为110万元。

第四步，将交易价格分摊至各单项履约义务。当合同中包含两项或多项履约义务时，需要将交易价格分摊至各单项履约义务，分摊的方法是在合同开始日，按照各单项履约义务所承诺商品的单独售价（企业向客户单独销售商品的价格）的相对比例，将交易价格分摊至各单项履约义务。通过分摊交易价格，使企业分摊至各单项履约义务的交易价格能够反映其因向客户转让已承诺的相关商品而有权收取的对价金额。例如，企业与客户签订合同，向其销售A、B、C三件产品，不含增值税的合同总价款为10 000元。A、B、C产品的不含增值税单独售价分别为5 000元、3 500元和7 500元，合计16 000元。按照交易价格分摊原则，A产品应当分摊的交易价格为3 125元（5 000÷16 000×10 000），B产品应当分摊的交易价格为2 187.50元（3 500÷16 000×10 000），C产品应当分摊的交易价格为4 687.50元（7 500÷16 000×10 000）。

第五步，履行各单项履约义务时确认收入。当企业将商品转移给客户，客户取得了相关商品的控制权，意味着企业履行了合同履约义务，此时，企业应确认收入。企业将商品控制权转移给客户，可能是在某一时段内（即履行履约义务的过程中）发生，也可能在某一时点（即履约义务完成时）发生。企业应当根据实际情况，首先判断履约义务是否满足在某一时段内履行的条件，如不满足，则该履约义务属于在某一时点履行的履约义务。

收入确认和计量的五个步骤中，第一步、第二步和第五步主要与收入的确认有关，第三步和第四步主要与收入的计量有关。

需要说明的是，一般而言，确认和计量任何一项合同收入应考虑全部的五个步骤。但履行某些合同义务确认收入不一定都经过五个步骤，如企业按照第二步确定某项合同仅为单项履约义务时，可以从第三步直接进入第五步确认收入，不需要第四步（分摊交易价格）。

二、收入核算应设置的账户

微课13-1

营业外收入与其他业务收入的区别

为了核算企业与客户之间的合同产生的收入及相关的成本费用，一般需要设置“主营业务收入”“其他业务收入”“主营业务成本”“其他业务成本”“合同取得成本”“合同履约成本”“合同资产”“合同负债”等账户。其中：

“主营业务收入”账户核算企业确认的销售商品、提供服务等主营业务的收入。该账户贷方登记企业主营业务活动实现的收入，借方登记期末转入“本年利润”账户的主营业务收入，结转后该账户应无余额。该账户可按主营业务的种类进行明细核算。

“其他业务收入”账户核算企业确认的除主营业务活动以外的其他经营活动实现的收入，包括出租固定资产、出租无形资产、出租包装物和商品、销售材料、用材料进行非货币性资产交换（具有商业实质且公允价值能够可靠计量）或债务重组等实现的收入。该账户贷方登记企业其他业务活动实现的收入，借方登记期末转入“本年利润”账户的其他业务收入，结转后该账户应无余额。该账户可按其他业务的种类进行明细核算。

“主营业务成本”账户核算企业确认销售商品、提供服务等主营业务收入时应结转的成本。该账户借方登记企业应结转的主营业务成本，贷方登记期末转入“本年利润”账户的主营业务成本，结转后该账户应无余额。该账户可按主营业务的种类进行明细核算。

“其他业务成本”账户核算企业确认的除主营业务活动以外的其他经营活动所形成的成本，包括出租固定资产的折旧额、出租无形资产的摊销额、出租包装物的成本或摊销额、销售材料的成本等。该账户借方登记企业应结转的其他业务成本，贷方登记期末转入“本年利润”账户的其他业务成本，结转后该账户应无余额。该账户可按其他业务的种类进行明细核算。

"合同取得成本"账户核算企业取得合同发生的、预计能够收回的增量成本。该账户借方登记发生的合同取得成本，贷方登记摊销的合同取得成本，期末借方余额，反映企业尚未结转的合同取得成本。该账户可按合同进行明细核算。

"合同履约成本"账户核算企业为履行当前或预期取得的合同所发生的、不属于其他企业会计准则规范范围且按照收入准则应当确认为一项资产的成本。该账户借方登记发生的合同履约成本，贷方登记摊销的合同履约成本，期末借方余额，反映企业尚未结转的合同履约成本。该账户可按合同分"服务成本""工程施工"等进行明细核算。

"合同资产"账户核算企业已向客户转让商品而有权收取对价的权利，且该权利取决于时间流逝之外的其他因素（如履行合同中的其他履约义务）。该账户借方登记因已转让商品而有权收取的对价金额，贷方登记取得无条件收款权的金额，期末借方余额，反映企业已向客户转让商品而有权收取的对价金额。该账户可按合同进行明细核算。

"合同负债"账户核算企业已收或应收客户对价而应向客户转让商品的义务。该账户贷方登记企业在向客户转让商品之前，已经收到或已经取得无条件收取合同对价权利的金额；借方登记企业向客户转让商品时冲销的金额；期末贷方余额，反映企业在向客户转让商品之前，已经收到的合同对价或已经取得的无条件收取合同对价权利的金额。该账户可按合同进行明细核算。

此外，企业发生减值的，还应当设置"合同履约成本减值准备""合同取得成本减值准备""合同资产减值准备"等账户进行核算。

三、履行履约义务确认收入的账务处理

（一）在某一时点履行履约义务确认收入

对于在某一时点履行的履约义务，企业应当在客户取得相关商品控制权时点确认收入。在判断控制权是否转移时，企业应当综合考虑下列迹象：

（1）企业就该商品享有现时收款权利，即客户就该商品负有现时付款义务。例如，甲企业与客户签订销售商品合同，约定客户有权定价且在收到商品确认无误后10日内付款。在客户收到甲企业开具的发票、商品验收入库后，客户能够自主确定商品的销售价格或商品的使用情况，此时甲企业享有收款权利，客户负有现时付款义务。

（2）企业已将该商品的法定所有权转移给客户，即客户已拥有该商品的法定所有权。例如，房地产企业向客户销售商品房，在客户付款后取得房屋产权证时，表明企业已将该商品房的法定所有权转移给客户。

（3）企业已将该商品实物转移给客户，即客户已占有该商品实物。例如，企业与客户签订交款提货合同，在企业销售商品并送货到客户指定地点，客户验收合格并付款，表明企业已将该商品实物转移给客户，即客户已占有该商品实物。

（4）企业已将该商品所有权上的主要风险和报酬转移给客户，即客户已取得该商品所有权上的主要风险和报酬。例如，甲房地产公司向客户销售商品房办理产权转移手续后，该商品房价格上涨或下跌带来的利益或损失全部属于客户，表明客户已取得该商品房所有权上的主要风险和报酬。

（5）客户已接受该商品。例如，企业向客户销售为其定制生产的节能设备，客户收到并验收合格后办理入库手续，表明客户已接受该商品。

（6）其他表明客户已取得商品控制权的迹象。

1. 一般销售商品业务收入的账务处理

【例 13–1】甲公司向乙公司销售商品一批，开具的增值税专用发票上注明的售价为 400 000元，增值税税额为52 000元；甲公司收到乙公司开出的不带息银行承兑汇票一张，票面金额为452 000元，期限为2个月；甲公司以银行存款支付代垫运费，增值税专用发票上注明运输费2 000元，增值税税额为180元，所垫运费尚未收到；该批商品的成本为320 000元；乙公司收到商品并验收入库。

本例中，甲公司已经收到乙公司开出的不带息银行承兑汇票，乙公司收到商品并验收入库，因此，销售商品为单项履约义务且属于在某一时点履行的履约义务。甲公司应编制如下会计分录：

（1）确认收入时：

借：应收票据	452 000	
贷：主营业务收入		400 000
应交税费——应交增值税（销项税额）		52 000
借：主营业务成本	320 000	
贷：库存商品		320 000

（2）代垫运费时：

借：应收账款	2 180	
贷：银行存款		2 180

2. 已经发出商品但不能确认收入的账务处理

企业按合同发出商品，合同约定客户只有在商品售出取得价款后才支付货款。企业向客户转让商品的对价未达到“很可能收回”的收入确认条件。在发出商品时，企业不应确认收入，而应将发出商品的成本记入“发出商品”账户，借记“发出商品”账户，贷记“库存商品”账户。如已发出的商品被客户退回应编制相反的会计分录。“发出商品”账户核算企业商品已发出但客户没有取得商品的控制权的商品成本。在收到货款或取得收取货款权利时确认收入，借记“银行存款”“应收账款”账户，贷记“主营业务收入”“应交税费——应交增值税（销项税额）”账户，同时结转已销商品成本，借记“主营业务成本”账户，贷记“发出商品”账户。

【例 13–2】甲公司与乙公司均为增值税一般纳税人。2×23年6月3日，甲公司与乙公司签订委托代销合同，甲公司委托乙公司销售W商品1 000件，W商品已经发出，每件商品成本为70元。合同约定乙公司应按每件100元对外销售，甲公司按不含增值税的销售价格的10%向乙公司支付手续费。除非这些商品在乙公司存放期间内由于乙公司的责任发生毁损或丢失，否则在W商品对外销售之前，乙公司没有义务向甲公司支付货款。乙公司不承担包销责任，没有售出的W商品须退回给甲公司，同时，甲公司也有权要求收回W商品或将其销售给其他客户。至2×23年6月30日，乙公司实际对外销售1 000件，开出的增值税专用发票上注明的销售价款为100 000元，增值税税额为13 000元。

本例中，甲公司将W商品发送至乙公司后，乙公司虽然已经承担W商品的实物保管责任，但仅为接受甲公司的委托销售W商品并根据实际销售的数量赚取一定比例的手续费。甲公司有权要求收回W商品或将其销售给其他客户，乙公司并不能主导这些商品的销售，这些商品对外销售与否、是否获利以及获利多少等不由乙公司控制，乙公司没有取得这些商品的控制权。因此，甲公司将W商品发送至乙公司时，不应确认收入，而应当在乙公司将W商品销售给最终客户时确认收入。

（1）2×23年6月3日，甲公司按合同约定发出商品时，应编制如下会计分录：

借：发出商品——乙公司　70 000
　贷：库存商品——W商品　70 000

（2）2×23年6月30日，甲公司收到乙公司开具的代销清单时，应编制如下会计分录：

借：应收账款　113 000
　贷：主营业务收入　100 000
　　应交税费——应交增值税（销项税额）　13 000
借：主营业务成本　70 000
　贷：发出商品　70 000
借：销售费用　10 000
　应交税费——应交增值税（进项税额）　600
　贷：应收账款　10 600

（3）收到乙公司支付的货款时：

借：银行存款　102 400
　贷：应收账款　102 400

3. 商业折扣、现金折扣和销售退回的账务处理

（1）商业折扣。

商业折扣是指企业为促进商品销售而给予的价格扣除。例如，企业为鼓励客户多买商品，可能规定购买100件以上商品给予客户10%的折扣。此外，企业为了尽快出售一些残次、陈旧、冷背的商品，也可能降价（即打折）销售。商业折扣在销售前即已发生，并不构成最终成交价格的一部分，企业应当按照扣除商业折扣后的金额确定商品销售价格和销售商品收入金额。

（2）现金折扣。

企业与客户的合同中约定的对价金额可能是固定的，也可能会因折扣、价格折让、返利、退款、奖励积分、激励措施、业绩奖金、索赔等因素而变化。此外，根据一项或多项或有事项的发生而收取不同对价金额的合同，也属于可变对价的情形。

企业在销售商品时给予客户的现金折扣属于可变对价的情形。若合同中存在可变对价，企业应当对计入交易价格的可变对价进行估计。企业应当按照期望值或最可能发生金额确定可变对价的最佳估计数。但是，企业不能在两种方法之间随意进行选择。期望值是按照各种可能发生的对价金额及相关概率计算确定的金额；最可能发生金额是一系列可能发生的对价金额中最可能发生的单一金额，即合同最可能产生的单一结果。

【例13-3】甲公司为增值税一般纳税人，2×22年9月1日销售A商品5 000件并开具增值税专用发票，每件商品的标价为200元（不含增值税），A商品适用的增值税税率为13%；每件商品的实际成本为120元；由于是成批销售，甲公司给予客户10%的商业折扣，并在销售合同中规定现金折扣条件为“2/20，N/30”，且计算现金折扣时不考虑增值税；当日A商品发出，客户收到商品并验收入库。甲公司基于对客户的了解，预计客户

20天内付款的概率为90%，20天后付款的概率为10%。2×22年9月19日，收到客户支付的货款。

本例中，该项销售业务属于在某一时点履行的履约义务。对于商业折扣，甲公司从应确认的销售商品收入中予以扣除；对于现金折扣，甲公司认为按照最可能发生金额能够更好地预测其有权获取的对价金额。因此，甲公司应确认的销售商品收入的金额=200×（1-10%）×5 000×（1-2%）=882 000（元），增值税销项税额=200×（1-10%）×5 000×13%=117 000（元）。

甲公司应编制如下会计分录：

（1）9月1日，确认收入、结转成本：

借：应收账款	999 000	
贷：主营业务收入		882 000
应交税费——应交增值税（销项税额）		117 000
借：主营业务成本	600 000	
贷：库存商品		600 000

（2）9月19日，收到货款：

借：银行存款	999 000	
贷：应收账款		999 000

（3）销售退回。

销售退回是指企业因售出商品在质量、规格等方面不符合销售合同规定条款的要求，客户要求企业予以退货。企业销售商品发生退货，表明企业履约义务的减少和客户商品控制权及其相关经济利益的丧失。已确认销售商品收入的售出商品发生销售退回的，除属于资产负债表日后事项的外，企业收到退回的商品时，应退回货款或冲减应收账款，并冲减主营业务收入和增值税销项税额，借记“主营业务收入”“应交税费——应交增值税（销项税额）”等账户，贷记“银行存款”“应收票据”“应收账款”等账户。收到退回商品验收入库，按照商品成本，借记“库存商品”账户，贷记“主营业务成本”账户。

【例13-4】甲公司2×23年5月20日销售A商品一批，增值税专用发票上注明售价为350 000元，增值税税额为45 500元，该批商品成本为182 000元。A商品于2×23年5月20日发出，客户于5月27日付款。该项业务属于在某一时点履行的履约义务并确认销售收入。2×23年9月16日，该商品质量出现严重问题，客户将该批商品全部退回给甲公司。甲公司同意退货，于退货当日支付了退货款，并按规定向客户开具了增值税专用发票（红字）。假定不考虑其他因素，甲公司应编制如下会计分录：

（1）2×23年5月20日确认收入时：

借：应收账款	395 500	
贷：主营业务收入		350 000
应交税费——应交增值税（销项税额）		45 500
借：主营业务成本	182 000	
贷：库存商品		182 000

（2）2×23年5月27日收到货款时：

借：银行存款	395 500	

贷：应收账款　395 500

（3）2×23年9月16日销售退回时：

借：主营业务收入　350 000

应交税费——应交增值税（销项税额）　45 500

贷：银行存款　395 500

借：库存商品　182 000

贷：主营业务成本　182 000

4. 销售材料等存货的账务处理

企业在日常活动中会发生对外销售不需用的原材料、随同商品对外销售单独计价的包装物等业务。企业销售原材料、包装物等存货取得收入的确认和计量原则比照商品销售。企业销售原材料、包装物等存货确认的收入作为其他业务收入处理，结转的相关成本作为其他业务成本处理。

【例13-5】甲公司向乙公司销售一批原材料，开具的增值税专用发票上注明售价为100 000元，增值税税额为13 000元；甲公司收到乙公司支付的款项并存入银行；该批原材料的实际成本为90 000元；乙公司收到原材料并验收入库。

本例中，甲公司已经收到乙公司支付的货款，乙公司收到原材料并验收入库，因此，该项业务为单项履约义务且属于在某一时点履行的履约义务。甲公司应编制如下会计分录：

（1）确认收入时：

借：银行存款　113 000

贷：其他业务收入　100 000

应交税费——应交增值税（销项税额）　13 000

（2）结转原材料成本时：

借：其他业务成本　90 000

贷：原材料　90 000

（二）在某一时段内履行履约义务确认收入

对于在某一时段内履行的履约义务，企业应当在该段时间内按照履约进度确认收入，履约进度不能合理确定的除外。满足下列条件之一的，属于在某一时段内履行的履约义务：①客户在企业履约的同时即取得并消耗企业履约所带来的经济利益。②客户能够控制企业履约过程中在建的商品。③企业履约过程中所产出的商品具有不可替代用途，且该企业在整个合同期间内有权就累计至今已完成的履约部分收取款项。

企业应当考虑商品的性质，采用实际测量的完工进度、评估已实现的结果、时间进度、已完工或交付的产品等产出指标，或采用投入的材料数量、花费的人工工时、机器工时、发生的成本和时间进度等投入指标确定恰当的履约进度，并且在确定履约进度时，应当扣除那些控制权尚未转移给客户的商品和服务。资产负债表日，企业按照合同的交易价格总额乘以履约进度扣除以前会计期间累计已确认的收入后的金额，确认当期收入。

【例13-6】甲公司为增值税一般纳税人，装修服务适用的增值税税率为9%。2×22年12月1日，甲公司与乙公司签订一项为期3个月的装修合同，合同约定装修价款为500 000元，增值税税额为45 000元，装修费用每月末按完工进度支付。2×22年12月31日，经专业测量师测量后，确定该项劳务的完工进度为25%；乙公司按完工进度支付价款及相应的增值税税款。截至2×22年12月31日，甲公司为完成该合同累计发生劳务成本100 000元（假定均为装修人员薪酬），估计还将发生劳务成本300 000元。

假定该业务属于甲公司的主营业务，全部由其自行完成；该装修服务构成单项履约义务，并属于在某一时段内履行的履约义务；甲公司按照实际测量的完工进度确定履约进度。

甲公司应编制如下会计分录：

（1）实际发生劳务成本100 000元：

借：合同履约成本　100 000

　贷：应付职工薪酬　100 000

（2）2×22年12月31日确认劳务收入并结转劳务成本：

2×22年12月31日确认的劳务收入=500 000×25%−0=125 000（元）

借：银行存款　136 250

　贷：主营业务收入　125 000

　　　应交税费——应交增值税（销项税额）　11 250

借：主营业务成本　100 000

　贷：合同履约成本　100 000

2×23年1月31日，经专业测量师测量后，确定该项劳务的完工进度为70%；乙公司按完工进度支付价款同时支付对应的增值税税款。2×23年1月，为完成该合同发生劳务成本180 000元（假定均为装修人员薪酬），为完成该合同估计还将发生劳务成本120 000元。甲公司应编制如下会计分录：

（1）实际发生劳务成本180 000元：

借：合同履约成本　180 000

　贷：应付职工薪酬　180 000

（2）2×23年1月31日确认劳务收入并结转劳务成本：

2×23年1月31日确认的劳务收入=500 000×70%−125 000=225 000（元）

借：银行存款　245 250

　贷：主营业务收入　225 000

　　　应交税费——应交增值税（销项税额）　20 250

借：主营业务成本　180 000

　贷：合同履约成本　180 000

2×23年2月28日，装修完工，乙公司验收合格，按完工进度支付价款同时支付对应的增值税税款。2×23年2月，为完成该合同发生劳务成本120 000元（假定均为装修人员薪酬）。甲公司应编制如下会计分录：

（1）实际发生劳务成本120 000元：

借：合同履约成本　120 000

　贷：应付职工薪酬　120 000

（2）2×23年2月28日确认劳务收入并结转劳务成本：

2×23年2月28日确认的劳务收入=500 000−125 000−225 000=150 000（元）

借：银行存款　163 500
　贷：主营业务收入　150 000
　　　应交税费——应交增值税（销项税额）　13 500
借：主营业务成本　120 000
　贷：合同履约成本　120 000

【例13-7】甲公司经营一家健身俱乐部。2×23年7月1日，某客户与甲公司签订合同，成为甲公司的会员，并向甲公司支付会员费3 600元（不含税价），可在未来的12个月内在该俱乐部健身，且没有次数的限制。该业务适用的增值税税率为6%。

本例中，客户在会籍期间可随时来俱乐部健身，且没有次数限制，客户已使用俱乐部健身的次数不会影响其未来继续使用的次数，甲公司在该合同下的履约义务是承诺随时准备在客户需要时为其提供健身服务，因此，该履约义务属于在某一时段内履行的履约义务，并且该履约义务在会员的会籍期间内随时间的流逝而被履行。因此，甲公司按照直线法确认收入，每月应当确认的收入为300元（3 600÷12）。甲公司应编制如下会计分录：

（1）2×23年7月1日收到会员费时：

借：银行存款　3 600
　贷：合同负债　3 600

本例中，客户签订合同时支付了合同对价，可在未来的12个月内在该俱乐部进行健身消费，且没有次数限制。企业在向客户转让商品之前已经产生一项负债，即合同负债。

（2）2×23年7月31日确认收入，开具增值税专用发票并收到税款时：

借：合同负债　300
　　银行存款　18
　贷：主营业务收入　300
　　　应交税费——应交增值税（销项税额）　18

2×23年8月至2×24年6月，每月确认收入的会计处理同上。

当履约进度不能合理确定时，企业已经发生的成本预计能够得到补偿的，应当按照已经发生的成本金额确认收入，直到履约进度能够合理确定为止。

四、合同成本的账务处理

企业在与客户之间建立合同关系过程中发生的成本主要有合同取得成本和合同履约成本。

（一）合同取得成本

企业为取得合同发生的增量成本预期能够收回的，应作为合同取得成本确认为一项资产。增量成本是指企业不取得合同就不会发生的成本，也就是企业发生的与合同直接相关，但又不是所签订合同的对象或内容（如建造商品或提供服务）本身所直接发生的费用，例如销售佣金等，如果销售佣金等预期可通过未来的相关服务收入予以补偿，该销售佣金（即增量成本）应在发生时确认为一项资产，即合同取得成本。

企业取得合同发生的增量成本已经确认为资产的，应当采用与该资产相关的商品收入确认相同的基础进行摊销，计入当期损益。为简化实务操作，该资产摊销期限不超过一年的，可以在发生时计入当期损益。

企业为取得合同发生的、除预期能够收回的增量成本之外的其他支出，例如，无论是否取得合同均会发生的差旅费、投标费、为准备投标资料发生的相关费用等，应当在发生时计入当期损益，除非这些支出明确由客户承担。

【例13-8】甲公司是一家咨询公司，通过竞标赢得一个服务期为5年的客户，该客户每年年末支付含税咨询费1 908 000元。为取得与该客户的合同，甲公司聘请外部律师进行尽职调查支付相关费用15 000元，为投标发生差旅费10 000元，支付销售人员佣金50 000元。甲公司预期这些支出未来均能够收回。此外，甲公司根据其年度销售目标、整体盈利情况及个人业绩等，向销售部门经理支付年度奖金10 000元。

在本例中，甲公司因签订与该客户的合同而向销售人员支付的佣金属于取得合同发生的增量成本，应当将其作为合同取得成本确认为一项资产；甲公司聘请外部律师进行尽职调查发生的支出、为投标发生的差旅费以及向销售部门经理支付的年度奖金（不能直接归属于可识别的合同）不属于增量成本，应当于发生时直接计入当期损益。甲公司应编制如下会计分录：

（1）支付相关费用：

借：合同取得成本　50 000
　　管理费用　25 000
　　销售费用　10 000
　贷：银行存款　85 000

（2）每月确认服务收入，摊销销售佣金：

服务收入=1 908 000÷（1+6%）÷12=150 000（元）

销售佣金摊销额=50 000÷5÷12=833.33（元）

借：应收账款　159 000
　　销售费用　833.33
　贷：合同取得成本　833.33
　　　主营业务收入　150 000
　　　应交税费——应交增值税（销项税额）　9 000

（二）合同履约成本

合同履约成本是指企业为履行当前或预期取得的合同所发生的、属于《企业会计准则第14号——收入》（2017）规范范围并且按照该准则应当确认为一项资产的成本。企业为履行合同可能会发生各种成本，企业在确认收入的同时应当对这些成本进行分析，属于《企业会计准则第14号——收入》（2017）准则规范范围且同时满足下列条件的，应当作为合同履约成本确认为一项资产：

（1）该成本与一份当前或预期取得的合同直接相关，包括：

① 与合同直接相关的成本，包括：A.直接人工（如支付给直接为客户提供所承诺服务的人员的工资、奖金等）；B.直接材料（如为履行合同耗用的原材料、辅助材料、构配件、零件、半成品的成本和周转材料的摊销及租赁费用等）；C.制造费用或类似费用（如组织和管理相关生产、施工、服务等活动发生的费用，包括管理人员的职工薪酬、劳动保护费、固定资产折旧费及修理费、物料消耗、取暖费、水电费、办公费、差旅费、财产保险费、工程保修费、临时设施摊销费等）。

② 明确由客户承担的成本以及仅因该合同而发生的其他成本（如支付给分包商的成

本、机械使用费、设计和技术援助费用、施工现场二次搬运费、生产工具和用具使用费、检验试验费、工程定位复测费、工程点交费、场地清理费等）。

（2）该成本增加了企业未来用于履行（包括持续履行）履约义务的资源。

（3）该成本预期能够收回。

企业应当在下列支出发生时，将其计入当期损益：一是管理费用，除非这些费用明确由客户承担。二是非正常消耗的直接材料、直接人工和制造费用（或类似费用），这些支出为履行合同发生，但未反映在合同价格中。三是与履约义务中已履行（包括已全部履行或部分履行）部分相关的支出，即该支出与企业过去的履约活动相关。四是无法在尚未履行的与已履行（或已部分履行）的履约义务之间区分的相关支出。

企业发生合同履约成本时，借记“合同履约成本”账户，贷记“银行存款”“应付职工薪酬”“原材料”等账户；对合同履约成本进行摊销时，借记“主营业务成本”“其他业务成本”等账户，贷记“合同履约成本”账户。涉及增值税的，还应进行相应的处理。

【例13-9】甲公司经营一家酒店，该酒店的经营场地是甲公司的自有资产。2×23年12月甲公司计提与酒店经营直接相关的餐厅、客房以及客房内的设备家具等折旧120 000元、酒店土地使用权摊销费用65 000元。经计算，当月确认住宿、餐饮等服务含税收入424 000元，全部存入银行。

本例中，甲公司经营酒店主要是通过提供客房服务赚取收入，而客房服务的提供直接依赖于酒店物业（包含土地）以及家具等相关资产，这些资产折旧和摊销属于甲公司为履行与客户的合同而发生的合同履约成本。已确认的合同履约成本在收入确认时予以摊销，计入营业成本。甲公司应编制如下会计分录：

（1）确认资产的折旧费、摊销费：

借：合同履约成本	185 000	
贷：累计折旧		120 000
累计摊销		65 000

（2）12月确认酒店服务收入并摊销合同履约成本：

借：银行存款	424 000	
贷：主营业务收入		400 000
应交税费——应交增值税（销项税额）		24 000
借：主营业务成本	185 000	
贷：合同履约成本		185 000

第二节　利润及其分配

一、利润的概念及形成

（一）利润的概念

企业作为独立的经济实体，应当以自己的经营收入抵补其成本费用，并且实现盈利。企业盈利的大小在很大程度上反映企业生产经营的经济效益，表明企业在每一会计期间的最终经营成果。

利润是指企业在一定会计期间的经营成果。利润包括收入减去费用后的净额、直接计入当期利润的利得和损失等。

直接计入当期利润的利得和损失，是指应当计入当期损益、会导致所有者权益发生增减变动的、与所有者投入资本或者向所有者分配利润无关的利得或者损失。

（二）利润的形成

营业利润=营业收入-营业成本-税金及附加-销售费用-管理费用-研发费用-财务费用+其他收益+投资收益（-投资损失）+公允价值变动收益（-公允价值变动损失）-信用减值损失-资产减值损失+资产处置收益（-资产处置损失）

1. 营业利润的形成

其中，营业收入是指企业经营业务所确定的收入总额，包括主营业务收入和其他业务收入。营业成本是指企业经营业务所发生的实际成本总额，包括主营业务成本和其他业务成本。研发费用是指企业进行研究开发过程中发生的费用化支出，以及计入管理费用的自行开发无形资产的摊销。其他收益是指与企业日常活动相关，除冲减相关成本费用以外的政府补助。信用减值损失是指企业计提各项金融工具信用减值准备所确认的信用损失。资产减值损失是指企业计提各项资产减值准备所形成的损失。公允价值变动收益（或损失）是指企业交易性金融资产等公允价值变动形成的应计入当期损益的利得（或损失）。投资收益（或损失）是指企业以各种方式对外投资所取得的收益（或发生的损失）。资产处置收益（或损失）反映企业出售划分为持有待售的非流动资产（金融工具、长期股权投资和投资性房地产除外）或处置组（子公司和业务除外）时确认的处置利得（或损失），以及处置未划分为持有待售的固定资产、在建工程、生产性生物资产及无形资产而产生的处置利得（或损失），还包括债务重组中因处置非流动资产产生的利得（或损失）和非货币性资产交换中换出非流动资产产生的利得（或损失）。

2. 利润总额的形成

利润总额=营业利润+营业外收入-营业外支出

其中，营业外收入（或支出）是指企业发生的与日常活动无直接关系的各项利得（或损失）。

3. 净利润的形成

净利润=利润总额-所得税费用

其中，所得税费用是指企业确认的应从当期利润总额中扣除的所得税费用。

（三）营业外收支的处理

营业外收支是指企业发生的与日常活动无直接关系的各项收支。营业外收支虽然与企业生产经营活动没有多大的关系，但从企业主体来考虑，同样带来收入或形成企业的支出，也是增加或减少利润的因素，对企业的利润总额及净利润产生较大的影响。

1. 营业外收入

营业外收入是指企业发生的与其日常活动无直接关系的各项利得。营业外收入并不是由企业经营资金耗费所产生的，不需要企业付出代价，实际上是一种纯收入，不可能也不需要与有关费用进行配比。因此，在会计核算上，应当严格区分营业外收入与营业收入的界限。营业外收入主要包括：非流动资产毁损报废收益、债务重组利得、政府补助、盘盈利得、捐赠利得等。

非流动资产毁损报废收益，是指因自然灾害等发生毁损、已丧失使用功能而报废非流动资产所产生的清理收益。

债务重组利得，是指重组债务的账面价值超过清偿债务的现金、非现金资产的公允价值、所转股份的公允价值，或者重组后债务账面价值之间的差额。

盘盈利得，是指企业在对库存现金等资产进行清查盘点中盘盈的现金等，报经批准后计入营业外收入的金额。

政府补助，是指企业从政府无偿取得的、与其日常活动无关的货币性资产或非货币性资产形成的利得。

捐赠利得，是指企业接受捐赠产生的利得。

企业应当通过“营业外收入”账户，核算营业外收入的取得和结转情况。该账户可按营业外收入项目进行明细核算。期末，应将该账户发生额转入“本年利润”账户，结转后该账户无余额。

债务重组

2. 营业外支出

营业外支出是指企业发生的与日常活动无直接关系的各项损失。营业外支出主要包括：非流动资产毁损报废损失、债务重组损失、公益性捐赠支出、非常损失、盘亏损失等。

非流动资产毁损报废损失，是指因自然灾害等发生毁损、已丧失使用功能而报废非流动资产所产生的清理损失。

债务重组损失，是指重组债权的账面余额与受让资产的公允价值、所转股份的公允价值，或者重组后债权的账面价值之间的差额。

公益性捐赠支出，是指企业对外进行公益性捐赠发生的支出。

非常损失，是指企业对于因客观因素（如自然灾害等）造成的损失，在扣除保险公司赔偿后计入营业外支出的净损失。

企业应通过“营业外支出”账户核算营业外支出的发生及结转情况。该账户可按营业外支出项目进行明细核算。期末，应将该账户发生额转入“本年利润”账户，结转后该账户无余额。

需要注意的是，营业外收入和营业外支出应当分别核算。在具体核算时，不得以营业外支出直接冲减营业外收入，也不得以营业外收入冲减营业外支出，即企业在会计核算时，应当区分营业外收入和营业外支出进行核算。

二、利润的分配

（一）利润分配的程序

微课 13-2

根据《公司法》等有关法规的规定，企业当年实现的净利润，一般应当按照如下顺序进行分配。

1. 提取法定盈余公积

公司制企业的法定盈余公积按照税后利润的10%提取（非公司制企业也可按照超过10%的比例提取），在计算提取法定盈余公积的基数时，不应包括企业年初未分配利润。公司法定盈余公积累计额为公司注册资本的50%以上时，可以不再提取法定盈余公积。

轻松秒懂净利润

公司的法定盈余公积不足以弥补以前年度亏损的，在提取法定盈余公积之前，应当先用当年利润弥补亏损。

2. 提取任意盈余公积

公司从税后利润中提取法定盈余公积后，经股东会或者股东大会决议，还可以从税后利润中提取任意盈余公积。非公司制企业经类似权力机构批准，也可提取任意盈余公积。

3. 向投资者分配利润或股利

公司弥补亏损和提取盈余公积后所余税后利润，有限责任公司股东按照实缴的出资比例分取红利，但是，全体股东约定不按照出资比例分取红利的除外；股份有限公司按照股东持有的股份比例分配，但股份有限公司章程规定不按持股比例分配的除外。股东会、股东大会或者董事会违反规定，在公司弥补亏损和提取法定盈余公积之前向股东分配利润的，股东必须将违反规定分配的利润退还公司。公司持有的本公司股份不得分配利润。

（二）盈余公积

盈余公积是指企业按照规定从净利润中提取的各种积累资金。公司制企业的盈余公积分为法定盈余公积和任意盈余公积。两者的区别就在于其各自计提的依据不同。前者以国家的法律或行政规章为依据提取；后者则由企业自行决定提取。

1. 盈余公积的用途

企业提取盈余公积主要可以用于以下几个方面：

（1）弥补亏损。企业发生亏损时，应由企业自行弥补。弥补亏损的渠道主要有三条：一是用以后年度税前利润弥补。按照现行制度规定，企业发生亏损时，可以用以后五年内实现的税前利润弥补，即税前利润弥补亏损的期间为五年。二是用以后年度税后利润弥补。企业发生的亏损经过五年期间未弥补足额的，尚未弥补的亏损应用所得税后的利润弥补。三是以盈余公积弥补亏损。企业以提取的盈余公积弥补亏损时，应当由公司董事会提议，并经股东大会批准。

（2）转增资本。企业将盈余公积转增资本时，必须经股东大会决议批准。在实际将盈余公积转增资本时，要按股东原有持股比例结转。

企业提取的盈余公积，无论是用于弥补亏损，还是用于转增资本，只不过是在企业所有者权益内部作结构上的调整，比如企业以盈余公积弥补亏损时，实际是减少盈余公积留存的数额，以此抵补未弥补亏损的数额，并不引起企业所有者权益总额的变动；企业以盈余公积转增资本时，也只是减少盈余公积结存的数额，同时增加企业实收资本或股本的数额，并不引起所有者权益总额的变动。

（3）扩大企业生产经营。盈余公积的用途，并不是指其实际占用形态，提取盈余公积也并不是单独将这部分资金从企业资金周转过程中抽出。企业盈余公积的结存数，实际只表现为企业所有者权益的组成部分，表明企业生产经营资金的一个来源而已。其形成的资金可能表现为一定的货币资金，也可能表现为一定的实物资产，如存货和固定资产等随同企业的其他来源所形成的资金进行循环周转，用于企业的生产经营。

2. 盈余公积的账务处理

（1）账户设置

为反映盈余公积的形成及使用情况，企业应设置“盈余公积”账户。企业应当分别设置“法定盈余公积”“任意盈余公积”进行明细核算。

（2）盈余公积的计提

企业提取盈余公积时，借记“利润分配——提取法定盈余公积”“利润分配——提取任意盈余公积”账户，贷记“盈余公积——法定盈余公积”“盈余公积——任意盈余公积”账户。

（3）盈余公积的使用

企业用盈余公积弥补亏损或转增资本时，借记“盈余公积”账户，贷记“利润分配——盈余公积补亏”、“实收资本”或“股本”账户。经股东大会决议，用盈余公积派送新股，按派送新股计算的金额，借记“盈余公积”账户，按股票面值和派送新股总数计算的股票面值总额，贷记“股本”账户。

（三）未分配利润

1. 分配股利（利润）的账务处理

经股东大会或类似机构决议，分配给股东或投资者的现金股利或利润，借记“利润分配——应付现金股利或利润”账户，贷记“应付股利”账户。经股东大会或类似机构决议，分配给股东的股票股利，应在办理增资手续后，借记“利润分配——转作股本的股利”账户，贷记“股本”账户。

2. 期末结转的账务处理

企业期末结转利润时，应将各损益类账户的发生额转入“本年利润”账户，结平各损益类账户。结转后，“本年利润”账户的贷方余额为当期实现的净利润，借方余额为当期发生的净亏损。年度终了，应将本年收入和支出相抵后结出的本年实现的净利润或净亏损，转入“利润分配——未分配利润”账户。同时，将“利润分配”账户所属的其他明细账户的余额，转入“未分配利润”明细账户。结转后，“未分配利润”明细账户的贷方余额，就是未分配利润的金额；如出现借方余额，则表示未弥补亏损的金额。“利润分配”账户所属的其他明细账户应无余额。

3. 弥补亏损的账务处理

企业在生产经营过程中既有可能发生盈利，也有可能出现亏损。企业在当年发生亏损的情况下，与实现利润的情况相同，应当将本年发生的亏损自“本年利润”账户转入“利润分配——未分配利润”账户，借记“利润分配——未分配利润”账户，贷记“本年利润”账户，结转后“利润分配”账户的借方余额，即为未弥补亏损的数额。然后通过“利润分配”账户核算有关亏损的弥补情况。

由于未弥补亏损形成的时间长短不同等原因，以前年度未弥补亏损有的可以以当年实现的税前利润弥补，有的则须用税后利润弥补。以当年实现的利润弥补以前年度结转的未弥补亏损，不需要进行专门的账务处理。企业应将当年实现的利润自“本年利润”账户转入“利润分配——未分配利润”账户的贷方，其贷方发生额与“利润分配——未分配利润”账户的借方余额自然抵补。无论是以税前利润还是以税后利润弥补亏损，其会计处理方法均相同。但是，两者在计算缴纳所得税时的处理是不同的。在以税前利润弥补亏损的情况下，其弥补的数额可以抵减当期企业应纳税所得额，而以税后利润弥补的数额，则不能作为纳税所得扣除处理。

【思政讲堂】

民生之源：收入

收入是民生之源，收入分配事关老百姓切身利益和积极性的发挥，事关我国社会稳定和经济发展。

党的二十大报告提出，要完善分配制度，坚持按劳分配为主体、多种分配方式并存，坚持多劳多得，鼓励勤劳致富，促进机会公平，增加低收入者收入，扩大中等收入群体，规范收入分配秩序，规范财富积累机制。这意味着在加快居民的财产积累过程中，更要注意规范资本市场、金融市场、投资市场，倡导在规范机制下引导人民用自己的双手创造幸福生活。

本章的内容是收入和利润，对于企业来讲，增加收入、提升利润有两个途径，开源和节流。企业一方面要努力运营，不断增加收入，另一方面要注意节约开支，降低成本；对于我们大学生现阶段而言，一方面，努力学好文化和专业知识即为增强自己的资本，为将来创造幸福生活打下基础，另一方面，勤俭节约也是我们修身立业的法宝。首先，大学生应适度消费、理性消费。要增强对各种不良消费观的辨别力，进行理性消费，要在进行自我教育的同时，用合理的消费观念去引导自己的消费行为。其次，大学生应积极投身实践，提高创业能力。认真学好文化和专业知识，有效运用所学知识和技能，用智力换资本，通过成功创业促进经济发展，实现人生价值。艰苦奋斗、勤俭节约，是我们中华民族的传统美德，是一种民族精神，我们应谨记。

【复习思考】

1.收入的概念是什么？

2.商品销售收入的确认条件有哪些？

3.什么是现金折扣、商业折扣、销售折让，它们的账务处理是否相同？如果不同，各自的账务处理有哪些特点？

4.企业利润分配的程序包括哪些？

5.企业盈余公积的用途有哪些？

【练习题】

1.甲公司为增值税一般纳税人，2×23年1月发生的经济业务如下：

（1）3日，向A公司销售商品1 000件，每件商品的标价为80元，成本为每件40元。为了鼓励多购商品，甲公司同意给予A公司10%的商业折扣。开出的增值税专用发票上注明的售价总额为72 000元，增值税税额为9 360元。商品已经发出，款项存入银行。

（2）5日，向B公司销售商品一批，成本为40 000元。开出的增值税专用发票上注明的售价总额为60 000元，增值税税额为7 800元。甲公司为了及早收回货款，在合同中注明的现金折扣条件为：2/10，N/30。甲公司基于对B公司的了解，预计客户10天内付款的概率为90%，10天后付款的概率为10%。

（3）13日，收到B公司扣除现金折扣后的全部款项存入银行。假定计算现金折扣时不考虑增值税。

(4) 14日，向C公司销售商品一批，开出的增值税专用发票上注明的价款为90 000元，增值税为11 700元。该批商品的成本为50 000元。商品已经发出，款项尚未收到。

(5) 15日，C公司发现所购商品不符合合同规定的质量标准，要求甲公司在价格上给予10%的销售折让。甲公司查明后，同意给予折让，并开具增值税专用发票（红字）。

要求：编制甲公司上述销售业务的会计分录。

第十四章

财务会计报告

学习目标

知识目标： 通过本章的学习，明确财务报表的构成、分类，掌握财务报表列报的基本要求。熟练掌握资产负债表、利润表及现金流量表各项目的填列方法。了解所有者权益变动表的内容、结构及各项目的填列方法。了解财务报表附注的意义及内容。

技能目标： 通过本章的学习，能够根据岗位工作案例，编制资产负债表、利润表及现金流量表。

第一节 财务会计报告概述

一、财务报表列报活动概要

（一）财务报告的定义

财务报告包括财务报表和其他应当在财务报告中披露的相关信息和资料。

（二）财务报表的构成和分类

财务报表是对企业财务状况、经营成果和现金流量的结构性表述。财务报表至少应当包括下列组成部分：（1）资产负债表；（2）利润表；（3）现金流量表；（4）所有者权益（或股东权益，下同）变动表；（5）附注。

财务报表可以按照不同的标准进行分类：

1. 按编报期间不同分类

按编报期间的不同，财务报表可以分为中期财务报表和年度财务报表。中期财务报表是以短于一个完整会计年度的报告期间为基础编制的财务报表，包括月报、季报和半年报。中期财务报表至少应当包括资产负债表、利润表、现金流量表和附注，其中，中期资产负债表、利润表、现金流量表应当是完整报表，其格式和内容应当与年度财务报表相一致。与年度财务报表相比，中期财务报表中的附注披露可适当简略。

2. 按编报主体不同分类

按编报主体的不同，财务报表可以分为个别财务报表和合并财务报表。个别财务报表是由企业在自身会计核算基础上对账簿记录进行加工而编制的财务报表，它主要用以反映企业自身的财务状况、经营成果和现金流量情况。合并财务报表是以母公司和子公司组成的企业集团为会计主体，根据母公司和所属子公司的财务报表，由母公司编制的综合反映企业集团财务状况、经营成果和现金流量的财务报表。

母公司与子公司

（三）财务报表列报的基本要求

1. 编报基础

根据《企业会计准则第30号——财务报表列报》的规定，企业应当以持续经营为基础，根据实际发生的交易和事项，按照《企业会计准则——基本准则》和其他各项具体准则的规定进行确认和计量，在此基础上编制财务报表。企业不应以附注披露代替确认和计量。以持续经营为基础编制财务报表不再合理的，企业应当采用其他基础编制财务报表，并在附注中披露这一事实。

2. 列报一致性

财务报表项目的列报应当在各个会计期间保持一致，不得随意变更，但下列情况除外：

（1）会计准则要求改变财务报表项目的列报。

（2）企业经营业务的性质发生重大变化或对企业经营影响较大的交易或事项发生后，变更财务报表项目的列报能够提供更可靠、更相关的会计信息。

性质或功能不同的项目，应当在财务报表中单独列报，但不具有重要性的项目除外。性质或功能类似的项目，其所属类别具有重要性的，应当按其类别在财务报表中单独列报。

重要性，是指在合理预期下，财务报表某项目的省略或错报会影响使用者据此作出经济决策的，该项目具有重要性。重要性应当根据企业所处的具体环境，从项目的性质和金额两方面予以判断，且对各项目重要性的判断标准一经确定，不得随意变更。

3. 列报金额

财务报表中的资产项目和负债项目的金额、收入项目和费用项目的金额、直接计入当期利润的利得项目和损失项目的金额不得相互抵销，即不得以净额列报，但其他会计准则另有规定的除外。

以下三种情况不属于抵销，可以以净额列示：

（1）一组类似交易形成的利得和损失应当以净额列示，但具有重要性的除外。

（2）资产或负债项目按扣除备抵项目后的净额列示，不属于抵销。

（3）非日常活动产生的损益，以收入扣减费用后的净额列示，不属于抵销。非日常活动产生的利得和损失，以同一交易形成的收益扣减相关费用后的净额列示更能反映交易实质的，不属于抵销。

4. 列报项目的可比性

当期财务报表的列报，至少应当提供所有列报项目上一可比会计期间的比较数据，以及与理解当期财务报表相关的说明，但其他会计准则另有规定的除外。

5. 列报项目变更

财务报表的列报项目发生变更的，应当对可比期间的数据按照当期的列报要求进行调整，并在附注中披露调整的原因和性质，以及调整的各项目金额。对可比数据进行调整不切实可行的，应当在附注中披露不能调整的原因。不切实可行，是指企业在作出所有合理努力后仍然无法采用某项规定。

6. 列报内容

企业应当在财务报表的显著位置至少披露下列各项内容：编报企业的名称；资产负债表日或财务报表涵盖的会计期间；人民币金额单位；财务报表是合并财务报表的，应当予以标明。

7. 列报期间

企业至少应当按年编制财务报表。年度财务报表涵盖的期间短于一年的，应当披露年度财务报表的涵盖期间、短于一年的原因以及报表数据不具可比性的事实。对外提供中期财务报告的，还应遵循《企业会计准则第32号——中期财务报告》的规定。

企业月度财务报表应于月度终了后6日内对外提供；季度财务报表应于季度终了后15日内对外提供；半年度中期财务报表应于年度中期结束后60日内对外提供；年度财务报表应于年度终了后4个月内对外提供。

二、财务报表列报涉及的相关岗位以及岗位工作流程

1. 期末，各主管会计根据《企业会计制度》、企业会计准则、《会计基础工作规范》等规定按照权责发生制的要求对有关账项进行调整。

2. 各有关部门按照相关规定，全面清查资产、核实债务，确保账实相符。

3. 各主管会计根据《会计基础工作规范》对总账和明细账余额进行认真仔细的核对，做到账证相符、账账相符。

4. 财务报表编制人员根据公司总账、明细账余额等资料，按照财务报表列报的基本要求编制公司的财务报表，若有下属单位，还应根据有关规定编制合并财务报表。

5. 财务主管审核财务报表的真实性、准确性，判断是否需要对特殊事项进行补充说明。

6. 将财务报表报请有关领导审批，签字确认后，打印、复印财务报表，按照规定装订、加盖相关印章，并归档保管。

7. 财务部门按规定将财务报表报送有关领导及相关单位（税务、银行等），以供相关单位和人员使用。

第二节 资产负债表

一、资产负债表概述

（一）资产负债表的概念

资产负债表是反映企业在某一特定日期财务状况的会计报表。它反映企业在某一特定日期所拥有或控制的经济资源、所承担的现时义务和所有者对净资产的要求权。

（二）资产负债表的作用

资产负债表能够提供资产、负债和所有者权益的全貌，有着极其重要的作用，主要表现在：

1. 资产负债表可以提供企业某一特定日期的资产总额及其结构，表明企业拥有或控制的资源及其分布情况，该报表是分析企业生产经营能力的重要资料。

2. 资产负债表可以提供企业某一特定日期的负债总额及其结构，表明企业未来需要用多少资产或劳务清偿债务以及清偿时间。

3. 资产负债表可以反映所有者所拥有的权益，据以判断资本保值、增值的情况以及对负债的保障程度。

4. 资产负债表可以提供企业进行财务分析的基本资料，通过资产负债表可以计算流动比率、速动比率等，以了解企业的变现能力、偿债能力和资金周转能力，有助于报表使用者作出经济决策。

（三）资产负债表的内容

1.资产，反映由过去的交易、事项形成并由企业在某一特定日期所拥有或控制的、预期会给企业带来经济利益的资源。资产应当按照流动资产和非流动资产两大类别在资产负债表中列示，在流动资产和非流动资产类别下进一步按性质分项列示。

满足下列条件之一的资产应当划分为流动资产。(1) 预计在一个正常营业周期中变现、出售或耗用。(2) 主要为交易目的而持有。(3) 预计在资产负债表日起一年内（含一年）变现。(4) 自资产负债表日起一年内，交换其他资产或清偿负债的能力不受限制的现金或现金等价物。资产负债表中列示的流动资产项目通常包括：货币资金、交易性金融资产、应收票据、应收账款、预付款项、其他应收款、存货、一年内到期的非流动资产等。

非流动资产是指流动资产以外的资产。资产负债表中列示的非流动资产项目通常包括：长期股权投资、固定资产、在建工程、无形资产、开发支出、长期待摊费用以及其他非流动资产等。

2. 负债，反映在某一特定日期企业所承担的、预期会导致经济利益流出企业的现时义务。负债应当按照流动负债和非流动负债在资产负债表中进行列示，在流动负债和非流动负债类别下再进一步按性质分项列示。

满足下列条件之一的负债应当划分为流动负债：(1) 预计在一个正常营业周期中清偿。(2) 主要为交易目的而持有。(3) 自资产负债表日起一年内（含一年）到期应予以清偿。(4) 企业无权自主地将清偿义务推迟至资产负债表日后一年以上。资产负债表中列示的流动负债项目通常包括：短期借款、交易性金融负债、应付票据、应付账款、预收款项、应付职工薪酬、应交税费、其他应付款、一年内到期的非流动负债等。

非流动负债是指流动负债以外的负债。非流动负债项目通常包括：长期借款、应付债券和其他非流动负债等。

3.所有者权益，是企业资产扣除负债后的剩余权益，反映企业在某一特定日期股东（或投资者）拥有的净资产的总额，它一般按照实收资本（或股本，下同）、其他权益工具、资本公积、其他综合收益、专项储备、余公积和未分配利润分项列示。

负债与所有者权益

二、资产负债表的结构

我国企业的资产负债表采用账户式结构，报表分为左右两方，左方列示资产各项目，大体按资产的流动性大小排列，流动性大的资产如“货币资金”“交易性金融资产”等排在前面，流动性小的资产如“长期股权投资”“固定资产”等排在后面。右方列示负债和所有者权益各项目，一般按要求清偿时间的先后顺序排列：“短期借款”“交易性金融负债”“应付票据”“应付账款”等需要在一年以内或者长于一年的一个正常营业周期内偿还的流动负债排在前面，“长期借款”等在一年以上才需偿还的非流动负债排在中间，在企业清算之前不需要偿还的所有者权益项目排在后面。左右两方平衡，即资产总计等于负债和所有者权益总计，其平衡基础为会计恒等式“资产=负债+所有者权益”。

我国一般企业资产负债表的格式见表14-1。

表14-1　　资产负债表　　会企01表

编制单位：　　年　月　日　　单位：元

资　产	期末余额	上年年末余额	负债和所有者权益（或股东权益）	期末余额	上年年末余额
流动资产：			流动负债：		
货币资金			短期借款		
交易性金融资产			交易性金融负债		
衍生金融资产			衍生金融负债		
应收票据			应付票据		
应收账款			应付账款		
应收款项融资			预收款项		
预付款项			合同负债		
其他应收款			应付职工薪酬		
存货			应交税费		
合同资产			其他应付款		
持有待售资产			持有待售负债		
一年内到期的非流动资产			一年内到期的非流动负债		
其他流动资产			其他流动负债		
流动资产合计			流动负债合计		
非流动资产：			非流动负债：		
债权投资			长期借款		
其他债权投资			应付债券		
长期应收款			其中：优先股		
长期股权投资			永续债		

续表

资　产	期末余额	上年年末余额	负债和所有者权益（或股东权益）	期末余额	上年年末余额
其他权益工具投资			租赁负债		
其他非流动金融资产			长期应付款		
投资性房地产			预计负债		
固定资产			递延收益		
在建工程			递延所得税负债		
生产性生物资产			其他非流动负债		
油气资产			非流动负债合计		
使用权资产			负债合计		
无形资产			所有者权益（或股东权益）：		
开发支出			实收资本（或股本）		
商誉			其他权益工具		
长期待摊费用			其中：优先股		
递延所得税资产			永续债		
其他非流动资产			资本公积		
非流动资产合计			减：库存股		
			其他综合收益		
			专项储备		
			盈余公积		
			未分配利润		
			所有者权益（或股东权益）合计		
资产总计			负债和所有者权益（或股东权益）总计		

三、资产负债表的编制

（一）上年年末余额栏的填列方法

资产负债表“上年年末余额”栏内各项数字，应根据上年末资产负债表“期末余额”栏内所列数字填列。如果上年度资产负债表规定的各个项目的名称和内容同本年度不一致，应对上年末资产负债表各项目名称和数字按照本年度的规定和内容进行调整，填入表中的“上年年末余额”栏内。

（二）期末余额栏的填列方法

资产负债表“期末余额”是指相关项目某一资产负债表日的金额，即：月末、季末、半年末或年末的金额。“期末余额”一般应根据资产、负债和所有者权益类科目的期末余额填列。主要包括以下几种填列方法：

1. 根据总账科目余额填列

（1）根据总账科目的余额直接填列

如“交易性金融资产”“递延所得税资产”“短期借款”“应付票据”“应交税费”“实收资本（或股本）”“库存股”“资本公积”“其他综合收益”“专项储备”“盈余公积”等项目，应根据总账科目的余额直接填列。

（2）根据多个总账科目的期末余额计算填列

如“货币资金”项目，需要根据“库存现金”“银行存款”“其他货币资金”三个总账科目的期末余额的合计数填列。

2. 根据明细科目余额计算填列

如“应付账款”项目，需要根据“应付账款”和“预付账款”两个科目所属的相关明细科目的期末贷方余额计算填列；“预付款项”项目，需要根据“应付账款”科目和“预付账款”科目所属的相关明细科目的期末借方余额减去与“预付账款”有关的坏账准备贷方余额计算填列；“预收款项”项目，需要根据“应收账款”科目和“预收账款”科目所属相关明细科目的期末贷方金额合计填列；“开发支出”项目，需要根据“研发支出”科目所属的“资本化支出”明细科目期末余额计算填列；“应付职工薪酬”项目，需要根据“应付职工薪酬”科目的明细科目期末余额计算填列；“一年内到期的非流动资产”“一年内到期的非流动负债”项目需要根据相关非流动资产和非流动负债项目的明细科目余额计算填列。

3. 根据总账科目和明细科目余额分析计算填列

如“长期借款”项目，需要根据“长期借款”总账科目余额扣除“长期借款”科目所属的明细科目中将在一年内到期且企业不能自主地将清偿义务展期的长期借款后的净额计算填列，即：长期借款=长期借款总账科目余额-长期借款所属明细科目中将在一年内到期且企业不能自主地将清偿义务展期的长期借款金额。

4. 根据有关账户余额减去其备抵账户余额后的净额填列

如资产负债表中的“长期股权投资”项目，应当根据“长期股权投资”科目的期末余额减去“长期股权投资减值准备”科目余额后的净额填列；“固定资产”项目，应当根据“固定资产”科目的期末余额减去“累计折旧”“固定资产减值准备”等备抵科目的期末余额后的净额填列；“无形资产”项目，应当根据“无形资产”科目的期末余额，减去“累计摊销”“无形资产减值准备”等备抵科目余额后的净额填列。

5. 综合运用上述填列方法分析计算填列

如资产负债表中的“存货”项目，需要根据“原材料”“库存商品”“委托加工物资”“周转材料”“材料采购”“在途物资”“发出商品”“材料成本差异”等总账科目期末余额的分析汇总数，减去“受托代销商品款”“存货跌价准备”科目余额后的净额填列。

（三）资产负债表项目的填列说明

资产负债表中资产、负债和所有者权益主要项目的填列说明如下：

1. 资产项目的填列说明

（1）“货币资金”项目，反映企业库存现金、银行结算户存款、外埠存款、银行汇票存款、银行本票存款、信用卡存款、信用证保证金存款等的合计数。该项目应根据“库存现金”“银行存款”“其他货币资金”科目期末余额的合计数填列。

（2）“交易性金融资产”项目，反映资产负债表日企业分类为以公允价值计量且其变动计入当期损益的金融资产，以及企业持有的指定为以公允价值计量且其变动计入当期损益的金融资产的期末账面价值。该项目应根据“交易性金融资产”科目的相关明细科目期末余额分析填列。自资产负债表日起超过一年到期且预期持有超过一年的以公允价值计量且其变动计入当期损益的非流动金融资产的期末账面价值，在“其他非流动金融资产”项目反映。

（3）“应收票据”项目，反映资产负债表日以摊余成本计量的，企业因销售商品、提供服务等收到的商业汇票，包括银行承兑汇票和商业承兑汇票。该项目应根据“应收票据”科目的期末余额，减去“坏账准备”科目中相关坏账准备期末余额后的金额分析填列。

（4）“应收账款”项目，反映资产负债表日以摊余成本计量的，企业因销售商品、提供服务等经营活动应收取的款项。该项目应根据“应收账款”和“预收账款”科目所属各明细科目的期末借方余额合计数，减去“坏账准备”科目中相关坏账准备期末余额后的金额分析填列。

（5）“应收款项融资”项目，反映资产负债表日以公允价值计量且其变动计入其他综合收益的应收票据和应收账款等。

（6）“预付款项”项目，反映企业按照购货合同规定预付给供应单位的款项等。该项目应根据“预付账款”和“应付账款”科目所属各明细科目的期末借方余额合计数，减去“坏账准备”科目中有关预付账款计提的坏账准备期末余额后的净额填列。如“预付账款”科目所属明细科目期末为贷方余额，应在资产负债表“应付账款”项目内填列。

（7）“其他应收款”项目，反映企业除应收票据、应收账款、预付账款等经营活动以外的其他各种应收、暂付的款项。该项目应根据“应收利息”、“应收股利”和“其他应收款”科目的期末余额合计数，减去“坏账准备”科目中相关坏账准备期末余额后的金额填列。其中的“应收利息”仅反映相关金融工具已到期可收取但于资产负债表日尚未收到的利息。基于实际利率法计提的金融工具的利息应包含在相应金融工具的账面余额中。

（8）“存货”项目，反映企业期末在库、在途和在加工中的各种存货的可变现净值或成本（成本与可变现净值孰低）。存货包括各种材料、商品、在产品、半成品、包装物、低值易耗品、发出商品等。该项目应根据“材料采购”“原材料”“库存商品”“周转材料”“委托加工物资”“发出商品”“生产成本”“受托代销商品”等科目的期末余额合计数，减去“受托代销商品款”“存货跌价准备”科目期末余额后的净额填列。材料采用计划成本核算，以及库存商品采用计划成本核算或售价核算的企业，还应按加或减材料成本差异、商品进销差价后的金额填列。

（9）“合同资产”项目，反映企业按照《企业会计准则第14号——收入》（2017）的相关规定，根据本企业履行履约义务与客户付款之间的关系在资产负债表中列示的合同资产。该项目应根据“合同资产”科目的相关明细科目期末余额分析填列，同一合同下的合同资产和合同负债应当以净额列示，其中净额为借方余额的，应当根据其流动性在“合同资产”或“其他非流动资产”项目中填列，已计提减值准备的，还应以减去“合同资产减值准备”科目中相关的期末余额后的金额填列；其中净额为贷方余额的，应当根据其流动性在“合同负债”或“其他非流动负债”项目中填列。

（10）“持有待售资产”项目，反映资产负债表日划分为持有待售类别的非流动资产及划分为持有待售类别的处置组中的流动资产和非流动资产的期末账面价值。该项目应根据“持有待售资产”科目的期末余额，减去“持有待售资产减值准备”科目期末余额后的金额填列。

（11）“一年内到期的非流动资产”项目，反映企业预计自资产负债表日起一年内变现的非流动资产。该项目应根据有关科目的期末余额分析填列。

（12）“债权投资”项目，反映资产负债表日企业以摊余成本计量的长期债权投资的期末账面价值。该项目应根据“债权投资”科目的相关明细科目期末余额，减去“债权投资减值准备”科目中相关减值准备的期末余额后的金额分析填列。自资产负债表日起一年内到期的长期债权投资的期末账面价值，在“一年内到期的非流动资产”项目反映。企业购入的以摊余成本计量的一年内到期的债权投资的期末账面价值，在“其他流动资产”项目反映。

（13）“其他债权投资”项目，反映资产负债表日企业分类为以公允价值计量且其变动计入其他综合收益的长期债权投资的期末账面价值。该项目应根据“其他债权投资”科目的相关明细科目期末余额分析填列。自资产负债表日起一年内到期的长期债权投资的期末账面价值，在“一年内到期的非流动资产”项目反映。企业购入的以公允价值计量且其变动计入其他综合收益的一年内到期的债权投资的期末账面价值，在“其他流动资产”项目反映。

（14）“长期应收款”项目，反映企业租赁产生的应收款项和采用递延方式分期收款、实质上具有融资性质的销售商品和提供劳务等经营活动产生的应收款项。该项目应根据“长期应收款”科目的期末余额，减去相应的“未实现融资收益”科目和“坏账准备”科目所属相关明细科目期末余额后的金额填列。

（15）“长期股权投资”项目，反映投资方对被投资单位实施控制、重大影响的权益性投资，以及对其合营企业的权益性投资。该项目应根据“长期股权投资”科目的期末余额，减去“长期股权投资减值准备”科目的期末余额后的净额填列。

（16）“其他权益工具投资”项目，反映资产负债表日企业指定为以公允价值计量且其变动计入其他综合收益的非交易性权益工具投资的期末账面价值。该项目应根据“其他权益工具投资”科目的期末余额填列。

（17）“固定资产”项目，反映资产负债表日企业固定资产的期末账面价值和企业尚未清理完毕的固定资产清理净损益。该项目应根据“固定资产”科目的期末余额，减去“累计折旧”和“固定资产减值准备”科目的期末余额后的金额，以及“固定资产清理”科目的期末余额填列。

（18）“在建工程”项目，反映资产负债表日企业尚未达到预定可使用状态的在建工程的期末账面价值和企业为在建工程准备的各种物资的期末账面价值。该项目应根据“在建工程”科目的期末余额，减去“在建工程减值准备”科目的期末余额后的金额，以及“工程物资”科目的期末余额，减去“工程物资减值准备”科目的期末余额后的金额填列。

（19）“使用权资产”项目，反映资产负债表日承租人企业持有的使用权资产的期末账面价值。该项目应根据“使用权资产”科目的期末余额，减去“使用权资产累计折旧”和“使用权资产减值准备”科目的期末余额后的金额填列。

（20）“无形资产”项目，反映企业持有的专利权、非专利技术、商标权、著作权、土地使用权等无形资产的成本减去累计摊销和减值准备后的净值。该项目应根据“无形资产”科目的期末余额，减去“累计摊销”“无形资产减值准备”科目期末余额后的净额填列。

（21）“开发支出”项目，反映企业开发无形资产过程中能够资本化形成无形资产成本的支出部分。该项目应当根据“研发支出”科目中所属的“资本化支出”明细科目期末余额填列。

（22）“长期待摊费用”项目，反映企业已经发生但应由本期和以后各期负担的分摊期限在一年以上的各项费用。长期待摊费用中在一年内（含一年）摊销的部分，在资产负债表“一年内到期的非流动资产”项目填列。该项目应根据“长期待摊费用”科目的期末余额，减去将于一年内（含一年）摊销的数额后的金额分析填列。

（23）“递延所得税资产”项目，反映企业根据所得税准则确认的可抵扣暂时性差异产生的所得税资产。该项目应根据“递延所得税资产”科目的期末余额填列。

（24）“其他非流动资产”项目，反映企业除上述非流动资产以外的其他非流动资产。该项目应根据有关科目的期末余额填列。

2. 负债项目的填列说明

（1）“短期借款”项目，反映企业向银行或其他金融机构等借入的期限在一年以下（含一年）的各种借款。该项目应根据“短期借款”科目的期末余额填列。

（2）“交易性金融负债”项目，反映企业资产负债表日承担的交易性金融负债，以及企业持有的直接指定为以公允价值计量且其变动计入当期损益的金融负债的期末账面价值。该项目应根据“交易性金融负债”科目的相关明细科目期末余额填列。

（3）“应付票据”项目，反映资产负债表日以摊余成本计量的，企业因购买材料、商品和接受服务等开出、承兑的商业汇票，包括银行承兑汇票和商业承兑汇票。该项目应根据“应付票据”科目的期末余额填列。

（4）“应付账款”项目，反映资产负债表日以摊余成本计量的，企业因购买材料、商品和接受服务等经营活动应支付的款项。该项目应根据“应付账款”和“预付账款”科目所属的相关明细科目的期末贷方余额合计数填列。

（5）“预收款项”项目，反映企业按照购货合同规定预收供应单位的款项。该项目应根据“预收账款”和“应收账款”科目所属各明细科目的期末贷方余额合计数填列。如“预收账款”科目所属明细科目期末为借方余额，应在资产负债表“应收账款”项目内填列。

（6）“合同负债”项目，反映企业按照《企业会计准则第14号——收入》（2017）的相关规定，根据本企业履行履约义务与客户付款之间的关系在资产负债表中列示的合同负债。该项目应根据“合同负债”的相关明细科目期末余额分析填列。

（7）“应付职工薪酬”项目，反映企业为获得职工提供的服务或解除劳动关系而给予的各种形式的报酬或补偿。企业提供给职工配偶、子女、受赡养人、已故员工遗属及其他受益人等的福利，也属于职工薪酬。该项目应根据“应付职工薪酬”科目所属各明细科目的期末贷方余额分析填列。外商投资企业按规定从净利润中提取的职工奖励及福利基金，也在该项目列示。

（8）“应交税费”项目，反映企业按照税法规定计算应缴纳的各种税费，包括增值税、消费税、城市维护建设税、教育费附加、企业所得税、资源税、土地增值税、房产税、城镇土地使用税、车船税等。企业预扣预缴的个人所得税，也通过该项目列示。企业所缴纳的税费不需要预计应交数的，如印花税、耕地占用税等，不在该项目列示。该项目应根据“应交税费”科目的期末贷方余额填列，如“应交税费”科目期末为借方余额，应以“-”号填列。需要说明的是，“应交税费”科目下的“应交增值税”“未交增值税”“待抵扣进项税额”“待认证进项税额”“增值税留抵税额”等明细科目期末借方余额应根据情况，在资产负债表中的“其他流动资产”或“其他非流动资产”项目列示；“应交税费——待转销项税额”等科目期末贷方余额应根据情况，在资产负债表中的“其他流动负债”或“其他非流动负债”项目列示；“应交税费”科目下的“未交增值税”“简易计税”“转让金融商品应交增值税”“代扣代交增值税”等科目期末贷方余额应在资产负债表中的“应交税费”项目列示。

（9）“其他应付款”项目，反映企业除应付票据、应付账款、预收账款、应付职工薪酬、应交税费等经营活动以外的其他各项应付、暂收的款项。该项目应根据“应付利息”“应付股利”“其他应付款”科目的期末余额合计数填列。其中，“应付利息”科目仅反映相关金融工具已到期应支付但于资产负债表日尚未支付的利息。基于实际利率法计提的金融工具的利息应包含在相应金融工具的账面余额中。

（10）“持有待售负债”项目，反映资产负债表日处置组中与划分为持有待售类别的资产直接相关的负债的期末账面价值。该项目应根据“持有待售负债”科目的期末余额填列。

（11）“一年内到期的非流动负债”项目，反映企业非流动负债中将于资产负债表日后一年内到期部分的金额，如将于一年内偿还的长期借款。该项目应根据有关科目的期末余额分析填列。

（12）“长期借款”项目，反映企业向银行或其他金融机构借入的期限在一年以上（不含一年）的各项借款。该项目应根据“长期借款”科目的期末余额，扣除“长期借款”科目所属的明细科目中将在资产负债表日起一年内到期且企业不能自主地将清偿义务展期的长期借款后的金额计算填列。

（13）“应付债券”项目，反映企业为筹集长期资金而发行的债券本金及应付的利息。该项目应根据“应付债券”科目的期末余额分析填列。对于资产负债表日企业发行的金融工具，分类为金融负债的，应在该项目填列，对于优先股和永续债还应在该项目下的“优先股”“永续债”项目分别填列。

（14）“租赁负债”项目，反映资产负债表日承租人企业尚未支付的租赁付款额的期末账面价值。该项目应根据“租赁负债”科目的期末余额填列。自资产负债表日起一年内到期应予以清偿的租赁负债的期末账面价值，在“一年内到期的非流动负债”项目反映。

（15）“长期应付款”项目，应根据“长期应付款”科目的期末余额，减去相关的“未确认融资费用”科目的期末余额后的金额，以及“专项应付款”科目的期末余额填列。

（16）“预计负债”项目，反映企业根据或有事项等相关准则确认的各项预计负债，包括对外提供担保、未决诉讼、产品质量保证、重组义务以及固定资产和矿区权益弃置义务等产生的预计负债。该项目应根据“预计负债”科目的期末余额填列。企业按照《企业会计准则第22号——金融工具确认和计量》（2017）的相关规定，对贷款承诺等项目计提的损失准备，应当在该项目中填列。

（17）“递延收益”项目，反映尚待确认的收入或收益。该项目核算包括企业根据政府补助准则确认的应在以后期间计入当期损益的政府补助金额、售后租回形成租赁的售价与资产账面价值差额等其他递延性收入。该项目应根据“递延收益”科目的期末余额填列。该项目中摊销期限只剩一年或不足一年的，或预计在一年内（含一年）进行摊销的部分，不得归类为流动负债，仍在该项目中填列，不转入“一年内到期的非流动负债”项目。

（18）“递延所得税负债”项目，反映企业根据所得税准则确认的应纳税暂时性差异产生的所得税负债。该项目应根据“递延所得税负债”科目的期末余额填列。

（19）“其他非流动负债”项目，反映企业除以上非流动负债以外的其他非流动负债。该项目应根据有关科目期末余额，减去将于一年内（含一年）到期偿还数后的余额分析填列。非流动负债各项目中将于一年内（含一年）到期的非流动负债，应在“一年内到期的非流动负债”项目内反映。

3. 所有者权益项目的填列说明

（1）“实收资本（或股本）”项目，反映企业各投资者实际投入的资本（或股本）总额。该项目应根据“实收资本（或股本）”科目的期末余额填列。

（2）“其他权益工具”项目，反映资产负债表日企业发行在外的除普通股以外分类为权益工具的金融工具的期末账面价值，并下设“优先股”和“永续债”两个项目，分别反映企业发行的分类为权益工具的优先股和永续债的账面价值。

（3）“资本公积”项目，反映企业收到投资者出资超出其在注册资本或股本中所占的份额以及直接计入所有者权益的利得和损失等。该项目应根据“资本公积”科目的期末余额填列。

（4）“其他综合收益”项目，反映企业其他综合收益的期末余额。该项目应根据“其他综合收益”科目的期末余额填列。

（5）“专项储备”项目，反映高危行业企业按国家规定提取的安全生产费的期末账面价值。该项目应根据“专项储备”科目的期末余额填列。

（6）“盈余公积”项目，反映企业盈余公积的期末余额。该项目应根据“盈余公积”科目的期末余额填列。

（7）“未分配利润”项目，反映企业尚未分配的利润。该项目应根据“本年利润”科目和“利润分配”科目的余额计算填列。未弥补的亏损在该项目内以“-”号填列。

【例14-1】甲有限责任公司（以下简称甲公司）和A、B公司均为增值税一般纳税工业企业，其有关资料如下：

（1）甲公司销售的产品、材料均为应纳增值税货物，适用的增值税税率为13%，产品、材料销售价格中均不含增值税。

（2）甲公司材料和产品均按实际成本核算，其销售成本随着销售同时结转。

（3）A公司为甲公司的联营企业，甲公司对A公司的投资占A公司有表决权资本的25%，甲公司对A公司的投资按权益法核算。

（4）甲公司2×23年1月1日有关科目余额见表14-2。

表14-2 **甲公司有关科目余额** 单位：元

科目名称	借方余额	科目名称	贷方余额
库存现金	600	短期借款	510 000
银行存款	410 000	应付票据	40 000
应收票据	240 000	应付账款	170 000
应收账款	200 000	应付职工薪酬	4 000
坏账准备	-1 000	应交税费	13 000
其他应收款	300	长期借款	1 270 000
原材料	360 000	实收资本	2 010 000
周转材料	20 000	盈余公积	119 000
库存商品	70 000	利润分配（未分配利润）	8 700
长期股权投资——A公司	600 000		
固定资产	2 800 000		
累计折旧	-560 000		
无形资产	4 800		
合　计	4 144 700	合　计	4 144 700

（5）甲公司2×23年度发生如下经济业务：

① 销售给A公司一批产品，销售价格40 000元，产品成本32 000元。产品已经发出，开出增值税专用发票，款项尚未收到（除增值税以外，不考虑其他税费）。

② 购入原材料一批，增值税专用发票上注明的增值税税额为39 000元，原材料实际成本为300 000元。材料已经到达，并验收入库。企业开出商业承兑汇票。

③ 对外销售一批原材料，销售价格26 000元，材料实际成本18 000元。销售材料已经发出，开出增值税专用发票。款项已经收到，并存入银行（除增值税以外，不考虑其他税费）。

④ 按应收账款年末余额的5‰计提坏账准备。

⑤ 摊销无形资产价值1 000元；计提管理用固定资产折旧8 766元。

⑥ 实现净利润6 008元。

要求：

（1）编制甲公司2×23年经济业务的有关会计分录。

（2）编制甲公司2×23年12月31日有关科目余额表。

（3）编制甲公司2×23年12月31日资产负债表。

参考答案如下：

（1）甲公司应对上述有关经济业务进行如下账务处理：

①借：应收账款——A公司　　45 200

　　贷：主营业务收入　　40 000

　　　　应交税费——应交增值税（销项税额）　　5 200

借：主营业务成本　　32 000

贷：库存商品 32 000

②借：原材料 300 000

应交税费——应交增值税（进项税额） 39 000

贷：应付票据——商业承兑汇票 339 000

③借：银行存款 29 380

贷：其他业务收入 26 000

应交税费——应交增值税（销项税额） 3 380

借：其他业务成本 18 000

贷：原材料 18 000

④应计提坏账准备=（200 000+45 200）×5‰−1 000=226（元）

借：信用减值损失 226

贷：坏账准备 226

⑤借：管理费用 1 000

贷：累计摊销 1 000

借：管理费用 8 766

贷：累计折旧 8 766

⑥借：本年利润 6 008

贷：利润分配——未分配利润 6 008

（2）甲公司2×23年12月31日有关科目余额见表14-3。

表14-3 **甲公司有关科目余额** 单位：元

2×23年12月31日

科目名称	借方余额	科目名称	贷方余额
库存现金	600	短期借款	510 000
银行存款	439 380	应付票据	379 000
应收票据	240 000	应付账款	170 000
应收账款	245 200	应付职工薪酬	4 000
坏账准备	−1 226	应交税费	−17 420
其他应收款	300	长期借款	1 270 000
原材料	642 000	实收资本	2 010 000
周转材料	20 000	盈余公积	119 000
库存商品	38 000	利润分配（未分配利润）	14 708
长期股权投资——A公司	600 000		
固定资产	2 800 000		
累计折旧	−568 766		
无形资产	4 800		
累计摊销	−1 000		
合计	4 459 288	合计	4 459 288

（3）编制甲公司2×23年12月31日资产负债表，见表14-4（上年年末余额栏略）。

表14-4　**资产负债表**　会企01表

编制单位：甲公司　2×23年12月31日　单位：元

资　产	期末余额	负债和所有者权益	期末余额
流动资产：		流动负债：	
货币资金	439 980	短期借款	510 000
应收票据	240 000	应付票据	379 000
应收账款	243 974	应付账款	170 000
其他应收款	300	应付职工薪酬	4 000
存货	700 000	应交税费	−17 420
流动资产合计	1 624 254	流动负债合计	1 045 580
非流动资产：		非流动负债：	
长期股权投资——A公司	600 000	长期借款	1 270 000
固定资产	2 231 234	非流动负债合计	1 270 000
无形资产	3 800	负债合计	2 315 580
非流动资产合计	2 835 034	所有者权益：	
		实收资本	2 010 000
		盈余公积	119 000
		未分配利润	14 708
		所有者权益合计	2 143 708
资产总计	4 459 288	负债和所有者权益总计	4 459 288

第三节　利润表

一、利润表概述

（一）利润表的概念

利润表是反映企业在一定会计期间的经营成果的会计报表。利润表把一定期间的收入与同一会计期间的费用进行配比，以计算出企业一定时期的净利润（或净亏损）。

（二）利润表的作用

利润表的列报必须充分反映企业经营业绩的主要来源和构成，有助于信息使用者判断净利润的质量及其风险，预测净利润的持续性，从而作出正确的决策。具体表现在：

1. 利润表可以反映企业一定会计期间的收益实现情况，如实现的营业收入有多少、实现的投资收益有多少、实现的营业外收入有多少等。

2. 利润表可以反映一定会计期间的损耗的发生情况，如耗费的营业成本有多少、营业税费有多少、各项期间费用有多少、营业外支出有多少等。

3. 利润表可以反映企业生产经营活动的成果，即净利润的实现情况，据以判断资本保值、增值情况等。

4. 利润表可以反映企业不同时期的比较数字（本月数、本年累计数、上年数），便于财务报告使用者分析判断企业未来利润的发展趋势和获利能力，作出正确的经营决策。

（三）利润表的内容

1. 构成营业利润的各项要素：营业收入、营业成本、税金及附加、销售费用、管理费用、研发费用、财务费用、其他收益、投资收益（投资损失）、净敞口套期收益（净敞口套期损失）、公允价值变动收益（公允价值变动损失）、信用减值损失、资产减值损失、资产处置收益（资产处置损失）。

2. 构成利润总额（或亏损总额）的各项要素：营业利润、营业外收入、营业外支出。

3. 构成净利润（或净亏损）的各项要素：利润总额（或亏损总额）、所得税费用。

4. 构成每股收益的各项要素：基本每股收益、稀释每股收益。

二、利润表的结构

我国企业利润表采用的是多步、报告式结构，即通过对当期的收益、损耗项目按性质加以归类，按利润形成的环节列示一些中间性利润指标，分步计算当期净损益。

我国一般企业利润表格式见表14-5。

表14-5 **利润表** 会企02表

编制单位： 年 月 单位：元

项 目	本期金额	上期金额
一、营业收入		
减：营业成本		
税金及附加		
销售费用		
管理费用		
研发费用		
财务费用		
其中：利息费用		
利息收入		
加：其他收益		
投资收益（损失以“-”号填列）		
其中：对联营企业和合营企业的投资收益		
以摊余成本计量的金融资产终止确认收益（损失以“-”号填列）		
净敞口套期收益（损失以“-”号填列）		
公允价值变动收益（损失以“-”号填列）		
信用减值损失（损失以“-”号填列）		
资产减值损失（损失以“-”号填列）		
资产处置收益（损失以“-”号填列）		

续表

项　目	本期金额	上期金额
二、营业利润（亏损以“-”号填列）		
加：营业外收入		
减：营业外支出		
三、利润总额（亏损总额以“-”号填列）		
减：所得税费用		
四、净利润（净亏损以“-”号填列）		
（一）持续经营净利润（净亏损以“-”号填列）		
（二）终止经营净利润（净亏损以“-”号填列）		
五、其他综合收益的税后净额		
（一）不能重分类进损益的其他综合收益		
1.重新计量设定受益计划变动额		
2.权益法下不能转损益的其他综合收益		
3.其他权益工具投资公允价值变动		
4.企业自身信用风险公允价值变动		
……		
（二）将重分类进损益的其他综合收益		
1.权益法下可转损益的其他综合收益		
2.其他债权投资公允价值变动		
3.金融资产重分类计入其他综合收益的金额		
4.其他债权投资信用减值准备		
5.现金流量套期储备		
6.外币财务报表折算差额		
……		
六、综合收益总额		
七、每股收益：		
（一）基本每股收益		
（二）稀释每股收益		

三、利润表的填列方法

（一）上期金额栏的填列方法

利润表“上期金额”栏内各项数字，应根据上年该期利润表“本期金额”栏内所列数字填列。如果上年该期利润表规定的各个项目的名称和内容同本期不一致，应对上年该期利润表各项目的名称和数字按照本期的规定进行调整，填入报表中的“上期金额”栏内。

（二）本期金额栏的填列方法

利润表“本期金额”栏内各项数字除“基本每股收益”和“稀释每股收益”项目外，

一般应根据损益类账户的发生额分析填列。

1.“营业收入”项目，反映企业经营主要业务和其他业务所确认的收入总额。该项目应根据“主营业务收入”和“其他业务收入”科目的发生额分析填列。企业一般应当以“主营业务收入”和“其他业务收入”总账科目的贷方发生额之和，作为利润表中“营业收入”项目的金额。当年发生销售退回的，应以冲减销售退回主营业务收入后的金额，填列“营业收入”项目。

2.“营业成本”项目，反映企业经营主要业务和其他业务所发生的成本总额。该项目应根据“主营业务成本”和“其他业务成本”科目的发生额分析填列。企业一般应当以“主营业务成本”和“其他业务成本”总账科目的借方发生额之和，作为利润表中“营业成本”项目的金额。当年发生销售退回的，应以减去销售退回商品成本后的金额，填列“营业成本”项目。

3.“税金及附加”项目，反映企业经营业务应负担的消费税、城市维护建设税、资源税、土地增值税和教育费附加等。该项目应根据“税金及附加”科目的发生额分析填列。

4.“销售费用”项目，反映企业在销售商品过程中发生的包装费、广告费等费用和为销售本企业商品而专设的销售机构的职工薪酬、业务费等经营费用。该项目应根据“销售费用”科目的发生额分析填列。

5.“管理费用”项目，反映企业为组织和管理生产经营发生的管理费用。该项目应根据“管理费用”科目的发生额分析填列。

6.“研发费用”项目，反映企业进行研究与开发过程中发生的费用化支出以及计入管理费用的自行开发无形资产的摊销。该项目应根据“管理费用”科目下的“研发费用”明细科目的发生额以及“管理费用”科目下“无形资产摊销”明细科目的发生额分析填列。

7.“财务费用”项目，反映企业为筹集生产经营所需资金等而发生的应予费用化的利息支出。该项目应根据“财务费用”科目的相关明细科目发生额分析填列。其中：“利息费用”项目，反映企业为筹集生产经营所需资金等而发生的应予费用化的利息支出，该项目应根据“财务费用”科目的相关明细科目的发生额分析填列。“利息收入”项目，反映企业应冲减财务费用的利息收入，该项目应根据“财务费用”科目相关明细科目的发生额分析填列。

8.“其他收益”项目，反映计入其他收益的政府补助，以及其他与日常活动相关且计入其他收益的项目。该项目应根据“其他收益”科目的发生额分析填列。企业作为个人所得税的扣缴义务人，根据《中华人民共和国个人所得税法》收到的扣缴税款手续费，应作为其他与日常活动相关的收益在该项目中填列。

9.“投资收益”项目，反映企业以各种方式对外投资所取得的收益。该项目应根据“投资收益”科目的发生额分析填列。如为投资损失，该项目以“-”号填列。

10.“净敞口套期收益”项目，反映净敞口套期下被套期项目累计公允价值变动转入当期损益的金额或现金流量套期储备转入当期损益的金额。该项目应根据“净敞口套期损益”科目的发生额分析填列。如为套期损失，该项目以“-”号填列。

11.“公允价值变动收益”项目，反映企业应当计入当期损益的资产或负债公允价值变动收益。该项目应根据“公允价值变动损益”科目的发生额分析填列。如为净损失，该项目以“-”号填列。

12.“信用减值损失”项目，反映企业按照《企业会计准则第22号——金融工具确认和计量》（2017）的要求计提的各项金融工具信用减值准备所确认的信用损失。该项目应根据“信用减值损失”科目的发生额分析填列。

13.“资产减值损失”项目，反映企业各项资产发生的减值损失。该项目应根据“资产减值损失”科目的发生额分析填列。企业应当以“资产减值损失”总账科目借方发生额减去贷方发生额后的余额，作为利润表中“资产减值损失”项目的金额。

14.“资产处置收益”项目，反映企业出售划分为持有待售的非流动资产（金融工具、长期股权投资和投资性房地产除外）或处置组（子公司和业务除外）时确认的处置利得或损失，以及处置未划分为持有待售的固定资产、在建工程、生产性生物资产及无形资产而产生的处置利得或损失。债务重组中因处置非流动资产（金融工具、长期股权投资和投资性房地产除外）产生的利得或损失和非货币性资产交换中换出非流动资产（金融工具、长期股权投资和投资性房地产除外）产生的利得或损失也包括在该项目内。该项目应根据“资产处置损益”科目的发生额分析填列。如为处置损失，该项目以“-”号填列。

15.“营业利润”项目，反映企业实现的营业利润。如为亏损，该项目以“-”号填列。

16.“营业外收入”项目，反映企业发生的除营业利润以外的收益，主要包括与企业日常活动无关的政府补助、盘盈利得、捐赠利得（企业接受股东或股东的子公司直接或间接的捐赠，经济实质属于股东对企业的资本性投入的除外）等。该项目应根据“营业外收入”科目的发生额分析填列。

17.“营业外支出”项目，反映企业发生的除营业利润以外的支出，主要包括公益性捐赠支出、非常损失、盘亏损失、非流动资产毁损报废损失等。该项目应根据“营业外支出”科目的发生额分析填列。

18.“利润总额”项目，反映企业实现的利润。如为亏损，该项目以“-”号填列。

19.“所得税费用”项目，反映企业应从当期利润总额中扣除的所得税费用。该项目应根据“所得税费用”科目的发生额分析填列。

20.“净利润”项目，反映企业实现的净利润。如为亏损，该项目以“-”号填列。

21.“其他综合收益的税后净额”项目，反映企业根据企业会计准则的规定未在损益中确认的各项利得和损失扣除所得税影响后的净额。

22.“综合收益总额”项目，反映企业净利润与其他综合收益（税后净额）的合计金额。

23.“每股收益”项目，包括“基本每股收益”和“稀释每股收益”两项指标，反映普通股或潜在普通股已公开交易的企业，以及正处在公开发行普通股或潜在普通股过程中的企业的每股收益信息。

【例14-2】乙股份有限公司（以下简称乙公司）为增值税一般纳税企业，适用的增值税税率为13%，适用的所得税税率为25%，采用债务法核算所得税，不考虑其他相关税费，商品销售价格中均不含增值税税额，商品销售成本按发生的经济业务逐项结转。销售商品及提供劳务均为主营业务，资产销售（出售）均为正常的商业交易，采用公允的交易价格结算，除特别指明外，所售资产均未计提减值准备。

乙公司2×23年12月发生的经济业务及相关资料如下：

（1）12月1日，向A公司销售商品一批，增值税专用发票上注明销售价格为100万元，增值税税额为13万元。提货单和增值税专用发票已交A公司，款项尚未收取，该批商品的实际成本为75万元。

（2）12月3日，收到B公司来函，要求对当年11月5日所购商品在销售价格上给予5%的折让（乙公司在该批商品售出时，已确认销售收入200万元，但款项尚未收取）。经查核，该批商品存在外观质量问题，乙公司同意了B公司提出的折让要求。当日，收到B公司交来的税务机关开具的索取折让证明单，并开具红字增值税专用发票。

（3）12月10日，收到A公司支付的货款，并存入银行。

（4）12月15日，与C公司签订一项专利技术使用权转让合同。合同规定：C公司有偿使用乙公司的该项专利技术，使用期为2年，一次性支付使用费100万元，增值税税率为6%，乙公司在合同签订日提供该专利技术资料，不提供后续服务，与该项交易有关的手续已办妥，从C公司收取的使用费已存入银行。

（5）12月20日，与F公司签订协议销售商品一批，销售价格为800万元，根据协议，协议签订日预收价款400万元，余款于2×24年1月31日交货时付清。当日，收到F公司预付的款项，并存入银行。

（6）12月21日，收到先征后返的增值税34万元，并存入银行。

（7）除上述经济业务外，登记本月发生的其他经济业务形成的有关账户发生额见表14-6。

表14-6 有关账户发生额 单位：万元

账户名称	借方发生额	贷方发生额
其他业务成本	20	
销售费用	15	
管理费用	12.2	
财务费用	10.3	
税金及附加	6.5	
投资收益		14.2
营业外收入		8
营业外支出	12.2	

乙公司应对上述有关经济业务进行如下相关账务处理（金额单位：万元）：

（1）借：应收账款——A公司 113
　　贷：主营业务收入 100
　　　　应交税费——应交增值税（销项税额） 13

借：主营业务成本 75
　贷：库存商品 75

（2）借：主营业务收入 10
　　　　应交税费——应交增值税（销项税额） 1.3
　　贷：应收账款——B公司 11.3

(3) 借：银行存款　113
　贷：应收账款——A公司　113
(4) 借：银行存款　106
　贷：其他业务收入　100
　　应交税费——应交增值税（销项税额）　6
(5) 借：银行存款　400
　贷：预收账款——F公司　400
(6) 借：银行存款　34
　贷：营业外收入　34

编制乙公司2×23年12月利润表，见表14-7。

表14-7　**利润表**　会企02表

编制单位：乙公司　2×23年12月　单位：万元

项　目	本期金额	上期金额
一、营业收入	190	
减：营业成本	95	
税金及附加	6.5	
销售费用	15	
管理费用	12.2	
研发费用		
财务费用	10.3	
其中：利息费用		
利息收入		
加：其他收益		
投资收益（损失以“-”号填列）	14.2	
其中：对联营企业和合营企业的投资收益		
以摊余成本计量的金融资产终止确认收益（损失以“-”号填列）		
净敞口套期收益（损失以“-”号填列）		
公允价值变动收益（损失以“-”号填列）		
信用减值损失（损失以“-”号填列）		
资产减值损失（损失以“-”号填列）		
资产处置收益（损失以“-”号填列）		
二、营业利润（亏损以“-”号填列）	65.2	
加：营业外收入	42	
减：营业外支出	12.2	
三、利润总额（亏损总额以“-”号填列）	95	
减：所得税费用	23.75	
四、净利润（净亏损以“-”号填列）	71.25	
（一）持续经营净利润（净亏损以“-”号填列）		
（二）终止经营净利润（净亏损以“-”号填列）		

第四节 现金流量表

一、现金流量表概述

（一）现金流量表的概念

现金流量表是反映企业在一定会计期间现金和现金等价物流入和流出的报表。其中，现金指企业库存现金以及可以随时用于支付的存款，包括库存现金、银行存款和其他货币资金（如外埠存款、银行汇票存款、银行本票存款等）等。不能随时用于支付的存款不属于现金。现金等价物，是指企业持有的期限短、流动性强、易于转换为已知金额现金、价值变动风险很小的投资。期限短，一般是指从购买日起三个月内到期。现金等价物通常包括三个月内到期的短期债券等。权益性投资变现的金额通常不确定，因而不属于现金等价物。企业应当根据具体情况，确定现金等价物的范围，一经确定不得随意变更。

现金流量是指一定会计期间内企业现金和现金等价物的流入和流出。企业从银行提取现金、用现金购买短期到期的国库券等现金和现金等价物之间的转换不属于现金流量。

（二）现金流量表的作用

1. 现金流量表有助于评价企业的支付能力、偿债能力和周转能力。

2. 现金流量表有助于预测企业未来的现金流量。

3. 现金流量表有助于分析企业收益质量及影响现金净流量的因素。

（三）现金流量表的内容

1. 经营活动产生的现金流量

经营活动，是指企业投资活动和筹资活动以外的所有交易事项。经营活动产生的现金流量主要包括销售商品或提供劳务、购买商品或接受劳务、收到的税费返还、经营性租赁、支付工资、支付广告费、缴纳税款等流入和流出的现金和现金等价物。

2. 投资活动产生的现金流量

投资活动，是指企业长期资产的购建和不包括在现金等价物范围内的投资及其处置活动。投资活动产生的现金流量主要包括取得和收回投资、购建和处置固定资产、购买和处置无形资产、处置子公司及其他营业单位等流入和流出的现金和现金等价物。

3. 筹资活动产生的现金流量

筹资活动，是指导致企业资本及负债的规模和构成发生变化的活动。筹资活动产生的现金流量主要包括吸收投资、发行股票、分配利润、取得和偿还银行借款、发行和偿还债券等流入和流出的现金和现金等价物。偿还应付账款、应付票据等应付款项属于经营活动，不属于筹资活动。

二、现金流量表的结构

我国企业现金流量表采用报告式结构，分类反映经营活动产生的现金流量、投资活动产生的现金流量和筹资活动产生的现金流量，最后汇总反映企业在某一会计期间现金及现金等价物的净增加额。

我国一般企业现金流量表的格式见表14-8。

表14-8 **现金流量表** 会企03表

编制单位： 年 月 单位：元

项 目	本期金额	上期金额
一、经营活动产生的现金流量：		
销售商品、提供劳务收到的现金		
收到的税费返还		
收到其他与经营活动有关的现金		
经营活动现金流入小计		
购买商品、接受劳务支付的现金		
支付给职工以及为职工支付的现金		
支付的各项税费		
支付其他与经营活动有关的现金		
经营活动现金流出小计		
经营活动产生的现金流量净额		
二、投资活动产生的现金流量：		
收回投资收到的现金		
取得投资收益收到的现金		
处置固定资产、无形资产和其他长期资产收回的现金净额		
处置子公司及其他营业单位收到的现金净额		
收到其他与投资活动有关的现金		
投资活动现金流入小计		
购建固定资产、无形资产和其他长期资产支付的现金		
投资支付的现金		
取得子公司及其他营业单位支付的现金净额		
支付其他与投资活动有关的现金		
投资活动现金流出小计		
投资活动产生的现金流量净额		
三、筹资活动产生的现金流量：		
吸收投资收到的现金		
取得借款收到的现金		
收到其他与筹资活动有关的现金		
筹资活动现金流入小计		
偿还债务支付的现金		
分配股利、利润或偿付利息支付的现金		
支付其他与筹资活动有关的现金		
筹资活动现金流出小计		
筹资活动产生的现金流量净额		
四、汇率变动对现金及现金等价物的影响		
五、现金及现金等价物净增加额		
加：期初现金及现金等价物余额		
六、期末现金及现金等价物余额		

现金流量表补充资料见表14-9。

表14-9 现金流量表补充资料

补充资料	本期金额	上期金额
1.将净利润调节为经营活动现金流量：		
净利润		
加：资产减值准备		
固定资产折旧、油气资产折耗、生产性生物资产折旧		
无形资产摊销		
长期待摊费用摊销		
处置固定资产、无形资产和其他长期资产的损失（收益以“-”号填列）		
固定资产报废损失（收益以“-”号填列）		
公允价值变动损失（收益以“-”号填列）		
财务费用（收益以“-”号填列）		
投资损失（收益以“-”号填列）		
递延所得税资产减少（增加以“-”号填列）		
递延所得税负债增加（减少以“-”号填列）		
存货的减少（增加以“-”号填列）		
经营性应收项目的减少（增加以“-”号填列）		
经营性应付项目的增加（减少以“-”号填列）		
其他		
经营活动产生的现金流量净额		
2.不涉及现金收支的重大投资和筹资活动：		
债务转为资本		
一年内到期的可转换公司债券		
3.现金及现金等价物净变动情况：		
现金的期末余额		
减：现金的期初余额		
加：现金等价物的期末余额		
减：现金等价物的期初余额		
现金及现金等价物净增加额		

三、现金流量表的填列方法

（一）“经营活动产生的现金流量”项目

根据《企业会计准则第31号——现金流量表》的规定，企业应当采用直接法列示经营活动产生的现金流量。

直接法，是指通过现金收入和现金支出的主要类别列示经营活动的现金流量。

1.“销售商品、提供劳务收到的现金”

该项目反映企业销售商品、提供劳务实际收到的现金（含销售收入和应向购买者收取的增值税税额），包括本期销售商品、提供劳务收到的现金，以及前期销售和前期提供劳务本期收到的现金和本期预收的账款，扣除本期退回本期销售的商品和前期销售本期退回的商品支付的现金。企业销售材料和代购代销业务收到的现金，也在该项目反映。

该项目通常可以采用以下公式计算分析填列：

$$\text{销售商品、提供劳务收到的现金} = \text{当期销售商品、提供劳务收到的现金} + \text{当期收回前期的应收账款和应收票据} + \text{当期预收款项} - \text{当期销售退回支付的现金} + \text{当期收回的前期核销的坏账损失}$$

在具体应用时，可以“当期销售商品、提供劳务产生的营业收入和增值税销项税额”为基础，结合“应收账款”“应收票据”“预收账款”等科目的变动额进行调整。

2.“收到的税费返还”

该项目反映企业收到返还的各种税费，如收到的增值税、消费税、所得税、教育费附加返还等。

3.“收到其他与经营活动有关的现金”

该项目反映企业除了上述各项目外，所收到的其他与经营活动有关的现金，如收到的罚款、流动资产损失中由个人赔偿的现金、经营租赁租金等。

4.“购买商品、接受劳务支付的现金”

该项目反映企业购买商品、接受劳务所支付的现金（包括增值税进项税额），包括本期购入商品、接受劳务支付的现金，以及本期支付前期购入商品、接受劳务的未付款项和本期预付款项。本期发生的购货退回收到的现金应从该项目中扣除。

该项目通常可以采用以下公式计算分析填列：

$$\text{购买商品、接受劳务支付的现金} = \text{当期购买商品、接受劳务支付的现金} + \text{当期支付前期的应付账款} + \text{当期支付前期的应付票据} + \text{当期的预付账款} - \text{当期因购货退回收到的现金}$$

在具体运用时，可以“当期销售成本和增值税进项税额”为基础，结合存货期初、期末余额的变动额，以及“应付账款”“应付票据”“预付账款”等科目的变动额进行调整。

5.“支付给职工以及为职工支付的现金”

该项目反映企业实际支付给职工以及为职工支付的现金，包括本期实际支付给职工的工资、奖金、津贴和补贴等，以及为职工支付的其他费用，不包括支付给离退休人员的各项费用和支付给在建工程人员的工资等。企业支付给离退休人员的各项费用，包括支付的统筹退休金以及未参加统筹的退休人员的费用，在“支付其他与经营活动有关的现金”项目反映；支付给在建工程人员的工资等，在“购建固定资产、无形资产和其他长期资产支付的现金”项目反映。

6.“支付的各项税费”

该项目反映企业按规定支付的各项税费，但不包括实际支付的计入固定资产价值的耕地占用税，也不包括本期退回的增值税、所得税，本期退回的增值税、所得税在“收到的税费返还”项目反映。

7.“支付其他与经营活动有关的现金”

该项目反映企业除上述各项目外，所支付的其他与经营活动有关的现金，如经营租赁支付的租金、罚款支出、业务招待费支出、保险费支出等。

（二）“投资活动产生的现金流量”项目

1.“收回投资收到的现金”

该项目反映企业出售、转让或到期收回除现金等价物以外的交易性金融资产、其他债权投资、长期股权投资（除处置子公司及其他营业单位）以及收回债权投资本金而收到的现金，包括转让收益，但不包括收到的现金股利和利息。

2.“取得投资收益收到的现金”

该项目反映企业因各种对外投资而收到的现金股利、利润、利息等，但不包括收到的属于购买时实际支付的价款中包含的已宣告派发但尚未发放的现金股利或已到付息期但尚未支付的利息等，收到的这些现金应在投资活动产生的现金流量的“收到其他与投资活动有关的现金”项目反映。

3.“处置固定资产、无形资产和其他长期资产收回的现金净额”

该项目反映企业处置固定资产、无形资产和其他长期资产所取得的现金，扣除为处置这些资产而支付的有关费用后的净额。由自然灾害造成固定资产等长期资产损失而收到的保险赔偿收入，也在该项目反映。

4.“处置子公司及其他营业单位收到的现金净额”

该项目反映企业处置子公司及其他营业单位收到的现金，减去相关税费以后的净额。

5.“收到其他与投资活动有关的现金”

该项目反映企业除上述各项目外，收到的其他与投资活动有关的现金。

6.“购建固定资产、无形资产和其他长期资产支付的现金”

该项目反映企业购买、建造固定资产，取得无形资产和其他长期资产所支付的现金，通过负债方式（如借款、租赁等）购建长期性资产而支付的利息、租赁费用等应在筹资活动部分的“支付其他与筹资活动有关的现金”项目中反映，而不在此项目中反映。

7.“投资支付的现金”

该项目反映企业进行各种性质的对外投资所支付的现金，包括企业取得的除现金等价物以外的交易性金融资产投资、债权投资、长期股权投资、其他债权投资所支付的现金。但不包括购买股票和债券时，实际支付的价款中包含的已宣告派发但尚未发放的现金股利或已到付息期但尚未支付的利息等，这些现金支出应在投资活动产生的现金流量的“支付其他与投资活动有关的现金”项目反映。

8.“取得子公司及其他营业单位支付的现金净额”

该项目反映企业取得子公司及其他营业单位支付的现金。

9.“支付其他与投资活动有关的现金”

该项目反映企业除上述各项目外，支付的其他与投资活动有关的现金。如购买股票和债券时，支付的买价中所包含的已宣告发放但尚未领取的现金股利或已到付息期但尚未领取的利息等。

（三）“筹资活动产生的现金流量”项目

1.“吸收投资收到的现金”

该项目反映企业实际收到的投资者投入的现金，包括企业以发行股票、债券等方式筹集资金实际收到的款项，减去直接支付的佣金、手续费、宣传费、咨询费、印刷费等发行费用后的净额。

2.“取得借款收到的现金”

该项目反映企业举借各种短期、长期借款所实际收到的现金。

3.“收到其他与筹资活动有关的现金”

该项目反映企业除上述各项目外，所收到的其他与筹资活动有关的现金。

4.“偿还债务支付的现金”

该项目反映企业偿还债务本金所支付的现金，包括偿还金融企业的借款本金、偿还债券本金等。企业以现金支付的借款利息和债券利息在“分配股利、利润或偿付利息支付的现金”项目反映，不包括在该项目内。

5.“分配股利、利润或偿付利息支付的现金”

该项目反映企业实际支付的现金股利、支付给其他投资单位的利润或用现金支付的借款利息、债券利息等。

6.“支付其他与筹资活动有关的现金”

该项目反映企业除上述各项目外，支付的其他与筹资活动有关的现金，如为发行股票、债券等而支付的审计、咨询等费用。

（四）“汇率变动对现金及现金等价物的影响”项目

该项目反映企业外币现金流量及境外子公司的现金流量折算为记账本位币时，所采用的现金流量发生日的汇率或按照系统合理的方法确定的、与现金流量发生日即期汇率近似的汇率折算的记账本位币金额与“现金及现金等价物净增加额”项目中外币现金净增加额按资产负债表日的即期汇率折算的记账本位币之间的差额。

（五）“现金及现金等价物净增加额”项目

该项目反映企业本期现金及现金等价物期末比期初净增加（减少）的金额。

（六）“期末现金及现金等价物余额”项目

该项目反映期末现金及现金等价物的余额。

【例14-3】丙公司为增值税一般纳税人，适用的增值税税率为13%。2×23年有关资料如下：

（1）资产负债表有关账户年初、年末余额和部分账户发生额见表14-10。

（2）利润表有关账户本年发生额见表14-11。

（3）其他有关资料如下：

交易性金融资产均为非现金等价物；出售交易性金融资产已收到现金；应收、应付款项均以现金结算；应收账款变动额中含有本期计提的坏账准备100万元。不考虑该企业本年度发生的其他交易和事项。

表14-10 **资产负债表有关账户年初、年末余额和部分发生额** 单位：万元

账户名称	年初余额	本年增加	本年减少	年末余额
应收账款	3 510			5 850
应收票据	585			351
交易性金融资产	300		100（出售）	200
应收股利	20	30		10
存货	2 500			2 400
长期股权投资	500	200（以固定资产投资）		700
应付账款	1 755			2 340
应交税费				
应交增值税	250		306（已交） 476（进项税额）	180
应交所得税	30	100		40
短期借款	600	400		700

表14-11 **利润表有关账户本年发生额** 单位：万元

账户名称	借方发生额	贷方发生额
主营业务收入		5 000
主营业务成本	3 000	
投资收益：		
现金股利		10
出售交易性金融资产		20

根据以上资料，编制丙公司2×23年度的现金流量表，见表14-12。

表14-12 **现金流量表** 会企03表

编制单位：丙公司 2×23年度 单位：元

项　目	本期金额	上期金额（略）
一、经营活动产生的现金流量：		
销售商品、提供劳务收到的现金	34 440 000	
收到的税费返还	0	
收到其他与经营活动有关的现金	0	
经营活动现金流入小计	34 440 000	
购买商品、接受劳务支付的现金	27 910 000	
支付给职工以及为职工支付的现金	0	
支付的各项税费	3 960 000	

续表

项目	本期金额	上期金额（略）
支付其他与经营活动有关的现金	0	
经营活动现金流出小计	31 870 000	
经营活动产生的现金流量净额	2 570 000	
二、投资活动产生的现金流量：		
收回投资收到的现金	1 200 000	
取得投资收益收到的现金	400 000	
处置固定资产、无形资产和其他长期资产收回的现金净额	0	
处置子公司及其他营业单位收到的现金净额	0	
收到其他与投资活动有关的现金	0	
投资活动现金流入小计	1 600 000	
购建固定资产、无形资产和其他长期资产支付的现金	0	
投资支付的现金	0	
取得子公司及其他营业单位支付的现金净额	0	
支付其他与投资活动有关的现金	0	
投资活动现金流出小计	0	
投资活动产生的现金流量净额	1 600 000	
三、筹资活动产生的现金流量：		
吸收投资收到的现金	0	
取得借款收到的现金	4 000 000	
收到其他与筹资活动有关的现金	0	
筹资活动现金流入小计	4 000 000	
偿还债务支付的现金	3 000 000	
分配股利、利润或偿付利息支付的现金	0	
支付其他与筹资活动有关的现金	0	
筹资活动现金流出小计	3 000 000	
筹资活动产生的现金流量净额	1 000 000	
四、汇率变动对现金及现金等价物的影响	0	
五、现金及现金等价物净增加额	5 170 000	
加：期初现金及现金等价物余额	0	
六、期末现金及现金等价物余额	5 170 000	

有关分析计算过程如下：

（1）销售商品、提供劳务收到的现金=（5 000+5 000×13%）+（3 510–5 850）+（585–351）–100
=3 444（万元）

（2）购买商品、接受劳务支付的现金=（3 000+476）+（2 400–2 500）+（1 755–2 340）
=2 791（万元）

（3）支付的各项税费=306+（30+100–40）=396（万元）

（4）收回投资收到的现金=20+100=120（万元）

（5）取得投资收益收到的现金=20+30–10=40（万元）

（6）取得借款收到的现金=400万元

（7）偿还债务支付的现金=300万元

第五节　所有者权益变动表

一、所有者权益变动表概述

（一）所有者权益变动表的内容

所有者权益变动表是反映构成所有者权益的各组成部分当期的增减变动的报表。根据《企业会计准则第30号——财务报表列报》（2014）的规定，所有者权益变动表应当反映构成所有者权益的各组成部分当期的增减变动情况。综合收益和与所有者（或股东，下同）的资本交易导致的所有者权益的变动，应当分别列示。

与所有者的资本交易，是指企业与所有者以其所有者身份进行的、导致企业所有者权益变动的交易。

所有者权益变动表至少应当单独列示反映下列信息的项目：

（1）综合收益总额，在合并所有者权益变动表中还应单独列示归属于母公司所有者的综合收益总额和归属于少数股东的综合收益总额；

（2）会计政策变更和前期差错更正的累积影响金额；

（3）所有者投入资本和向所有者分配利润等；

（4）按照规定提取的盈余公积；

（5）所有者权益各组成部分的期初和期末余额及其调节情况。

（二）所有者权益变动表的结构

1. 以矩阵的形式列报

为了清楚地表明构成所有者权益的各组成部分当期的增减变动情况，所有者权益变动表应当以矩阵的形式列示：一方面，列示导致所有者权益变动的交易或事项，改变了以往仅仅按照所有者权益的各组成部分反映所有者权益变动情况，而是从所有者权益变动的来源对一定时期所有者权益变动情况进行全面反映；另一方面，按照所有者权益各组成部分（包括实收资本、其他权益工具、资本公积、盈余公积、其他综合收益、专项储备、未分配利润和库存股）及其总额列示交易或事项对所有者权益的影响。

2. 列示所有者权益变动的比较信息

根据财务报表列报准则的规定，企业需要提供比较所有者权益变动表，因此，所有者权益变动表还将项目分为“本年金额”和“上年金额”两栏分别填列。

我国一般企业所有者权益变动表的格式见表14-13。

表14-13 **所有者权益变动表** 会企04表

编制单位： 2×23年度 单位：元

项目	本年金额											上年金额										
	实收资本（或股本）	其他权益工具			资本公积	减：库存股	其他综合收益	专项储备	盈余公积	未分配利润	所有者权益合计	实收资本（或股本）	其他权益工具			资本公积	减：库存股	其他综合收益	专项储备	盈余公积	未分配利润	所有者权益合计
		优先股	永续债	其他									优先股	永续债	其他							
一、上年年末余额																						
加：会计政策变更																						
前期差错更正																						
其他																						
二、本年年初余额																						
三、本年增减变动金额（减少以“-”号填列）																						
（一）综合收益总额																						
（二）所有者投入和减少资本																						
1.所有者投入的普通股																						
2.其他权益工具持有者投入资本																						
3.股份支付计入所有者权益的金额																						
4.其他																						
（三）利润分配																						
1.提取盈余公积																						
2.对所有者（或股东）的分配																						
3.其他																						
（四）所有者权益内部结转																						
1.资本公积转增资本（或股本）																						
2.盈余公积转增资本（或股本）																						
3.盈余公积弥补亏损																						
4.设定受益计划变动额结转留存收益																						
5.其他综合收益结转留存收益																						
6.其他																						
四、本年年末余额																						

二、所有者权益变动表的填列方法

(一) 所有者权益变动表各项目的列报说明

1."上年年末余额"项目

"上年年末余额"项目，反映企业上年资产负债表中实收资本（或股本）、资本公积、库存股、其他综合收益、盈余公积、未分配利润等项目的上年年末余额。

2."会计政策变更"和"前期差错更正"项目

"会计政策变更"和"前期差错更正"项目，分别反映企业采用追溯调整法处理的会计政策变更的累积影响金额和采用追溯重述法处理的会计差错更正的累积影响金额。

3."本年增减变动金额"项目

(1)"综合收益总额"项目

该项目反映企业在某一期间除与所有者以其所有者身份进行的交易之外的其他交易或事项所引起的所有者权益变动，其金额为净利润和其他综合收益扣除所得税影响后的净额相加后的合计金额。

(2)"所有者投入和减少资本"项目

该项目反映企业当年所有者投入的资本和减少的资本。

①"所有者投入的普通股"项目，反映企业接受投资形成的资本（或股本）和资本溢价或股本溢价，并对应列在"实收资本"和"资本公积"栏。

②"其他权益工具持有者投入资本"项目，反映企业接受其他权益工具持有者投入形成的实收资本（或股本）和资本公积，该项目应根据"实收资本""资本公积"等科目的发生额分析填列。

③"股份支付计入所有者权益的金额"项目，反映企业处于等待期中的权益结算的股份支付当年计入资本公积的金额，并对应列在"资本公积"栏。

(3)"利润分配"项目

该项目反映企业当年对所有者（或股东）分配的利润（或股利）金额和按照规定提取的盈余公积金额，并对应列在"未分配利润"和"盈余公积"栏。

①"提取盈余公积"项目，反映企业按照规定提取的盈余公积金额。

②"对所有者（或股东）的分配"项目，反映对所有者（或股东）分配的利润（或股利）金额。

(4)"所有者权益内部结转"项目

该项目反映不影响当年所有者权益总额的所有者权益各组成部分之间当年的增减变动，包括资本公积转增资本（或股本）、盈余公积转增资本（或股本）、盈余公积弥补亏损等的金额。

①"资本公积转增资本（或股本）"项目，反映企业当年资本公积转增资本（或股本）的金额。

②"盈余公积转增资本（或股本）"项目，反映企业当年盈余公积转增资本（或股本）的金额。

③"盈余公积弥补亏损"项目，反映企业当年盈余公积弥补亏损的金额。

④"设定受益计划变动额结转留存收益"项目，主要反映重新计量设定受益计划净负债或者净资产的变动计入其他综合收益，在原设定受益计划终止时应当在权益范围内将

原计入其他综合收益的部分全部结转至未分配利润。该项目应根据“其他综合收益”科目相关明细科目的发生额分析填列。

对于已执行新金融准则或新收入准则的企业，其所有者权益变动表中的“其他综合收益结转留存收益”项目，主要反映：（1）企业指定为以公允价值计量且其变动计入其他综合收益的非交易性权益工具投资终止确认时，之前计入其他综合收益的累计利得或损失从其他综合收益中转入留存收益的金额；（2）企业指定为以公允价值计量且其变动计入当期损益的金融负债终止确认时，之前由企业自身信用风险变动引起而计入其他综合收益的累计利得或损失从其他综合收益中转入留存收益的金额等。该项目应根据“其他综合收益”科目相关明细科目的发生额分析填列。

（二）上年金额栏的列报方法

所有者权益变动表“上年金额”栏内各项数字，应根据上年度所有者权益变动表“本年金额”栏内所列数字填列。如果上年度所有者权益变动表规定的各个项目的名称和内容同本年度不一致，应对上年度所有者权益变动表各项目的名称和数字按本年度的规定进行调整，填入所有者权益变动表“上年金额”栏内。

（三）本年金额栏的列报方法

所有者权益变动表“本年金额”栏内各项数字一般应根据“实收资本（或股本）”“其他权益工具”“资本公积”“盈余公积”“利润分配”“库存股”“以前年度损益调整”等科目的发生额分析填列。

第六节 财务报表附注

一、财务报表附注概述

（一）财务报表附注的概念和作用

附注是对在资产负债表、利润表、现金流量表和所有者权益变动表等报表中列示项目的文字描述或明细资料，以及对未能在这些报表中列示项目的说明等。

通过附注与资产负债表、利润表、现金流量表和所有者权益变动表等报表中列示的项目相互参照关系，以及对未能在报表中列示项目的说明，可以使报表使用者全面了解企业的财务状况、经营成果和现金流量。

（二）财务报表附注披露的基本要求

1. 附注披露的信息应是定量、定性信息的结合，从而能从量和质两个角度对企业经济事项进行完整的反映，也才能满足信息使用者的决策需求。

2. 附注应当按照一定的结构进行系统合理的排列和分类，有顺序地披露信息。由于附注的内容繁多，因此更应按逻辑顺序排列，分类披露，条理清晰，具有一定的组织结构，以便于使用者理解和掌握，也更好地实现财务报表的可比性。

3. 附注相关信息应当与资产负债表、利润表、现金流量表和所有者权益变动表等报表中列示的项目相互参照，以有助于使用者联系相关联的信息，并由此从整体上更好地理解财务报表。

（三）财务报表附注的形式

在会计实务中，财务报表附注可采用旁注、附表和底注等形式。

1. 旁注

旁注是指在财务报表的有关项目旁直接用括号加注说明。旁注是最简单的报表注释方法，如果报表上有关项目的名称或金额受到限制或需简要补充时，可以直接用括号加注说明。为了保持报表项目的简明扼要、清晰明了，旁注适用个别只需要简单补充的信息项目。

2. 附表

附表指为了保持财务报表的简明易懂而另行编制一些反映其构成项目及年度内的增减来源与金额的表格。附表反映的内容，有些已直接包括在脚注之内，有些则附在报表和脚注之后，作为财务报表的一个单独组成部分。必须注意的是，附表与补充报表的含义并不相同。附表所反映的是财务报表中某一项目的明细信息，而补充报表则往往反映一些附加的信息或按不同基础编制的信息。最常见的补充报表是揭示物价变动对企业财务状况和经营成果影响的附表。

3. 底注

底注也称脚注，是指财务报表后面用一定文字和数字所作的补充说明。一般而言，每一种报表都可以有底注，其篇幅大小随各种报表的复杂程度而定。底注的主要作用是揭示那些不便于列入报表正文的有关信息。但是，底注作为财务报表的组成部分，仅是对报表正文的补充，它不能取代或更正报表正文中的正常分类、计价和描述。凡列入财务报表正文部分的信息项目都必须符合会计要素的定义和一系列确认与计量的标准。财务报表正文主要是表格形式描述有关企业财务状况与经营绩效的定量信息，这一特征使报表正文所能包含的信息受到限制；而底注则比较灵活，它可提供有关报表编制基础等方面的定性信息、报表项目的性质、比报表正文更为详细的信息、一些相对较次要的信息，这些信息对理解和使用报表信息是十分有益的。由于这一优点，底注在财务报表中已发挥越来越重要的作用。

二、财务报表附注披露的内容

按照《企业会计准则第30号——财务报表列报》的规定，财务报表附注应当按照下列顺序披露附注内容：

1. 企业的基本情况。

（1）企业注册地、组织形式和总部地址。

（2）企业的业务性质和主要经营活动。

（3）母公司以及集团最终母公司的名称。

（4）财务报告的批准报出者和财务报告批准报出日。

2. 财务报表的编制基础。

财务报表的编制基础包括：会计年度、记账本位币、会计计量所运用的计量基础、现金和现金等价物的构成。

3. 遵循企业会计准则的声明。

企业应当明确说明编制的财务报表符合企业会计准则的要求，真实、完整地反映了企业的财务状况、经营成果和现金流量等有关信息。

4. 重要会计政策和会计估计。

企业应当披露采用的重要会计政策和会计估计，并结合企业的具体实际披露其重要会计政策的确定依据和财务报表项目的计量基础，以及会计估计中所采用的关键假设和不确定因素。

关联方关系认定

5.会计政策和会计估计变更以及差错更正的说明。

企业应当按照《企业会计准则第28号——会计政策、会计估计变更和差错更正》及其应用指南的规定，披露会计政策和会计估计变更以及差错更正的有关情况。

6.报表重要项目的说明。

微课 14-1

企业对报表重要项目的说明，应当按照资产负债表、利润表、现金流量表、所有者权益变动表及其报表项目列示的顺序，采用文字和数字描述相结合的方式进行披露。报表重要项目的明细金额合计，应当与报表项目金额相衔接。

如何读懂企业财务报告?

7.或有和承诺事项、资产负债表日后非调整事项、关联方关系及其交易等需要说明的事项。

8.有助于财务报表使用者评价企业管理资本的目标、政策及程序的信息。

9.其他需要披露的说明。

【思政讲堂】

数字经济对会计的影响

党的二十大报告强调，要“加快发展数字经济，促进数字经济和实体经济深度融合”。数字经济的发展给会计带来了极大的冲击和挑战，大数据、人工智能、移动互联网、云计算、物联网、区块链等新技术的突飞猛进，推动会计产生变革。数字经济时代，财务逐步实现智能化转型，企业更加注重财务人员对财务数据的分析、管理以及决策，而非简单的财务报告撰写。

首先，数字经济促使会计数据资源更完整。在数字经济下，形成了一种实时更新的动态数据，客户浏览记录、交易信息、GPS等逐渐成为一种动态数据资源，当企业将这些资源与财务相结合，企业的财务数据资源会更能满足现实需求，会更完整。当前，数字经济以信息通信技术的重大突破为基础，是网络化、智能化发展到一定阶段的必然产物，这也意味着在数字经济背景下，信息数据资源的传输、储存以及输送等都能更迅速、更高效。

其次，数字经济需要数字会计，财务数字化是会计发展的必然结果。伴随着以数据为中心的数字化知识与信息投入，财务会计为适应企业快速与高质量发展的节奏，逐渐形成数字化财务。当然，企业数字化转型不仅考验的是业务部，更考验财务部，财务人员对数字的敏感度是其在进行财务决策时所必备的技能，将数字技术应用在财务决策中，对财务信息进行加工、处理、分析，能更快、更好、更有效地生成智能化财务报表。

微课 14-2

在新的经济形态下，会计人员仍扮演着重要角色。所以，会计人员仍要保持忠诚于自己所承担的会计事业，捍卫操守为会计奉献终身；热诚勤勉地做好会计工作，精益求精，追求卓越；树立会计信誉，坚决不做假账，取信于众，取信于社会。

人工智能对会计的影响

资料来源：刘莎莎，李蕊鑫. 数字经济对会计发展的影响［J］. 合作经济与科技，2022（20）：150-152.

【复习思考】

1.什么是财务报表？财务报表一般应当包括哪些组成部分？
2.资产负债表中“应收账款”项目的计算公式是什么？
3.资产负债表中“存货”项目的计算公式是什么？
4.什么是现金？什么是现金等价物？

【练习题】

甲公司2×23年年末部分账户余额见表14-14。

表14-14　**甲公司2×23年年末部分账户余额表**　单位：元

账户名称	期末余额	账户名称	期末余额
库存现金	3 600	材料采购	6 000
银行存款	900 000	发出商品	6 300
其他货币资金	100 000	生产成本	30 000
应收账款（总账） ——A公司（明细账借方余额） ——B公司（明细账借方余额） ——C公司（明细账贷方余额）	9 000 8 000 2 000 1 000	材料成本差异（贷方余额）	5 000
预付账款（总账） ——E公司（明细账借方余额） ——F公司（明细账贷方余额）	40 000 60 000 20 000	债权投资 其中：一年内到期的投资	300 000 20 000
坏账准备（贷方余额） ——应收账款	800 800	应付账款（总账） ——M公司（明细账贷方余额） ——N公司（明细账借方余额）	2 000 7 000 5 000
原材料	180 000	应交税费（借方余额）	340
委托加工物资	50 500	预收账款（总账） ——U公司（明细账贷方余额） ——V公司（明细账借方余额） ——W公司（明细账贷方余额）	6 000 7 000 4 000 3 000
周转材料	1 000	长期借款 其中：一年内到期的借款	300 000 100 000
库存商品	50 000	利润分配（借方余额）	400

要求：根据上述资料在表14-15中填列甲公司资产负债表有关项目的金额。

表14-15 **相关项目信息表**

资产负债表项目	计算过程
货币资金	
应收账款	
预收款项	
应付账款	
预付款项	
存货	
一年内到期的非流动资产	
债权投资	
应交税费	
一年内到期的非流动负债	
长期借款	
未分配利润	

第十五章

财务报表分析

知识目标： 通过本章的学习，了解财务报表分析的内涵和目的；熟悉财务报表分析的内容和方法；掌握偿债能力分析、管理效率分析以及盈利能力分析的方法；掌握杜邦分析法和财务比率综合评分法。

技能目标： 通过本章的学习，能够根据岗位工作要求，实际应用杜邦分析法和财务比率综合评分法进行财务分析。

第一节　财务报表分析的目的与方法

一、财务报表分析的目的

财务报表分析始于19世纪末，但直到20世纪50年代才成为一门独立的学科。随着股份制经济和证券市场的发展，股东为了自身投资的安全与收益，希望获取准确的企业信息，进而评价过去的经营业绩、衡量现在的财务状况以及预测未来的发展趋势，而获取此种信息的主要手段就是对企业历史财务信息的分析和评价。目前，财务报表分析已经成为企业众多相关利益主体进一步获取有价值的信息并对未来进行决策的主要手段和方法。

财务报表分析是企业相关利益主体以财务报表为基本依据，结合一定的标准，运用科学系统的方法，对企业的财务状况、经营成果和现金流量进行的全面分析，主要目的是为相关决策者提供信息支持。

财务报表分析的目的取决于人们使用会计信息的目的，不同主体出于不同的利益考虑，对财务分析信息有着各自不同的要求。会计信息使用者主要包括：债权人、投资者、企业经营管理者、员工、业务关联单位、政府部门等，下面分别介绍不同的会计信息使用者进行财务报表分析的目的。

（一）债权人进行财务报表分析的目的

因为债权人不能参与企业的剩余收益分享，因此主要关心自己的债权能否收回。如果企业获得较高的利润水平，债权人只能按照约定的利率收取利息；如果企业发生亏损，债权人则可能导致较大的损失，这种收益与风险之间的不对称性，导致债权人更加关注企业收益的稳定性以及经营的安全性。企业的债权人通过密切关注公司的偿债能力指标，得出反映公司短期偿债能力和长期偿债能力等方面的信息，以决定是否需要追加抵押和担保、是否提前收回债权等。具体来说，债权人分析财务报表的目的主要在于：

（1）短期债权人主要关心企业当前的财务状况（即短期偿债能力和资产的流动状况），他们希望企业的实物资产能顺利地转换成现金，以便偿还到期债务。

（2）长期债权人主要关心企业的长期盈利能力和资本结构（如资产负债率）。企业的长期盈利能力是其偿还本金和利息的决定性因素，资本结构可以反映长期债务的风险。

（二）投资者进行财务报表分析的目的

企业的投资者包括企业的所有者和潜在投资者，他们进行财务报表分析的最根本的目的是观察企业的盈利能力，因为盈利能力是投资者实现资本保值和增值的关键。但是，投资者仅仅关心盈利能力是不够的，为了确保资本保值增值，他们还要研究企业的资本结构、支付能力和营运状况。只有投资者认为企业有良好的发展前景，企业的所有者才会保持或增加投资，潜在投资者才会把资金投入该企业。

（三）企业经营管理者进行财务报表分析的目的

公司的经营管理者关心公司的经营效率和未来的发展，因此必须对企业经营的各个方面，包括营运能力、偿债能力、获利能力及发展能力的全部信息予以详尽的了解和掌握，他们通过分析财务报表判断企业的现状、可能存在的问题，以便进一步改善经营管理，提高企业的竞争能力，从而实现可持续发展。

（四）员工进行财务报表分析的目的

员工作为企业的一分子，是企业最直接的利益相关者，因此员工必定关心企业的发展状况，以便进行合理的就业决策。员工有多种方法和途径了解企业的财务状况、经营成果以及现金流量，比如在企业内部进行直接的观察，但这种方法往往不够全面和科学，依据客观的财务报表进行分析，可以作出更加科学的决策。

（五）业务关联单位进行财务报表分析的目的

企业的业务关联单位主要是指企业的产品购买者和原材料供应商，他们最关心企业的信用状况，因此他们在决定是否与企业发生经济业务时，可以通过分析企业的支付能力与偿债能力进行评估，也可以通过对企业利润表中反映的交易完成情况进行分析判断。

（六）政府部门进行财务报表分析的目的

政府兼具多重身份，既是宏观经济管理者，又是国有企业的所有者和重要的市场参与者。许多政府部门都需要使用企业的会计信息，比如财政部门、税务部门、统计部门以及监管机构等。政府部门进行财务分析的主要目的是更好地了解宏观经济的运行情况和企业的经营活动是否遵守法律法规，以便为其制定相关政策提供决策依据。如通过财务分析可以了解一个行业是否存在超额利润，为制定税法提供合理的依据。

二、财务报表分析的内容

（一）偿债能力分析

偿债能力是企业偿还债务和支付本金的能力，该能力的强弱直接影响企业资金的安全性和盈利水平，通过偿债能力分析，报表分析人员能够判断企业财务风险的高低，了解企业经营的安全性，以便作出正确的决策。

（二）营运能力分析

营运能力反映了企业对资产的利用和管理能力。企业的生产经营过程就是利用资产取得收益的过程。资产是企业生产经营活动的经济资源，对资产的利用和管理能力直接影响企业的收益，它体现了企业的经营能力。对营运能力进行分析，可以了解企业资产的保值和增值情况，分析企业资产的利用效率、管理水平、资金周转状况、现金流量状况等，为评价企业的经营管理水平提供依据。

（三）盈利能力分析

获利能力是指企业从其经营活动、投资活动中获得回报的能力，通常同一规模的企业获得的回报越高说明其获利能力越强。企业存在的基础就是有所回报，这些回报构成了社会财富的基础，因此在某种意义上讲，所有的报表分析人员都会关注企业的盈利能力，判断企业的发展趋势。

（四）发展能力分析

发展能力是企业未来成长壮大的可能性，它反映了企业在原有基础上的增长空间，报表分析人员通过分析企业的发展能力不但能了解企业过去的获利能力，还能预测未来一段时间的盈利趋势，帮助投资人了解企业长期的发展趋势，判断管理层的经营行为是进行了价值创造还是造成价值毁损。

三、财务报表分析的方法

财务报表分析的方法是完成财务报表分析的方式和手段，虽然法律法规并未对如何进行财务报表分析进行规定，但分析方法一直在发展，一些基本的方法仍然是进行财务报表分析时必须使用的。最常见的基本方法包括：比较分析法、比率分析法、因素分析法和趋势分析法。

（一）比较分析法

财务报表的比较分析法是将两个或几个有关的可比数据进行对比，从而揭示存在的差异或矛盾。按照比较内容的不同，可以分为比较会计要素的总量、比较结构百分比以及比较财务比率。按照比较对象的不同，可以分为纵向比较分析法、横向比较分析法以及预算差异分析法。这里主要介绍纵向比较分析法和横向比较分析法。

1. 纵向比较分析法

纵向比较分析法又称趋势分析法，是将同一企业连续若干期的财务状况进行比较，确定其增减变动的方向、数额和幅度，以此来揭示企业财务状况的发展变化趋势的分析方法，如比较财务报表法、比较财务比率法等。

2. 横向比较分析法

横向比较分析法是将本企业的财务状况与其他企业的同期财务状况进行比较，确定其存在的差异及其程度，以此来揭示企业财务状况中所存在问题的分析方法。

（二）比率分析法

比率分析法是指将企业同一时期的财务报表中的相关项目进行对比，得出一系列财务比率，以此来揭示企业财务状况的分析方法。财务比率主要包括构成比率、效率比率和相关比率三大类。

1. 构成比率

构成比率又称结构比率，是反映某项经济指标的各个组成部分与总体之间关系的财务比率，如流动资产与资产总额的比率、流动负债与负债总额的比率。

2. 效率比率

效率比率是反映某项经济活动投入与产出之间关系的财务比率，如资产报酬率、销售净利率等，利用效率比率可以考察经济活动的经济效益，揭示企业的盈利能力。

3. 相关比率

相关比率是反映经济活动中某两个或两个以上相关项目比值的财务比率，如流动比率、速动比率等，利用相关比率可以考察各项经济活动之间的相互关系，从而揭示企业的财务状况。

（三）因素分析法

比较分析法和比率分析法主要是确定财务报表中各项指标发生变动的差异，而因素分析法则是探求这种差异产生的原因以及对差异的影响水平。因素分析法是通过分析影响财务指标的各项因素，从数量上确定各种因素对财务指标的影响程度，比较本期实际与基期的差额，说明财务指标变化情况以及差异的主要原因。其主要方法有连环替代法和差额计算法。

（四）趋势分析法

趋势分析法又称水平分析法，是将两期或连续数期会计报表中的相同指标进行对比，确定其增减变动的方向、数额和幅度，以说明企业财务状况和经营成果的变动趋势的一种方法。

微课15-1

六大会计要素与两大财务报表

趋势分析法的具体运用主要有三种方式：比较重要的财务指标、比较财务报表项目以及比较财务报表项目的构成。趋势分析的目的在于决定引起财务和经营变动的主要项目，判断变动趋势的性质是否有利，预测将来的发展趋势。

四、财务报表分析的基础

财务报表分析是以企业的会计核算资料为基础，通过对会计所提供的核算资料进行加工整理，得出一系列科学的、系统的财务指标，以便进行比较、分析和评价。本章提供了北方公司的资产负债表、利润表以及现金流量表（分别见表15-1、表15-2和表15-3），供大家进行财务报表分析使用。

表15-1　**资产负债表**　会企01表

编制单位：北方公司　2×23年12月31日　单位：万元

资产	期末余额	上年年末余额	负债和所有者权益（或股东权益）	期末余额	上年年末余额
流动资产：			流动负债：		
货币资金	490	340	短期借款	420	400
交易性金融资产	80	30	交易性金融负债		
衍生金融资产			衍生金融负债		
应收票据	15	20	应付票据	70	50
应收账款	683.10	643.50	应付账款	355	264
应收款项融资		8	预收款项	10	20
预付款项	14	14	合同负债		20
其他应收款	4.90	13.50	应付职工薪酬	0.60	0.80
存货	690	580	应交税费	50	40
合同资产			其他应付款	24.40	20.20
持有待售资产			持有待售负债		
一年内到期的非流动资产		30	一年内到期的非流动负债	62	80
其他流动资产	3	31	其他流动负债	8	5
流动资产合计	1 980	1 710	流动负债合计	1 000	900
非流动资产：			非流动负债：		
债权投资	20	20	长期借款	400	500
其他债权投资	30	30	应付债券	420	320
长期应收款	10	10	其中：优先股	420	320
长期股权投资	90	30	永续债	0	0
其他权益工具投资	50	30	租赁负债	50	14
其他非流动金融资产		11	长期应付款	150	90
投资性房地产	30	20	预计负债	50	
固定资产	2 150	1 800	递延收益		
在建工程	80	100	递延所得税负债		
生产性生物资产	20	9	其他非流动负债		
油气资产			非流动负债合计	1 070	924
使用权资产			负债合计	2 070	1 824
无形资产	32	20	所有者权益（或股东权益）：		

续表

资产	期末余额	上年年末余额	负债和所有者权益（或股东权益）	期末余额	上年年末余额
开发支出			实收资本（或股本）	1 500	1 500
商誉			其他权益工具		
长期待摊费用	8	10	其中：优先股		
递延所得税资产			永续债		
其他非流动资产			资本公积	240	131
非流动资产合计	2 520	2 090	减：库存股		
			其他综合收益		
			专项储备		
			盈余公积	459	220
			未分配利润	231	125
			所有者权益（或股东权益）合计	2 430	1 976
资产总计	4 500	3 800	负债和所有者权益（或股东权益）总计	4 500	3 800

表15-2 **利润表** 会企02表

编制单位：北方公司 2×23年度 单位：万元

项 目	本期金额	上期金额
一、营业收入	9 371.40	8 257
减：营业成本	4 190.40	3 710
税金及附加	676	562
销售费用	1 370	1 255
管理费用	1 050	812
研发费用		
财务费用	325	308
其中：利息费用	325	308
利息收入		
加：其他收益		
投资收益（损失以“-”号填列）	63	68
其中：对联营企业和合营企业的投资收益		
以摊余成本计量的金融资产终止确认收益（损失以“-”号填列）		
净敞口套期收益（损失以“-”号填列）		

续表

项 目	本期金额	上期金额
公允价值变动收益（损失以“-”号填列）		
信用减值损失（损失以“-”号填列）		
资产减值损失（损失以“-”号填列）		
资产处置收益（损失以“-”号填列）		
二、营业利润（亏损以“-”号填列）	1 823	1 678
加：营业外收入	8.50	9.80
减：营业外支出	15.50	5.40
三、利润总额（亏损总额以“-”号填列）	1 816	1 682.40
减：所得税费用	556	508.40
四、净利润（净亏损以“-”号填列）	1 260	1 174
（一）持续经营净利润（净亏损以“-”号填列）	1 260	1 174
（二）终止经营净利润（净亏损以“-”号填列）		
五、其他综合收益的税后净额		
（一）不能重分类进损益的其他综合收益		
1.重新计量设定受益计划变动额		
2.权益法下不能转损益的其他综合收益		
3.其他权益工具投资公允价值变动		
4.企业自身信用风险公允价值变动		
……		
（二）将重分类进损益的其他综合收益		
1.权益法下可转损益的其他综合收益		
2.其他债权投资公允价值变动		
3.金融资产重分类计入其他综合收益的金额		
4.其他债权投资信用减值准备		
5.现金流量套期储备		
6.外币财务报表折算差额		
……		
六、综合收益总额		
七、每股收益：		
（一）基本每股收益（元）	0.84	0.78
（二）稀释每股收益（元）	0.84	0.78

表15-3　**现金流量表**　会企03表

编制单位：北方公司　2×23年度　单位：万元

项　目	本期金额	上期金额
一、经营活动产生的现金流量：		（略）
销售商品、提供劳务收到的现金	10 470	
收到的税费返还	450	
收到其他与经营活动有关的现金	300	
经营活动现金流入小计	11 220	
购买商品、接受劳务支付的现金	6 630	
支付给职工以及为职工支付的现金	258	
支付的各项税费	2 542	
支付其他与经营活动有关的现金	470	
经营活动现金流出小计	9 900	
经营活动产生的现金流量净额	1 320	
二、投资活动产生的现金流量：		
收回投资收到的现金	105	
取得投资收益收到的现金	65	
处置固定资产、无形资产和其他长期资产收回的现金净额	5	
处置子公司及其他营业单位收到的现金净额	4	
收到其他与投资活动有关的现金	6	
投资活动现金流入小计	185	
购建固定资产、无形资产和其他长期资产支付的现金	855	
投资支付的现金	76	
取得子公司及其他营业单位支付的现金净额	10	
支付其他与投资活动有关的现金	4	
投资活动现金流出小计	945	
投资活动产生的现金流量净额	−760	
三、筹资活动产生的现金流量：		
吸收投资收到的现金		
取得借款收到的现金	350	

续表

项 目	本期金额	上期金额
收到其他与筹资活动有关的现金		
筹资活动现金流入小计	350	
偿还债务支付的现金	330	
分配股利、利润或偿付利息支付的现金	353	
支付其他与筹资活动有关的现金	27	
筹资活动现金流出小计	710	
筹资活动产生的现金流量净额	-360	
四、汇率变动对现金及现金等价物的影响		
五、现金及现金等价物净增加额	200	
加：期初现金及现金等价物余额	370	
六、期末现金及现金等价物余额	570	

第二节 偿债能力分析

一、偿债能力分析概述

企业的偿债能力是指企业偿还各种到期债务的能力。企业法人不能清偿到期债务，并且资产不足以清偿全部债务或者明显缺乏清偿能力的，须按照《中华人民共和国企业破产法》的规定清理债务。企业偿债能力的高低也是许多企业的利益相关者所关心的重要问题。对于债权人来说，企业的偿债能力关系到债权能否及时收回，利息能否按期取得；对于投资者来说，如果偿债能力不足会使资金用于偿债而影响生产经营活动，从而使企业的盈利受到影响，也会影响投资者的利益；对于企业而言，一旦偿债能力大幅度下降，就可能会导致企业破产。

根据负债的偿还期限，企业偿债能力分析主要包括两方面内容：一是短期偿债能力分析，主要了解企业偿还一年内或一个营业周期内到期债务的能力，判断企业的财务风险；二是长期偿债能力分析，主要了解企业偿还全部债务的能力，判断企业整体的财务状况、债务负担和企业偿还债务的保障程度。

二、短期偿债能力分析

短期偿债能力是指企业以流动资产偿还流动负债的能力，它反映企业偿付到期短期债务的能力。企业的流动资产与流动负债的关系以及资产的变现速度是影响短期偿债能力的主要因素。短期债务一般需要以现金偿还，所以，企业短期偿债能力应注重一定时期的流动资产变现能力的分析。而按照权责发生制原则计算得到的会计利润并不能反映企业现金流量的大小，故短期债权人不太注重企业盈利能力分析，而更关注短期偿债能力的分析。

企业短期偿债能力分析主要采用比率分析法，主要的比率指标有4个：流动比率、速动比率、现金比率和现金流量比率。

（一）流动比率

流动比率是流动资产与流动负债的比率，表明每1元流动负债有多少流动资产作为偿债保障，反映了企业的流动资产偿还流动负债的能力。它要求企业的流动资产在清偿完流动负债以后，还有余力来应付日常经营活动中的其他资金需要。其计算公式如下：

流动比率=流动资产÷流动负债

流动资产主要包括货币资金、交易性金融资产、应收及预付款项、存货和一年内到期的非流动资产等，一般用资产负债表中的期末流动资产总额表示；流动负债主要包括短期借款、交易性金融负债、应付及预收款项、各种应交税费、一年内到期的非流动负债等，通常用资产负债表中的期末流动负债总额表示。

【例15-1】根据表15-1中北方公司的流动资产和流动负债的期末余额，计算该公司2×23年的流动比率为：

流动比率=1 980÷1 000=1.98

这表示北方公司每有1元的流动负债，就有1.98元的流动资产作为安全保障。

流动比率越大，表明企业可用于抵债的流动资产越多，企业的短期偿债能力越强；反之，则说明企业的短期偿债能力较弱。影响流动比率的主要因素一般认为是营业周期、流动资产中的应收账款数额和存货周转速度，根据经验判定，流动比率应在2以上，这样才能保证企业既有较强的偿债能力，又能保证企业生产经营顺利进行。在运用流动比率评价企业财务状况时，应注意到各行业的经营性质不同，营业周期不同，对资产流动性的要求也不一样，因此2的流动比率标准并不是绝对的，具体情况如下：

（1）不同的行业，流动比率可以不一样。如商业企业，其营业收入大部分是现金营业收入，流动比率略低于2也是正常的；生产企业为销售其产品，大量使用赊销的话，即使其流动比率略大于2，也不能说明企业有较强的短期偿债能力。

（2）以会计期末资料计算的流动比率不一定能代表企业一年的短期偿债能力。有时流动比率较高，但其短期偿债能力却未必很强，因为可能是存货积压或滞销的结果，而且企业很容易伪造这个比率，以掩饰其偿债能力。

（3）计算出的流动比率有必要与企业不同时期的流动比率相比，以及与同行业平均水平相比，以判断企业的流动比率是高还是低，进而通过对应收账款和存货的详细分析找出企业流动比率异常的主要原因。

流动比率也有局限性，使用时应该注意以下几点：

（1）较高的流动比率仅仅说明企业有足够的可变现资产用来偿债，并不能表明有足够的现金来偿债。

（2）考虑到预收账款的特殊性，所以在计算流动比率时，预收账款应作为分子中存货的减项而不应作为分母的一部分。

（3）流动比率是一个静态指标，只是说明了在报表日流动负债的保障程度，即在某一时点用于偿还流动负债的可用资源。只有债务的出现与资产的周期完全均匀时，流动比率才能正确反映偿债能力。

（4）流动比率的局限性还表现在未考虑流动资产的质量和结构，易于被人为操纵，而表外的一些潜在债务因素也没有列入，所以在分析时尤其要注意。

（5）资产流动性的强弱因行业而异，机械地套用同样的标准有失公允。

（二）速动比率

构成流动资产的各项目，流动性差别很大。其中，货币资金、交易性金融资产和各种应收款项等，可以在较短时间内变现，称为速动资产；另外的流动资产，包括存货、预付款项、一年内到期的非流动资产及其他流动资产等，称为非速动资产。

非速动资产的变现金额和时间具有较大的不确定性：一是存货的变现速度比应收款项要慢得多；部分存货可能已毁损报废而尚未处理；存货估价有多种方法，可能与变现金额相距甚远。二是一年内到期的非流动资产和其他流动资产的金额有偶然性，不代表正常的变现能力。因此，将可偿债资产定义为速动资产，计算短期债务的存量比率更可信。

速动资产与流动负债的比值，称为速动比率。通过速动比率来判断企业短期偿债能力比用流动比率更进了一步，因为它撇开了变现能力较差的存货。速动比率越高，说明企业的短期偿债能力越强。其计算公式如下：

速动比率=速动资产÷流动负债=（流动资产-存货）÷流动负债

【例15-2】根据表15-1中的有关数据，计算北方公司2×23年的速动比率为：

速动比率=（1 980-690）÷1 000=1.29

一般认为，速动比率为1时较为合适，北方公司的速动比率为1.29，应属于正常范围之内。但在实际分析时，应该根据企业性质和其他因素来综合判断，不可一概而论。

速动比率假设速动资产是可偿债资产，表明每1元流动负债有多少速动资产作为偿债保障。与流动比率一样，不同行业的速动比率差别很大。例如，大量现销的商店几乎没有应收款项，速动比率低于1亦属正常。相反，一些应收款项较多的企业，速动比率可能要大于1。

影响速动比率可信性的重要因素是应收款项的变现能力。账面上的应收款项未必都能收回变现，实际坏账可能比计提的准备多；季节性的变化，可能使报表上的应收款项金额不能反映平均水平。这些情况外部分析人员不易了解，而内部人员则可能作出合理的估计。

（三）现金比率

在速动资产中，流动性最强、可直接用于偿债的资产是现金。与其他速动资产不同，现金本身就可以直接用于偿债，而其他速动资产需要等待不确定的时间，才能转换为不确定金额的现金。

现金与流动负债的比值称为现金比率。其计算公式如下：

现金比率=（货币资金+有价证券）÷流动负债

【例15-3】根据表15-1中的有关数据，计算北方公司2×23年的现金比率为：

现金比率=（490+80）÷1 000=0.57

现金比率表明1元流动负债有多少现金作为偿债保障，可以反映企业的直接偿付能力。现金比率高，说明企业有较好的支付能力，对偿付债务是有保障的。

（四）现金流量比率

经营活动现金流量净额与流动负债的比值，称为现金流量比率。其计算公式如下：

现金流量比率=经营活动现金流量净额÷流动负债

上列公式中的“经营活动现金流量净额”，通常使用现金流量表中的“经营活动产生的现金流量净额”。它代表企业创造现金的能力，已经扣除了经营活动自身所需的现金流出，是可以用来偿债的现金流量。现金流量揭示了企业的现存资源对偿还到期债务的保障程度。

【例15-4】根据表15-1和表15-3中的有关数据，计算北方公司2×23年的现金流量比率为：

现金流量比率=1 320÷1 000=1.32

现金流量比率表明每1元流动负债的经营活动现金流量保障程度。该比率越高，偿债能力越强。一般而言，该比率中的流动负债采用期末数而非平均数，因为实际需要偿还的是期末金额，而非平均金额。

用经营活动现金流量净额代替可偿债资产存量，与短期债务进行比较以反映偿债能力，更具说服力。因为一方面它克服了可偿债资产未考虑未来变化及变现能力等问题；另一方面，实际用以支付债务的通常是现金，而不是其他可偿债资产。

（五）影响短期偿债能力的其他因素

上述短期偿债能力比率都是根据财务报表数据计算而得，还有一些表外因素也会影响企业的短期偿债能力，甚至影响相当大。财务报表使用者应尽可能了解这方面信息，以作出正确判断。

1. 增强短期偿债能力的表外因素

（1）可动用的银行授信额度。企业尚未动用的银行授信额度，可以随时借款增加企业的现金，提高支付能力。这一数据不在财务报表中反映，但有的公司以董事会决议公告披露。

（2）可快速变现的非流动资产。企业可能有一些非经营性长期资产可随时出售变现，这未必列示在“一年内到期的非流动资产”项目中。例如，储备的土地、未开采的采矿权、目前出租的房产等，在企业发生周转困难时，将其出售并不影响企业的持续经营。

（3）偿债能力的声誉。如果企业的信用记录优秀，在短期偿债方面出现暂时困难，比较容易筹集到短缺现金。

2. 降低短期偿债能力的表外因素

（1）与担保有关的或有负债事项。如果该金额较大且很可能发生，应在评价偿债能力时予以关注。

（2）经营租赁合同中的承诺付款事项。这很可能变为偿付义务。

三、长期偿债能力分析

长期偿债能力是指企业偿还长期负债的能力。企业的长期负债主要有长期借款、应付债券、长期应付款、预计负债等。长期偿债能力分析与短期偿债能力分析有一定的差别，一般情况下，短期偿债能力分析主要着眼于企业所拥有的流动资产对流动负债的保障程度，因此要关注流动资产和流动负债的规模与结构，同时关注流动资产的周转情况；而对于长期负债来说，企业借入长期负债的目的不是希望借入长期负债所形成的资产直接来保证长期负债的偿还，而是通过对该资产的运营实现盈利与增值，来保障长期负债的偿还。因此，分析企业长期偿债能力除了关注企业资产和负债的规模与结构外，还需要关注企业的盈利能力。

反映企业长期偿债能力的财务比率主要有：资产负债率、股东权益比率、权益乘数、产权比率、有形净值债务率、偿债保障比率、利息保障倍数。

（一）资产负债率

资产负债率又称负债比率，它是企业负债总额对资产总额的比率。资产负债率表明企业资产总额中，债权人提供资金所占的比重，以及企业的资产对债权人的保障程度。这一比率越小，表明企业的长期偿债能力越强。其计算公式如下：

资产负债率=负债总额÷资产总额×100%

【例15-5】根据表15-1中的有关数据，计算北方公司2×23年的资产负债率为：

资产负债率=2 070÷4 500×100%=46%

这表明，2×23年北方公司的资产有46%来源于负债；或者说，北方公司每46元的债务就有100元的资产作为偿还债务的保障。

资产负债率反映总资产中有多大比例是通过负债取得的。它可用于衡量企业清算时对债权人利益的保障程度。资产负债率越低，企业偿债越有保证，负债越安全。资产负债率还代表企业的举债能力。一个企业的资产负债率越低，举债越容易。如果资产负债率高到一定程度，财务风险很高，就无人愿意提供贷款了，这表明企业的举债能力已经用尽。此外，企业资产负债率的高低对企业的债权人、股东的影响是不同的。

企业资产负债率的高低对企业债权人、股东的影响是不同的

（二）股东权益比率与权益乘数

1. 股东权益比率

股东权益比率是股东权益总额与资产总额的比率，该比率反映资产总额中有多大比例是所有者投入的。其计算公式如下：

股东权益比率=股东权益总额÷资产总额×100%

【例15-6】根据表15-1中的有关数据，计算北方公司2×23年的股东权益比率为：

股东权益比率=2 430÷4 500×100%=54%

这表明，2×23年北方公司的资产有54%来源于股东权益。

股东权益比率与资产负债率之和等于1，因此，这两个比率是从不同的侧面来反映企业长期财务状况的，股东权益比率越大，资产负债率就越小，企业的财务风险也就越小，偿还长期债务的能力就越强。

2. 权益乘数

股东权益比率的倒数称为权益乘数，即资产总额是股东权益总额的多少倍，它表示每1元股东权益相对于资产的金额。权益乘数反映了企业财务杠杆的大小，权益乘数越大，说明股东投入的资本在资产中所占的比重越小，财务杠杆越大。其计算公式如下：

权益乘数=资产总额÷股东权益总额

【例15-7】根据表15-1中的有关数据，计算北方公司2×23年的权益乘数为：

权益乘数=4 500÷2 430=1.85

（三）产权比率与有形净值债务率

1. 产权比率

产权比率是负债总额与股东权益总额的比值。其计算公式如下：

产权比率=负债总额÷股东权益总额

【例15-8】根据表15-1中的有关数据，计算北方公司2×23年的产权比率为：

产权比率=2 070÷2 430=0.85

产权比率实际上是资产负债率的另一种表现形式，它表明每1元股东权益相对于负债的金额，反映了债权人所提供资金与股东所提供资金的对比关系，因此可以揭示企业的财务风险以及股东权益对债务的保障程度。该比率越低，说明企业长期财务状况越好，债权人贷款的安全性越有保障，企业财务风险越小。

2. 有形净值债务率

有形净值债务率实际上是产权比率的延伸。在计算财务比率时，我们保守地认为无形资产不宜用来偿还债务，因此，将无形资产净值从股东权益总额中扣除。它更为保守地反映了在企业清算时债权人投入的资本受到股东权益的保障程度。其计算公式如下：

有形净值债务率=负债总额÷（股东权益总额-无形资产净值）

【例15-9】根据表15-1中的有关数据，计算北方公司2×23年的有形净值债务率为：

有形净值债务率=2 070÷（2 430-32）=0.86

有形净值债务率揭示了负债总额与有形资产净值之间的关系，从评价长期偿债能力方面来讲，该指标越低越好，该比率越低，说明企业的财务风险越小。有形净值债务率指标最大的特点在于，在偿还债务的净资产中扣除了无形资产、商誉等，这主要是由于这些资产缺乏可靠的计量基础，无法作为偿还债务的实质性来源。

（四）偿债保障比率

偿债保障比率又称债务偿还期，是负债总额与经营活动产生的现金流量净额的比值。其计算公式如下：

偿债保障比率=负债总额÷经营活动产生的现金流量净额

【例15-10】根据表15-1和表15-3中的有关数据，计算北方公司2×23年的偿债保障比率为：

偿债保障比率=2 070÷1 320=1.57

偿债保障比率反映了用企业经营活动产生的现金流量净额偿还全部债务所需的时间。一般认为，经营活动产生的现金流量是企业长期资金的最主要来源，而投资活动和筹资活动所获得的现金流量是企业长期资金的最主要来源，而投资活动和筹资活动所获得的现金流量虽然在必要时也可用于偿还债务，但不能将其视为经常性的现金流量。因此，用偿债保障比率可以衡量企业通过经营活动所获得的现金偿还债务的能力。该比率越低，说明企业偿还债务的能力越强。

（五）利息保障倍数

利息保障倍数是指息税前利润对利息费用的倍数。其计算公式如下：

利息保障倍数=息税前利润÷利息费用

=（净利润+利息费用+所得税费用）÷利息费用

分母“利息费用”是指本期的全部应付利息，不仅包括计入利润表中财务费用的利息费用，还应包括计入资产负债表固定资产等成本的资本化利息。

【例15-11】根据表15-2中的有关数据（假定北方公司的财务费用都是利息费用，并且固定资产成本中不含资本化利息），计算北方公司2×23年的利息保障倍数为：

利息保障倍数=（1 816+325）÷325=6.59

长期债务通常不需要每年还本，但往往需要每年付息。利息保障倍数表明每1元利息费用有多少倍的息税前利润作为偿付保障。它可以反映债务政策风险的大小。如果公司一直保持按时付息的信誉，则长期负债可以延续，举借新债也比较容易。利息保障倍数越大，利息支付越有保障。如果利息支付尚且缺乏保障，归还本金就更难指望。因此，利息保障倍数可以反映长期偿债能力。

如果利息保障倍数小于1，表明企业自身产生的经营收益不能支持现有规模的债务。利息保障倍数等于1也很危险，因为息税前利润受经营风险的影响，很不稳定，但支付利息却是固定的。利息保障倍数越大，公司拥有的偿还利息的缓冲效果越好。

四、影响企业偿债能力的其他因素

在分析企业的偿债能力时，除了以上指标以外，同时也要考虑到或有项目、担保责任、租赁活动以及可动用的银行贷款指标等因素，这些因素既能影响企业的短期偿债能力，又能影响企业的长期偿债能力。

（一）或有项目

所谓或有项目是指在未来可能发生的收入、费用、资产和负债，但现在无法肯定，不列入财务报表之中，但其一旦发生，便会改变企业的财务状况。常见的或有项目有：未使用的抵免税额形成的或有收益；附有条件的捐赠资产形成的或有资产；产品售后服务责任形成的或有损失；应收票据贴现与未决诉讼的或有负债等。

或有项目中最具代表性的是或有负债。或有负债是指企业在经营活动中将来可能会发生的潜在的债务。常见的或有负债项目有应收票据贴现、应收账款抵借、未决诉讼、质量保证等。

根据我国企业会计准则的有关规定，或有负债不作为负债在资产负债类项目中反映，除了已贴现未到期的商业承兑汇票在资产负债表的附注列示外，其他的或有负债在会计报表中均未得到反映，如销售的产品可能会发生的质量事故赔偿，诉讼案件和经济纠纷可能败诉并需要赔偿的金额等。通常在资产负债表中用括号、底注或者备抵账户等形式予以表示。这些或有负债在资产负债表编制时并不能确定，但对符合条件的未决诉讼、产品质量保证等，则可以合理估计其金额，并表现在会计报表里。一旦或有负债成为真实负债，尤其是对于金额巨大的或有负债，则会对企业的财务状况产生比较大的影响，因此也要加以考虑。

（二）担保责任

在进行经济活动中，企业可能会以本企业的资产为其他企业提供法律担保，如为银行借款担保、为有关企业履行有关经济合同时的法律担保等。这种担保在会计报表里也未能得到反映。这种担保责任，在被担保人没有履行合同时，就有可能成为企业的负债，增加企业的负担。因此，在进行财务分析时，必须考虑到企业是否有巨额的法律担保责任。

（三）租赁活动

企业在生产经营活动中，可以通过财产租赁的方式解决急需的设备。承租人对所有租赁均确认使用权资产和租赁负债，参照固定资产准则对使用权资产计提折旧，采用固定的周期性利率确认每期利息费用。出租人租赁分为融资租赁和经营租赁两大类，并分别采用不同的会计处理方法。这些会对企业的偿债能力产生影响。

（四）可动用的银行贷款指标

我国经济整体复苏，上市公司偿债能力加速提升

可动用的银行贷款指标是指银行已经批准而企业尚未办理贷款手续的银行贷款限额。这种贷款指标可以随时使用，增加企业的现金，提高企业的支付能力，缓解企业目前的财务困难，从而影响企业的偿债能力，因此，可动用的银行贷款指标在分析偿债能力时也应予以考虑。

第三节　营运能力分析

一、营运能力分析概述

企业的营运能力主要是指企业营运资产的效率。营运资产的效率通常是指资产的周转速度，反映企业资金利用的效率，表明企业管理人员经营管理、运用资金的能力。企业生产经营资金周转的速度越快，表明企业资金利用的效果越好，效率越高，企业管理人员的经营能力越强。

评价企业营运能力常用的财务比率有：应收账款周转率、存货周转率、流动资产周转率、固定资产周转率和总资产周转率等。

二、应收账款周转情况分析

（一）应收账款周转率

应收账款周转率又称应收账款周转次数，是企业一定时期赊销收入净额与应收账款平均余额的比率。应收账款周转率是评价应收账款流动性大小的一个重要财务比率，它反映了应收账款在一个会计年度内的周转次数，可以用来分析应收账款的变现速度和管理效率。其计算公式如下：

应收账款周转率=赊销收入净额÷应收账款平均余额

应收账款平均余额=（期初应收账款+期末应收账款）÷2

其中：赊销收入净额是指销售收入净额扣除现销收入之后的余额；销售收入净额是指销售收入扣除了销售退回、销售折扣及折让后的余额。在利润表中，营业收入等于销售收入。

【例15-12】根据表15-1和表15-2中的有关数据，计算北方公司2×23年的应收账款周转率为：

应收账款平均余额=（643.50+683.10）÷2=663.30（万元）

应收账款周转率=9 371.40÷663.3=14.13（次）

北方公司2×23年的应收账款周转率为14.13次，表明该公司一年内应收账款周转次数为14.13次。

应收账款周转率反映了企业应收账款的周转速度，该比率越高，说明企业收回应收账款的速度越快，可以减少坏账损失，提高资产的流动性，企业的短期偿债能力也会得到增强，这在一定程度上可以弥补流动比率低的不利影响。

（二）应收账款周转期

应收账款周转期又称应收账款周转天数，是计算期天数与应收账款周转率之比。应收账款周转期表示应收账款周转一次所需天数，周转期越短，说明企业的应收账款周转速度越快。应收账款周转期与应收账款周转率成反比例变动。其计算公式如下：

应收账款周转期=360÷应收账款周转率

=应收账款平均余额×360÷赊销收入净额

【例15-13】根据北方公司的应收账款周转率，计算该公司的应收账款周转期为：

应收账款周转期=360÷14.13=25.48（天）

北方公司2×23年的应收账款周转期为25.48天，说明北方公司从赊销产品到收回应收账款的平均天数为25.48天。

（三）应注意的问题

1.营业收入的赊销比例问题。从理论上讲，应收账款是赊销引起的，其对应的金额是赊销额，而非全部收入。因此，计算时应使用赊销额而非营业收入。但是，外部分析人员无法在财务报表内取得公司的赊销数据，只好直接使用营业收入替代进行计算。实际上相当于假设现销是收现时间等于零的应收账款。只要现销与赊销的比例保持稳定，不妨碍与上期数据的可比性，只是一贯高估了周转次数，但问题是与其他公司比较时，又不了解可比公司的赊销比例，也就无从判断应收账款周转率是否具有良好的可比性。

2.应收账款年末余额的可靠性问题。应收账款是特定时点的存量，容易受季节性、偶然性和人为因素影响。在用应收账款周转率进行业绩评价时，可以使用年初和年末的平均数，或者使用多个时点的平均数，以减少这些因素的影响。

3.应收账款分析应与赊销分析、现金分析相联系。应收账款的起点是赊销，终点是现金。正常情况是赊销增加引起应收账款增加，现金存量和经营活动现金流量也会随之增加。如果公司应收账款日益增加，而赊销和现金日益减少，则可能是赊销产生了比较严重的问题。譬如，放宽信用政策甚至随意发货，未能收回现金。

4.应收账款是赊销引起的，如果赊销有可能比现销更有利，周转天数就不是越少越好。此外，收现时间的长短与公司的信用政策有关，改变信用政策通常会引起公司应收账款周转天数的变化。信用政策的评价涉及多种因素，不能仅仅考虑周转天数的长短。

三、存货周转情况分析

（一）存货周转率

存货周转率又称存货周转次数，是企业一定时期内营业成本或销售成本与存货平均余额的比率，是反映企业销售能力和存货周转速度的一个指标，也是衡量企业生产经营各环节中存货运营效率的一个综合性指标。其计算公式如下：

存货周转率=营业成本÷存货平均余额

存货平均余额=（存货余额年初数+存货余额年末数）÷2

【例15-14】根据表15-1和表15-2的有关数据，计算北方公司2×23年的存货周转率为：

存货平均余额=（580+690）÷2=635（万元）

存货周转率=4 190.40÷635=6.60（次）

北方公司2×23年的存货周转率为6.60次，表明一年内存货周转6.60次。

存货周转率说明了一定时期内企业存货周转的次数，可以反映企业存货的变现速度，衡量企业的销售能力及存货是否过量，存货周转率反映了企业的销售效率和存货使用效率。一般来讲，存货周转率越高越好。存货周转率越高，说明企业存货从投入资金到被销售收回资金的时间越短，其变现速度越快，偿债能力越强，用于存货上的资金越少，资金的利用效率越高，相应的获利能力也越大。

（二）存货周转期

存货周转期又称存货周转天数，是反映存货周转情况的另一个重要指标。其计算公式如下：

存货周转期=360÷存货周转率

=存货平均余额×360÷营业成本

【例15-15】根据【例15-14】的数据，计算北方公司2×23年的存货周转期为：

存货周转期=360÷6.60=54.55（天）

通过计算得出，北方公司2×23年的存货周转期为54.55天，这表明北方公司存货周转一次需要的时间是54.55天，也就是存货转换成现金平均需要的时间是54.55天。

（三）应注意的问题

（1）存货周转天数不是越少越好。存货过多会浪费资金，存货过少不能满足流转需要，在特定的生产经营条件下存在一个最佳的存货水平，所以存货周转天数不是越少越好。

（2）如果存货周转率恶化，则可能由以下原因造成：低效率的存货控制和管理导致存货的过度购置；销售困难导致存货积压或不适当的销售政策导致销售不畅；预测存货将升值而故意囤积。

（3）不同企业存货计价方法不一样，可能会造成指标差异。

（4）在计算时应注意该指标分子和分母数据在时间上的对应性。此外，不同行业存货周转率指标可能有较大差异。

四、流动资产周转情况分析

（一）流动资产周转率

流动资产周转率是营业收入与流动资产平均余额的比率，它反映了企业全部流动资产的利用效率，是反映流动资产总体周转情况的重要指标。其计算公式如下：

流动资产周转率=营业收入÷流动资产平均余额

其中：

流动资产平均余额=（流动资产期初余额+流动资产期末余额）÷2

流动资产周转得快，可以节约流动资金，提高资金的利用效率，但是流动资产周转率为多少才算好，并没有一个确定的标准，通常应该比较企业历年的数据并结合行业特点来分析流动资产周转率。

【例15-16】根据表15-1和表15-2中的有关数据，计算北方公司2×23年的流动资产周转率为：

流动资产平均余额=（1 710+1 980）÷2=1 845（万元）

流动资产周转率=9 371.40÷1 845=5.08（次）

（二）流动资产周转天数

流动资产周转天数是反映流动资产周转情况的另一个重要指标。其计算公式如下：

流动资产周转天数=计算期天数÷流动资产周转率

=流动资产平均余额×360÷营业收入

流动资产周转率表明一年中流动资产周转的次数，或者说明每1元流动资产支持的营业收入。流动资产周转天数表明流动资产周转一次需要的时间，也就是流动资产转换成现金平均需要的时间。

五、固定资产周转情况分析

（一）固定资产周转率

固定资产周转率又称固定资产利用率，是企业营业收入与固定资产平均净值的比率，是反映固定资产周转快慢的重要指标。其计算公式如下：

固定资产周转率=营业收入÷固定资产平均净值

其中：

固定资产平均净值=（固定资产期初净值+固定资产期末净值）÷2

【例15-17】根据表15-1和表15-2的有关数据，计算北方公司2×23年的固定资产周转率为：

固定资产平均净值=（1 800+2 150）÷2=1 975（万元）

固定资产周转率=9 371.40÷1 975=4.75（次）

固定资产周转率主要用于分析企业对厂房、设备等固定资产的利用效率。该比率越高，说明固定资产的利用率越高，管理水平越高。如果固定资产周转率与同行业平均水平相比偏低，说明企业的生产效率较低，可能会影响企业的盈利能力。

（二）固定资产周转天数

固定资产周转天数是反映固定资产周转情况的另一个重要指标，其计算公式如下：

固定资产周转天数=计算期天数÷固定资产周转率

=固定资产平均余额×360÷营业收入

（三）应注意的问题

（1）固定资产周转率越高，周转天数越少，表明企业固定资产利用越充分，同时也说明企业固定资产投资得当，固定资产结构分布合理，能够较充分地发挥固定资产的使用效率，营运能力较强。

（2）这一指标的分母采用的是固定资产净值，因此指标的比较会受到折旧方法和折旧年限的影响，在分析时，一定要剔除这些不可比的因素。

（3）企业的固定资产一般采用历史成本入账，在企业的固定资产、销售量没有发生变化的情况下，也可能由于通货膨胀的影响导致物价上涨，使销售收入增加，进而导致固定资产周转率提高，但此时固定资产效能并没有增加。

（4）从理论上讲，固定资产要完成全部价值的周转，必须经过其全部折旧期。或者说，在固定资产周转率指标中，营业收入并不是由固定资产的周转价值形成的，至多仅是固定资产折旧部分形成营业收入。但是，从固定资产实际使用效果看，它又与营业收入的形成有一定的关系，所以在财务实践中，仍采用通俗的计算方法。

六、总资产周转情况分析

（一）总资产周转率

总资产周转率又称总资产利用率，是指企业一定时期的营业收入与全部资产平均余额之间的比例关系。其计算公式如下：

总资产周转率=营业收入÷平均资产总额

其中：

平均资产总额=（期初资产总额+期末资产总额）÷2

【例15-18】根据表15-1和表15-2的有关数据，计算北方公司2×23年的总资产周转率为：

资产平均总额=（3 800+4 500）÷2=4 150（万元）

总资产周转率=9 371.40÷4 150=2.26（次）

总资产周转率反映了企业全部资产的周转快慢，说明企业全部资产的综合利用效率。因此，该比率指标越高越好。该指标越高，说明资产的管理水平越高，相应的企业的偿债能力和获利能力就越高。反之，则表明企业利用全部资产进行经营活动的能力差、效率低，最终还将影响企业的盈利能力。

（二）总资产周转天数

总资产周转天数是反映企业所有资产周转情况的另一个重要指标。其计算公式如下：

总资产周转天数=计算期天数÷总资产周转率

=总资产平均余额×360÷营业收入

（三）应注意的问题

（1）如果总资产周转率长期处于较低的状态，企业应采取适当措施提高各项资产的利用程度，对那些确实无法提高利用率的多余、闲置的资产应及时进行处理，加速资产周转速度。

（2）总资产周转率的高低，取决于营业收入和总资产两个因素。增加收入或减少总资产，都可以提高总资产周转率。

（3）要注意总资产周转率的异常变化，例如在营业收入基本不变的情况下，企业突然报废大量固定资产，会使当期总资产周转率大幅度上升，此时该指标就不具有可比性，对特殊情况应注意给予特殊的评价和揭示。

蜜雪冰城营运能力分析

第四节　盈利能力分析

一、盈利能力分析概述

盈利能力又称获利能力，是指企业在一定时期内获取利润的能力，它是企业持续经营和发展的保证，不仅关系到企业所有者的投资报酬，也是企业偿还债务的一个重要保障，因此，企业的债权人、所有者以及管理者都十分关心企业的盈利能力。盈利能力分析是企业财务分析的重要组成部分，也是评价企业经营管理水平的重要依据。企业的各项经营活动都会影响盈利，如营业活动、对外投资活动、营业外收支活动等都会引起企业利润的变化。

评价企业盈利能力的财务比率主要有资产报酬率、股东权益报酬率、销售毛利率、销售净利率、成本费用净利率等，对于股份有限公司，还应分析每股利润、每股现金流量、每股股利、股利支付率、每股净资产、市盈率和市净率等。

（一）资产报酬率

资产报酬率又称资产收益率，是企业在一定时期内的利润额与资产平均总额的比率。资产报酬率主要用来衡量企业利用资产获取利润的能力。在实践中，根据财务分析的目的不同，利润额可以分为息税前利润、利润总额和净利润。按照所采用的利润额不同，资产报酬率可分为资产息税前利润率、资产利润率和资产净利率。

1. 资产息税前利润率

资产息税前利润率是指企业一定时期的息税前利润与资产平均总额的比率，其计算公式如下：

资产息税前利润率=息税前利润÷资产平均总额×100%

息税前利润是企业支付债务利息和所得税之前的利润总额。企业所实现的息税前利润首先要用于支付债务利息，然后才能缴纳所得税和向股东分配利润。因此，息税前利润可以看作企业为债权人、政府和股东所创造的报酬。资产息税前利润率不受企业资本结构变化的影响，通常用来评价企业利用全部经济资源获取报酬的能力，反映了企业利用全部资产进行经营活动的效率。债权人分析企业资产报酬率时，可以采用资产息税前利润率。

2. 资产利润率

资产利润率是指企业一定时期的税前利润总额与资产平均总额的比率。其计算公式如下：

资产利润率=利润总额÷资产平均总额×100%

利润总额可以直接从利润表中取得，它反映了企业在扣除所得税费用之前的全部收益。影响企业利润总额的因素主要有营业利润、营业外收支，所得税政策的变化不会对利润总额产生影响。因此，资产利润率不仅能够综合地评价企业的资产盈利能力，而且可以反映企业管理者的资产配置能力。

3. 资产净利率

资产净利率是指企业一定时期的净利润与资产平均总额的比率。其计算公式如下：

资产净利率=净利润÷资产平均总额×100%

【例15-19】根据表15-1和表15-2的有关数据，计算北方公司2×23年的资产净利率为：

资产平均总额=（3 800+4 500）÷2=4 150（元）

资产净利率=1 260÷4 150×100%=30.36%

北方公司2×23年的资产净利率为30.36%，这说明北方公司每100元的资产可以为股东赚取30.36元的净利润。这一比率越高说明企业的盈利能力越强。

净利润可以直接从利润表中得到，它是企业所有者获得的剩余收益，企业的经营活动、投资活动、筹资活动以及国家税收政策的变化都会影响净利润。因此，资产净利率通常用于评价企业对股权投资的回报能力。股东分析企业资产报酬率时通常采用资产净利率指标。

资产报酬率的高低并没有一个绝对的评价标准，在分析企业的资产报酬率时，通常采用横向比较或纵向比较的方法。如果企业的资产报酬率偏低，说明该企业经营效率较低，经营管理存在问题，应该调整经营方针，加强经营管理，提高资产的利用效率。

（二）股东权益报酬率

股东权益报酬率又称净资产收益率或所有者权益收益率，是企业一定时期的净利润与股东权益平均总额之间的比值。其计算公式如下：

股东权益报酬率=净利润÷股东权益平均总额×100%

股东权益平均总额=（期初股东权益总额+期末股东权益总额）÷2

【例15-20】根据表15-1和表15-2的有关数据，计算北方公司2×23年的股东权益报酬率为：

股东权益平均总额=（1 976+2 430）÷2=2 203（万元）

股东权益报酬率=1 260÷2 203×100%=57.19%

北方公司的股东权益报酬率为57.19%，表明股东每投入100元资本可获得57.19元的净利润。

股东权益报酬率是评价企业自有资本及其积累获取报酬水平的最具综合性与代表性的指标，反映企业资本运营的综合效益。一般认为，股东权益报酬率越高，企业获取收益的能力就越强，运营效益越好，股东投入的资金所获得的收益也就越高。

对影响股东权益报酬率的指标进行分解，可以得出计算公式如下：

股东权益报酬率=资产净利率×平均权益乘数

我们可以看出，股东权益报酬率取决于资产净利率和平均权益乘数两个因素，因此提高股东权益报酬率有两种途径：一是在财务杠杆不变的情况下，通过增收节支，提高资产利用效率来提高资产净利率，从而提高股东权益报酬率；二是在资产利润率大于负债利息率的情况下，可以通过增大权益乘数，即提高财务杠杆，来提高股东权益报酬率。在以上两种途径中，第一种不会增加企业的财务风险，第二种则会导致企业的财务风险增大。

（三）销售毛利率与销售净利率

1. 销售毛利率

销售毛利率是企业的销售毛利与营业收入净额的比率。其计算公式如下：

销售毛利率=销售毛利÷营业收入净额×100%

=（营业收入净额-营业成本）÷营业收入净额×100%

【例15-21】根据表15-2的有关数据，计算北方公司2×23年的销售毛利率为：

销售毛利率=（9 371.40-4 190.40）÷9 371.40×100%=55.29%

由计算可得，北方公司2×23年的销售毛利率为55.29%，说明每100元的营业收入可以为公司创造55.29元的毛利。

销售毛利是企业营业收入净额与营业成本的差额，可以根据利润表计算得出。营业收入净额是指营业收入扣除销售退回、销售折扣与折让后的净额。销售毛利率反映的是企业营业收入的获利水平，销售毛利率越高，说明企业营业成本控制得越好，盈利能力越强。

销售毛利率指标具有明显的行业特点。一般来说，营业周期短、固定费用低的行业的销售毛利率水平比较低；营业周期长、固定费用高的行业，则要求有较高的销售毛利率，以弥补其巨大的固定成本。

2. 销售净利率

销售净利率是指企业净利润与营业收入净额的比值，是在企业盈利能力分析中使用最广的一项评价指标。其计算公式如下：

销售净利率=净利润÷营业收入净额×100%

【例15-22】根据表15-2的有关数据，计算北方公司2×23年的销售净利率为：

销售净利率=1 260÷9 371.40×100%=13.45%

由计算可得，北方公司的销售净利率为13.45%，说明每100元的营业收入可以为公司创造13.45元的净利润。

公式中的净利润是企业各项收益与各项成本费用配比后的净利，所以各年的数额会有较大的变动，应注意结合盈利结构增减变动分析来考察销售净利率指标。

销售净利率表明企业每100元营业收入可实现的净利润是多少，它可以评价企业通过销售赚取利润的能力。销售净利率越大，说明企业通过扩大销售获取报酬的能力越强。

（四）成本费用利润率

成本费用利润率是企业的利润总额与成本费用总额的比率，它反映企业生产经营过程中发生的耗费与获得的报酬之间的关系。其计算公式如下：

成本费用利润率=利润总额÷成本费用总额×100%

【例15-23】根据表15-2的有关数据，北方公司2×23年的成本费用总额为8 167.40万元（4 190.40+676+1 370+1 050+325+556），则北方公司2×23年的成本费用利润率为：

成本费用利润率=1 260÷8 167.40×100%=15.43%

北方公司的成本费用利润率为15.43%，说明该公司每耗费100元可获取15.43元的净利润。

成本费用总额包括营业成本、税金及附加、销售费用、管理费用和财务费用等。在企业获利水平一定的情况下，成本费用总额越小，成本费用利润率就越高，说明企业盈利能力越强。类似地，当企业的成本费用总额一定时，利润总额越高，成本费用利润率就越高，企业的盈利能力越强。

（五）每股利润与每股现金流量

1. 每股利润

每股利润又称每股收益或每股盈余，是指每股发行在外的普通股所能分摊到的净收益额，它是股份公司税后利润分析的一个重要指标。每股利润等于净利润扣除优先股股利之后的余额，除以发行在外的普通股平均股数。其计算公式如下：

每股利润=（净利润-优先股股利）÷发行在外的普通股平均股数

【例15-24】根据表15-1和表15-2的有关数据，北方公司发行在外的普通股平均股数为1 500万股，并且没有优先股，则北方公司2×23年的普通股每股利润为：

每股利润=1 260÷1 500=0.84（元）

每股利润的概念仅适用于普通股，优先股股东除规定的优先股股利之外，对收益没有要求权，因此用于计算每股利润的分子必须等于可分配给普通股股东的净利润，即从净利润中扣除当年宣告或累积的优先股股利。每股利润是评价上市公司投资报酬的核心指标，因为它具有引导投资、增加市场评价功能、简化财务指标体系的作用。一般说来，每股利润越高，企业的盈利能力越强。

2. 每股现金流量

每股现金流量是指经营活动的现金流量扣除优先股股利后的余额与发行在外的普通股加权平均股数的比值。其计算公式如下：

每股现金流量=（经营活动现金净流量-优先股股利）÷发行在外的普通股加权平均股数

【例15-25】根据表15-1和表15-3的有关数据，北方公司2×23年的每股现金流量为：

每股现金流量=1 320÷1 500=0.88（元）

每股现金流量越高，说明企业支付现金股利的能力越强。对于注重股利分配的投资者而言，每股利润的高低虽然与股利分配有着密切的关系，但它并不是决定股利分配的唯一因素。有些企业的每股利润尽管很高，但由于缺乏可以支付股利的现金，企业仍然无法进行现金股利分配。因此，要分析企业的现金股利支付能力，就有必要对企业的每股现金流量进行分析。

（六）每股股利与股利支付率

1. 每股股利

普通股每股股利简称每股股利，每股股利又称每股现金股利，是指普通股分配的现金股利总额与期末发行在外普通股股数的比值。其计算公式如下：

每股股利=普通股现金股利总额÷发行在外的普通股股数

=（现金股利总额−优先股股利）÷发行在外的普通股股数

每股股利反映的是上市公司每一股普通股所获取现金股利的大小。每股股利越高，说明普通股获取的现金报酬越多。每股股利并不完全反映企业的盈利情况和现金流量状况，因为股利分配状况不仅取决于企业的盈利水平和现金流量状况，还与企业的股利分配政策相关。对于偏好现金股利的投资者而言，在充分了解企业财务状况和股利政策的基础上分析比较企业历年的每股股利是非常必要的。

2. 股利支付率

股利支付率又称股利发放率，是指普通股每股股利与普通股每股利润的比率，它表示股份公司的净收益中有多少用于现金股利的分派。其计算公式如下：

股利支付率=每股股利÷每股利润×100%

【例15-26】假定北方公司2×23年度分配的普通股每股股利为0.61元，则该公司的股利支付率为：

股利支付率=0.61÷0.84×100%=72.62%

北方公司的股利支付率为72.62%，说明北方公司将利润的72.62%用于支付普通股股利。

股利支付率反映了企业的股利分配政策和支付股利的能力。股利支付率的高低主要取决于企业的股利政策。一般来说，公司发放股利越多，股利的分配率越高，因而对股东和潜在投资者的吸引力越大，也就越有利于建立良好的公司信誉。

股利支付率的倒数称为股利保障倍数。

（七）每股净资产

每股净资产又称每股账面价值或每股收益，是指公司股东权益总额与期末发行在外普通股股数之间的比率。其计算公式如下：

每股净资产=年末普通股股东权益÷期末发行在外普通股股数

【例15-27】根据表15-1的有关数据，计算北方公司2×23年年末的每股净资产为：

每股净资产=2 430÷1 500=1.62（元）

每股净资产反映了发行在外的每一普通股所能分配的企业账面净资产的价值。这里所说的账面净资产是指企业账面上的总资产减去负债后的余额，即股东权益总额。

严格地讲，每股净资产并不是衡量公司盈利能力的指标，但是，它会受公司盈利的影响。如果公司利润较高，每股净资产就会随之较快地增长。从这个角度看，该指标与公司盈利能力有密切关系。投资者可以比较分析公司历年的每股净资产的变动趋势，来了解公司的发展趋势和盈利状况。

（八）市盈率与市净率

市盈率与市净率是以企业盈利能力为基础的市场估值指标。这两个指标并不是直接用于分析企业盈利能力的，而是投资者以盈利能力分析为基础，对公司股票进行价值评估的工具。通过对市盈率和市净率的分析，可以判断股票的市场定价是否符合公司的基本面，为投资者的投资活动提供决策依据。

1. 市盈率

市盈率又称价格盈余比率或价格与收益比率，是上市公司普通股每股市价相对于每股利润的倍数，反映了投资者对上市公司每股净利润愿意支付的价格，可以用来估计股票的投资报酬和风险。其计算公式如下：

市盈率=每股市价÷每股利润

【例15-28】假定北方公司2×23年年末的股票价格为每股16元，则其股票市盈率为：

市盈率=16÷0.84=19.05

市盈率反映了投资者对每1元净利润所愿支付的价格，可以用来估计股票的投资报酬和风险。该指标是反映公司市场价值与盈利能力之间关系的一个重要财务比率，资本市场并不存在一个标准市盈率，对市盈率的分析要结合行业特点和企业的盈利前景。

一般来说，市盈率高，说明投资者对该公司的发展前景看好，愿意出较高的价格购买该公司股票，所以成长性好的公司股票市盈率通常要高一些，而盈利能力差、缺乏成长性的公司股票市盈率要低一些。但是，如果某一种股票的市盈率过高，则意味着这种股票具有较高的投资风险。

使用市盈率时应注意以下问题：

（1）该指标不能用于不同行业企业的比较。充满发展机会的新兴行业市盈率普遍较高，而成熟工业的市盈率普遍较低，这并不说明后者的股票没有投资价值。

（2）在每股收益很小或亏损时，市价不会降至零，很高的市盈率往往不说明任何问题。

（3）市盈率高低受净利润的影响，而净利润受可选择的会计政策的影响，从而使得企业间比较受限制。

（4）市盈率高低受市价的影响，市价变动的影响因素有很多，包括投机炒作等，因此观察市盈率的长期趋势很重要。通常，投资者要结合其他有关信息，才能运用市盈率指标判断股票的价值。

2. 市净率

市净率是指普通股每股市价与每股净资产之间的比率。其计算公式如下：

市净率=每股市价÷每股净资产

【例15-29】假定北方公司2×23年年末的股票价格为每股16元，则其股票市净率为：

市净率=16÷1.62=9.88

市净率反映了投资者对企业每股净资产愿意支付的价格，是投资者用以衡量、分析个股是否具有投资价值的工具之一。净资产代表的是全体股东共同享有的权益，是股东拥有企业财产和企业投资价值最基本的体现，可以用来反映企业的内在价值。

市净率反映了公司股票的市场价值与账面价值之间的关系，该比率越高，说明股票的市场价值越高。一般来说，资产质量好、盈利能力强的公司，其市净率会比较高；而风险较大、发展前景较差的公司，其市净率会比较低。在一个有效的资本市场中，如果公司股票的市净率小于1，即股价低于每股净资产，则说明投资者对公司未来发展前景持悲观的看法。

二、影响盈利能力的其他项目

除了上述财务比率，在分析企业的盈利能力时，还需要关注一些特殊项目或因素对企业盈利能力的影响。

（一）税收政策对盈利能力的影响

税收政策对企业的发展有很重要的影响，符合国家税收政策的企业能够享受税收优惠，增强企业的盈利能力；不符合国家税收政策的企业，则被要求缴纳高额的税收，从而不利于企业盈利能力的提高。因此，国家的税收政策与企业的盈利能力之间存在一定的关系，评价分析企业的盈利能力，离不开对其面临的税收政策环境的评价。然而，由于税收政策属于影响企业发展的外部影响因素，很多财务人员对企业进行财务分析时往往只注重对影响企业发展的内部因素进行分析，而容易忽视税收政策对企业盈利能力的影响。

（二）利润结构对企业盈利能力的影响

企业的利润主要由主营业务利润、投资收益和非经常性项目收入共同构成。一般来说，主营业务利润和投资收益占公司利润很大的比重，尤其是主营业务利润是形成企业利润的基础。非经营性项目收入对企业的盈利能力也有一定的贡献，但在企业总体利润中不应该占太大的比例。在对企业的盈利能力进行分析时，不应忽视利润结构对企业盈利能力的影响。事实上，有时企业的利润总额很多，从总量上看企业的盈利能力很好，但是如果企业的利润主要来源于一些非经常性项目，或者不是由企业主营业务活动创造的，那么这样的利润结构往往存在较大的风险，也不能反映企业的真实盈利能力。

（三）资本结构对企业盈利能力的影响

资本结构是影响企业盈利能力的主要因素之一，企业负债经营程度的高低对企业的盈利能力有直接的影响。当企业的资产报酬率高于企业的借款利率时，负债经营可以提高企业的盈利能力，否则负债经营会降低企业的盈利能力。有些企业只注重增加资本投入、扩大企业投资规模，而忽视了资本结构的合理性有可能会妨碍企业利润的增长。在对企业盈利能力进行分析的过程中，许多财务分析人员也忽视了资本结构变动对企业盈利能力的影响，只注重对企业借入资本或只对企业的自有资本进行独立分析，而没有综合考虑两者之间的结构是否合理，因而不能正确分析企业的盈利能力。

（四）资产运转效率对企业盈利能力的影响

“搬运工”的盈利能力堪称惊艳，为什么呢？

资产运转效率的高低不仅关系着企业营运能力的好坏，也影响企业盈利能力的高低。通常情况下，资产的运转效率越高，企业的营运能力就越好，而企业的盈利能力也就越强，所以说企业盈利能力与资产运转效率是相辅相成的。然而，很多财务分析人员在对企业的盈利能力进行分析时，往往只通过对企业资产与利润、销售与利润的关系进行比较，直接来评价企业的盈利能力，而忽视了企业资产运转效率对企业盈利能力的影响，忽视了从提高资产管理效率的角度提升企业盈利能力的重要性，这将不利于企业通过加强内部管理、提高资产管理效率进而推动盈利能力的提高。

第五节　综合分析

一、财务报表综合分析概述

财务报表分析的最终目的在于全方位地了解企业经营理财的状况，并借以对企业经济效益的优劣作出系统、合理的评价。单独分析任何一项财务比率或企业的任何一张报表，都难以全面评价企业的财务状况和经营成果。要想对企业的财务状况和经营成果有一个总的评价，就必须进行相互关联的分析，采用适当的标准进行综合性的评价。

财务报表综合分析是指将企业偿债能力、盈利能力、营运能力和发展能力等方面的分析纳入一个有机的整体，对企业的各个方面进行系统、全面和综合的分析，从而对企业的财务状况、经营成果和现金流量等作出整体的评价与判断。

企业的经济活动是一个有机的整体，各个方面并不是孤立的，而是相互联系的，因此财务报表综合分析的关键在于综合。对财务报表进行综合分析有利于把握不同财务指标之间的相互关系，有利于正确地评判企业的财务状况和经营成果。联系性、完整性、相关性和发展性是财务报表综合分析的要求和特点，常用的财务报表综合分析方法有杜邦分析法和财务比率综合评分法。

二、杜邦分析法

（一）杜邦分析法的内涵

杜邦分析法又称杜邦财务分析体系，是指利用各主要财务比率指标间的内在联系，对企业财务状况及经济效益进行综合系统的分析与评价的一种方法。该体系是以权益净利率为龙头，以资产净利率和权益乘数为分支，重点揭示企业获利能力及杠杆水平对权益净利率的影响以及各相关指标间的相互作用关系。因这种分析法是由美国杜邦公司首先创造的，故称杜邦分析法。

杜邦分析法的关键是建立完整的、连贯的财务比率体系，并确定总指标即龙头指标，然后运用指标分解的方法建立起各个指标之间的相互联系，通过数据的替换，确定从属指标对总指标的影响。

（二）杜邦分析法的基本原理

杜邦分析法的核心指标是权益净利率，也就是净资产收益率，该指标具有很好的可比性，可用于不同公司之间的比较。由于资本具有逐利性，总是流向投资报酬率高的行业和公司，因此各公司的净资产收益率会比较接近。如果一个企业的净资产收益率经常高于其他公司，就会引来竞争者，迫使该公司的净资产收益率回到平均水平。如果一个公司的净资产收益率经常低于其他公司，就难以增获资本，会被市场驱逐，从而使幸存公司的净资产收益率提升到平均水平。

杜邦分析法

净资产收益率不仅有很强的可比性，而且有很强的综合性。公司为了提高净资产收益率，可从如下三个分解指标入手：

净资产收益率=销售净利率×总资产周转率×权益乘数

其中：销售净利率=净利润÷销售收入

总资产周转率=销售收入÷平均资产总额

权益乘数=平均资产总额÷股东权益总额

上述公式表明，决定净资产收益率的指标有三个：销售净利率、总资产周转率以及权益乘数，无论提高其中的哪个比率，净资产收益率都会提高。其中，“销售净利率”是利润表的一种概括表示，“净利润”和“销售收入”两者相除可以概括反映企业经营成果；“总资产周转率”把利润表和资产负债表联系起来，使净资产收益率可以综合分析评价整个企业的经营成果和财务状况；“权益乘数”是资产负债表的一种概括表示，表明资产、负债和股东权益之间的比例关系，可以反映企业最基本的财务状况。在对指标进行分解之后就可以将影响净资产收益率这一综合指标升降变化的原因加以具体化，进而可以全面、系统地揭示企业的经营成果和财务状况。

杜邦分析法是对企业财务状况进行综合分析的一种方法，它通过几种主要财务指标之间的关系，直观、明了地反映企业的财务状况。从杜邦分析法中我们可以了解到以下财务信息：

（1）净资产收益率是一个综合性很强、极有代表性的财务比率。企业财务管理的重要目标之一是实现股东财富最大化，净资产收益率正是反映了股东投入资金的获利能力，体现了企业经营的目标。从企业财务活动和经营活动的相互关系上看，这一比率反映了企业投资、筹资和生产运营等各个方面经营活动的效率，提高净资产收益率是所有者财富最大化的基本保证。

（2）资产净利率是销售净利率和总资产周转率的乘积，该指标是反映企业获利能力的一个重要财务比率，揭示了企业生产经营活动的效率，综合性很强。企业的营业收入、成本费用、资产、资产周转速度以及资金占用量等各种因素，都直接影响资产净利率的高低。销售净利率和总资产周转率可以反映企业的经营战略。因为销售净利率与总资产周转率通常呈反向变化，仅仅从销售净利率的高低并不能评价企业业绩的好坏，把它和总资产周转率联系起来可以考察企业的经营战略。

（3）总资产周转率是反映企业营运能力的一个重要指标。资产营运效率的高低是企业资产经营的核心，并最终影响企业的经营业绩。影响总资产周转率的一个重要因素是资产总额。企业的资产总额由流动资产和非流动资产组成，流动资产反映了企业的偿债能力和变现能力，非流动资产则体现了企业的经营规模、发展潜力和盈利能力，二者之间应该有一个合理的比例关系。因此，需要分析各项资产的占用数额及其周转速度。

（4）销售净利率反映的是净利润与销售收入之间的关系，是评价企业盈利能力的重要指标。一般来说，销售收入增加，企业的净利润也会随之增加。但是，要想提高销售净利润，必须一方面提高销售收入，另一方面降低各种成本费用，这样才能使销售净利润的增长高于销售收入的增长，从而使销售净利率得到提高。由此可见，提高销售净利率必须在以下两个方面下功夫：一是扩大销售收入；二是降低成本。

（5）权益乘数反映了所有者权益同资产的关系，主要受资产与负债之间比例关系的影响。在资产总额既定的前提下，负债总额越大，权益乘数就越高，说明企业有较高的负债程度，会给企业带来较大的杠杆收益，同时企业也承担了较高的财务风险。财务杠杆可以反映企业的财务政策。一般来说，资产净利率高的企业，财务杠杆较低。资产净利率与财务杠杆呈现负相关关系，二者共同决定企业的净资产收益率。因此，企业必须使其经营战略和财务政策相匹配。

（三）杜邦分析法的局限性

虽然传统的杜邦分析法被广泛运用，但也存在某些局限性：

（1）净资产收益率可以反映企业净资产的收益水平，但并不能全面反映一个企业的资金运用能力，因为一个企业可能存在大量的债务资金，而债务资金在企业总的资金的运用过程中可能还会起到财务杠杆的作用。

（2）从净资产收益率这个指标的计算公式来看，它的分子是净利润，分母是净资产，由于净利润并非仅是净资产所产生的，因而分子和分母的计算口径不一致，从逻辑上来说不是很合理。

（3）净资产收益率可能会误导报表的使用者，虽然净资产收益率是杜邦分析法的核心比率，但是以净资产收益率作为考核指标，不利于企业的横向比较。因为在总资产收益率一定的情况下，负债比率越高的企业净资产收益率就会越高，在实际中，某些企业由于负债极高，即使在微利的情况下，企业的净资产收益率也很高，报表的阅读者可能会得出相反的结论。

三、财务比率综合评分法

（一）财务比率综合评分法的内涵

财务比率综合评分法又称沃尔评分法，是指通过对选定的几项财务比率进行评分，然后计算出综合得分，并据此评价企业的综合财务状况的方法。因为最早采用这种方法的是亚历山大·沃尔，故称沃尔评分法。1928年亚历山大·沃尔在《信用晴雨表研究》和《财务报表比率分析》两本著作中采用评分方法对企业的信用状况进行综合评价，并提出了信用能力指数的概念。他选择了七个财务比率，包括流动比率、产权比率、固定资产比率、存货周转率、应收账款周转率、固定资产周转率和股权资本周转率，并且对各项财务比率分别给定不同的权重，然后以行业平均数为基础确定各项财务比率的标准值，将各项财务比率的实际值与标准值进行比较，得出一个关系比率，将此关系比率与各项财务比率的权重相乘得出总评分，以此来评价企业的信用状况。在沃尔之后，这种方法不断发展，成为对企业进行财务综合分析的一种重要方法。

帕利普财务分析法

（二）财务比率综合评分法的分析程序

利用财务比率综合评分法对企业财务状况进行综合分析，一般要遵循如下程序：

1. 选定评价财务状况的财务比率

在选择财务比率时，需要注意以下三个方面：

（1）财务比率要求具有全面性。一般来说，反映企业的偿债能力、营运能力和盈利能力的三类财务比率都应当包括在内。

（2）财务比率应当具有代表性。所选择的财务比率数量不一定很多，但应当具有代表性，要选择能够说明问题的重要的财务比率。

（3）各项财务比率要具有变化方向的一致性。当财务比率增大时，表示财务状况的改善；反之，当财务比率减小时，表示财务状况的恶化。

2. 确定财务比率标准评分值

根据各项财务比率的重要程度，确定其标准评分值，即重要性系数。各项财务比率的标准评分值之和应等于100分。各项财务比率评分值的确定是财务比率综合评分法的一个重要问题，它直接影响对企业财务状况的评分。对各项财务比率重要程度的判断，不同的分析者会有截然不同的态度，但一般来说，应根据企业经营活动的性质、企业的生产经营规模、市场形象和分析者的目的等因素来确定。

3. 确定财务比率标准评分值的上下限

规定各项财务比率评分值的上限和下限，即最高评分值和最低评分值。这主要是为了避免个别财务比率的异常给总分造成不合理的影响。

4. 确定财务比率的标准值

财务比率的标准值是指各项财务比率在本企业现时条件下最理想的数值，亦即最优值。财务比率的标准值，通常可以参照同行业的平均水平，并经过调整后确定。

5. 计算关系比率

计算企业在一定时期各项财务比率的实际值，然后，计算出各项财务比率实际值与标准值的比值，即关系比率。关系比率反映了企业某一财务比率的实际值偏离标准值的程度。

6. 计算出各项财务比率的实际得分

各项财务比率的实际得分是关系比率和标准评分值的乘积，每项财务比率的得分都不得超过上限或者下限，所有财务比率实际得分的合计数就是企业财务状况的综合得分。企业财务状况的综合得分反映了企业的综合财务状况。如果综合得分等于或接近100分，说明企业的财务状况是好的，达到了预先确定的标准；如果综合得分远远低于100分，则说明企业的财务状况较差，应当采取适当的措施加以改善；如果综合得分远远超过100分，则说明企业的财务状况很理想。

下面采用财务比率综合评分法，对北方公司2×23年的财务状况进行综合评价（见表15–4）。

表15–4 **北方公司2×23年财务比率综合评分表**

财务比率	评分值（1）	上/下限（2）	标准值（3）	实际值（4）	关系比率（5）=（4）/（3）	实际得分（6）=（1）×（5）
流动比率	10	20/5	2.00	1.98	0.99	9.90
速动比率	10	20/5	1.20	1.29	1.08	10.80
资产/负债	12	20/5	2.10	2.17	1.03	12.36
存货周转率	10	20/5	6.50	6.60	1.02	10.20
应收账款周转率	8	20/4	13.00	14.13	1.09	8.72
总资产周转率	10	20/5	2.10	2.26	1.08	10.80
资产净利率	15	30/7	31.50%	30.36%	0.96	14.40
股东权益报酬率	15	30/7	58.33%	57.19%	0.98	14.70
销售净利率	10	20/5	15.00%	13.45%	0.90	9.00
合　计	100					100.88

根据表15-4的综合评分，北方公司财务状况的综合得分为100.88分，非常接近100分，这说明该公司的财务状况是良好的，与选定的标准基本是一致的。

（三）财务比率综合评分法的局限性

采用财务比率综合评分法评价企业的财务状况，关键在于如何合理确定权重和标准值。这两大因素的确定带有一定的主观性，因此，企业要综合各方面情况慎重考虑。

从理论上讲，综合评分法的缺点是未能证明为什么要选择这七个指标，而不是更多的或更少的，或者选择其他财务比率，以及未能证明每个指标权重的合理性。这个问题至今仍然没有从理论上解决。从技术上讲，综合评分法的问题是，当某一个指标严重异常时，会对总评分产生不合逻辑的重大影响。这个缺陷是由相对比率与比重相乘引起的。

现代社会与沃尔的时代相比，已有很大变化。一般认为企业财务评价的内容主要是盈利能力，其次是偿债能力，此外还有发展能力。所以，在进行综合分析时，应当根据经济发展状况和社会环境变化选择能够准确反映企业整体经营绩效的财务指标体系。

第六节 财务报表分析的局限性

财务报表分析以财务报表数据为主要分析依据，而财务报表本身存在一定的局限性。

一、财务报表本身的局限性

财务报表是企业财务会计系统的产物。每个企业的财务会计系统，都会受会计环境和企业会计战略的影响。

会计环境包括会计规范和会计管理、税务与会计的关系、外部审计、会计争端处理的法律系统、资本市场结构、公司治理结构等。这些因素是决定企业会计系统质量的外部因素。会计环境缺陷会导致会计系统缺陷，使之不能完全反映企业的实际状况。会计环境的重要变化会导致会计系统的变化，影响财务数据的可比性。例如，会计规范要求以历史成本报告资产，使财务数据不代表其现行成本或变现价值；会计规范要求假设币值不变，使财务数据不按通货膨胀率或物价水平调整；会计规范要求遵循谨慎原则，使会计预计损失而不预计收益，有可能少计收益和资产；会计规范要求按年度分期报告，使得会计报表只报告短期信息，不能提供反映长期潜力的信息等。

企业会计战略是企业根据环境和经营目标作出的主观选择，不同企业会有不同的会计战略。企业会计战略包括选择会计政策、会计估计、补充披露及报告具体格式。不同会计战略会导致不同企业财务报告的差异，并影响其可比性。例如，对同一会计事项的会计处理，会计准则允许公司选择不同的会计政策，包括存货计价方法和固定资产折旧方法等。虽然财务报表附注对会计政策的选择有一定的表述，但报表使用者未必能完成可比性的调整工作。

由于上述原因，财务报表存在如下局限性：（1）财务报表没有披露企业的全部信息，管理层拥有更多的信息，报表披露的只是其中的一部分；（2）已经披露的财务信息存在会计估计误差，不可能是真实情况的全面、准确计量；（3）管理层的各项会计政策选择，有可能导致降低信息的可比性。

二、财务报表的可靠性问题

只有依据符合规范的、信息可靠的财务报表，才能得出正确的分析结论。所谓“符合规范”，是指除了上述局限性以外，没有虚假陈述。当然，外部分析人员很难认定是否存在虚假陈述，财务报表的可靠性有赖于注册会计师的鉴证。当然，注册会计师不能保证财务报表没有任何错报和漏报。因此，分析人员自己必须关注财务报表的可靠性，对可能存在的问题保持足够的警觉。

外部分析人员虽然不能认定报表是否存在虚假陈述，但可以发现一些“危险信号”。对于存有危险信号的报表，分析人员要通过更细致的考察或获取其他有关信息，对财务报表信息的可靠性作出自己的判断。

常见的危险信号包括：

1. 财务报告失范

不规范的财务报告，其可靠性也应受到怀疑。分析人员要关注财务报告是否存在重大遗漏，有的重大遗漏可能是因不想讲真话引起的；要注意是否及时提供财务报告，不能及时提供报告暗示企业管理层与注册会计师存在分歧。

2. 数据出现异常

异常数据如无合理解释，应考虑该数据的真实性和一贯性是否存在问题。例如，原因不明的会计调整，可能是利用会计政策的灵活性“粉饰”报表数据；与销售相比应收账款异常增加，可能存在提前确认收入问题；报告净利润与经营活动产生的现金流量净额的缺口加大，报告利润总额与应纳税所得额之间的缺口加大，可能存在盈余管理；第四季度的大额资产冲销和大额调整，可能是中期报告存在问题，年度报告根据注册会计师的意见进行了调整。

3. 关联方交易异常

关联方交易的定价不公允，可能存在转移利润的动机。

4. 资本利得金额大

在经营业绩不佳时，公司可能通过出售长期资产、债务重组等交易实现资本利得。

5. 审计报告异常

无正当理由更换注册会计师，或审计报告附有保留意见，有待进一步分析判断。

三、比较基础问题

在比较分析时，需要选择比较的参照标准，包括同业数据、本企业历史数据和计划预算数据。

横向比较时，需要使用同业标准。同业平均数只有一般性的参考价值，未必具有代表性，也不一定是合理的基准。选同行业一组有代表性的企业求平均数，作为同业标准，可能比整个行业的平均数更有可比价值。近年来，分析人员以一流企业作为标杆，进行对比分析。也有不少企业实行多种经营，没有明确的行业归属，同业比较更加困难。

微课 15-2

财务报表分析的优化策略

趋势分析应以本企业历史数据为比较基础。历史数据代表过去，并不代表合理性。经营环境变化后，企业本年比上年利润提高了，未必说明已经达到应该达到的水平，甚至未必说明管理有了改进。

实际与预算比较分析应以预算为比较基础。实际与预算发生差异，可能是执行中有问题，也可能是预算不合理，两者的区分并非易事。

总之，对比较基础本身要准确理解，并且要有限定地使用分析结论，避免简单化和绝对化。

【思政课堂】

财政部谈财务造假：绝不让财经纪律当“稻草人”

党的二十大报告中指出“弘扬诚信文化，健全诚信建设长效机制”，这是提高全社会文明程度、实施公民道德建设工程的重要一环。站在新的起点，必须持续推进诚信建设，培育践行社会主义核心价值观，真正形成“守信者荣、失信者耻、无信者忧”的诚信社会环境，使诚信价值准则内化于心、外化于行，让诚信真正成为和谐社会的保障、守护心灵的明灯。

瑞幸咖啡财务造假和德勤员工举报等事件进一步凸显加强财会监督的重要性。2021年7月30日，财政部副部长朱忠明在国新办新闻发布会上表示，必须加强财会监督，坚持“强穿透、补漏洞、用重点、正风气”，推动中央重大决策部署落实落地，维护和规范市场秩序，绝不让财经纪律当“稻草人”。

朱忠明指出，加强财会监督是贯彻中央重大决策部署的重要抓手，是严肃财经纪律，规范市场经济秩序的重要手段。中共十八大以来，财政部积极履行财会监督职能，发挥了越来越重要的作用，促进了财政管理效能的提升。但仍有一些部门和单位不同程度存在预算管理松弛、资产管理不严、财务管理薄弱等问题，资本市场财务造假案件频现，侵害投资者利益，扰乱市场运行秩序。

对此，朱忠明提出，财政部将从四方面推动维护和规范市场秩序。

一是进一步加强制度建设。推动加快修订会计法、注册会计师法，增加行政强制措施，大幅提高财务造假等违法行为惩罚力度。进一步健全完善财会监督体制机制，有效发挥财政部门财会监督职能作用，压实单位内部监督、社会中介机构审计监督责任，维护好良好的秩序。强化政治引领，持续开展诚信教育，引导全行业树立良好职业操守。

二是进一步加大监督检查力度。坚持“零容忍”打击财务造假，加大会计信息质量和会计师事务所执业质量检查力度，优化注册会计师行业执业环境。聚焦重点领域，灵活运用监督检查、专项治理等多种手段，保障中央重大财税政策和现代财税体制改革措施有效落实，坚决防止财政资金成为“唐僧肉”。

三是进一步丰富监管手段。运用“互联网+监管”平台、大数据等现代信息技术手段，提升监管能力和执法水平。采取有效措施，坚决遏制企业向税务、证监、银行等部门和机构报送不同财务报告的行为。结合社会信用体系建设，定期发布会计信息质量检查公告和典型案例，以案释法，强化震慑。

四是进一步强化部门协作。以党内监督为主导，与其他方面监督有机贯通、相互协调，会同“一行两会”等部门建立综合执法监督机制，共同打击资本市场领域财务造假行为。

资料来源：中国新闻网. 财政部谈瑞幸造假：绝不让财经纪律当“稻草人”[EB/OL].［2021-07-30］. https: //www.chinanews.com/cj/2021/07-30/9532756.shtml.

【复习思考】

1.简述财务报表分析的方法。

2.简述杜邦分析法的内涵及基本原理。

【练习题】

1.A 公司 2×20—2×23 年有关财务数据见表 15-5。

表15-5 **A公司2×20—2×23年有关财务数据** 单位：万元

会计年度	2×20 年	2×21 年	2×22 年	2×23 年
资产总额	800	800	800	800
负债总额	400	350	300	250
所有者权益总额	400	450	500	550

要求：

（1）根据表 15-5 中的有关数据计算 2×20—2×23 年的资产负债率、所有者权益比率、产权比率，列出计算过程及结果。

（2）根据计算结果对企业长期偿债能力进行分析。

2.A 公司 2×20—2×23 年有关财务数据见表 15-6。

表15-6 **A公司2×20—2×23年有关财务数据** 单位：万元

会计年度	2×20 年	2×21 年	2×22 年	2×23 年
营业收入	800	800	800	800
营业成本	400	350	300	250
营业利润	100	150	200	250
净利润	50	100	150	200

要求：

（1）根据表 15-6 中的有关数据计算 A 公司 2×20—2×23 年的销售毛利率、营业利润率、销售净利率，列出计算过程及结果。

（2）根据计算结果进行分析。

主要参考文献

［1］中华人民共和国财政部．企业会计准则［M］．北京：经济科学出版社，2023.

［2］中华人民共和国财政部．企业会计准则——应用指南［M］．上海：立信会计出版社，2023.

［3］中国注册会计师协会．会计［M］．北京：中国财政经济出版社，2023.

［4］戴德明，林钢，赵西卜．财务会计学［M］．13版．北京：中国人民大学出版社，2021.

［5］刘永泽，陈立军．中级财务会计［M］．7版．大连：东北财经大学出版社，2021.

［6］企业会计准则编审委员会．企业会计准则案例讲解［M］．上海：立信会计出版社，2023.

［7］徐经长，孙蔓莉，周华．会计学［M］．7版．北京：中国人民大学出版社，2023.

［8］刘永泽，陈文铭．会计学［M］．7版．大连：东北财经大学出版社，2021.